法律视野下的性别、婚姻与家庭

书约・婚前・新居・婚礼・抚养费・生育权・女性文身・同居・性别变更・女性休闲权・同性伴侣・性骚扰・非婚生子女・家务劳动补偿・事实婚姻・形式婚姻・家庭暴力・离婚协议・财产约定・夫妻扶养费・"全面三孩"

段知壮 黄彤 等著

知识产权出版社
全国百佳图书出版单位
—北京—

图书在版编目（CIP）数据

法律视野下的性别、婚姻与家庭/段知壮等著. —北京：知识产权出版社，2023.2
ISBN 978-7-5130-8470-3

Ⅰ.①法… Ⅱ.①段… Ⅲ.①婚姻法—中国—文集 Ⅳ.①D923.904-53

中国版本图书馆 CIP 数据核字（2022）第 218290 号

责任编辑：韩婷婷　　　　　　　　责任校对：王　岩
封面设计：乾达文化　　　　　　　　责任印制：孙婷婷

法律视野下的性别、婚姻与家庭
段知壮　黄　彤　等著

出版发行：	知识产权出版社有限责任公司	网　址：	http://www.ipph.cn
社　　址：	北京市海淀区气象路 50 号院	邮　编：	100081
责编电话：	010-82000860 转 8359	责编邮箱：	176245578@qq.com
发行电话：	010-82000860 转 8101/8102	发行传真：	010-82000893/82005070/82000270
印　　刷：	北京建宏印刷有限公司	经　销：	新华书店、各大网上书店及相关专业书店
开　　本：	720mm×1000mm　1/16	印　张：	18.75
版　　次：	2023 年 2 月第 1 版	印　次：	2023 年 2 月第 1 次印刷
字　　数：	327 千字	定　价：	96.00 元

ISBN 978-7-5130-8470-3

出版权专有　侵权必究
如有印装质量问题，本社负责调换。

本书作者

(按姓氏笔画排序)

江　丽　浙江师范大学行知学院法学院讲师
朱田恬　美国圣路易斯华盛顿大学法学院博士研究生
李叶豪　浙江师范大学法政学院硕士研究生
沈刘袁　浙江师范大学法政学院硕士研究生
郑　睿　浙江师范大学行知学院法学院讲师，菲律宾圣保罗大学公共管理学博士研究生
段知壮　浙江师范大学行知学院法学院院长、副教授，硕士研究生导师
胡泽邦　浙江师范大学行知学院法学院助教
赵有富　原浙江省兰溪市政府办公室副主任兼法制办主任、高级讲师
黄　彤　浙江师范大学行知学院法学院副教授，硕士研究生导师
董禧润　甘肃政法大学司法警察学院硕士研究生
童颖颖　浙江师范大学行知学院法学院副教授

序　言

呈现在您面前的这部著作由浙江师范大学行知学院法学院（马克思主义学院）部分师生共同完成。

浙江师范大学行知学院法学院（马克思主义学院）现设有法学专业和思想政治理论公共教研部，由教职工 24 人，其中高级职称 8 人，博士（含在读）6 人，以及众多资深法律实务人士共同形成了一支基础扎实、知识结构合理的优秀团队。学院重视专业和学科建设，拥有法理学等三门浙江省线下一流课程，校级研究机构法治政府实务研究中心、法律文化与民商法两个院级创新科研团队等；承担了涵盖教育部人文社会科学、浙江省哲学社会科学等研究项目在内的一批横纵向科研项目。近年来，学院立足区域经济社会发展，充分发挥学院特长和优势，以法律社会学为突破口，积极参与地方立法评估、行政执法培训等社会法律服务工作，同政府机关、律师事务所等单位共建了一批极具特色的实践教学基地，努力建设成为浙中城市群建设与发展的特色智库，为地方发展与法治建设提供专业帮扶和智力支持。此外，学院将理论教学与社会服务有机结合，在人才培养当中突出"法律文化"主线，融合法律职业伦理道德素养和职业技能培养，形成了"送法下乡""法律援助""暑期普法社会实践"以及"律法先锋"等系列品牌活动。在历届浙江省大学生法科职业技能竞赛中多次获得一等奖等佳绩。

本书作为法学院（马克思主义学院）人才培养和社会服务的阶段性成果，其中既有相关教师的学术研究（《配偶间扶养费给付义务延续问题研究》《关于我国姻亲法律规定的几点看法》等），也有担任兼职教授的实务专家们的实践思考（《我国非婚生子女保护制度的法律缺陷及完善对策》），更有法学专业同学们参与相应学科竞赛的成果产出（《社会性别视角下夫妻忠实义务的实证研究》《艾滋病感染者对配偶及性伴的告知义务研究》）。尤为值得注意的是，本书将法学院（马克思主义学院）以往民商法与理论法学两个主要的着力方向进行了有机结合。近年来，学院以婚姻家事法为依托，围绕"法律与性别"主题进行了包括主题讲座、学生创新项目在内的一系列富有启发意义的学术实践探索，这些活动努力地将学术研究寓于社会生活当中，在为地方政府法治建设建言献策的同时，让学生能够把所学知识尽可能地融入法律实践，极大地提升了学院的社会服务能力与水平，也得到了有关部门的一致好评。

当然，在欣喜地看到本书出版的同时，我们也要继续思考学院今后的发展建设方向。当前，学院正在与兰溪市等地方政府相关部门进行深度合作，不断延续学院将学术研究与社会法律实践紧密结合的优秀传统，使人才培养更加多元、深入和富有成效。

相信通过不断的努力与探索，法学院（马克思主义学院）一定会发展得更好！

陈建伟

浙江师范大学行知学院党委副书记

2022 年 2 月 20 日

目录 CONTENTS

上篇　性别

性别重置视角下婚姻制度的性/别问题探析　　　　　　　段知壮／003
刑事司法场域中女性角色的变迁　　　　　　　　　　　童颖颖／021
宋代女性奁产权研究　　　　　　　　　　　　　　　　江　丽／039
"全面三孩"政策背景下女性休闲权之证成　　　　　　胡泽邦／064

中篇　婚姻

婚姻的"形式"与"实质"
　　——以形式婚姻与事实婚姻为例的讨论　　段知壮　朱田恬／089
瑕疵性证件登记结婚的救济途径完善　　　　　李叶豪　黄　彤／107
试论夫妻间的生育权　　　　　　　　　　　　　　　　黄　彤／119
配偶间扶养费给付义务延续问题研究　　　　　　　　　黄　彤／128
婚姻关系视角下的性自主权属性探究　　　　　郑　睿　段知壮／137
混合性取向婚姻中的配偶权问题研究　　　　　郑　睿　段知壮／155
社会性别视角下夫妻忠实义务的实证研究　　　董禧润　段知壮／176
同性伴侣制度的困境与出路　　　　　　　　　　　　　段知壮／200
婚姻家庭法领域意思自治表达维度探究
　　——以离婚协议财产约定为视角　　　　　沈刘袁　黄　彤／214
艾滋病感染者对配偶及性伴侣的告知义务研究
　　　　　　　　　　　　　　　　"不得不说的秘密"项目组／229

i

下篇 家庭

有关我国姻亲法律规定的几点看法	黄 彤／253
我国非婚生子女保护制度的法律缺陷及完善对策	赵有富／263
再视非婚生子女认领制度确立的价值	黄 彤／270
家庭暴力认定标准的法律规制分析	郑 睿／280

后　记　　　　　　　　　　　　　　　　　　　　／291

上篇

性 别

性别重置视角下婚姻制度的性/别问题探析

■ 段知壮

2019年8月北京义派律师事务所举办了一场"跨性别社群[1]与律师交流会",会上跨性别社群的代表分享了一例情节曲折的"法律实验",飞儿(化名)(生理性别为男性,自我认同为女同性恋)在其伴侣小雨(化名)(生理性别为女性,自我认同为女同性恋)的支持下于境外进行了性别重置手术(男变女)。回国后,飞儿决定在前往当地户籍管理部门进行性别变更登记之前先行与小雨办理结婚登记手续,此时飞儿虽已完成性别重置手术,但鉴于身份证件仍显示为男性,所以两人成功于民政部门领取了结婚证件。随后,飞儿也成功进行了性别变更登记,正式将自己的性别修改为女性,当事人更是形象地称自己的此次行动为"打了个时间差"。然而,此时飞儿与小雨的婚姻效力究竟该如何认定,与会的法律从业者议论纷纷,很难得出一个统一的意见。

简单来说,判定飞儿与小雨之间的婚姻效力需要从两个层面进行观察。一是当某人的生理性别与法律性别不一致时,依据法律性别进行的结婚登记是否有效。二是在假设男女双方缔结婚姻合法有效的前提下,已婚一方在婚姻关系存续期间进行了性别重置(包含生理和法律双重意义的变更),那么此时婚姻是否继续有效。这两个问题说简单也简单,说复杂则复杂。在第一个问题中,具有公示效力的法律性别原则上当然需要依据生理性别来确定,但是要确定一个人的"性别"并不如同想象中的那般简单,特别是在性别重置可及的背景下,生理性别与法律性别之间可能出现某种程度的不同步,且一

---

[1] 尽管在一般语境中"跨性别者"与"变性人"通常被视为同义词,但严格意义上,跨性别者的范围较之变性人更为宽泛,如有学者认为跨性别者包括原生间性人(intersex,又译双性人)、变性欲者、变性人、易装者、跨性别表演者、跨性别性工作者、只做了隆胸手术的生理男人、基于性别选择目的做了乳房切割的生理女人,以及其他所有认为自己不属于传统观念对男人和女人定义的人。详见方刚:《多元的性/别》,山东人民出版社2012年版,第180页。

个人法律性别确定标准的不同也会导致在婚姻准入意义上的差异。至于第二个问题，2002年民政部办公厅《关于婚姻当事人一方变性后如何解除婚姻关系问题的答复》（以下简称《答复》）貌似提供了一项有据可查的判断标准，但由此而产生的对"同性婚姻"与"事实同性婚姻状态"的区分争议也随之而来。此外，以上两个问题之间还存在某种程度的纠缠，比如若法律意义上一个人在性别重置后可自行选择不予更改，那么对"事实同性婚姻状态"的判断究竟应依据何种标准也将难以确定。可见在性别重置技术可及的背景下，传统的两性关系之外出现了许多"意想不到"的可能，那么面对这些新兴问题时，原本以两性区分作为基础的相应法律规范体系是否也随之出现了某些"真空"，以及后续我们究竟该如何面对这些"困境"就成为问题的关键。

由此可见，现有关于性别重置的讨论还远远不够，如黄盈盈就曾总结形成这种情况的原因：首先是"变性"这个议题在现有的学术界讨论中并没有"显化"，也远远没有形成讨论的语境；其次是在极其有限的论文中，变性人"被显化"要远远超过主动"显化"。[1] 这种观点在以上事例之所以没有进一步演变为具体的司法案例上也有表现。根据飞儿与小雨的自述，其原本打算主动进行离婚诉讼，由此推动法律界对跨性别社群乃至同性婚姻问题的关注。但跨性别社群的许多朋友并不认可飞儿与小雨的想法，他们并不赞同当事人将自己的"法律实验"公之于众的原因在于，"未显化"的跨性别婚姻状态虽然可能处于一种"模棱两可"的尴尬位置，但一旦该婚姻效力的判定权被公权力明确，那么或许这种"模棱两可"就根本不会出现。更何况在跨性别社群看来，对该问题的过度"规范"还有可能延伸到对性别变更登记的审查标准上，这无疑会使当下本就并不"简便"的行政程序变得更为复杂。

但是对于研究者乃至立法者而言，对法律实践困境的回避并不会带来法律体系的自我修缮，正如郭晓飞描述中国变性人婚姻权问题为"无声无息的变迁"一样，中国法律规定当中对性别重置手术乃至性别身份更改的"水到渠成"或许为跨性别群体的自我身份认同指出了一条切实可行的选择路径。但与这条道路存在诸多交集的婚姻制度乃至性别制度极有可能因为这条"岔道"的出现而走向意想不到的"远方"。本文基于性别重置视角，重新审视婚姻法律制度当中"男女双方""一夫一妻"等相关法律规定的构建基础，尝试通过对"性/别"的多维界定来描述婚姻制度在时代发展变化中可能存在的新走向。

---

[1] 黄盈盈：《性/别、身体与故事社会学》，社会科学文献出版社2018年版，第167页。

一、自然人性别身份的"法律真实"与"实质真实"

早期世界范围内关于性别确认的标准多采取生物学标准,即以自然人的染色体确定其性别。就现有医学技术来看,目前变性手术尚不可能改变染色体性别,因此在这种标准下对自然人的性别进行确认,仅需依据其出生时的生物学判断即可。如早在1970年英国的Corbett v. Corbett案[1]中,法院认为生物性别是出生时确定且不可改变的,这一标准最重要的考量因素——生儿育女、繁衍后代乃是婚姻的核心要素,因此一名男性与一名变性人(男变女)之间的婚姻是无效的。[2] 再如1980年提交到欧洲人权法院的Van Oosterwijck v. Begium案,当事人虽然经历了由女变男的变性手术,但比利时拒绝对其出生证明上的性别进行更改,因此他/她不能和女性结婚。[3] 此后,以英国为被告的同类案件在欧洲人权法院不断涌现,如1986年的Rees v. United Kingdom案[4]、1990年的Cossey v. United Kingdom案[5]、1998年的Sheffield and Horsham v. United Kingdom案[6]等。美国部分地区早期也是如此,如1999年得克萨斯州的Littleton v. Prange案,一名变性人的配偶在就医时死亡,在其向法院起诉当事医生时,法院认为"有些事情我们不能用意志改变,性别正是这样的事",因此其婚姻被宣告无效。[7] 再如2002年堪萨斯州的In re Estate of Gardiner案中,一名变性人在其配偶死亡后与其配偶之子发生继承纠纷,法院认为"经历了变性手术的男变女的变性人并不符合女性的定义",因此在法律上不能与男性结婚。[8]

不难看出,如果采用生物学意义上的性别标准,那么一个自然人的性别终其一生是不可能发生改变的,这显然与后期越来越多的性别重置手术实践相矛盾,因此医学性别确认标准开始受到关注。[9] 简单来说,医学标准认为,

---

[1] Corbett v. Corbett (otherwise Ashley), (1971).

[2] Jason Allen, "A Quest for Acceptance: The Real ID Act and the Need for Comprehensive Gender Recognition Legislation in the United States," *Michigan Journal of Gender and Law*, Vol. 14: 2, pp. 169-198 (2008).

[3] 李燕:《性别变更法律问题研究》,中国法制出版社2013年版,第16-18页。

[4] Rees v. United Kingdom, App. No. 9532/81, 9 Eur. H. R. Rep. 56 (1987).

[5] Cossey v. United Kingdom, App. No. 10843/84, 13 Eur. H. R. Rep. 622 (1991).

[6] Sheffied and Horsham v. United Kingdom, App. No. 22885/93, 23390/94, 27 Eur. H. R. Rep. 163 (1999).

[7] 9 S. W. 3d 233.

[8] 273 Kan. 191, 42 P. 3d 120.

[9] Smith D. K., Transsexual, "Sex Reassignment Surgery and the Law," *Cornell Law Review*, Vol. 56, (1971).

只要变性人能够提交符合性别医学标准的证据（如接受荷尔蒙治疗或进行了手术）证明其已经从一种性别改变为另一种性别，那么法律就应该以其变更后的性别作为事实确认。早期适用该标准的司法判例如1976年美国新泽西州的M.T.v.J.T.案，该案中丈夫以妻子是男变女的变性人为由拒绝支付赡养费和生活费用，但法院认为"如果一个变性人为了婚姻的目的，已将其解剖学或生殖器结构改造为与其自认的社会性别或其心理性别相符，那么法律上确认性别也必须和这些标准相一致"。❶ 根据《中华人民共和国户口登记条例》《中华人民共和国居民身份证法》以及2008年中华人民共和国公安部《关于公民实施变性手术后变更户口登记性别项目有关问题的批复》来看，我国目前采用的也是这一标准，户籍管理机关登记的性别以出生医学证明所记载的内容为依据，那些经由性别重置手术变更生理性别的跨性别者可以按照相应法律规定申请变更其法律性别❷，即自然人的法律性别可以根据医学证明进行确认及更改。

需要指出，医学标准下的性别确认并非全无漏洞。举一个可能比较极端的案例，一个男性因为意外事故而导致不得不将自己的外生殖器全部切除，难道他就必须去变更自己的身份性别信息为女性吗？事实上，根据我国各地性别身份变更规定也可以看出，目前对于性别信息的变更基本上是以当事人的主动申请为发起条件，也就是说，对那些通过手术已经变更自身生理性别的跨性别者而言，法律意义上的性别变更并不是一种义务，且在实践中也确实有经过性别重置手术的跨性别者出于各种各样的原因不愿主动去进行"出柜"❸，甚至在某种意义上，性别重置对于当事人而言还可能是自治性隐私权的覆盖范畴。那么对于此时的跨性别者而言，其似乎享有一种可以"决定"自身法律性别进而进行婚姻自由之实践的可能。正因如此，有学者主张，户籍管理机关的性别变更登记乃是一种法律确认行为，当某人通过变性手术而具有另一性别的标志性性别特征时，他（她）就已经成为另一性别的人。❹

此外，严格意义上的"性别重置"乃是一个过程而并非某个具体的时间点，其中一般包含"激素治疗""性别重置手术"以及"性别法律变更"三

---

❶ 355 A. 2d 204.
❷ 翁里，万晓：《变性人的性别变更权及其婚姻家庭法律问题研究》，载《宁夏大学学报（人文社会科学版）》2016年第1期。
❸ 黄盈盈：《性/别、身体与故事社会学》，社会科学文献出版社2018年版，第187页。
❹ 吴国平：《变性人婚后变性权及其婚姻家庭关系问题探析》，载《西南政法大学学报》2011年第3期。

个阶段。一方面,这三个阶段之间并不必然存在绝对的连续性,如相当一部分曾采取激素治疗的跨性别者最终并没有进行实质的性别重置手术,抑或虽然进行了性别重置手术,但当事人并未主动进行法律意义上的性别身份变更;另一方面,以上三个阶段的时间长短也因人而异,如性别重置中的男变女一般需要进行1~2次手术,整个治疗过程大概需要3个月到半年的时间;而女变男通常需要进行至少3次以上手术,连续完成整个治疗过程需要1~2年的时间,更不用说当事人还有可能在此周期之内因各种原因主动或被动地中断性别重置。❶ 这也正是英国 Bellinger v. Bellinger 案判决中的主要质疑标的——现代医疗技术改变性别带来的模糊性与不确定性,"到底要到何种地步才能算是变性人? 仅仅改变穿着和生活方式即可,还是要不可逆转地完成整项变性手术? 或是位居期间的某个阶段?"❷ 与此同时,性别身份的法律变更登记也会因各地区法律规范的差异而存在办理时间的长短差异。❸ 如有学者就曾提出,"按照大多数国家的惯例,实施变性手术后,通常还需要对患者采取至少2年的心理治疗,18个月以上的异性适应性生活,1年以上的心理分析,6个月的异性性激素治疗等"❹,这无疑意味着在并不短暂的性别重置周期内,如何确定当事人的性别身份尚未有明确的法律标准,这也正是造成前文中飞儿与小雨的"法律实验"困境的原因之一。

可见,基于性别重置的法律确认周期,"法律真实"与"实质真实"之间可能出现某种断裂,法律意义上对生理性别的确认可能覆盖现实情况,在这些情况下,"法律真实"取代了"实质真实",进而"塑造人们的观念及其认识"。❺ 一些学者对诸如婚姻性别判定的表述也采取了较为严谨的态度,如

---

❶ 《患易性癖男子做变性手术,手术失败怒告医院获赔14万》,载新浪网2008年3月15日,https://news.sina.com.cn/c/2008-03-15/060813576598s.shtml。

❷ Bellinger v. Bellinger, Supra note 10, at 488, para. 76.

❸ 根据《公安部关于公民实施变性手术后变更户口登记性别项目有关问题的批复》,一般来说,"公民在国内成功实施变性手术的",交验材料为"1. 国家指定医院为其成功实施变性手术的证明;2. 申请人的居民身份证、居民户口簿";"公民在国外成功实施变性手术的",交验材料为"1. 国内三级医院出具的性别鉴定证明和公证部门出具的公证书,或司法鉴定部门出具的证明;2. 申请人的居民身份证、居民户口簿"。但部分地区在此基础上会增加一些其他证明材料要求,如广东省还要求提交"属机关、团体、学校、企事业等单位的,要有所在单位组织人事部门准予变更的证明",湖北省武汉市还要求提交"社区民警调查报告",辽宁省大连市还要求提交"婚姻状况证明或个人未婚声明(达到法定结婚年龄的)"等。

❹ 张伟:《变性人婚姻家庭面临的法律问题》,载《法制日报》2005年10月16日,第2版。

❺ Jack M Balkin, "The Proliferation of Legal Truth," Harvard Journal of Law & Public Policy, Vol. 26: 1, p.5 (2003).

杨大文教授称,"当人的自然身份和户籍证明一致的时候,登记结婚在法律上就没有问题。变性人通过变性使得自己的自然身份发生了改变,同时他们也通过合法的手续改变了户籍证明上的性别登记,两者只要保持一致,结婚就是正当的。"[1] 这种观点并没有单独地采取生理意义上抑或法律文件上的性别确认,而是将二者进行结合,事实上也是对跨性别者以及户籍管理机关提出了某种义务性的要求,即应当在性别重置过程后尽快进行法律确认。"既然现行法律是以生理性别划分男女性别的,法律在变性前承认他(她)的生理性别,那么,在变性手术后就不应该回避这种改变了的生理性别,应该以变性后的生理性别来确定其性别,以保持法律规定的统一。"[2] 如果延续这种思路,那么自然人的性别判定与新生婴儿的出生医学证明一样,被更多地归结到医学判断之上,作为法律意义上的性别登记则是一种基于法定行政管理职责的行政确认行为。

尽管这种调和式的解决办法相对于单方面的生理或法律判断更加合理,但也并非无懈可击。比如有学者就指出,在这一标准之下,如果当事人没有能力进行医学治疗,那么医疗就变成了他们得到更广泛权利的门槛,而且这一标准还可能导致当事人在性别确认问题上受到严格的身体检查,从而使其在人格尊严上受到侵害。[3] 在这种背景下,自我认同性别确认标准,也就是根据当事人自己对性别的认同来确定其性别的标准开始在一些国家和地区得到实践。以 2002 年欧洲人权法院审理的 Goodwin v. United Kingdom 案为例,该案中法院强调"已经经历了变性手术的变性人生活在不男不女的中间地带,这种令人不满的状况不能再继续下去了"。[4] 虽然有学者提出英国在该案前不久的 Bellinger v. Bellinger 案中已然拒绝接受变性婚姻,因此乃是欧盟的体制"迫使"英国法院承认了变性婚姻[5],但无论如何英国随后于 2004 年出台了《性别承认法》,明确允许变性人申请新的出生证明,且并不要求经过变性手术。支持这种标准的观点认为,应避免过于烦琐的身体调查,因为那些调查

---

[1] 《兰州变性人可结婚,法律专家:宽容成全变性人婚姻》,载胶东在线 2003 年 9 月 12 日,http://www.jiaodong.net/news/system/2003/09/12/000593512.shtml。
[2] 张迎秀:《变性人性别的法律确认》,载《法学论坛》2010 年第 3 期。
[3] 李燕:《性别变更法律问题研究》,中国法制出版社 2013 年版,第 111 页。
[4] 35 Eur. H. R. Rep. 18(2002)。
[5] 薛张敏敏:《司法的"跃进"与"越界":反思香港终审法院之"变性人结婚权案"(W 判例)》,载《中外法学》2015 年第 1 期。

不仅是不必要的，甚至会给当事人造成永久的伤害。❶ 不过这种标准也引发了一些质疑，比如有人提出如果采用的性别检验标准太宽松，人们会一时兴起就到法院要求改变法律性别。❷

笔者无意讨论生物学标准、医学标准抑或自我认同标准在性别确认问题上孰优孰劣，但性别判断的多重标准至少可以说明一个问题，即法律意义上的性别确认并非单纯的生理判断，而是会作为一种法律标签进而在当事人整体权利义务准入层面产生基础性的作用。那么，作为与性别身份关系最为密切的婚姻效力自然也就与此产生了无法分割的联系。

二、性别重置对婚姻关系效力的影响

虽然诸如社会性别等后现代理论思潮对"性别"塑造形成了巨大的冲击，但至少在现行法律中性别仍然是一项基本制度构建。特别是在婚姻制度上，尽管世界范围内同性婚权议题风起云涌，但就目前中国现行的法律制度而言，婚姻仍仅限于"男女双方"。2016年由长沙市民孙某提起的"同性恋婚姻登记第一案"更是将这一法律规范明确运用到了司法领域，因此讨论婚姻效力问题的第一项任务即在于如何确定自然人的性别身份。也就是说，性别的法律确认标准直接决定着特定自然人如何进入婚姻自由的权利阈限之中。而这里所谓的婚姻自由除了包括当事人如何以法律认可的性别缔结婚姻，还关涉处于婚姻关系中的当事人如若进行性别重置，基于"男女双方"的婚姻制度应该如何回应。

针对这一问题，2002年民政部办公厅在《答复》中曾有过具体回应，"办理结婚登记手续时符合结婚的实质要件和形式要件，结婚登记合法有效，当事人要求登记机关撤销婚姻关系的请求不应支持。如果双方对财产问题没有争议，登记机关可以参照协议离婚处理，离婚的效力自婚姻关系解除之日起算"。尽管有学者直接将该意见理解为"已婚者实施变性术，改变自身的性别，必须解除婚姻关系。解除婚姻关系参照协议离婚或者诉讼离婚处理"❸，但若仔细分析，这种结论的推演存在一定的逻辑漏洞。

---

❶ Taylor Flynn, "The Ties that [don't] Bind: Transgender Family Law and the Unmaking of Families." in *Transgender Rights*, Paisley Currah, Richard Juang and Shannon Minter ed., University of Minnesota Press, 2006, p. 35.

❷ 李燕：《性别变更法律问题研究》，中国法制出版社2013年版，第115页。

❸ 吴国平：《变性人婚后变性权及其婚姻家庭关系问题探析》，载《西南政法大学学报》2011年第3期。

首先，2002年民政部办公厅《答复》中"参照协议离婚"的指向究竟是性别重置这一行为还是当事人撤销婚姻的诉求并非没有进一步讨论的空间。导致该意见出台之案件的当事人杨某（女）和游某（男变女）是主动向婚姻登记机关申请撤销婚姻关系，也就是说，如果结合该案件中的此细节，那么民政部的"参照协议离婚"很有可能是指婚姻双方当事人在其中一方变性后主动寻求婚姻解除的意思表示推定。那么，如果婚姻双方当事人在同样情形下并非自愿解除婚姻关系，此时则不产生该意见中的"参照协议离婚"问题，原本的婚姻关系似乎仍然保持继续有效的状态。这意味着在婚后出现的"事实同性婚姻状态"与婚姻缔结层面的"同性婚姻"不同，其依然受法律保护。尽管学界许多研究者均对此提出了异议，且在法律实践当中也确实出现了与之相背离的操作❶，但问题的复杂性明显仍在延续。其次，即便暂且将《答复》中"参照协议离婚"的指向对象理解为婚后一方的性别重置行为，但正如上文所言，性别重置更多地表现为一种周期而非具体的时间节点，那么如果当事人虽然在医学意义上成功地完成了性别重置，但其并未在法律意义上对自己的性别进行变更确认，那么此时这种"参照协议离婚"究竟是指医学上的性别重置还是法律上的性别变更登记也就存在多种可能。更何况根据上文的分析可知，医学意义上的性别重置本身也存在诸多不确定因素。最后，就算我们抛弃以上对"参照协议离婚"的指向讨论，"协议离婚"这一概念本身就存在"合法有效婚姻"的前提假设。也就是说，这里所谓的"参照"虽然可能在技术上解决了婚后变性可能带来的"事实同性婚姻状态"问题，但在法理上无疑人为地创造出一种概念困境，即一方面承认这种基于性别重置而产生的"事实同性婚姻状态"乃是一种合法婚姻的延续；另一方面又通过貌似并不具有强有力解释的意思推定来结束这种"合法"的婚姻效力。

正是在上述的重重困境下，有学者开始尝试寻求一些其他的技术性手段，如张伟认为此种情况可参照婚姻关系终止原因中死亡（包括宣告死亡）的精神办理，推定一方为自然死亡，且发生与自然死亡同等的解除婚姻关系的效力，无须再去履行离婚的法定程序。❷ 不过这种"技术性"处理方式几乎不具备任何理论支撑，用"性别变更"代替"死亡"来推定跨性别者婚姻状态

---

❶ 如由成都电视台都市生活频道联合成都公证处共同推出的《公证进行时》节目第3期讲述了一起根据真实事件演绎的具体案例，其中的当事人李达（化名）因父亲婚后变性后未解除原有婚姻关系，从而在父亲死亡后，其与母亲遭遇到继承权公证的现实困境。

❷ 张伟：《变性人婚姻家庭面临的法律问题》，载《法制日报》2005年10月16日，第2版。

的同时却保持当事人在其他民事权利领域的完整性，这无疑只是对已婚跨性别者婚姻权限制的"掩耳盗铃"。与此同时，这种将性别重置与原本婚姻主体资格消灭的主观等同也会进一步衍生出对原本婚姻关系解除之形式要件（离婚手续）缺失的后续问题。如李湘雯等就曾列举了相应案例。

王女士与丈夫张某于2003年结婚，双方共同生活至2007年。但某日，张某突然无故失踪，经多方寻找仍无下落。直至2009年，王女士才得知张某在失踪后就去做了变性手术，现已结婚嫁人。那么张某在进行变性后向原籍公安机关重新办理了女性身份证明，并与他人结婚，是否构成重婚罪？❶

可见，单纯以跨性别者的性别重置行为作为原婚姻效力判断标准的假设推定并不能很好地保障婚姻相对方的配偶权益，相反这种推定似乎给与了跨性别者一种类似"单方无条件解除婚姻关系"的"特权"。此外，诚如李湘雯的分析，张某前有一妻，后有一夫，并没有同时存在拥有两夫或两妻的情况，实质上没有破坏国家提倡的一夫一妻制度，如果硬要说张某破坏了一夫一妻制度，那就等于变相地认同了同性婚姻的存在。因此，更加具有调和意义的建议开始出现，如吴国平认为已婚跨性别者"从尊重配偶一方权利的角度出发，应当履行告知义务，或者征求配偶一方的意见，但这不能作为变性手术的必备条件。配偶一方能够接受，并愿意继续共同生活的，婚姻关系可以继续维持；反之，则只能通过离婚来解决冲突问题"。❷ 事实上，世界范围内早就有一些非政府组织就此问题进行了讨论，如"变性人法律和就业政策国际联合会"于1993年制定的《变性人医疗法律标准》认为，医生对要求改变性别外表的患者进行荷尔蒙变性治疗以及性别再造手术治疗时，如果患者已经结婚，医生不能要求患者离婚，但可以要求患者配偶签字放弃追究医生责任，并提供了相应文书样本。❸

这种解决方案的优势在于，如果是已婚者寻求性别重置，那么此时其配偶便也与该性别重置行为产生了权利纠缠。如果将性别重置与婚姻效力的矛盾冲突提前呈现，此后如果当事人之间再发生对婚姻效力的争议，原则上就

---

❶ 李湘雯，肖珊：《变性人婚姻引出的法律问题探析：从一则重婚罪案例说起》，载《延边党校学报》2013年第4期。该文中作者并未给出该案例的具体出处，因此笔者无法判断该案例究竟是真实案例抑或虚拟案例，本文的讨论仅针对该案例背后的法律困境而展开。

❷ 吴国平：《变性人婚后变性权及其婚姻家庭关系问题探析》，载《西南政法大学学报》2011年第3期。

❸ 参见 http://www.transgendercare.com/guidance/resources/ictlep_soc.htm。

不会产生上述那种"参照"究竟是指向性别重置行为还是当事人意思表示的潜在矛盾。但新的问题也会随之产生，我们虽然可以认定已婚者的性别重置行为不可避免地会对其合法配偶产生权利影响，但这种婚姻法律关系中的权利义务是否可以推演到性别重置行为的双方主体（跨性别者与医疗机构）之上还需要更多的理论说明。如发生在2004年的高某某案便正是这种潜在矛盾的集中体现。

2004年，南京东方医院与高某某签订协议，根据高某某的自身条件，东方医院同意为其做分期变性手术并承担手术费用，但高某某必须提供变性手术相关的合法必备证明。高某某在家乡开具了各种手术证明（包括所在村委会的证明、家属同意书、精神病医院的证明等材料）后，东方医院以高某某没有合法的离婚手续等理由决定暂缓对其进行变性手术。

随后，高某某一纸诉状将东方医院告到南京市秦淮区人民法院，请求法院依法判定被告继续履行协议进行变性手术。被告东方医院辩称，根据中华人民共和国卫生部❶1982年颁布的《医院工作制度》的规定，如果进行变性手术，术前必须经病人家属或单位签字同意。秦淮区人民法院经审理认为，原告明知做变性手术需要提供离婚证明，但目前并未提供其与妻子离婚的合法手续，故被告抗辩理由成立。判定驳回高某某的诉讼请求。

高某某对一审判决表示不服，并随即向南京市中级人民法院提起上诉。二审法院认为，我国现行法律及行政法规对已婚者能否变性均未作规定，地方性法规及国务院部门规章也未见诸述，中华医学会或整容行业协会对此未作相应的行业规范。而东方医院提供的《整形外科学》一书中所阐述的有关已婚者应于解除婚姻关系后变性的学术观点，既不是法律规范，也不是诊疗常规，所以并不能作为审判依据。同时，由于高某某变性是对自身身体的处分，而配偶权所能支配的仅是配偶之间的身份利益，对身体的处分权仍为夫或妻一方所拥有。因此，不应以变性影响配偶一方的身份利益而否定夫或妻对自己身体的处分权。最终，二审法院认定高某某上诉理由成立，撤销一审法院判决，要求东方医院自判决生效之日起15日内，给付高某某损失5万元。❷

---

❶ 2013年3月，根据第十二届全国人民代表大会第一次会议审议的《国务院关于提请审议国务院机构改革和职能转变方案》的议案，将卫生部的职责、国家人口和计划生育委员会的计划生育管理和服务职责整合，组建国家卫生和计划生育委员会，不再保留卫生部。

❷ 文健：《准变性人起诉"半吊子"手术》，载《政府法制》2005年第16期。

值得注意的是，不知是否受到高某某案的影响，卫生部于 2009 年颁发的《变性手术技术管理规范》以及 2017 年国际卫生和计划生育委员会颁布的《性别重置技术管理规范》两份文件均明确要求手术前手术对象应未在婚姻状态。但延续高某某案中的判决思路不难发现，这一规定仍然存在诸多法律疑问。如作为 2009 年规范起草人的陈焕然教授曾撰文指出，"易性癖者在接受变性手术之前如果与配偶的婚姻关系处于存续状态的，婚姻关系应予解除，否则在变性手术以后，这种婚姻关系就是同性间的婚姻，是法律所禁止的"。[1] 从这一观点不难看出，对已婚者性别重置手术的限制并非基于对婚姻当事人的配偶权益维护，而是对作为一种制度的婚姻性别属性的强调，此时婚姻关系双方的情感因素明显退居次位。与此同时，鉴于性别重置手术与性别身份信息的法律变更并不完全贴合，那么对婚姻状态的强制性要求究竟是针对性别重置手术还是法律意义上的性别身份变更也存在讨论的空间。更不用说在中国，相当比例的跨性别者面对法律层面的复杂要求时，往往选择前往境外进行性别重置手术。此时中国医疗技术层面的管理规范显然无法完成对当事人性别重置的实质性干涉，而且也有跨性别者表示自己在进行性别重置手术之后并不急于办理性别身份变更登记。

概括地说，对已婚者性别重置的限制背后似乎存在这样一种逻辑，即配偶权益背后对性忠诚或性和谐的外在描述成为一种制度性的安排，法律也似乎只有通过这种"性"的规范性描述才能凸显原本应当作为婚姻当事人主观意向上的婚姻情感维度。但问题是，夫妻忠诚虽然是当下中国社会定义婚姻关系首要的制度性道德，并在公开话语层面占据优势，然而在婚姻关系中并非不存在其他的道德因素，比如"真爱至上"。法理意义上所谓的"配偶权"究竟应当以何种表达为主原本应更多地取决于当事人的自我想象。事实吊诡的是，法律试图通过各种各样的制度来凸显婚姻当中的情感因素，但最终往往只能呈现出既定的制式化"情感模板"。而当现实中的婚姻关系不再符合这些既定的"情感模板"时，原本那些"真爱至上"的情感因素便会成为消解婚姻制度的"害群之马"。从这个角度来看，婚姻制度更多的时候并非为了保障"爱情"，而是要维护由此衍生出的那些被模式化的利益。那么，基于对"事实同性婚姻"与"同性婚姻"之间法律背书的差异，我们无奈地得出这样一个初步结论，即相比于个体的"婚姻权"，对性别重置进行限制的法律规定更侧重于保护作为一种社会基础单位载体的"家庭"，而非当事人自己基于

---

[1] 陈焕然，陆利平：《变性手术立法刍议》，载《科技与法律》2002 年第 1 期。

所谓"配偶权"的婚姻情感判断。

三、婚姻实践中性别维度与性倾向维度的纠缠交错

如上所述,许多对已婚变性者婚姻效力的讨论似乎都回归到了"性权利"的视角上,如有学者认为,性不仅是婚姻的基础,也是婚姻的主要内容,这是性与婚姻的本质联系❶,"性权利的充分享受程度,是其生活质量的一个重要标志,也是婚姻质量好坏、婚姻关系能否存续和家庭能否稳定的关键"❷。只是这种论点如果被放置在更为宏观的社会学视角下,那么其背后的矛盾也不难被发现。如早就有学者曾尝试解构现代婚姻制度的"性"属性,强调"婚姻不是为了性,既不是为了性行为的过程,也不是为了性行为的结果(生育),相反,是对性行为的限制,限制到一个特定的对象"❸。基于性权利对已婚变性人的婚姻效力进行限制,事实上在主观上人为地缩减了所谓"性权利"的外延。如郭晓飞在论述中国内地变性人婚姻较之西方的区别时曾明确指出,"中国内地有关变性人议题的讨论没有显示出对同性婚姻的恐惧","这种不敏感也许可以被解释为变性人婚姻权仍然在异性恋一夫一妻的框架下得以承认。"❹ 也就是说,无论是否认同跨性别者的婚姻自由,几乎所有的论述都建立在将跨性别者视为异性恋的基础之上而展开。尽管在忠诚义务的视角下,我们可以大谈特谈跨性别者之于配偶的特定权利、义务界定,但若加入性倾向这一不确定的变量,问题无疑会上升到一个更为抽象的层面,即虽然性别认同与性倾向在某种程度上均是婚姻制度构建不可回避的重要因素,但两者之间的张力恰恰是世界各国现行婚姻制度塑造的头等困境。

以下笔者便以另外两位跨性别者——皮皮(化名)和夜紫(化名)为例,来阐释现阶段性别重置之于婚姻制度的讨论是如何将性/别问题进行简单化处理的。

我最早大概高中的时候(2004—2005年)吃过两三个月的激素药物,但是那个时候没有什么正规的指导,就是药店直接买来自己乱吃,导致身体的

---

❶ 张迎秀:《变性人婚姻家庭权利研究》,载《河北法学》2010年第6期。
❷ 阙敏:《论婚内性权利及其维护》,载《苏州科技学院学报(社会科学版)》2004年第21卷第4期。
❸ 周安平:《解构婚姻的性别基础》,载《北大法律评论》第6卷第1辑,法律出版社2004年版,第233页。
❹ 郭晓飞:《性/别少数群体平等保护研究》,中国政法大学出版社2018年版,第105-107页。

状况比较差，所以很快就停药了。再后来断断续续也服用过几次激素药物，在医生指导下正规按量用药可能也就三四年的时间。直到 2016 年我才在国外进行了变性手术（男变女）。如果生殖器成形的话，男变女正常的一般一次手术就可以了，但有的人在做生殖器成形之前可能会先做一次睾丸切除。不过现在医院之间也有差别，有的医院可以一次成形，有的会分开做，先做成形，然后做修形状之类的小手术。我其实一共做了三次手术，是 2016—2018 年分三年才做完的。2018 年全部做完之后我才去修改性别信息，大概是术后两个多月去的。因为我在术后 20 多天才回国，当时想的是不急于一时，等身体养好了，利索一点再去。（夜紫）

我今年 39 岁，大概从十七八岁的时候开始接触到跨性别的相关信息。2010 年前后，我发现自己的性别不认同问题越来越难以忍受了，那时候甚至想过自杀。尝试过一次自杀之后我也想开了，觉得无论如何也要做点什么。所以 2011 年之后我开始做了一些小手术，不过大多是整形类的，虽然没有什么实质性的变化，但至少对我自己来说压力变得没有那么大了。2012 年我最终（在国内）进行了切除睾丸的手术，不过此后就没有再进行进一步的手术了。（追问：2009 年《变性手术技术管理规范》中存在相关婚姻状态的规定，您是否受到影响？）据我所知，目前中国很多基层医院其实没有很好地执行这个规定，其实我知道很多没有离婚的朋友都是在国内完成的手术，也没有完全按照这个规范去执行。我做完切除睾丸的手术之后并没有去户籍部门变更性别信息，我其实考虑过这个问题，一方面是因为我毕竟在事业单位工作，所以很多方面还是会受到一些限制；另一方面我也不觉得去变更这个性别信息会让我的生活境遇变得更好，其实做完手术（指切除睾丸）我自己基本上就觉得可以了。（皮皮）

通过夜紫与皮皮两位跨性别朋友的自述我们不难发现，上述"性别重置周期"的复杂性在两者身上均有不同程度的体现。首先，许多跨性别者均有断续服用激素药物的经历，但鉴于早期医疗监管方面的欠缺，某些跨性别者对激素药物的服用可能并不科学，且部分跨性别者后续并未进行性别重置手术。其次，夜紫自第一次进行睾丸切除手术到最终女性外生殖器的修缮成形大体经过了三次手术，共计两年左右的时间，事实上，当事人在进行第一次睾丸切除手术后便可以前往户籍管理部门进行性别变更登记，但夜紫在这一阶段仍然选择使用原本的男性身份，直到两年后自认为"身体养好了"才进行的性别变更登记。而皮皮的情况则更为复杂，当事人在进行睾丸切除手术之后便主动停止了后续的女性外生殖器再造，在皮皮看来，这次手术已经基本满足了自身诉求，所以便没有继续进行后续手术的必要。换句话说，至少在法律层面，夜紫与皮皮两人均在相当长的时间内处于前文所称的"性别自选"阶段，而其中皮皮目前男性法律身份的保留在某种程度上也是自我选择的结果。那么接下来的问题是，这种一定程度上的"性别自选"会以何种方式对当事人的婚姻效力产生影响呢？

我做手术那两年是有个对象的，但是手术后就分了。其实跟他分也是因为我要去做手术这个事情。因为他是个同志（男同性恋），所以他希望我在外貌上、行为上都保持比较男性的状态。（追问：您觉得在当时的感情关系中自己是什么样的性别身份？）我也说不上来当时究竟是怎么想的（指自己是以男性还是女性的身份和对方相处），感情这个东西不就是互相看对眼了嘛，而且当时就是想着起码有个对象陪着。因为我自己属于泛性恋，是都可以的一个状态，所以只要是大家合得来，也不太在意什么性别这个事儿。手术之后到现在我是跟别人"形婚"（笔者注：所谓形式婚姻，一般指男女同性恋者之间在彼此知情的前提下缔结的婚姻）的状态，是我手术之后变更完身份信息才结婚的。因为对方是个男同性恋，是他在（某地）有买房的问题，加上他家里的压力大吧。反正我是无所谓的，所以他想形婚我就帮他一下了。（夜紫）

我现在的太太是我高中和大学的同学，那个时候我自己觉得这个事情是没有办法解决的，所以2004年的时候挺草率地就结婚了，2006年就有了孩子。我结婚前其实就跟我现在的太太说过这个事情，但是当时我们达成的共识是既然这个事情不能改变，而且她也接受，那就不需要过多讨论了，就这么过吧。我们目前的关系不是特别好，不过她不想离婚，我就说那你来决定我们的关系吧。所以现在我们基本上就是一个共同养孩子的状态。（皮皮）

可见，夜紫与皮皮虽然目前均处于符合法定形式的婚姻关系中，但两人各自的婚姻均不属于理想状态下的"常规婚姻"，在某种意义上可以说两者各自的婚姻均不具备法律所希望拟制出的那种"情感模板"。以皮皮的婚姻状况为例，如果按照前文对2002年民政部意见的分析来看，无论皮皮是否进行性别身份变更登记，只要皮皮"夫妻"双方并不想改变的话，那么其目前的婚姻仍是合法有效的，而皮皮不主动进行性别变更的选择似乎也使得他/她的婚姻更加符合"形式要件"。如果说已婚者进行性别重置手术并不影响婚姻效力的推断是试图保证"家庭"作为一个社会基础单位的稳定性与延续性，那么法律意义上则无法很好地解释在婚姻缔结之初为何需要对性/别进行强制性认定（无论是性别重置周期内的性别矛盾抑或同性婚姻问题）。因为前文中我们已经用大量的篇幅说明，性别重置手术与性别身份信息变更这两种行为在法律意义上并非重合的。也就是说，某个特定主体在性别重置手术之后到性别信息变更之前，其"实质真实"与"法律真实"可能是背离的，而在婚姻缔结审查中加入对性别的强制判定，意味着法律性别在婚姻缔结时的重要性明显更强。延续这种思路，如果我们可以再追问一句，是否在性别重置的背景下，这种所谓的男女分别仅仅是一种可以脱离实际情况的法律构建？换言之，恰恰是通过性别重置这个微妙的视角，我们甚至可以略加武断地得出婚姻制度中所谓的"男女双方"可能并不是要保证生理意义上的男女结合，而仅仅是要通过法律性别归类来完成对婚姻的一种制度性塑造。

此外，作为一种制度的婚姻对缔结与解除之要求虽然在某种程度上均可归结为一种广义上的婚姻自由，但事实上这两种行为是有明显差异的。一方面，婚姻缔结虽然明确强调男女双方之间的"自愿"，但却似乎并未提出情感性因素的具体要求；另一方面，婚姻解除乃是基于"制度层面"上婚姻关系的存在，双方的意思表示可能存在差异（可能一方想要离婚而另一方拒绝离婚），那么此时在制度层面所拟制出的情感因素便凸显了出来（感情确已破裂）。在婚姻缔结这一行为上，法律把对情感因素的合意推演到"自愿"的意思表示当中；而在婚姻解除上，则单独强调这种情感因素的重要性。换言之，我们可以认为法律强行地为婚姻制度增添了一抹情感色彩，且这种情感色彩可能并非个人在婚姻缔结时的一种意思表达，而是基于一种婚姻制度的添附。回归到性别意义上，婚姻缔结时的性别审查与婚姻解除时在某种程度上的"性别忽略"恰恰可能是由这种法律所拟制的"情感压迫"所致，原本作为一种主观性的个人意思表达在制度塑造的层面被一步步地构建成为一种固化的特定样态，而这种"情感模板"似乎竟然反过来覆盖了最初的性别判定。当然，在某种程度上，可将这种法律所拟制的"情感模板"视为标准的异性恋模式。正是因为缔结婚姻时似乎并没有凸显这种"情感模板"，因此唯有在婚姻关系成立之后，异性恋的假定预设才产生出其在法律意义上的作用。这也可能正是上述当事人夜紫所谓"形式婚姻"背后社会学与法学的双重尴尬，即法律所拟制的"男女双方"是基于一种男女均为异性恋的客观状态。即便当事人的性倾向状态可能存在偏差，法律也仅仅（或者说只能）关注性别层面是否体现为一种"男女双方"。所以即便已婚跨性别者在后续的过程中采取了性别重置，但法律所拟制的"情感模板"可以暂时覆盖原本的"男女双方"。毕竟婚姻准入时"男女双方"的形式标准仅仅是为了保障后续法律所拟制的"情感模板"作为一种实质要件而能够得以形成。

事实上，是否可以把婚姻法中的"男女双方"与"一夫一妻"进行对等也是有很大讨论空间的。严格意义上，"一夫一妻"制度除了与"一夫多妻""一妻多夫"乃至"多妻多夫"的群婚制相区别，还存在某种对婚姻关系中不同身份角色的制度构建。虽然法律意义上夫妻双方的权利、义务分配大方向趋于等同，但毕竟仍然存在一定特定的身份权利设置，比如对女性孕期的保护便是对生理意义下"妻子"的权利维护。但如果严格依据生理性别进行婚姻制度构建，跨性别者大多不符合传统意义上的"夫""妻"角色构建，事实上，这也是世界范围内在对跨性别者进行婚姻限制时的主要考量因素。比如我国香港地区的变性人 W 小姐案[1]，原诉法庭及上诉法庭的裁判意见均表示，"传统观念中，生育是婚姻的核心价值，而变性人是无法生育的"；"婚姻的重要内容在于生育后代，而本案中变性人 W 是无法生育的，因此，一旦允许 W 结婚，将对传统的婚姻观念造成巨大影响，会引发一系列难以解决的社会问题"。直到终审法院才转变了相应思路，认为"此前作为婚姻必不可少的元素——生育繁殖的重要性大为降低，婚姻条例等法例对生育亦没有相关规定，结婚并非只为生育，很多人选择婚后不生育，或过了生育年龄才结婚"。这也就意味着在早期婚姻制度基于生育而进行的性别分离远不能解释后来在性别重置可及背景下产生的新问题。"一夫一妻"较之"男女双方"而言除强调对群婚制的否定之外，事实上更倾向于对婚姻关系角色的方向性定位（尽管这种对婚姻角色的塑造是否必要仍有继续分析的空间）。也就是说，如果跨性别者可以在性别重置周期内通过对性别的"自主"选择进而完成其所期待的婚姻样式，那么无论其是同性恋还是异性恋，均可通过那种形式上的"男"或"女"选择来实现自己所预期的实质意义上的同性恋抑或异性恋的具体婚姻状态，而此时才是真正地造成了一种法律规制的真空。从这个意义上来说，跨性别者的婚姻权问题似乎要比所谓的同性婚姻走得更远。

四、结语

最后我们可以尝试引入"性别劳动"的视角，即所有社会性别的身份构建都需要来自他人的承认、肯定和协助，那些为他人"赋予性别"而进行的

---

[1] W v. Register of Marriages, (2013) 3 H. K. L. R. D. 90 (H. K. C. F. A.).

各种情感和身体的努力，或主动地搁置自我关注以便帮助他者完成其渴望的性别认可即可成为"性别劳动"。❶ 在亲密关系的视角下，婚姻领域内的"男女""夫妻"也可以理解为一种依赖他者"性别劳动"构建的社会标识，而并非全然的法律权利义务确认，且法律意义上的夫妻之间的部分权利义务同样并非不可以依靠他种形式达成（比如意定监护）。从这个角度来说，我们不得不承认，性别重置在某种意义上只是"维护和迎合只有两种性别的社会性别制度而产生的不得已的医疗手段"❷，而其背后那个被潜在冲击着的婚姻乃至整体法律制度中的性别基础才是问题的关键。

稍加总结，本文所要解决的并非跨性别者抑或同性之间的婚姻效力"问题"（Question），而是尝试描述在性别重置背景下原本婚姻关系之性别属性维度所面临的"困境"（Problem）。这种"困境"的一个重要前提即性别重置周期与婚姻效力周期之间发生重叠时所呈现出效力状态的"意外"。（1）性别重置周期（虚线表示前一步骤的结束并不一定紧跟后一步骤的出现）：……性别认同障碍……性别重置（药物……手术 [第一次……第 N 次]）……性别信息的法律变更；（2）婚姻效力周期：……结婚……（离婚）。目前法律制度下，无论是性别的法律确认还是婚姻的效力确认均是以某一特定时间点为基准进行判断的，也就是说当以上两个时间轴发生重叠时，同一情况就可能因当事人人为地对以上两个时间轴的控制而产生不同（甚至相反）效力的结果。如果再加上"性倾向"这一不确定的变量，那么性别重置之于婚姻制度的性别属性所造成的多维冲击无疑会更加复杂。

在性别重置视角下，对婚姻制度性别属性的讨论事实上需要解决一个核心问题，即现行法律究竟是在以性别基础决定婚姻制度，还是通过婚姻制度来强化社会意义上的性别构建。性别重置技术的可及在客观上增强了自然人在生理性别上的决定权，这种决定权若不能经由法律意义的确认则无法成为一种"法律性别"，那么原本基于相对明确的性别制度之上的所有法律规范则均不会受到影响与动摇。与之相反，如果在法律层面承认了个体对自身性别的决定空间，那么建立在性别差异（这种差异可能是对形式平等与实质平等的一种人为调适）基础上的法律体系将会产生强烈的动荡。这其中最具有代表性的便是建立在"男女双方"基础上的婚姻制度，正如 W 小姐案中持不同

---

❶ Jane Ward, "Genderlabor: Transmen, Femmesand Collective Work of Transgression." *Sexualities*, Vol. 13: 2, pp. 236-254 (2010).

❷ 吴春燕：《关于性别医疗变更行为的法律思考》，载《现代法学》2007 年第 3 期。

意见的陈兆恺法官所言,"这一改变涉及影响深远的婚姻制度,因而更要'相当谨慎'"。❶ 这种判断的核心在于"变性"纯粹是个人选择,不涉及公共关系,然而申请结婚却是另一回事,这也正是有学者提出"认可变性人婚姻实际上是认可同性婚姻的前奏"的原因所在。❷ 相反,即便是由"男女双方"的异性恋婚姻制度来反推跨性别者的婚姻权,那么原本在婚姻缔结之初对性别的要求在性别重置技术的冲击也无疑正形成无法回应的困境。

最后还要提及的是,相当多的研究都显示出人们对于婚姻重要性的认识在弱化,或者至少可以说,对于在开始共同生活前应结婚的认识在弱化。因为"处于一段亲密关系中这一事实本身就会产生一种责任,从而帮助维系亲密关系——这种关系本身产生了'一种带有规范性的动力'"❸。尽管这种分析没有也不可能消解婚姻本身所具有的亲密关系属性,但婚姻的仪式化特征确实更加鲜明了。比如当下未婚同居者之间那些类似于配偶权利、义务的法律诉求逐渐增多,法律对此的调整规范也越发详细,特别是近年在LGBT群体中备受关注的"意定监护"制度在某种程度上为非配偶关系的自然人之间营造了某种类似婚姻的身份连接可能。这意味着在立法导向的宏观层面原本试图"通过奖励符合特定社会结构的行为,惩罚偏离社会结构的行为,来维护甚至创造出特定类型的社会结构"逐渐转向了"在个性化的基础上解决个人问题,或者只是管理个人问题"。❹ 换言之,基于"爱情"的亲密关系未必能够形成合法的婚姻,但婚姻在制度设计上却必然包含对情欲(忠诚义务)的法律保护。虽然现实中尚属于"极少数"的性别重置情况相对于"主流"的婚姻制度或许显得有点"微不足道",但这种制度上的冲击却异常难以修补,甚至从某种意义上来说,性别重置行为恰恰是通过不断冲击法律与生理意义上的性别确认(当然这种冲击也内含着一些新型的制度模式建构)从而在"精卫填海"式地撼动着包括婚姻在内的整个社会制度体系。

本文原稿曾发表于《社会发展研究》2021年第2期。

---

❶ W v. Register of Marriages, Supra note 1, para.191.

❷ 薛张敏敏:《司法的"跃进"与"越界":反思香港终审法院之"变性人结婚权案"(W判例)》,载《中外法学》2015年第1期。

❸ [英]伊克拉:《家庭法和私生活》,石雷译,法律出版社2015年版,第25—28页。

❹ John Eekelaar, "Then and Now, Family Law's Direction of Travel." *Journal of Social Welfare and Family Law*, Vol.35: 4, p.415 (2013).

刑事司法场域中女性角色的变迁

■ 童颖颖

女性在人类社会历史中始终起着非常重要的作用，但是女性在历史上的地位总的来说并不高。有一句顺口溜很能说明这一问题："自己的老婆自己的驴，任自己打来任自己骑。""三从四德""男尊女卑""夫为妻纲"等词汇就是中国古代女性地位的真实写照，已经作为语言文化流传下来。

弱者才需要被保护。有句话是这么说的，一个国家强调什么，就说明这个社会缺少什么。我们国家上上下下有一个女性组织叫"中华全国妇女联合会"，简称"全国妇联"。"全国妇联"的产生和存在本身就是女性地位还不够高的表现，所以才需要成立专门的组织去维护该群体的权益。事实证明，全国妇联在推动妇女解放运动、提高妇女地位方面确实发挥了重要作用。2019年国庆前公布的"共和国勋章"获得者中有这样一位女性，她就是山西省平顺县西沟村党总支副书记申纪兰。申纪兰是唯一一位出席第一届到第十三届全国人民代表大会的人大代表，她在推动男女同工同酬方面做出了突出的贡献。1954年9月，在中华人民共和国第一届全国人民代表大会上，申纪兰提出的"男女同工同酬"倡议被写入了中华人民共和国第一部宪法。

妇女地位的高低与刑事犯罪之间表面上似乎"风马牛不相及"，但实际上存在一定程度的关联。笔者的观察感受是：社会地位低的女性容易成为犯罪被害人；有的社会地位高的女性有更多的可能成为犯罪人。从刑事司法的层面，围绕女性有一个问题值得我们去思考，那就是刑事司法场域中女性角色的变迁问题。对这个问题可从三个层面进行观察和思考：一是女性作为犯罪主体的问题，二是女性作为犯罪对象的问题，三是女性作为司法主体的问题。本文即以笔者近年来在某市中级人民法院刑事审判庭进行的田野调查为基础对以上三个问题进行分析研究。

一、犯罪主体：女性犯罪主体犹如雨后春笋

从犯罪主体的角度看，女性犯罪总体上呈现上升的趋势，这在某种程度

上也可以视为女性地位逐步提高的反映之一。女性地位的逐步提高是妇女解放运动不断推进的成果，这在很大程度上应该归功于妇联。随着妇女解放运动的推进，女性更多地走出家庭、走进社会、进入职场，女性犯罪也随之不断增多。换言之，随着女性地位的提高，女性有更多的机会融入社会，参与政治、经济、文化和社会生活，也就会更多地面对社会矛盾、社会冲突，相应地成为犯罪主体的可能性也就会增多。

有关女性犯罪主体与女性犯罪增多之间的关系是有犯罪学上的根据的。"哪里有压迫，哪里就会有反抗"，犯罪在某种程度上就是反抗既有秩序的一种极端行为。马克思主义犯罪观的经典犯罪概念，就是"犯罪——孤立的个人反对统治关系的斗争"。一方面，女性地位直接与女权意识呈正相关关系。当女性地位低到尘埃里去的时候，女性通常会受"宿命论"的影响，往往不知反抗、不敢反抗，女性犯罪自然也就较少；只有当女性地位提高到一定程度，逐步树立起女权意识时，女性才有勇气和底气反抗社会对她们的不公平对待，女性犯罪率自然会有相应的提高。另一方面，女性地位与女性社会活动范围呈正相关关系。在旧社会，女性被禁锢在家庭里，活动范围很小，处在矛盾冲突之中的可能性比较小，犯罪机会相对也较少；在新社会，女性地位不断提高，活动空间越来越大，置身矛盾冲突之中的情况相应增加，女性犯罪机会也相应地越来越多。

从司法实践的案例看，近些年女性作为犯罪主体的案件越来越多。分析其背后的原因，自然应该是多方面的。但是以下几个方面的原因是比较明显的：（1）女性地位提高，自主意识增强；（2）女性走出农村，融入城市的情况增多；（3）女性观念解放，自主自立自尊自强意识增强。

从女性犯罪的类型看，女性犯罪涉及的犯罪类型越来越广，其犯罪类型呈现出从相对集中到逐步扩大的趋势。对这个现象我们要从正反两方面去看，从悲观的角度看，这从某种程度上反映出女性地位还不够高，其在现实生活中"受欺负""受歧视"的情况还比较多，女性受到欺负、歧视后会被迫采取过激的应对措施；从乐观的角度看，女性的这种反抗意识正是社会进步的表现，这说明女性主体意识增强，更多地走出家门，活动范围和领域逐步扩大，不甘受欺凌、积极维护自身权益的意识开始觉醒。

(一) 因情感问题杀人

女性是感性动物，其心理特点中感性成分相对较多。女性犯罪中，因情感问题引发的犯罪所占比例也相对较高，正所谓"爱之深，恨之切"。

案例1：大学教师因爱生恨掐死儿子

蒋某系某大学教师。2012年5月6日9时许，被告人蒋某在自己家中多次催叫儿子起床未果而心生怨气，后为催叫其子起床，多次用手掐其子的脖子，最终导致其子死亡。同日下午，蒋某之夫闻讯赶回家中，得知情况后拨打110报警。随后，蒋某被赶到现场的民警抓获归案。经尸体检验，其子系被扼颈致机械性窒息而死亡。最终蒋某因犯故意伤害罪，被判处有期徒刑九年。

案例2：河南打工女望女成凤断了女儿性命

河南太康人沈某及其丈夫两人到浙江金华打工，由于文化水平不高，无法找到较好的工作，家庭收入有限，日子过得很艰辛。沈某一人在出租房里照看孩子，照看孩子辛苦加生活不顺，本身已苦不堪言，5岁女儿又正值任性年龄，时不时以言语顶撞沈某。某天，沈某长期的压抑一下子爆发出来，将所有的不幸都怪罪到女儿身上，对其进行长时间殴打，最终导致其女儿因广泛性皮下出血，经送医院抢救无效死亡。其丈夫在公安调查期间因为包庇，夫妻双双因犯罪被抓获归案。最终，沈某因犯故意伤害罪被判处有期徒刑十一年，其丈夫也被判处相应刑罚。

案例3：河南打工女因男友情感转移怒而杀人

河南南阳人刘某与邹某通过网络聊天相识后成为男女朋友并发生性关系。后来刘某发现邹某感情不专一，而邹某则认为刘某性格偏激，从而引发双方感情纠纷并闹分手。案发当天，刘某找到在饭店内与其他女性吃饭的邹某，两人随即发生争执。争执中刘某用随身携带的剪刀刺戳邹某的大腿、头等部位数刀，致邹某因颈动脉破裂而死亡。最后刘某因故意杀人罪被判处死刑，缓期二年执行。

案例4：农家女因嫌夫土为追求爱情而杀夫

某农家女的丈夫是一个老实巴交的农民，又是一个泥水工，长年早出晚归赚钱养家糊口，所赚的钱也都交给该农家女保管。该农家女长期在家操持家务，闲来无事就上上网、打打牌，偶然结识了一个外地有妇之夫，搞起了网恋并出轨。最后，越来越觉得丈夫土里土气无情调，在情夫的精神腐蚀和诱惑下，投毒杀害了丈夫。

（二）女性优势被他人利用或者被雇用从事毒品犯罪

女性因性别原因不太容易被怀疑为罪犯，在有关卡口检查时也不太会被详细盘查。女性的这一特点经常被贩毒分子所利用，致使不少女性因生计而被拉拢、收买、欺骗，成为他人贩卖毒品的"工具"。

案例5：受雇运输毒品案

2013年1月6日下午，被告人潘某接受了"小军"（另案处理）的委托，从"小军"处收取了1100元好处费，欲帮"小军"的朋友运送毒品至浙江省嵊州市。被告人潘某将8粒红色药丸藏放在裤袋中，将8包白色晶体用黑色塑料袋包住后放进随身携带的茶叶袋内，于同日17时许在广州市白云区广元汽车站乘坐从广州开往浙江义乌的汽车；1月7日上午9时许，潘某途经金华汽车西站时下车，换乘出租车欲到嵊州市将毒品交给接货的人。该出租车在金华市公安局出租车治安管理大队火车西站岗亭登记检查时，被告人潘某及其随身携带的毒品被当场查扣。经鉴定，被告人潘某携带的8包白色晶体和8粒红色药丸重480余克，均检出甲基苯丙胺成分。最终潘某因犯运输毒品罪被判处无期徒刑。

（三）利用女性得天独厚的条件实施卖淫类犯罪

娼妓问题，可谓由来已久、古今中外共通。新中国成立后大力整治娼妓问题，使这一问题一度销声匿迹，但改革开放后又沉渣泛起。据某地公安机关对一段时间内抓获的卖淫女的调查分析，卖淫者主要来自六类人：一是农村涌入城市者，占到了50%。二是未就业大中专毕业生，占19.3%。其中，主要是中专生，小部分是大专生，极个别是本科生。三是下岗女工，占17.3%。四是城市中的辍学少女，占5.3%。五是其他城市低收入者，占4.8%。六是其他，占3.4%，她们有职业，收入也不低，似乎是一些"特殊身份"的偶然卖淫者。

从司法实践案例看，许多失足妇女由"打工者"发展进化为"老板"，开始做起组织、容留、介绍和强制卖淫的勾当。这些人走向犯罪道路有几个优势和便利：一是知道这是一门投资少、来钱快的"生意"；二是经营套路清楚，入门快；三是手上有资源（从事卖淫的小姐妹多、嫖客中的老顾客多）。从女性刚开始被引诱卖淫到最后从事组织卖淫的案例看，这些失足妇女群体大多来自中西部偏远地区的农村。这种群体的妇女普遍文化程度不高，但是主体意识已经觉醒，渴望到东部沿海地区打工改变命运。受知识和技能限制，往往无法谋取收入较高的工作，后来受到他人的欺骗或者蛊惑，为改变生活现状走向"卖身求荣"。最终由于人生观、价值观受到扭曲，不少人做起组织卖淫、容留卖淫的犯罪道路。一些性工作者甚至形成了扭曲的"职业荣誉感",认为自己从事的职业"无污染,零排放;无贷款,不麻烦国家"。

案例6:永康温州永嘉章某等100余人卖淫团伙组织

2011年12月12日凌晨1点25分,根据公安部的统一部署,浙江警方800多名警力同时出击,对以温州永嘉籍章某为首的特大组织、强迫妇女卖淫犯罪团伙开展了代号为"无声风暴"的扫黄扫赌收网行动。当晚共抓获相关违法犯罪嫌疑人188名,其中失足妇女115名,58名犯罪团伙成员被刑事拘留,缴获了对讲机、窃听器、注射针筒、胶木棍、汽车等一大批作案工具。

本案进入警方视线,缘于当年6月一起故意伤害致死案:6月10日凌晨,一名青年被人砍倒在永康街头,因失血过多而死亡。警方调查后发现,是两伙人械斗引发了该起命案,而最初的起因与街边的小美容店有关。原来有一帮云南人到美容院里去嫖娼,嫌女孩子不漂亮发生了争吵,当时这帮云南人被温州永嘉人招来的数十人用刀棍打跑。一看自己人吃了亏,其中一个云南人回去后又纠集了十几个老乡去找美容院的麻烦。看到来砸店的人气势汹汹,守店的三个人只好逃跑,其中一人因为跌倒被追上从而遭砍,引发了血案。案发后当地警方发现,一夜之间那条街以及附近的美容美发店全部关门,人去房空。如果只是因为命案,不至于关店外逃,关店的原因很可能是害怕警察到店里查到什么。案件当中的温州永嘉籍犯罪嫌疑人引起了浙江省公安厅的高度关注,因为之前杭州刚刚侦破一起组织、强迫卖淫案件,抓获的犯罪嫌疑人也都是温州永嘉籍。后警方经过暗中调查终于揭开了一条黄色产业链。该犯罪团伙犯罪呈现出以下几个特征:(1)犯罪人员全部来自温州永嘉,表面上均以夫妻店的形式经营美容美发店,实际上在各地从事组织、强迫卖淫犯罪。(2)组织卖淫地点选择在城乡接合部。从事组织卖淫的美容美发店多集中在永康经济开发区的夏溪村、曹园村、古山镇、芝英镇等多个地段。上述地段都是城乡接合部,外来人员多,一方面人员复杂,不易被发现;另一方面客户需求多,生意兴旺。(3)犯罪组织严密。该组织卖淫团伙掌控了数十家小美容店,为达到规模经营的效果,团伙成员会不断增开新店,但店主身份必须是亲友。该团伙开店的区域,其他美容店无法生存。该团伙对失足妇女集中统一管理,想尽办法切断店中女子与外界的联系。每家店中往往只有2~3名女子,统一规定营业时间、服务项目和收费标准。除了看店的老板,还有一些人在店外守着,有时候打打牌,有时候喝喝茶,以此做掩护。这些人都是社会闲散人员,既是打手,也负责望风。这些人以组织卖淫骨干成员的亲戚朋友为主，统一配备了对讲机，随时将观察到的情况进行汇报。(4) 犯罪具有产业化特征。该犯罪团伙中有专门从事拐骗妇女的，有专门从事组织卖淫的，有专门从事"看家护院"的。犯罪分子长期雇用人员在大街小巷张贴招工广告，或者到劳务市场以老乡为借口搭讪介绍工作，有的甚至上网利用 QQ 聊天发布虚假招工信息，从而将一些良家妇女拉入火坑。(5) 失足女性大多是贵州、云南、安徽等地的农村女性。信息相对闭塞，又涉世不深、思想单纯。犯罪分子正是看准了这点，知道这些女性容易上当受骗，就针对她们设计出各种各样的陷阱，然后将这些女性牢牢控制在手中作为赚钱的工具。这些人被以超市、美容院招工等名义骗到永康，然后被迫从事卖淫活动。其中，有一位刚满 17 岁的贵州山区女孩，因为妈妈生病，想挣点钱给妈妈治病，看到有所谓的"老板"在当地招工卖化妆品，包吃包住每月 1800 元，就跟着该老板出远门来到永康，被安排到一间简陋的美容美发店。从此，被控制从事卖淫活动，成为犯罪分子发财致富的工具。(6) 有一整套逼迫就范的手段。犯罪团伙成员将女性骗到美容美发店后，就搜走她们随身携带的身份证、银行卡、手机等；睡觉时有专人"陪睡"；给家人打电话"报平安"有专人监听；上街买东西有专人贴身跟随；卖淫场所的床上安装有窃听器，一举一动受到监控。犯罪团伙为了让被骗女性卖淫，有一个专门的流程，先是进行"洗脑"，说卖淫来钱快，其他工作又脏又累且收入少；对于经过"洗脑"仍然不愿卖淫的，就进行哄骗，答应她们帮忙赚回"开支"后就可离开；对于经过哄骗仍不成功的，立即露出狰狞面目进行威胁，扬言将她们"卖淫"的事情告诉她们的父母；最后，威胁不成的，就安排人对其进行"强奸"，让其"破罐子破摔"。这些失足女性卖淫还被定时定量，一天至少接客十人以上，每位客人定时 30 分钟。最多的一位，一天竟被迫接客 35 人。她们的"劳动所得"全部都得上交，回家过年时大部分所得被克扣，迫使她们为了拿到自己的血汗钱，过完年仍继续回来"破罐子破摔"。

一度泛滥的组织、强迫卖淫犯罪，需要引起社会各界的深思。一是关于伦理道德规范的缺失。法律是最低限度的道德，道德是最高限度的法律，伦理道德在规范人们行为方面起着最基本的作用。随着我国经济社会的快速发展，一段时期以来，传统的伦理道德规范失去了约束力，但是新的伦理道德规范却没有形成，出现了伦理道德规范的约束作用发挥的"空档期"。为此一些犯罪分子开始做起了"人肉生意"，把人当作其牟利的工具；一些妇女则一心渴望"发财致富"，没有了羞耻感，走上了出卖灵魂之路。二是重新审视卖淫犯罪的社会危害性。一段时间里曾经出现卖淫类犯罪无罪化的声音。一些人认为，卖淫女自愿卖淫，和男性嫖娼一样，都是你情我愿的行为，应该无罪化；有些人甚至认为，卖淫有利于减少强奸等性侵犯罪。上述观点，表面上看似有一定道理，实则犯了看问题过于表面的错误，没有真正看到卖淫犯罪所带来的危害。应该说，卖淫犯罪的真正危害，在于对民族精神的腐蚀，使人本身成为被剥削的对象，使人成为他人牟利的工具。这是严重违背人类社会基本伦理道德的。另外，卖淫犯罪在某种程度上还是"罪恶之源"，会衍生出大量的其他犯罪，如拐卖妇女犯罪、强奸犯罪、非法拘禁犯罪、聚众斗殴犯罪等。三是关于卖淫现象的原因分析。（1）好逸恶劳？据有关调查资料表明，"卖淫者生活水平大多仅仅维持在一般的水平线上，她们的收入充其量只能使其维持正常的或基本的生活条件，并不能将她们从整体上带上富裕之路，娼妓仅仅是以其肉体换取相当于社会平均水平的物质生活资料，并未取得任何'超额利润'"❶。（2）腐化堕落？美国性学大师马斯特博士曾经做过一个试验，研究娼妓在交易中的生理反应。试验的预期推测是娼妓和普通妇女的生理反应相差不多，结果令研究人员大出所料的是，与不从事卖淫活动的普通妇女不同，卖淫女的性器官由于长期处于充血状态而无法在交易的过程中兴奋起来。在对卖淫女的个案调查中，当问到交易时的感觉时，大多数被调查者的回答是"烦""无动于衷""只好忍着"，即使有些表现得很兴奋的，也只是说那是在表演。❷ 因此，卖淫现象的滋生蔓延，其背后的原因是很复杂的；对失足妇女的评价也不能表面化、随意贴标签。

（四）公司化犯罪带来的女性就业陷阱

近年来，随着我国以简政放权、放管结合、优化服务为内容的"放管服"改革的推进和对"互联网+"经济模式的倡导，我国经济发展方式和经济样态处于一个转型升级、换挡变速的特殊阶段。与此同时，作为与经济发展息息相关的犯罪问题也出现了新的样态。其中公司化犯罪就是近年来新出现的一种比较突出的犯罪现象。所谓公司化犯罪，就是按照开办公司经营的模式招聘人员组成公司从事犯罪活动。这些犯罪公司的组织结构与正常的公司没有

---

❶ 韩晓露：《女性犯罪的另类剖析：妇女研究专家王金玲谈卖淫女》，载《观察与思考》2003年第11期。

❷ 韩晓露：《女性犯罪的另类剖析：妇女研究专家王金玲谈卖淫女》，载《观察与思考》2003年第11期。

太大的区别，只是从事的"经营活动"是违法犯罪活动。这种公司化犯罪，借助公司注册登记简便化的有利时机，依托互联网技术和在线支付技术，仿照公司运行的方式构建犯罪组织，以投资、理财、销售等名义，面向不特定社会公众实施侵害财产犯罪。由于既有公司化经营的光鲜幌子，又有"互联网+经济"的时髦名片，这些犯罪组织往往在较短时间内就发展成为涉案人数多、涉案金额大、涉案范围广的涉众型犯罪。

从司法实践来看，公司化犯罪现象的快速蔓延应该是最近五六年才出现的一种新型犯罪模式。这一犯罪模式的出现与三个因素息息相关：一是2008年金融危机后，实体经济的持续萎靡不振；二是对虚拟经济的过度强调（互联网经济）；三是QQ、微信等互联网通信工具的普及。这三个因素叠加在一起催生了公司化犯罪现象的出现。

从表面上看，公司化犯罪现象与女性犯罪主体之间并没有必然的联系。但是只要深入观察公司化犯罪的主要发生领域就会发现，其实两者之间存在一定的联系。从司法实践案例看，公司化犯罪主要出现在三个大的领域：一是网络销售假冒伪劣产品，如销售伪劣药品、伪劣卷烟、伪劣美容产品等。这种假冒伪劣产品的网络销售主要适合女性从业，特别是其中的网络销售美容产品，女性就具有天然的优势。二是网络诈骗犯罪。公司化运营的网络诈骗案件中，犯罪分子往往通过网络招聘的形式纠集大量的客服、接线员等相应的角色。对于客服、接线员等工种来说，女性自然是主要的求职人员。因此不少女性就因为网上"求职"，被一步步卷入犯罪公司，从事网络诈骗犯罪。三是网络非法传销、非法集资犯罪。这类网络犯罪主要是靠嘴巴忽悠，与一些传统犯罪相比不需要过多的体力，也没有过多的胆量要求。也就是说，与传统犯罪相比，女性踏入这些犯罪圈的"门槛"降低了，女性与男性相比劣势消失了。总之，在网络犯罪背景下，女性犯罪的"门槛"降低甚至消失，一些闲在家中的家庭妇女就主动或者被动地参与到犯罪中来，成为女性犯罪的一个重要增长领域。

二、犯罪对象：女性被害人集中在凶杀、性犯罪、诈骗案件

有一句话常被用来形容欺负弱者的现象，叫作"拿软柿子捏"。研究犯罪现象也可以发现这样一种倾向，即女性由于相对处于弱者地位，很容易成为犯罪侵害的对象。

(一) 凶杀案件中女性被害人比例高

1. 农民工"临时夫妻"因矛盾激化频频引发凶杀案

全国各地经济发展不平衡，大批中西部边远地区农村富余劳动力流动到东中部城市打工。但是家里有孩子和老人需要照料，田地需要耕种，很多家庭只好选择一人外出打工，一人留守在家照料家庭，这样在农民工打工群体中就形成了夫妻长期分居的问题。为了解决"孤男寡女"精神上和生理上的需要，在一些打工族中就慢慢出现了一种"临时夫妻"现象。这种"临时夫妻"的最大特点是双方不换掉自己的配偶，而是以保全法律上的夫妻关系、不拆散原有家庭为道德底线，打工在外的男女或留守在家的男女与另一异性以"性伙伴"或者"临时夫妻"的方式组建一个"临时家庭"。他们或暗或明地生活在一起，彼此互相照应，以此来填补由于夫妻长期分居所带来的感情生活和性需求的缺位；而当夫妻团聚时，"临时夫妻"即自行解体，男女双方仍与自己的配偶过夫妻生活。

这种农民工"临时夫妻"群体，本身缺少感情基础，大多又缺少文化，加上生活都比较艰苦，感情往往经不起风浪的折腾，极易因情感、经济问题引发凶杀案。据媒体记者采访某打工妹，该打工妹说出了下列"内心独白"：说没有生理上的需求是骗人的，但其实更重要的还是内心的一种空虚，"长期一个人生活，夜深人静时，渴望有一个伴，哪怕只是简单地聊聊天"。一开始确实感觉找回了久违的温情，但一接到家里的电话，尤其是孩子打来的电话，内疚感也会油然而生。在农民工"临时夫妻"中，最终引发凶杀案的，受害者往往是女性。

2. 男女朋友间因一方提分手或移情别恋于他人引发杀人案

案例7：叶某因感情纠纷故意杀人案

汪某系浙江兰溪本地人，与丈夫离婚后租房独居，经常混迹于棋牌室，其间汪某在棋牌室与有妇之夫叶某发展为同居关系。后汪某移情别恋，与叶某分手，并与叶某的好友滕某相好。为此，叶某醋意大发，产生了杀害汪某、滕某两人的恶念。2012年10月18日晚，叶某携带预先购置的两把刀，以到汪某家一起吃饭为由，将滕某诱骗至汪某租住处。酒过三巡，叶某借故支开另一其约来吃饭的朋友，后又借口让滕某外出买酒将其支开。随后叶某即露出真面目，掏出随身携带的刀朝躺在床上看电视的汪某乱刺一通，致其当场死亡。滕某闻声返回时，也被迎面刺中胸部一刀，侥幸逃离，保下一条性命。

从犯罪心理学角度分析,本案女主角招致杀身之祸主要有两个很重要的原因:一是移情别恋于前男友的好友,这会让大多数男人心理上过不去这个坎;二是与前男友分手后,短时间内移情别恋于他人,极大地刺伤了男人所谓的"自尊心"或"面子",大大增加了被害的概率。据叶某另一好友证实,叶某曾向其抱怨,汪某与其分手没几天就与滕某好上,心里感觉十分不舒服。

3. 丈夫因怀疑妻子出轨杀人案

案例8:张某感情纠纷故意杀人案

贵州遵义人张某因怀疑妻子杨某与其表哥禹某有不正当男女关系,于2012年4月12日凌晨携带一把菜刀、一把美工刀及两片刀片,爬窗进入杨某所住的出租房,准备杀死已怀孕7个月的杨某及禹某。因杨某及禹某均不在,张某就在该房内守候。当日上午10时许,杨某回到该出租房,张某在劝说杨某和好无果后,即用随身携带的菜刀猛砍杨某头部、颈部等部位数刀致其死亡,随后将杨某洗净抱上床与其发生性关系。后杨某妹妹的男友来出租房敲门找杨某,张某躲在门后趁其进门之机又用菜刀猛砍其头部等部位,其侥幸逃离。作案后,张某拨打110报警电话向公安机关主动投案。最后,张某被判处死刑,缓期二年执行。

上述三类因情感问题引发的凶杀案件的共同特点是都由婚外情所引发。近些年因婚外情引发的凶杀案数量呈上升趋势,在凶杀案中所占的比例非常高,占半数以上。而且这类凶杀案中的受害者绝大部分为女性。

4. 畸形男女关系引发凶杀案

案例9:张某故意杀人案

东阳人张某隐瞒已婚的事实,与被害人吕某交往,最终订婚、同居、生子。在与吕某长期交往过程中,被告人张某又认识了吕某的姑姑吕乔某并与其同居。后张某因琐事与吕乔某发生争吵,即用水果刀将吕乔某杀害,随后又杀害与吕乔某同居一室的吕乔某的妹妹,并将两人肢解后装入行李箱,运到吕乔某家的地下室,用水泥浇铸成水泥墩。后张某又取走吕乔某银行卡内现金61万元。

5. 女性因弱小等性别特征成为无辜被害人

女性体力相对较弱,反抗侵害的胆量相对较小,加上长期以来男尊女卑的思想作怪,女性长期以来都以弱者的形象出现,这也容易使女性成为犯罪侵害的对象。在司法实践当中发现,一些生活不顺、悲观厌世的人,会产生报复社会的念头;一些人因为情感不顺,遭受挫折,就会产生"天下女人都是坏人"的思想，从而产生报复所有女性的念头；一些人则因为遭受各种变故，产生轻生的念头，进而产生杀个人做伴的心理。这些人无论是想报复社会，还是想找人垫背，往往会找相对处于弱势的女性作为侵害对象。

案例10：吴某故意杀人案

浙江兰溪人吴某自小屡遭不幸，对生活失去信心，又因没有勇气自杀，遂产生通过报复社会，以杀人偿命的方式结束自己生命的念头。2012年4月26日晚11时许，吴某携带事先准备的菜刀，到兰溪市云山街道宝丽金娱乐会所附近寻找作案目标。4月27日0时前后，吴某尾随从娱乐会所下班的女性被害人顾某至兰溪市云山街道工人路某住宅楼西侧楼梯上，用菜刀砍击顾某头、面部二十余刀，致顾某创伤性失血性休克、颅脑损伤死亡后逃离现场。同日凌晨1时许，被告人吴某搭乘出租车到金华后，主动到金华市出租车治安管理站火车站岗亭投案，并如实交代本案犯罪事实。后被判处死刑，缓期二年执行。

案例11：董某连环杀人案

董某系浙江平阳人，2006年3月至5月，其先后在浙江金华、福建福鼎、江西上饶连续制造5起入室抢劫、强奸、杀人案，杀死6人、重伤2人。同年11月6日，其在四川宜宾入室盗窃时惊醒村民，跳楼逃跑时摔伤被抓获。其曾在杀人后，用血在墙上写下"杀人者，恨社会"六个大字。董某归案后自述，其很小时母亲就因精神失常离家出走，父亲又好吃懒做；其从小与奶奶相依为命，靠小偷小摸过日子；念完小学三年级后辍学，离家出走流浪在外，其间曾与一女孩子恋爱，不久后分手，从此就把自己所有的不幸都怪罪到该女孩子身上，形成强烈的反社会性格。由于其在金华的杀害对象为穿红色衣服的女性，当时社会流传其专杀穿红衣的女性，导致其归案前一段时间，金华很多女性不敢穿红衣服，也不敢晒红衣服。

（二）女性是性犯罪天生的被害人

有关资料显示，2015年至2018年11月，全国法院共审结猥亵儿童罪案件11519件，全国日均发生猥亵儿童案7起左右。根据中国裁判文书网的统计，2020年有关强奸案件的判决书有12879篇，全国平均每天发生35.29起强奸案件，平均每小时1.47起。因此，现代女性处于两种矛盾的处境：一方面，女性自立自强自尊意识越来越强，希望走出家庭、进入社会，探索更广阔的世界；另一方面，却必须时时刻刻保持警惕，保护自己免遭来自或陌生或熟悉的人的性骚扰或者性侵害。既不能太敏感，否则会被人看成神经过敏的保守者；也不能太大意，否则在遭遇侵害后还会被嘲笑"活该"。

总体上看，强奸问题是一个世界性问题。据有关报道，2020年强奸案件排前十位的国家分别是南非、瑞典、澳大利亚、美国、英国、新西兰、津巴布韦、丹麦和芬兰、印度、加拿大。从中可以看出，强奸案件数量多的国家既有发达国家，也有贫穷落后的发展中国家。所以有人指出，贫富差距越大的国家，强奸犯罪发生的概率越高。因此，强奸案件背后有许多值得我们去深入思考的问题。美籍华裔作家李怀瑜荣获2017年"非布克奖"等多个文学大奖的《生命暗章》讲述了女主人公遭遇强奸后的感受和思考。该书采用双线索交叉叙事，一个视角是受侵害的年轻女性微安，讲述其遭受暴力性侵带来的严重心理创伤；另一个视角是施暴的15岁少年钱宁，梳理了施暴者的成长背景和教养环境，让我们思考一个15岁的少年为什么会对陌生女性实施暴力性侵。

就中国的司法实践来看，强奸等性犯罪案件呈现出以下几个方面的新特点：

（1）从侵害人与被侵害人的关系看，熟人犯罪占比越来越高。传统的性侵害犯罪，大多发生在陌生人之间。但是，近些年熟人之间的性侵害犯罪越来越多，侵害人与被害人之间在侵害行为发生之前，往往有一定时间的接触。这种情况给强奸犯罪是否"违背妇女意志"的判断造成了困难。一个比较典型的现象是，在娱乐场所工作者报案称被性侵的案件中，娱乐场所女性工作人员与客人发生性关系的自愿性与非自愿性存在变动性、随机性，难以判断真假。

美国司法部在2013年发布的《性暴力中的女性受害者：1996—2010》报告中就曾指出，只有22%的强奸或性侵案是由陌生人犯下的。广东佛山市顺德区2015年发布的《顺德区性犯罪调研报告》也指出，该地区84%的强奸案由熟人犯下。近年来的司法实践中，熟人之间的强奸案件有以下几种情况值得关注：第一种情况是，长期结对帮扶助学的男性，多次与结对帮扶幼女发生性关系的奸淫幼女问题；第二种情况是，KTV陪唱女在陪唱、陪喝酒过程中在包厢内被强奸，或者陪侍活动结束后出去吃饭、到宾馆开房期间被强奸的问题；第三种情况是，辍学女、打工女与老乡、同学出去厮混过程中被强奸的问题。上述三种强奸案件是近些年发生在熟人之间的强奸案件中比较突出的类型。

（2）从犯罪地点看，发生在室内的强奸案件数量越来越多。日常活动理论认为，合适的犯罪目标与缺乏有能力的监控者情景的出现，是激发潜在犯罪人实施犯罪的重要促因，"强奸犯罪这种卑劣行径，总是发生在一些不易被人们发现的阴暗角落里"❶。以往强奸案件多发生在荒郊野外等过往人员较少的地方，但是近些年的强奸案件大多发生在室内。根据2020年某地对16起性犯罪案例的统计，被害地点主要有民宅、酒店（宾馆、旅馆）、汽车和娱乐场所（KTV包厢、按摩店）。其中，发生在民宅的有5起，占31.2%；发生在宾馆等地的有11起，占68.8%。

（3）从被害人群体看，被奸淫的对象主要是学生、打工妹或娱乐场所从业人员、女童。具体来看，主要表现为以下情形：一是中小学生上学、放学途中单独行走，容易发生被性侵的问题；二是中小学生到老师家中或者培训机构接受一对一家教和课外辅导时，容易发生被性侵的问题；三是上夜班的打工妹下班回出租房的过程中被跟踪，容易发生被性侵的问题；四是娱乐场所从事有偿性服务的女性，给人一种给钱就会同意发生性关系的错觉，容易发生被性侵的问题；五是父母忙于生计无法照看的女童，容易被从事小区门卫、工厂门卫工作的老年男性性侵的问题；六是再婚、姘居家庭，容易发生非婚生女孩遭继父或者准继父性侵的问题。

从被害人学的角度看，有学者认为被害人与犯罪人之间存在互动关系，从而将犯罪与被害人置于社会互动过程中加以研究。通过研究，发现性侵案件的发生有以下几个方面的影响因素：（1）合适的犯罪目标；（2）缺乏有能力的监控者（警察、门卫；同行者、邻居；摄像头）；（3）潜在犯罪者（实施犯罪具有临时起意性）。例如，在金华市区通济桥下，一名晚饭后在江边散步的妇女因为"内急"到路边方便，一名在江边游荡的无业游民看到后，对其实施强奸并将其杀害。

（4）从性犯罪主体的年龄结构看，中年男性强奸问题突出。据有关统计，性侵罪犯作案年龄呈现"枣核形"结构，年龄主要集中在40岁至60岁之间。另一份资料显示，某地一个年度公布的114名猥亵儿童罪的罪犯中，除15人未提及年龄外，其余99名罪犯作案时以50岁至60岁年龄段最多，共26人；其次是40岁至50岁，共24人；40岁至60岁罪犯占涉案人员的50.5%；还有3人作案时已经80岁以上。

上述性侵案件呈现出来的特点，也可从中国少年儿童文化艺术基金会发

---

❶ ［美］伦那德·塞威特兹：《性犯罪研究》，陈泽广译，武汉大学出版社1988年版，第22页。

布的《"女童保护"2016年性侵儿童案件统计及儿童防性侵教育调查报告》得到一定程度的印证。该报告显示，2016年发生儿童被性侵案件433起，受害人778人，比2015年增加93起，被性侵的儿童以7~14岁的中小学生居多，其中719人是女童，占92%；当然男童被性侵案件也不容忽视。农村儿童被性侵案件首次高于城镇。在案件数量统计中，熟人作案占7成，家庭成员作案须引起重视。而易于接触儿童的从业者作案占比较高，作案人与受害儿童的关系主要有"朋友关系、师生关系、家庭关系"。

（三）被害人与犯罪人之间的角色转换

有关犯罪问题的研究显示，女性犯罪中存在一个突出的"恶逆变"现象，即女性由被害人发展为犯罪人的问题。据某学者对一女子监狱的抽样调查，118名女性家庭暴力犯罪中，有97名具有"恶逆变"的特点，占82.2%。[1]从司法实践的情况看，女性犯罪"恶逆变"表现出以下主要特征：

（1）女性犯罪"恶逆变"在暴力犯罪和性犯罪中比较突出。一项调查发现，女性杀人犯中，犯罪前有受害情节的占62.2%。在卖淫类犯罪中也可以发现这样一个常见现象——很多女青年先是被人诱骗被迫从事卖淫，最后发展为主动组织、容留、介绍他人卖淫，也就是从被害人转变为犯罪人。许多学者的调查和研究表明，在性犯罪女性中，有很大一部分有被性侵害史，经历了一个从受害人向犯罪人转变的过程，这一比例一般在50%以上。

（2）女性犯罪"恶逆变"的表现形式多样。一是兔子急了咬人型，即为了摆脱长期精神和肉体被虐待的处境，直接采用暴力手段进行报复犯罪。突出表现在故意杀人案件中，如被虐妻子杀夫案。二是为虎作伥型，即与原先侵害她的人同流合污，共同参与实施犯罪。突出表现在拐卖妇女、强奸和组织、容留卖淫犯罪案件中。三是自暴自弃型，即遭受不法侵害等不幸后，对生活失去信心，自暴自弃、自甘堕落，走上犯罪道路麻醉自己。这主要体现在卖淫类犯罪案件中。

（3）女性犯罪"恶逆变"所侵害的对象一般相对特定。如在女性杀人、伤害、投毒、纵火等犯罪中，侵害对象多为自己熟悉的家人、同事、邻居等，或者其中某类人，如报复男人、报复某特定的家庭、报复社会等。

---

[1] 林少菊：《浅析女性犯罪人由被害人到犯罪的"恶逆变"》，载《公安大学学报》2002年第1期。

三、司法主体：女性司法职业人渐成主角

法律是无情的，司法工作却应充满温情。刑事审判是严肃的，但司法职业者应该始终怀有仁慈之心。说到这个问题，就会涉及讨论刑事裁判与司法主体的性别之间的关系问题。

（一）刑事司法与女性司法主体占比

（1）女性司法工作主体越来越多。以前，在公安、检察、法院队伍中，女性从业者都是相对比较少的。即使在律师队伍中，女性从业者也是很少的。但这一二十年来，特别是近十年来，从事司法工作的女性职业者越来越多，甚至很多地方、部门，女性从业者的数量已经超过男性。

据中国女检察官协会统计，截至 2019 年 7 月，我国女检察官人数已达 23540 名，占检察官总数的 34.9%。女法官人数也越来越多：2009 年，全国法院系统共有女法官 44502 人，占法官总数的 23.48%。2018 年，据浙江省女法官协会的材料，该省女法官占比为 38.8%；2010 年该省女性律师占所有律师的比例为 31%，2020 年女性律师占所有律师的比例已约为 37%。2019 年 4 月，据上海律师代表大会透露，上海市女性律师占所有律师的 40.23%。

（2）女性刑事司法主体占比越来越高。刑事司法经常面对凶残的罪犯和血淋淋的场面。长期以来，从事刑事诉讼的工作人员，从刑事侦查部门到审查起诉部门，再到刑事审判部门，女性职业者向来所占比例较低。在公安机关、检察机关、人民法院工作的女性，一般也很少在刑事侦查、公诉或刑事审判岗位工作；有的即使在这些直接与犯罪侦查、起诉、审判有关的部门工作，一般也都从事后勤辅助工作。但是近十年来这一现象发生了明显的趋势性变化，与女性法律从业人员的占比相对应，从事刑事司法的女性法律工作者所占的比例也越来越高，在许多地方部门，女性法律工作者的数量甚至已经超过了男性。据统计，笔者所在的金华市中级人民法院从事刑事司法工作的人员中，女性共 12 人，男性共 8 人，女性所占比例已达到 60%。市检察院从事刑事司法工作的人员中，女性共 19 人，男性共 11 人，女性所占比例已达到 63.3%。

（二）女性司法主体增多的影响

女性司法主体的增多，特别是女性刑事司法主体的增多，必然会给刑事司法工作带来一系列影响和变化。这些影响和变化到底存在于哪些方面以及程度如何等虽然有待继续深入观察，但至少有一些变化是可以预想得到的，如女性司法主体增多，可能引起司法主体职务违法违纪行为的类型、数量的变化；可能引发司法机关的岗位人员配置、团队建设等发生变化；涉及女性家务与工作的承担方式的调整和变化；可能引发司法机关案件类型分配的调整与优化（如女性犯罪、未成年人犯罪）；可能给司法机关的思想政治工作带来新的挑战；等等。下面仅选择其中的部分问题加以展开。

1. 女性司法主体与女性犯罪人

案例12：因无法忍受家暴引发的杀人案

一位42岁的母亲与其15岁的儿子长期受到丈夫、父亲的虐待、殴打。某日，该男子酒后又辱骂并扬言要"教训"妻儿。母子俩知道其酒后必打人，儿子就提议"整死"父亲，被其母亲制止。当晚12时许，该男子进入母子房间，惊醒母子后返回自己的房间。母亲根据最近一段时间丈夫的异常表现，预测其会做出格的事情，就产生了杀死丈夫的念头。次日凌晨2时许，母子俩分别持铁锤、擀面杖趁该男子熟睡之机，将其打死。当天下午对尸体肢解、焚烧后扔到水沟里。案发后，母亲以故意杀人罪被判处死刑并缓期二年执行，儿子则被判处有期徒刑十年。

对于本案的处理，法官认为母子两人杀人手段恶劣、后果严重，家庭暴力不是法定减轻处罚情节。但受访女性民众和女性知情人员则认为两被告人长期受到严重虐待，属于典型的由家庭暴力引发的"以暴制暴"型犯罪，被害人有严重过错，虽然有分尸、抛尸的从重情节，仍应属于犯罪情节较轻，应判处十年有期徒刑以下量刑。对本案的看法出现上述分歧会引申出对下面问题的思考：关于陪审团或合议庭的组成，被告人是否有权申请由女性作为陪审员参与合议庭或陪审团审判的问题。职业法官，特别是男性职业法官，对于丈夫对妻儿的家暴引发本案的作用考虑较少，而女性社会公众则对此考虑得较多，会引发案件处理上的明显区别。如果允许被告人选择人民陪审员参与案件的审理，必然会引起案件裁判结果的变化。

2. 侦查机关中女性侦查员与特殊案件的侦查

一般认为侦查工作是男性的工作，侦查机关中女性侦查员属于稀缺品。长期以来，侦查机关存在"性别隔离"的现象，男性侦查人员被安排从事需要体力、智力或专门技术的工作，如侦破案件、追逃追赃、抓捕逃犯等；女性侦查人员则往往被安排做内勤、后勤、整理卷宗等辅助性工作，呈现出

"男主外，女主内"的格局。但是，女性侦查人员也有其优势：

（1）化装侦查。对于有特定侵害对象的系列性侵害案件，由女性侦查人员化装侦查，将会起到男性侦查人员无法起到的作用。

（2）女性犯罪的侦查和审讯。女性侦查人员更知道女性犯罪的心理，女性侦查人员对于侦破一些女性犯罪有其独特优势。抓捕、审讯过程中容易有共同话题，更容易产生共鸣，更易于沟通，更容易取得嫌疑人的信任，从而更容易获取真实的口供。

（3）未成年人犯罪案件的侦查和审讯。女性侦查人员身上天生的母性与亲切感，使她们更容易与未成年人接近，获得未成年犯罪嫌疑人的认同，从而更容易打开未成年犯罪嫌疑人的心结；同时，由女性侦查人员办理未成年人犯罪案件也更有利贯彻教育、挽救的方针。

（4）侦查队伍的团队建设。俗话说："男女搭配，干活不累"，在男性占绝大多数的侦查队伍中，一定女性侦查人员的加入，有利于团队的建设。女性犹如黏合剂，凭借其特有的亲和力，可以增强整个队伍的凝聚力。

3. 女性司法主体对司法裁判的影响

司法裁判工作是一项法律适用工作，理性是司法职业者的重要品格。但是，正如美国著名最高法院大法官霍姆斯所指出的，"法律的生命不在于逻辑，而在于经验。"毫无疑问，司法裁判主体的教育经历、生活经历、个人品性等都会对司法裁判造成影响，研究司法主体的变化与司法裁判之间的关系，也有其实践意义。

（1）女性司法主体的性格特点。司法是理性的工作，裁判应减少情绪化情感的影响。但是，女性比男性更容易感情用事，相对来说也更可能优柔寡断。女性的这些性格特点，经过多年法律教育的熏陶，经过长期法律实践的浸淫，自然也会有很大改观，但其影响永远不会消失。一些有经验的辩护人、被告人可能就会利用女性司法裁判者的这一性格特点，通过运用"表演式辩护"获得有利于自己的辩护效果。

（2）女性司法主体与强奸案件量刑。作为强奸案件的被害人，女性应该更能体会到强奸犯罪的危害，也更能设身处地体会强奸案件被害人的实际心理状况。那么，女性司法主体是会因此对强奸犯从重处罚，还是反而更容易关注到女被害人的过错，更为其行为感到不耻从而更容易宽容男性强奸行为人呢？上述两种分析均有其逻辑径路。站在男性司法裁判者的视角考虑，总认为女性司法裁判者对强奸犯罪更加憎恶，更容易对被告人从重处罚。但是司法实践的观感告诉我们，女性司法裁判者对强奸案件更倾向于从轻发落。这其中的心理现象，有待心理学家深入研究。

（3）女性司法主体与案结事了。司法的基本职能和作用是定分止争。"定分止争"典出《管子·七臣七主》，"法者所以兴功惧暴也，律者所以定分止争也，令者所以令人知事也。"定分，就是确定名分；止争，就是止息纷争。定分，作为法律的适用，男性、女性司法主体相对差别较小；但是对于止争，女性司法主体就显得更有优势。因为女性沟通交流能力相对较好，亲和力较强，善于做思想工作，也更有耐心，因此更容易做到案结事了。

（4）女性司法主体与未成年犯罪审判。北京市海淀区人民法院有一位叫尚秀云的法官，被称为"法官妈妈"，有导演以其为原型拍摄了一部电影《法官妈妈》。尚秀云法官就指出，未成年人审判不能一判了之，重要的是教育。她设置了"缓刑接待日"，每月留出半天时间，对被判缓刑的未成年犯进行跟踪教育；每年去看望被判刑入监的少年犯。尚秀云挽救了一大批未成年犯，使他们重新回归社会。

宋代女性奁产权研究

■ 江 丽

一、研究背景

马克思说："社会的进步可以用女性的社会地位来精确地衡量。"❶ 人类社会由男女两性所组成，也由男女两性所缔造，按照中国古代的阴阳理论，"夫天也，妻地也；夫日也，妻月也；夫阳也，妻阴也。天尊而处上，地卑而处下；日无盈亏，月有圆缺；阳唱而生物，阴和而成物。"❷ 无论是天和地，还是日与月，两者缺一不可。在中国几千年的历史长河中，"天下兴亡，匹夫有责"，男性更多地承担了对国家的责任；"相夫教子"，女性则更多地承担了对家庭的责任。用现在流行的说法，只是分工不同而已。所以，我们不仅要记录和研究那些建功立业的男性，也要记录和研究那些治家有方的女性，从中探究中国古代社会的发展和进步。

（一）以宋代女性奁产权为研究对象

近几年穿越剧大热，演绎了一个个奇幻有趣的故事。笔者不禁对自己提出了一个有趣的问题：如果可以穿越回古代，那我最想回到哪个朝代？作为一名女性穿越者，似乎没有什么太好的选择。从夏、商、周到魏晋南北朝，从隋、唐、宋到元、明、清，无论朝代如何更迭，古代"男尊女卑"的思想根深蒂固，女性被塑造成男性的附属品，"未嫁从父，既嫁从夫，夫死从子"。这种缺乏平等、缺乏独立的生活，是现代女性所无法接受的。但是世事无绝对，如果把所有朝代放在一起横向比较，女性回到哪个朝代，社会地位会相对高一些，家庭生活会相对惬意一点呢？

---

❶ 马克思，恩格斯：《共产党宣言》，人民出版社1972年版，第24页。
❷ ［宋］司马光：《家范》卷八《妻上》，北方妇女儿童出版社2001年版，第145页。

相信大多数人会选择唐代,大唐盛世,气象万千,许多女性不再是弱质纤纤的闺阁中人,而是可以凭借自己的才华和努力登上历史舞台,成为杰出的政治人物,如武则天、上官婉儿;或者成为杰出的诗人,如薛涛、鱼玄机。即便是普通女性,也呈现出绚丽多彩的生活状态。赵文润在《隋唐文化史》一书中写道:"唐代妇女生活在文明开放的社会风气中,所受的束缚较少。那时的妇女敢于抛头露面,可以骑着高头骏马招摇于通街闹市,可以披着透明的丝织品,自然地展示她们丰满的倩影,可以和着欢快的音乐跳着胡弦舞,连道姑女尼和妓女也可以同达官贵人一起吟诗作文,与文豪名儒结为文友,互相唱和。"❶

而笔者会选择宋代。也许有人会疑惑:宋代给人的印象是封建保守,尤其是程朱理学兴起之后,女性受到了更多的束缚和压迫,被要求三从四德、忠贞守节,怎么会做出这样的选择呢?虽然早期的学者大多认为,宋代女性的社会地位较低。比如陈东原在《中国妇女生活史》一书中认为,在程朱理学的影响下,宋代女性的地位急转直下。但是,最近二十几年的研究中却出现了相反的观点,认为宋代经济繁荣、政治宽松、文化昌盛,促成了女性拥有更多的可能性,不仅相夫教子,在家扮演着贤内助的角色,而且更多地参与到政治、经济、文化等活动中。比如张邦炜在《两宋妇女的历史贡献》一文中指出,两宋时期妇女的历史贡献是多方面的,不仅限于生儿育女,还包括参与政治、主持家政、发展经济、繁荣文化四个方面。

笔者赞同后一种观点。宋代虽然没有出现像武则天那样的女帝,却有九位后妃以皇太后或太皇太后的身份垂帘听政,参与朝堂政治。她们稳定政局、革除弊政,不仅展示了自己的政治智慧和抱负,而且对社会安定、政治清明发挥了积极的作用。普通女性虽然无法像后妃一样参与政治活动,但是可以在家庭这个舞台上施展自己的才华。苏颂在《长安郡太君局氏墓志铭》中称赞他的外祖母高氏:"恭敬和顺,能成君子之志。奉上率下,举动有法,周其族人,曲尽情礼,无不得其欢心者。"❷ 此外,许多女性还投身农业、商业和手工业生产中,对社会经济发展起到了正向的作用。汴京相国寺就是当时有名的"草市",热闹非凡,"皆诸寺师姑卖绣作、领抹、花朵、珠翠头面、生

---

❶ 赵文润:《隋唐文化史》,陕西师范大学出版社1992年版,第48页。
❷ [宋]苏颂:《苏魏公文集》卷六十二《长安郡太君高氏墓志铭》,中华书局点校本1988年版,第949页。

色销金花样幞头帽子、特髻冠子"❶。宋代是中国文化史的鼎盛时期，其文化具有兼容精神、创新思想、平等观念等特点，在这种氛围下，不仅出现了一大批以技艺谋生又颇具文化修养的女艺人，还出现了女词人群体，如诗文俱佳的李清照开创了"易安体"，并被后人称为"婉约之宗"。

此外，前一种观点认为，程朱理学要求女性三从四德、忠贞守节，是导致宋代女性社会地位下降的原因之一。事实上，虽然程朱理学兴起于宋代，但并未成为宋代的主流思想。以"守节"为例，程颐提出了"饿死事极小，失节事极大"的贞洁观，反对孀妇改嫁。但这种观点并不符合当时的统治需求，一方面，禁止改嫁不利于人口的增长；另一方面，也容易产生"怨妇"，引发家庭矛盾，不利于社会稳定。因此，宋代法律赞同孀妇改嫁，如哲宗元祐八年条贯规定："女居父母及夫丧，而贫乏不能自存，并听百日外嫁娶之法。"❷ 这种有条件的改嫁行为得到了士大夫的认可，苏轼评价道："伏以人子居父母丧不得嫁娶，人伦之正，王道之本也，……释丧而婚会，邻于禽犊，此礼之重者也。"❸ 同时也得到了宗族的支持，既有金钱方面的，如"嫁女支钱三十贯，再嫁二十贯；娶妇支钱二十贯，再娶不支"❹，也有子女方面的，如"寡妇再嫁，或有孤女年未及嫁，如内外亲姻有高义者，宁若与之议亲，使鞠养于舅姑之家，俟其长而成亲"❺ 现实生活中宋代改嫁现象也很普遍，上至宗室之女，下至平民之女，真正守节的却很少。学者董家遵根据《古今图书集成》统计了历代节妇数量，两宋319年，节妇人数为152人，年均人数为0.48人，远远低于元代、明代、清代的年均人数4.6人、98.3人和120人。❻

宋代的中国被认为是当时世界上经济最先进的地区。根据英国著名经济史学家麦迪森的测算，以1990年1美元为基准，宋代人均GDP为450美元，至宋末达到600美元，而处于中世纪黑暗中的欧洲地区人均GDP仅为422美元。❼ 随着经济的发展，人们拥有了更多的土地、更好的房屋、更可口的美

---

❶ [宋] 孟元老：《东京梦华录》卷二《相国寺万姓交易》，中华书局1982年版，第88—89页。

❷ [宋] 李焘：《续资治通鉴长编》卷八，上海古籍出版社1986年版，第114页。

❸ [宋] 苏轼：《苏东坡全集（下）》卷十七《乞改居丧婚娶条状》，黄山书社1997年版，第477页。

❹ [宋] 范仲淹：《范文正公文集》卷八《义庄规矩》，中华书局1985年版，第98页。

❺ [宋] 袁采：《袁氏世范》，夏家善主编，《睦亲·孤女宜早议亲》，天津古籍出版社2016年版，第51页。

❻ 董家遵：《中国古代婚姻史研究》，广东人民出版社1995年版，第246页。

❼ 赖宝成：《论宋代商品经济的繁荣发展》，载《边疆经济与文化》2016年第8期。

食、更华丽的服饰、更精美的珠宝，在享受财富所带来的美好生活的同时，也滋生出更大的对于财富的欲望。这种欲望同样渗透到婚姻中，过去婚姻缔结的主要目的是"将合二姓之好，上以事宗庙，而下以继后世也"❶，而宋代的婚姻缔结却"不顾门户，直求资财，随其贫富"❷。男女双方家庭把婚姻视作一种投资，以"榜下捉婿"为例，宋代朱彧在《萍洲可谈》中记载："近岁，富商庸俗与厚藏者，嫁女亦于'榜下捉婿'，厚捉钱以饵士人，使之俯就，一婿至千余缗。"❸ 商贾之家之所以榜下捉婿，是为了跻身士大夫阶层，维护自身利益。作为交换条件，他们会给与丰厚的奁产，帮助女婿在仕途上获得更大的成就，实现共赢的结果。

在这种财婚现象的影响下，宋代厚嫁之风盛行。无论是宗室之家，如《宋史·礼志》卷记录："公主下降，初被选尚者即拜驸马都尉，赐玉带、袭衣、银鞍勒马、彩罗百匹，谓之系亲；又赐办财银万两，进财之数，倍于亲王聘礼。"❹ 还是官宦之家，如《水东日记》记录了南宋景定元年郑氏家族的一份奁产单："奁租五百亩，奁具一十万贯（十七界）；缔姻五千贯（十七界）。此外，还有开合销金缬一匹，开书立市彩一匹，官绿公服罗等"❺；还是平民之家，"母躬蚕桑父锄犁，耕无余粮织无衣。十年辛苦寸粒积，倒箧倾囊资女适"❻，父母都竭尽所能地为女儿准备奁产，希望女儿在夫家能够过得顺遂，在婚姻中有一定的地位。奁产权成为宋代女性重要的财产权。

本文将以宋代女性奁产权为研究对象，探讨该权利的性质，以及在不同角色背景下的内容体现，进而反观宋代女性的社会地位。

（二）以《名公书判清明集》为主要考察素材

《名公书判清明集》是一部宋代民事案件实判汇编，是研究宋代法制史、社会史的珍贵史料。之所以选择以《名公书判清明集》为主要考察素材，有以下几个方面的原因：首先，收录其中的，都是当时具有一定代表性的案件，素材比较丰富，涵盖了宋代女性奁产权在女儿、妻子、母亲不同角色背景下

---

❶ ［清］朱彬：《礼记训纂》，中华书局1996年版，第877页。
❷ ［宋］蔡襄：《端明集》卷三十四《福州五戒文》，吉林文史出版社2005年版，第423页。
❸ ［宋］朱彧：《萍洲可谈》卷一，中华书局1985年版，第16页。
❹ ［元］脱脱，等：《宋史》卷一百十五《礼志一八》，中华书局1977年版，第2732页。
❺ ［明］叶盛：《水东日记》卷八《郑氏先世回定仪状》，魏中平校点，中华书局1980年版，第87页。
❻ ［宋］范端臣：《新嫁别》，《丛书集成初编本》，中华书局2011年版。

的内容。其次，书判是古代法律制度和司法审判制度相结合的产物，《名公书判清明集》中所收录的书判一般由诉讼双方的诉词、官府查证、裁判说明三部分组成。对诉讼双方的诉词、官府查证进行研究，可以帮助我们了解宋代女性奁产权的真实情况。对裁判说明进行研究，不仅可以还原宋代在女性奁产方面的法律制度，如《宋刑统·户婚律》等相关规定，以及"奁产""检校"等法律术语，还能进一步感知宋代名公们情理法兼顾的司法审判风格。

此外，在研究的过程中，还将充分借鉴宋代的律令典籍、家法族规、文集著述等资料，以扩展研究资料的丰富性。一方面，可以与《名公书判清明集》相互印证；另一方面，也可以弥补《名公书判清明集》的不足。

二、宋代女性奁产权的性质

奁产，也称嫁妆，既包括"首饰、金银、珠翠、宝器、帐幔"❶等动产，也包括"田土、屋业、田园"❷等不动产，其来源除父母所筹备的财产之外，还包括一部分夫家所给的聘财，以及娘家家族成员之间的馈赠，如石居易"念其侄女失怙，且贫无奁具，批付孟城田地，令侄石辉求售，为营办之资"❸，以及女性的自有财产，如纺纱织布赚取的私房钱、日常置办的衣装首饰。《鸡肋编》中就曾提及"广南风俗，……如贫下之家，女年十四五，即使自营嫁装，办而后嫁。其所喜者，父母即从而归之，初无一钱之费也"❹。丰厚的奁产，体现了父母之爱，以及对女儿婚姻美满的期待。

罗愿在《新安志》中写道："山出美材，岁联为桴，下浙河，往者多取富，女子始生，则为植楒，比嫁斩卖以供百用。"❺ 许多父母从女儿一出生，便开始准备奁产。在准备阶段，奁产对于女性来说只是一种期待中的财产，即使已经准备好，甚至写入议亲时所使用的"定贴"，女性也无法实际获得并加以使用和处分，只有等到出嫁时，才能真正取得奁产的相关权利。假设女性在出嫁前去世，奁产权便不复存在，奁产也将回归家庭财产。

关于宋代女性奁产权的性质，目前的研究成果还比较少，主要有两种观点：一是认为它是一种析产权，如邢铁在《唐宋时期的奁产》一文中写道，

---

❶ [宋] 吴自牧：《梦粱录》卷二十《嫁娶》，中华书局1962年版，第185页。
❷ [宋] 吴自牧：《梦粱录》卷二十《嫁娶》，中华书局1962年版，第185页。
❸ 《名公书判清明集》卷六《户婚门·诉奁田》，中华书局1987年版，第184页。
❹ [宋] 庄绰：《鸡肋编》卷中，中华书局1983年版，第65—66页。
❺ 萧建新，杨国宜：《〈新安志〉整理与研究》，黄山书社2008年版，第17页。

"获取奁产陪嫁,是女儿参与娘家家产分配的通常方式,并且是一种法定的权利。"❶ 二是认为它是一种继承权,如郭丽冰在《宋代妇女奁产权的探讨》一文中写道,"从以上法律条文可以看出宋代女子取得奁产是得到法律保护的一种权力,是女儿们间接继承娘家财产的一种方式"❷。

(一) 父亲在世时的奁产权

笔者认为当父亲在世时,将奁产权理解为析产权或者继承权都是不恰当的。《宋刑统·户婚律》规定:"诸祖父母、父母在,而子孙别籍、异财者,徒三年。若祖父母、父母令别籍,及以子孙妄继人后者,徒二年,子孙不坐。"❸ 也就是说当父亲在世时,是禁止分家析产的,怎么会允许女儿借奁产之名行析产之实呢?同理,当父亲在世时又何来继承一说。

当父亲在世时,虽然不允许子女分家析产,但允许父亲标拨财产给子女,如《名公书判清明集》中"立昭穆相当人复欲私意遣还"案中所记:"照得虞艾存日,娶陈氏,得妻家标拨田一百二十种,与之随嫁。"❹ 我们可以将这种标拨理解为父亲对女儿的赠与行为。这种赠与是附条件的,既有时间条件,又有目的条件。前者是指只有当出嫁时,赠与行为才正式生效,女儿才能取得真正的奁产权,在此之前父亲仍然可以出于某些原因对奁产权进行变更或撤销。后者是指父亲在赠与的同时,对受赠的女儿及女婿有所期待,希望他们将来能够帮助自己的家庭。

(二) 父亲去世后的奁产权

熊赈元生三子,长曰邦,次曰贤,幼曰资。熊资身死,其妻阿甘已行改嫁,惟存室女一人,户有田三百五十把。当元以其价钱不满三百贯,从条尽给付女承分。未及毕婚,女复身故。今二兄争以其子立嗣,而阿甘又谓内田百把系自置买,亦欲求分。立嗣之说,名虽为弟,志在得田。后来续买,亦非阿甘可以自随。律之以法,尽合没官,宗是立嗣,不出生前,亦于绝家财产只应给四分之一。今官司不欲例行籍没,仰除见钱十贯足埋葬女外,余田

---

❶ 邢铁:《唐宋时期的奁产》,载《廊坊师范学院学报(社会科学版)》2011年第3期。
❷ 郭丽冰:《宋代妇女奁产权的探讨》,载《广东农工商职业技术学院学报》2005年第2期。
❸ [宋] 窦仪等:《宋刑统》卷一二《户婚律·父母在及居丧别籍异财》,薛梅卿点校,法律出版社1999年版,第216页。
❹ 《名公书判清明集》卷八《户婚门·立昭穆相当人复欲私意遣还》,中华书局1987年版,第248页。

均作三分，各给其一。此非法意，但官司从厚，听自抛拈。如有互争，却当照条施行。❶

大多数家庭都是父母亲自把女儿风风光光地嫁出去，但是也有少数不幸的家庭，女儿尚未出嫁，父母就去世了；或者父亲去世了，母亲改嫁了，如上述案例中熊资身死，其妻改嫁，只留下尚未出嫁的女儿。那么此种情况下，女儿分得财产，如上述案例中"从条尽给付女承分"是否就是继承权的体现？

要想回答这个问题，首先需要明确的是宋代的女性是否有继承权。中国古代的继承是一个综合概念，日本著名法律史学家滋贺秀三认为其包含三层意义：首先是"继嗣"，可以说是继承人对被继承人的人格延续；其次是"承嗣"，即继承人对被继承人的祭祀；最后是"承业"，即继承人对被继承人的财产的继承。❷ 在整个继承制度中，人格延续是前提，祭祀继承是核心，在父系社会的背景下，人们主张只能由男性来"继嗣"，即接替家长之位；只能由男性来"承嗣"，即祭祀供奉祖先，从而将家长权和祭祀权垄断在男性手中。上述原则在中国几千年的家族传承中未曾改变。无论父母多么宠爱女儿，都不可能赋予她与男性一样的家长权和祭祀权。

至于财产继承，由于受到"承祀"是"承业"先决条件的观念影响，自汉代以来，财产继承一直秉承着"诸子均分"的原则，如《史记·郦生陆贾列传》记载，陆贾"有五男，乃出所使越得橐中装卖千金，分其子，子二百金，令为生产"❸。直到唐代，才有了女性财产继承的相关法律规定，如唐代《户令》所载，父母亡故，兄弟分家时，"诸应分田宅及财物者，兄弟均分……其未娶妻者，别与聘财，姑、姊、妹在室者，减男聘财之半"❹。宋代在沿袭唐律的基础上，有所改进，如《名公书判清明集》中"女婿不应中分妻家财产"案所载："在法：父母已亡，儿女分产，女合得男之半"❺。一方面扩大了继承的女性范围，"儿女分产"中的"女"不再局限于在室女，还包括归宗女、出嫁女；另一方面提高了继承的财产份额。从唐代的"男聘财之半"到宋代的"合得男之半"，从比例上看似乎是一样的，都是"之半"，但两者的基数不同：前者的基数是男性聘财，一般来说，男性聘财只占家庭

---

❶ 《名公书判清明集》卷四《户婚门·熊邦兄弟与阿甘互争财产》，中华书局1987年版，第110页。
❷ [日] 滋贺秀三：《中国家族法原理》，张建国、李力译，法律出版社2003年版，第23页。
❸ [汉] 司马迁著，韩兆琦评注，《史记评注本（下）》，岳麓书社2004年版，第1344页。
❹ 仁井田升：《唐令拾遗·户令》"开元二十五年令"，长春出版社1989年版，第155页。
❺ 《名公书判清明集》卷八《户婚门·女婿不应中分妻家财产》，中华书局1987年版，第277页。

财产的一小部分；而后者是男子继承财产，指向整个家庭财产。宋代成为女性财产继承的一个高峰时刻，不仅体现出女性具有较高的社会地位，而且呈现出"承祀"与"承业"相分离的现象，正如程维荣所说："宗祧继承，堂而皇之；财产继承，锱铢必较。"❶ 即继承了财产，不一定能继承宗祧；继承了宗祧，也不一定能继承多少财产。无论财产继承政策如何发展，有一个事实是无法改变的，那就是在男性统治和宗族家法的影响下，女性不可能拥有完整的继承权。为了更好地区分相关概念，笔者建议用"承业"或者"承分"来标记财产继承行为。为了统一，也为了与宋代法律规定相呼应，本文接下来将采用"承分"一词。

其次，还需要厘清宋代女儿承分的财产内容。她们的奁产并不会因为父亲的去世而消失，这一点在《名公书判清明集》"立继有据不为户绝"案中就有比较明确的记录："殊不思已嫁承分无明条，未嫁均给有定法，'诸分财产，……，未及嫁者则别给财产，不得过嫁资之数'。"❷ 之所以强调所给的财产不得超过嫁资之数，是因为在立法设计中，女儿承分的财产还是以奁产为主。从父亲在世时的直接赠与变成了父亲去世后的财产承分，虽然表现形式变了，但奁产的属性并未发生改变。此外，在一些案例中，直接将女儿承分的财产称为"奁"，如《名公书判清明集》中"官司干二女已拨之田与立继子奉祀"案所载："今就二女名下，斡未议得奁具三分之一，与立继子为蒸尝之奉，其于继绝之义，均给诸女之法两得之。"❸

当然，也存在女儿承分的财产超过原本可得奁产的情形，即奁产加其他财产。但是为了维护男性的承分权，宋代法律对女儿的承分份额进行了限制——"合得男之半"。一方面，比例只有男性"之半"；另一方面，是所有女儿"合得"，包括在室女、归宗女、出嫁女，如果女儿多，平均下来每个人的份额不会太多。另外，我们发现宋代的法律是不支持女儿承分庄田的，如《宋刑统·户婚律·户绝资产》"臣等参详"："请今后户绝者，所有店宅、畜产、资财，营葬功德之外，有出嫁女者，三分给与一分，其余并入官。如有庄田，均与近亲承佃。"❹ 这样做主要是为了确保土地的稳定，避免出现过度

---

❶ 程维荣：《论中国传统财产继承制度的固有矛盾》，载《政治与法律》2004年第1期，第150页。
❷ 《名公书判清明集》卷七《户婚门·立继有据不为户绝》，中华书局1987年版，第217页。
❸ 《名公书判清明集》卷七《户婚门·官司斡二女已拨之田与立继子奉祀》，中华书局1987年版，第215页。
❹ ［宋］窦仪等：《宋刑统》卷一二《户婚律·户绝资产》，薛梅卿点校，法律出版社1999年版，第223页。

的土地兼并。与此同时，家族为了防止庄田落入外姓之手，一般也会禁止女儿承分庄田。承分份额受限，外加承分财产范围受限，在双重限制之下，女儿最终承分的财产与原本可得的奁产之间相差不会太多。

回到前面的问题：女儿在父亲去世后分得财产，是否就是继承权的体现？笔者认为，首先，应该是承分权的体现，而非整个继承权的体现；其次，承分权的对象是复合型财产，既包括奁产，也包括家庭的其他财产。

三、宋代女性奁产权在不同角色背景下的内容表现

大多数宋代女性一生会生活在两个家庭：娘家和夫家；要经历三种角色：女儿、妻子、母亲。在不同角色背景下，奁产权呈现出不同的内容。当她作为女儿时，主要关注的是奁产的取得问题；当她作为妻子、母亲时，则主要关注的是奁产的归属和处置问题。

（一）奁产的取得

吴琛有女四人，子一人，此宗枝之所备载。长曰二十四娘，即石高之室，次曰二十五娘，乃胡闺之妻，子曰二十六，乃吴有龙也，即今立异姓者，次曰二十七娘，据称已嫁许氏者，幼曰二十八娘，即今陈词未嫁者。……第此之讼兴，必始于吴登母子不能协和上下，二十八娘及时而不以礼遣，众怒难犯，专欲难成，是致二十八娘兴出卖之词。赵知县深烛其情，遂有均分议嫁之判。二十四娘等不重骨肉之义，又从而攻之。殊不思已嫁承分无明条，未嫁均给有定法，诸分财产，未娶者与聘财，姑姊妹在室及归宗者给嫁资，未及嫁者则别给财产，不得过嫁资之数。……二十八娘年已及笄。在法：男年十五，女年十三以上，并听婚嫁。亦只照条给与嫁资，但久居吴氏之家，若给以聘物，必为乌有，又失仓台恤孤之意。欲责吴登母子迎取其归，曲尽姑侄之礼，日下求偶，毋致迁延，再惹词诉。❶

根据上述案例所援引的法律规定"诸分财产，未娶者与聘财，姑姊妹在室及归宗者给嫁资，未及嫁者则别给财产，不得过嫁资之数"❷，以及《宋刑统·户婚律》的规定"户令，……其未娶妻者，别于聘财。姑姊妹在室者，

---

❶ 《名公书判清明集》卷七《户婚门·立继有据不为户绝》，中华书局1987年版，第215-217页。
❷ 《名公书判清明集》卷七《户婚门·立继有据不为户绝》，中华书局1987年版，第215-217页。

减男聘财之半"❶，可以判断，宋代取得奁产的女性包括在室女和归宗女。

在室女是指未出嫁的女儿，从传统观念来说，主要是指与父亲存在血缘关系的亲女，包括正妻和妾、婢女、女使所生之女。在室的亲女取得奁产，无可厚非。而对于在室的养女是否能取得奁产，宋代法律没有明确的规定。但是《名公书判清明集》却有在室养女承分的相关案例："照对解汝霖因虏入寇，夫妇俱亡，全家被虏，越及数年，始有幼女七姑、女孙秀娘回归。……今解汝霖只有幼女、孙女，并系在室，照户绝法均分，各不在三千贯以上。……七姑虽本姓郑，汝霖生前自行收养，与亲女同。"❷ 同样都是在室养女，同样都是从养父母家庭获得财产，将承分问题上的裁判思路类推适用到奁产问题上，笔者认为是可行的。另外，从情感和利益两方面来考虑，在室养女获得奁产的可能性也比较大。首先，养女与养父母共同生活在一起十几年，有比较深厚的感情基础；其次，既然许多家庭把婚姻视作一种投资，不妨将养女也纳入其中，以增加投资机会。

归宗女是指出嫁后因为夫死、离异或其他原因而回归娘家的女儿。当她们回归娘家后，仍然与父母登记在同一户籍下，生活在同一屋檐下，尽孝道、服丧礼，与出嫁前的在室女相差无几。所以，当她们再次出嫁时，娘家会像对待在室女一样给与其奁产，当然，考虑到公平原则，奁产的数量会低于在室女，如范仲淹家训规定女儿初嫁时给30贯，再嫁时给20贯。

无论是在室女还是归宗女，没有辈分的限制，不仅包括与父亲（父亲为一家之主）相对应的女儿，还包括与兄弟（兄弟为一家之主）相对应的姊妹和与侄儿（侄儿为一家之主）相对应的姑妈。由此可见，提供奁产并不只是父母的责任，而是整个家庭的责任，如宋人曾巩在父亲过世后，为九个妹妹择婿并筹备奁产。同样，从女性婚姻中获利的也并不只是父母，而是整个家庭。

李介翁死而无子，仅有一女，曰良子，乃其婢郑三娘之所生也。官司昨与之立嗣，又于之检校，指拨良子应分之物产，令阿郑抚养之，以待其嫁，其钱、会、银器等，则官为寄留之，所以为抚孤幼计者悉矣。夫何阿郑以婢子之性，忘幼女之孤，反分取良子之嫁资田业，而自为嫁资，不待其主之葬，

---

❶ [宋]窦仪等：《宋刑统》卷十二《户婚律·父母在及居丧别籍异财》，薛梅卿点校，法律出版社1999年版，第216页。

❷ 《名公书判清明集》卷八《户婚门·处分孤遗田产》，中华书局1987年版，第287-288页。

以身出嫁宗子希珂。❶

人们常说"金钱是魔鬼",面对丰厚奁产的诱惑,一些人舍弃亲情,违背道义,想尽各种办法企图侵占女性的奁产。《名公书判清明集》中就有不少这样的案例。侵占行为一般发生在父亲去世后,此时女性失去了最主要的庇护者,加之又比较年幼,很容易被人乘虚而入。而侵占人主要是女方家族成员,既有兄弟,尤其是没有血缘关系的养兄弟和继兄弟,如《名公书判清明集》"吴盟诉吴锡卖田"案中的"吴锡"是受害人的继兄长。也有其他家族成员,如《名公书判清明集》"继绝子孙止得财产四分之一"案中的"田通仕"是受害人的叔祖父。甚至还有亲生母亲成为侵占人的情况,如上述案例中的"郑三娘"原本应该是保护和照顾女儿的母亲,实际中却成为伤害女儿最深的人,真是讽刺。其缘由正如宋人景谌所言:"仆每观自古以来,好利者众,而顾义者寡,故天下万事,皆由人而不在于己。何也?利胜于义也。"❷

为了防止家族成员的侵占,确保女性奁产的取得,宋代的父母、官府设计出了一系列的措施。

其一,一些父母会以遗嘱、家训等形式对女儿的奁产加以明确,如赵鼎在流放到岭南后专门嘱咐家人:"三十六娘,吾所终爱。他日吾百年之后,于绍兴府租课内,拨米二百石充嫁资。"❸这是父母对女儿的一种保护。但是在某些案件中,侵占人往往会质疑该遗嘱的有效性,如《名公书判清明集》"继绝子孙止得财产四分之一"案中,曾千均继子秀郎的生父曾文明就指称曾千均的遗嘱是伪造的,县印是私造的。此类案件中,如何认定遗嘱的效力成为关键。

牛大同乃钱居茂之婿,钱孝良乃钱居洪之子,居茂、居洪嘉定六年置立分书,异居析产,已三十年。淳祐二年,大同葬其母于居茂祥禽乡之山,孝良乃称大同伪作居茂遗嘱,强占山地,有词于县。县不直之,再词于府。今官合先论其事理之是非,次考其遗嘱之真伪。照得大同所葬之山,居茂之山也。居茂虽死,其妻汪氏、其子孝忠见存。大同若果是伪作遗嘱,强占山地,汪氏、孝忠诉之可也。今汪氏、孝忠俱无词,而孝良有何干涉,乃指为伪而诉之。此无他,小人无知,因其造坟,疑可为风水,始欲含糊阻扰,继于状

---

❶ 《名公书判清明集》卷七《户婚门·官为区处》,中华书局1987年版,第230页。
❷ [宋]邵伯温:《邵氏闻见录》卷十二,康震校注,三秦出版社2005年版,第161页。
❸ [宋]赵鼎:《家训笔录》,中华书局1985年版,第3页。

词栽埋亲邻取赎之说，惟欲觊觎而攘之。殊不知同分之产，若卖于外人，则亲邻可以吝赎，今大同为居茂之婿，居茂既以遗嘱与之，而汪氏、孝忠俱不以为非，孝良其何词乎？况将遗嘱辨验，委是居茂生前标拨，与女舍娘充嫁资，其辞鄙俚恳切，虽未为当理，却是居茂亲笔书押，与嘉定年间分书比对，出于一手，真正自无可疑。又况居茂、居洪今同分书内该载，极是分晓，居茂得山而不得田，居洪得田而不得山，孝良虽欲觊觎，无一而可。欲连契案帖县，令牛大同凭遗嘱管业，庶几是非别白，予夺分明，乡村小人，各安其分，不致嚣讼，重伤亲谊。❶

上述案例，表面上看起来是老丈人（钱居茂）通过遗嘱将财产留给女婿（牛大同），但实质上仍然是父亲（钱居茂）将财产留给女儿（舍娘）当嫁资。接下来将以该案例为对象，分析遗嘱的有效性。首先，案例中查明了两个事实：一是牛大同安葬母亲的山地确实属于钱居茂；二是经过笔迹检验，确认遗嘱是钱居茂亲笔书写并画押。遗嘱是人生前对死后要紧之事所做的安排，包括财产安排。这种安排要想有效，必须符合两个条件：一是只能安排自己的财产，二是必须是自己的真实意愿，两者缺一不可。正因如此，案件审理时才会特别去查证上述两个事实。假设查证后发现钱居茂将当初分家时属于弟弟钱居洪的田地留给了牛大同，或者发现钱居茂将山地留给牛大同的遗嘱是伪造的，那么该遗嘱要么部分无效，要么整个无效，其结果都是牛大同无法得到山地。

其次，在案例中，名公吴恕斋多次质问在钱居茂的妻子汪氏和儿子钱孝忠都没有反对的情况下，作为侄子的钱孝良有什么资格起诉。从这一情节可知，遗嘱要想有效并最终得以实现，还取决于家庭成员对遗嘱的态度。假设汪氏和钱孝忠对遗嘱提出异议，那么吴公在审理时可能会对遗嘱内容进行调整，以平衡妻儿（汪氏和钱孝忠）与遗嘱受益人（牛大同）之间的利益关系，实现家和万事兴的目标。

最后，案例的裁判结果是将契约、案卷一并发给县衙，指令牛大同按照遗嘱掌管产业。官府的积极介入成为遗嘱的有力保障。除为遗嘱纠纷定分止争之外，还有一个常见的方式就是对遗嘱进行官府押印。南宋规定，"凡嫁资、遗嘱及民间葬地，皆令投契纳税。"❷宋代之所以规定要对遗嘱进行官府

---

❶ 《名公书判清明集》卷六《户婚门·争山》，中华书局1987年版，第197–198页。
❷ [元] 脱脱：《宋史》，中华书局1985年版，第4223页。

押印，主要有两个考量：一是通过押印，对遗嘱和嫁资进行征税，从而增加国家财政收入；二是提高遗嘱的公信力，从而减少家产纠纷。

其二，女方以"定帖"的形式对奁产种类和数量进行公示。古代的婚姻缔结以"六礼"为形式要件，即纳采、问名、纳吉、纳征、请期、亲迎，发展到宋代，简化为议亲、定亲、成亲三个步骤。其中，在议亲阶段，先由男方起草帖向女方求婚，在八字相合的情况下，女方回定帖表示同意。在定帖中除写明女方的基本信息之外，还会列出奁产的种类和数量，如《梦粱录》卷二十"嫁娶"中所载：女方家回帖时除了亲人信息，更是要载明议亲的是第几位娘子，生辰八字，详列房奁，金银、首饰、宝器、珠翠、动用、帐幔、山园等。❶ 这种奁产公示行为既是对女性权益的保障，也是对男方家庭的承诺。假设女方家庭擅自减少奁产，无论是女性本人还是男方家庭，都可以此作为凭证，向女方家庭主张自己的权益。

其三，官府对孤幼女性的奁产进行"检校"，从根源上消除奁产被侵害的可能性。

高五一死，无子，仅有婢阿沈生女公孙，年一岁。阿沈于绍定五年陈乞检校田产，高五二乃五一亲弟，亦于当年陈乞，立其次子六四为五一后。已差司户检校，及送法官指定，立高六四为后，仍令高五二同共抚养公孙。……欲将高五二、高六四、康一送都辖，监理九年未足租米，还阿沈养赡公孙，取了足状申。其一分产业，仰阿沈自行管给收租，高五二不得干预。候公孙出幼，赴官请给契照，以为招嫁之资。❷

《宋刑统·户婚律·户绝资产》载："无女，均入以次近亲；无亲戚者，官为检校。"❸ 检校制度一般适用于户绝家庭。父亲去世后，财产承继者年幼，无法自行管理或者家中无可托付之人，只能交由官府进行管理。上述案例中的幼女"公孙"就是这种情况。官府设立检校制度的目的是保护孤幼，防范亲族觊觎其财产。"官为检校财物，度所须，给之孤幼，责付亲戚可托者抚养，候年及格，官尽给还。"❹ 首先，由孤幼的长辈亲属向官府提出申请，上

---

❶ [宋]吴自牧：《梦粱录》卷二十《嫁娶》，中华书局1962年版，第302页。
❷ 《名公书判清明集》卷七《户婚门·阿沈高五二争租米》，中华书局1987年版，第238页。
❸ [宋]窦仪等：《宋刑统》卷一二《户婚律·户绝资产》，薛梅卿点校，法律出版社1999年版，第223页。
❹ 《名公书判清明集》卷七《户婚门·不当检校而求检校》，中华书局1987年版，第228页。

述案例中的申请人是"公孙"的母亲"阿沈",《名公书判清明集》"不当检校而求检校"案中的申请人是堂叔"张仲寅"。接着,官府对财产进行核查,将其纳入检校库。一方面,将孤幼托付给亲属抚养,官府从检校财产中按月支出抚养所需的费用;另一方面,等到承继者达到一定年龄(通常是婚配之时)再予以返还。上述案例中,"公孙"由其母抚养,所以裁定"其一分产业,仰阿沈自行管给收租,高五二不得干预",其余财产"候公孙出幼,赴官请给契照,以为招嫁之资"。

此外,女性还可以借助诉讼的方式来保护自己的奁产权。考虑到此类案件中的女性大多较年幼,又尚未出阁,不适合抛头露面,所以一般由其长辈亲属代为诉讼,如《名公书判清明集》"继绝子孙止得财产四分之一"案中,就是由两个幼女的母亲秋菊(田通仕之婢)与夫族亲族对簿公堂的。当然,也有少数女性勇敢地走进衙门,争取自己的权益,如北宋时,一富人死后,"其处女亦蒙首执牒,自讦于府庭,以争嫁资"❶。甚至还出现过夫家提起诉讼索要奁产的情形,如《名公书判清明集》"诉奁田"案中所记:"石居易念其侄女失怙,且贫无奁具,批付孟城田地,令侄石辉求售,为营办之资。为石辉者,自当遵乃叔之命,怜女弟之孤,极力维持之可也。今不遑暇恤,乃以上件田产卖与刘七,得钱四百余贯,多以还在前自妄为之债负。廖万英,其妹婿也,来索房奁,且无所得。"❷ 虽然审理此案的名公不赞同廖万英索要奁田的行为,认为"娶妻论财,夷虏之道"❸,但最终还是判石辉"赎回田产付廖万英"❹。

在审理此类奁产纠纷案件时,名公们在遵循法律的同时兼顾了人伦道义,在保护孤弱女性的同时惩治了那些贪婪的小人,如《名公书判清明集》"女合承分"案中,名公范西堂认为,"二女乃其父之所自出,族业悉不得以沾其润,而专以付之过房之人"❺,这是不符合道义的,"今孝先之予,未至伤惠,二女之取,未至伤廉"❻,因此判决"照元遗嘱各拨田一百三十亩"❼ 给二女,另外勘杖郑孝先一百。上述裁判充分体现了范公的仁义思想和审判智慧。

---

❶ [宋] 司马光:《温公家范》卷二,王宗志注释,天津古籍出版社2016年版,第31页。
❷ 《名公书判清明集》卷六《户婚门·诉奁田》,中华书局1987年版,第184页。
❸ 《名公书判清明集》卷六《户婚门·诉奁田》,中华书局1987年版,第184页。
❹ 《名公书判清明集》卷六《户婚门·诉奁田》,中华书局1987年版,第184页。
❺ 《名公书判清明集》卷八《户婚门·女合承分》,中华书局1987年版,第291页。
❻ 《名公书判清明集》卷八《户婚门·女合承分》,中华书局1987年版,第291页。
❼ 《名公书判清明集》卷八《户婚门·女合承分》,中华书局1987年版,第291页。

综上所述，在女儿角色下，奁产权主要体现为取得内容。宋代可以取得奁产的女儿包括在室女和归宗女，没有辈分的限制。这种取得相对被动，很容易遭到侵害，为此，宋代采取了一系列的措施对女性奁产权进行保护，包括遗嘱、定帖、检校、诉讼。

（二）奁产的归属

女性一旦出嫁，便拥有了更为重要的角色——妻子。夫妻生活在一起，除情感交融、养老育幼之外，还牵涉财产问题，其中很容易引发矛盾的便是奁产的归属问题。另外，当夫妻关系不再存续时奁产归谁所有，以及女性去世后奁产归谁所有，这些常常成为宋代奁产诉讼的争议焦点。

陈圭诉子仲龙与妻蔡氏，盗典众分田业与蔡仁，及唤到蔡仁，则称所典系是仲龙妻财置到。执出干照上手，缴到阿胡元契，称卖与陈解元装奁置到分明，则不可谓之众分田矣。在法：妻家所得之财，不在分限。又法：妇人财产，并同夫为主。今陈仲龙自典其妻装奁田，乃是正行交关，但蔡仁实其妻蔡氏之弟，则踪迹有可疑者。又据陈圭称，被蔡仁积计赁屋钱啜卖。拖照系端平三年交关，系在三年限外，不应诉理。上件田元典价钱二十贯文足，争端在务限内，虽不当听赎，但蔡仁乃仲龙妻弟，其父陈圭既已有词，则蔡仁自不宜久占，合听备钱、会，当官推赎。今蔡仁愿以田业还其姊，官司自当听从。案须引问两家，若是陈圭愿备钱还蔡氏，而业当归众，在将来兄弟分析数内；如陈圭不出赎钱，则业还蔡氏，自依随嫁田法矣，庶绝他日之争。责状附案。❶

上述案例就是宋代一起典型的奁产诉讼，名公翁浩堂在审理时，援引了当时"妻家所得之财，不在分限"的法律规定。于是一部分学者便以此为论据，得出宋代奁产归妻子独立所有的观点，如张本顺在《宋代妇女奁产所有权探析及其意义》一文中写道："无论从国法抑或从民间义庄规范、家法族规观察，妇女的奁产都是妇女的私有财产。妇女一旦取得奁产，其夫家、娘家及其丈夫均无权占有和支配。"❷

笔者不赞同宋代奁产归妻子独立所有的观点。首先，该规定来源于《宋

---

❶ 《名公书判清明集》卷五《户婚门·妻财置业不系分》，中华书局1987年版，第140页。
❷ 张本顺：《宋代妇女奁产所有权探析及其意义》，载《法制与社会发展》2011年第5期，第83页。

刑统》卷十二"卑幼私用财",原文是:"诸应分田宅及财物者,兄弟均分。妻家所得之财,不在分限"❶,是指在兄弟分家时,妻子的奁产不能计入分家的财产。笔者认为,从"奁产不计入分家财产"是无法直接推导出"奁产归妻子独立所有"的;正确的逻辑应该是从"奁产归妻子独立所有"推导出"奁产不计入分家财产"。按照逻辑推理来解释,"奁产归妻子独立所有"是"因","奁产不计入分家财产"是"果",前因后果才是正确的,而前面推理所犯的错误就是因果倒置。另外,导致"奁产不计入分家财产"的原因并没有穷尽,除了是"妻子独立所有",还有可能是"丈夫独立所有""夫妻小家庭共有"。在后两种情况下,奁产也是不适合"计入分家财产"的。

其次,在儒家"家族本位"思想的影响下,古代对于妻子的要求是"子妇无私货,无私畜,无私器,不敢私假,不敢私与。妇,或赐之饮食、衣服、布帛、佩帨、茝兰,则受而献诸舅姑"❷。到了宋代,士大夫阶层仍然倡导妻子"无私财",如司马光就曾说:"凡为子为妇者,毋得私蓄私财。俸禄及田宅所入,尽归之父母、舅姑,当用则请而用之,不敢私假,不敢私与。"❸把奁产直接认定为妻子独立所有,势必与这种妻子"无私财"的传统观念相背离。就算相较于其他朝代,宋代女性的财产权益有所提高,但也无法与男性看齐,女性的很多财产权益仍然依附于男性,如美国学者伊沛霞所言:"嫁妆并不是单独注册在妻子名下的产业,官府要求财产都要以户为单位登记在男户主名下,不管实际上他是否活着。"❹把奁产登记在丈夫名下,一方面,从国家层面认可了丈夫对奁产享有一定的权益;另一方面,也限制了妻子对奁产的使用和交易,在这种情况下,妻子无法实现所谓的独立所有。

最后,假设奁产归妻子独立所有,与男方家庭,包括丈夫没有任何关系,那么在婚姻缔结时,男方家庭积极追求丰厚奁产的意义又是什么呢?前文已经提及,在宋代,双方家庭把婚姻视作一种投资,无论是女方还是男方,都希望名利双收,这其中就包括了对奁产利益的分享。所以,从婚姻目的角度来看,奁产归妻子独立所有的可能性不大。

---

❶ [宋] 窦仪等:《宋刑统》卷一二《户婚律·卑幼私用财》,薛梅卿点校,法律出版社1999年版,第221页。

❷ 《礼记·内则第二十》,《礼记译解》(上),王文锦译解,中华书局2001年版,第363页。

❸ [宋] 司马光:《司马氏居家杂仪》,费成康主编,《中国的家族法规》,上海社会科学出版社2002年版,第238页。

❹ [美] 伊沛霞:《内闱:宋代妇女的婚姻和生活》,胡志宏译,江苏人民出版社2004年版,第108页。

奁产不属于妻子独立所有，是否就属于丈夫独立所有呢？笔者持反对意见。首先，奁产归丈夫独立所有不符合宋代的家庭财产模式。国内许多学者认为中国古代实行的是家庭财产共有制，不存在个人财产所有制，如俞江在《论分家习惯与家的整体性：对滋贺修三〈中国家族法原理〉的批评》一文中指出："在近代法制转型之前，家产尚未完全分离为个人财产。"❶ 家庭是社会构成的基本单位，家庭规模可以根据人口及代际数量分成小家庭、大家庭及大家族。小家庭一般由一对夫妻及其未成年子女组成，有时也包括男方的直系尊亲属。大家庭则由若干个小家庭组成，各个小家庭的男性家长彼此之间是同父兄弟。而大家族则由拥有共同祖先的多个大家庭聚居而成。无论是小家庭还是大家庭，家庭成员共同生活在一起，共同创造家庭财产，共同分享家庭财产，这种财产模式被称为家庭财产共有。基于家族伦理及税收徭役等方面的考量，宋代继续沿用家庭财产共有模式，如《宋刑统·户婚律》就明确规定："诸祖父母、父母在，而子孙别籍、异财者，徒三年。若祖父母、父母令别籍，及以子孙妄继人后者，徒二年，子孙不坐。"❷ 在这种财产模式下，家庭中的每一个成员都对家庭财产拥有一定的权益，但都没有独立的所有权；包括家长，其只能代表家庭对财产进行管理，而没有绝对的处置权。女性出嫁将奁产带到男方家庭，登记在丈夫名下，从法律层面来看，此时的奁产已经归入家庭财产范畴，如上述案例中名公翁浩堂援引的另外一个法律规定："妇人财产，并同夫为主。"同理，丈夫作为一家之主，只能代表家庭对奁产进行管理，而不能任意处置。

其次，奁产归丈夫独立所有不符合宋代的社会现实。如果奁产归丈夫独立所有，那么未经其允许他人不得使用，但为什么现实生活中还是出现了大量妻子对奁产进行单独使用并被认可的事例？如宋人王氏在未征得丈夫同意的情况下，以奁产赈济灾民，"岁饥且疫，僵尸横道。皆犬彘之馂馀也，夫人闻之，恻然出奁中金瘗之，平生乐赈人之穷，宗族乡党之间受其赐者不知其几人矣"❸。包括上述案例中名公翁浩堂的裁定："如陈圭不出赎钱，则业还蔡氏。"假设奁产归丈夫独立所有，应该裁定还给丈夫"陈仲龙"，而不是妻

---

❶ 俞江：《论分家习惯与家的整体性：对滋贺修三〈中国家族法原理〉的批评》，载《政法论坛》，2006年第1期。

❷ [宋]窦仪等：《宋刑统》卷一二《户婚律·父母在及居丧别籍异财》，薛梅卿点校，法律出版社1999年版，第216页。

❸ [宋]郑侠：《西塘先生文集》，《宋集珍本丛刊》第24册，四川大学古籍研究所1995年版，第551页。

子"蔡氏"。如果奁产归丈夫独立所有，那么无论是使用行为还是处分行为，都是合法合理的，但为什么现实生活中还是出现了大量妻子控告丈夫侵害奁产并得到支持的案件？如《名公书判清明集》"诉奁田"案中名公直接对丈夫"廖万英"的行为给出了"大丈夫磊磊落落，肯视妻孥房奁中物为欣戚也"这样的负面评价。

关于奁产的归属，笔者比较认可前文推理中所提到的第三种可能，即小家庭共有。一般情况下，小家庭的核心成员是夫妻二人，夫妻关系存续是奁产共有的前提。奁产归小家庭共有，首先，符合宋代实行的家庭财产共有模式，关于家庭财产共有模式，前文已经提及，此处不再赘述。其次，也符合宋代奁产设立的目的，表面看是对女性的赠与，其实是对女性今后所在小家庭的赠与，如《名公书判清明集》"继母将养老田遗嘱与亲生女"案所记："妇人随嫁奁田，乃是父母给与夫家田业。"❶"奁产是为新组建的小家庭服务的，这样的意义和功能显然削弱了属于个人所有的独立性，从而使奁产更多地带有了家庭财产共享的属性。"❷ 这样也就能够很好地解释为什么奁产不计入分家财产之列了，因为它只与女性所在的那个小家庭有关，与大家庭中的其他小家庭无关。最后，也符合一贯以来所倡导的"夫妻一体"思想，如《说文解字》所载："妻，妇与夫齐者也。从女，从中，从又。又，持事，妻职也。"❸ 妻子是和丈夫齐肩而立，共同撑起一个小家，两人只是分工不同，一个主内，一个主外。当奁产归小家庭共有时，便可发挥夫妻一体的作用，对外奁产登记在丈夫名下，将来的交易由丈夫主导，如上述案例中，名公翁浩堂认可丈夫"陈仲龙"的典卖行为，"今陈仲龙自典其妻装奁田，乃是正行交官"，对内妻子可以在操持家庭事务的过程中，充分发挥奁产的价值。

前文已经提及，奁产小家庭共有一般以夫妻关系存续为前提，那么一旦夫妻关系不再存续，奁产又将归谁所有？夫妻关系不再存续主要有两个原因：一是夫妻关系解除，二是夫妻中的一方离世。

无论是被休还是合离，夫妻关系一旦解除，封建社会中的女性很难独立生活，单独成立一个家庭，其结局要么是回归娘家，成为归宗女；要么是改嫁，组建一个新的家庭，宋代的女性也不例外。同理，因为丈夫亡故，妻子

---

❶《名公书判清明集》卷五《户婚门·继母将养老田遗嘱与亲生女》，中华书局1987年版，第141页。
❷ 金眉：《宋代奁产的法律分析》，载《政法论坛》2012年第6期。
❸ [汉] 许慎：《说文解字》，中华书局1963年版，第259页。

成为孀妇，其结局也无外乎要么留在夫家守节，要么回归娘家，要么另嫁他人。综上所述，无论是什么原因导致夫妻关系不再存续，女性的结局均有三种：一是守节，二是归宗，三是改嫁。这三种结局都面临一个共同的问题，即奁产的归属。

夫亡妻在，当妻子愿意为亡夫守节时，小家庭得以延续，此时的奁产仍然属于小家庭共有，只不过基础关系从夫妻关系变成了母子关系。在儿子尚未成年之前，母亲承担起更多的管理职责；当儿子成为一家之主时，对于母亲奁产的处置，同样以双方协商为主，充分尊重母亲的意愿。

宋代法律没有规定女性在归宗或改嫁时是否可以带走奁产，但现实中，带走奁产的情况很普遍，如宋人袁采曾说："作妻名置产，身死而妻改嫁，举以自随者亦多矣。"❶ 如果夫家对带走奁产的行为产生异议，诉诸法律，大多数名公会根据情况的不同作出不同的裁判。

情况一：女性归宗或改嫁时无子，如《名公书判清明集》"利其田产自为尊长欲以亲孙为人后"案所记："吴子顺死，其子吴昇又死，独子顺妻阿张在，留得自随奁田十余种。暮年疾忧交作，既无夫可从，又无子可从，而归老于张氏，已可哀矣。"❷ 此种情况下，名公认可女性可以带走奁产，最终裁定："于张氏自随田内，量所费拨卖，以了两丧，官司给簿收支。葬毕，于族中从众选立一人承祀，却拨余田与之，吴君文一家不得干预。"❸

情况二：女性归宗或改嫁时有子，如《名公书判清明集》"徐家论陈家取去媳妇及田产"案所记："父给田而与之嫁，是为徐氏之田矣。夫置田而以装奁为名，是亦徐氏之田也，陈氏岂得而有之。使徐氏无子，则陈氏取其田，以为己有可也，况有子四人，则当自以田分其诸子，岂得取其田而弃诸子乎。"❹ 此种情况下，名公不认可女性可以带走奁产，最终裁定："欲将陈伯洪从杖六十勘断，押陈氏归徐家，仍监将两项田听从徐氏收管花利。"❺

---

❶ ［宋］袁采：《袁氏世范》，夏家善主编，《睦亲·同居不必私藏金宝》，天津古籍出版社2016年版，第29页。
❷ 《名公书判清明集》卷八《户婚门·利其田产自为尊长欲以亲孙为人后》，中华书局1987年版，第259页。
❸ 《名公书判清明集》卷八《户婚门·利其田产自为尊长欲以亲孙为人后》，中华书局1987年版，第259页。
❹ 《名公书判清明集》附录二《勉斋先生黄文肃公·徐家论陈家取去媳妇及田产》，中华书局1987年版，第603页。
❺ 《名公书判清明集》附录二《勉斋先生黄文肃公·徐家论陈家取去媳妇及田产》，中华书局1987年版，第604页。

对比上述两个案例，我们发现，女性有子、无子成为判断其是否可以带走奁产的关键。笔者比较认可宋代名公们的这一裁判思想，其充分考虑了女性与奁产的渊源、女性与夫家的关联。首先，奁产最初是对女性的赠与，随着出嫁，变成了小家庭共有，而现在随着女性选择归宗或改嫁，小家庭共有状态终止，奁产又重新回到女性手上，这样的处置合情合理。另外，无论是归宗还是改嫁，都必须考虑女性今后的生活问题，所以让其带走奁产是一个不错的安排。归宗女有了奁产的依仗，不至于寄人篱下、看尽世态炎凉；改嫁女性也可借助奁产获得新家庭的认可，从而收获幸福的新生活。其次，虽然女性的妻子身份因为丈夫的离世而消灭，但她仍有可能借助母亲的角色与夫家继续产生联系。换言之，女性与夫家之间的联系基础从丈夫变成了儿子。在这种情况下，让女性带走奁产，完全斩断与夫家的联系，不太现实，也不太可取。尤其是对那些尚未成年的子女而言，这样的做法太过薄情，他们既得不到母亲生活起居方面的照顾，也得不到母亲财产方面的照拂。将一部分奁产留在夫家，作为未成年子女的抚养费用，或者分配给成年子女，这样的安排比较恰当，既保护了女性的奁产权，又兼顾了子女的利益需要。这种综合分析权衡的裁判思想有助于化解矛盾，妥善处置奁产的归属。

当女性去世时，奁产的归属问题不仅会造成小家庭内部的矛盾，还会引发夫家和娘家之争。首先，可以排除奁产归娘家的可能性，因为《宋刑统·户婚》明确规定："妻虽亡没，所有资财及奴婢，妻家并不得追理。"其次，女性虽然去世了，但她与夫家的联系仍然存在，一个最显著的表现就是她死后葬入夫家祖坟，享受夫家后人的供奉。另外，夫家还有她最重要的亲人——子女，因此将奁产留在夫家也是允理惬情。这里的夫家仍然要理解为女性生前所在的小家庭，而非大家庭、大家族，这样才符合宋代"奁产不计入分家财产"的原则和奁产小家庭共有的模式。最后，当夫妻俱亡时，原小家庭的核心人物都不在了，那么奁产将通过继承的方式传递给新小家庭的核心成员——儿子。

在儿子继承嫡母奁产的问题上，同样容易产生纠纷，诉争的焦点在于亲子和庶子之间是否存在差别。《名公书判清明集》"郭氏刘拱礼诉刘仁谦等冒占田产"案就是一个典型代表，"刘下班有子三人，长曰拱辰，妻郭氏所生，次曰拱礼、拱武，妾母所生"[1]。现在刘下班、郭氏均已亡故，亲子拱辰将郭

---

[1] 《名公书判清明集》附录二《勉斋先生黄文肃公·郭氏刘拱礼诉刘仁谦等冒占田产》，中华书局1987年版，第606页。

氏所留的"自随田税钱六贯文"据为己有，其他二庶子对此表示不满，于是诉至官府。从案例记录中，我们发现不同的裁判者作出了不同的判决：第一个判决由郑知县和提刑司金厅所作，"不当分郭氏自随之产，合全给与拱辰"❶，主张嫡母的奁产只能由其亲子，也就是嫡子继承，庶子二人不能分得郭氏的奁产。第二个判决由吉州司法及知录所作，"拱辰不当独占刘下班所得郭氏随嫁之产，合均分与拱武、拱礼"❷，认为妻子的奁产归丈夫所有，应该按照诸子均分的原则，由三子共同继承。第三个判决由韩知县、赵安抚所作，"合以郭氏六贯文税钱析为二分，拱辰得其一，拱武、拱礼共得其一"❸，是对前两种判决的折中，即亲子多分，庶子少分。此案的最终裁判者黄榦从三个方面进行了分析：其一，"又自随之产，不得别立女户，当随其夫户头，是为夫之产矣。为夫之产，则凡为夫之子者皆得均受，岂亲生之子所得独占"❹。其二，"郭氏之嫁刘下班也，虽有嫡庶之子，自当视为一体，庶生之子既以郭氏为母，生则孝养，死则哀送，与母无异，则郭氏庶生之子犹己子也"❺。其三，"拱辰虽亲生，拱武、拱礼虽庶出，然其受气于父则一也。以母视之，虽曰异胞，以父视之，则为同气。拱辰岂得不体其父之意，而独占其母随嫁之田乎"❻。基于以上分析，最终作出维持吉州司法及知录判决的裁定，"则六贯文之税，当分而为三，兄弟均受，方为允当"❼。

同一个案件，出现了三种差异较大的判决结果，而且均未援引相关的法律规定，由此可以推断，宋代在儿子继承嫡母奁产问题上无明确规定，在这种情况下，宋代名公们获得了较大的自由裁量空间。当然，他们在裁量时都有各自的理据，并非凭一己喜好，这些理据主要是从家庭伦理的角度出发，

---

❶《名公书判清明集》附录二《勉斋先生黄文肃公·郭氏刘拱礼诉刘仁谦等冒占田产》，中华书局1987年版，第606页。
❷《名公书判清明集》附录二《勉斋先生黄文肃公·郭氏刘拱礼诉刘仁谦等冒占田产》，中华书局1987年版，第606页。
❸《名公书判清明集》附录二《勉斋先生黄文肃公·郭氏刘拱礼诉刘仁谦等冒占田产》，中华书局1987年版，第606页。
❹《名公书判清明集》附录二《勉斋先生黄文肃公·郭氏刘拱礼诉刘仁谦等冒占田产》，中华书局1987年版，第606页。
❺《名公书判清明集》附录二《勉斋先生黄文肃公·郭氏刘拱礼诉刘仁谦等冒占田产》，中华书局1987年版，第606页。
❻《名公书判清明集》附录二《勉斋先生黄文肃公·郭氏刘拱礼诉刘仁谦等冒占田产》，中华书局1987年版，第606页。
❼《名公书判清明集》附录二《勉斋先生黄文肃公·郭氏刘拱礼诉刘仁谦等冒占田产》，中华书局1987年版，第606页。

只不过有不同的坚持罢了。有的更看重血缘联系,强调嫡庶有别;有的更倾向于父权之下的诸子平等;有的则希望综合利弊,取其平衡。

综上所述,在妻子、母亲角色下,奁产权的一个主要体现是归属内容。当夫妻关系存续时,奁产归小家庭共有,既符合宋代实行的家庭财产共有模式,也符合奁产的设立目的。当夫妻关系解除时,如果女性选择守节,那么奁产的归属不会发生变化;如果选择归宗或改嫁,那么奁产将根据女性有无子女做不同的安排。当女性去世时,奁产将留在小家庭中,继续延续小家庭共有状态。假设此后丈夫也去世了,那么奁产将由儿子继承。

(三) 奁产的处置

原本属于女性的奁产,因其角色的转变,从女儿到妻子、母亲,而转归小家庭共有,小家庭也成为女性今后生活的重心。宋代奁产的处置往往以有利于小家庭的生存和发展为出发点,以双方协商为主要方式。

也许有人会质疑,在处置奁产时,丈夫会和妻子协商吗?会不会因为家长权威而独断专行?首先,奁产具有特殊性,是妻子娘家所赠,用于保障妻子在小家庭中的生活,如果丈夫在处置时完全不和妻子协商,这不仅是对妻子的不尊重,而且是对妻子娘家的不尊重,容易引发两个家庭之间的不和谐,相信这个结果不是丈夫所期望的。大多数丈夫明白只有给与妻子一定的尊重,夫妻齐心,家庭才会兴旺发达。另外,这种独断专行,将妻子排除在外的行为,显然也不符合人之常情,不被社会所认可。其次,在家庭分工中,妻子原本就负责操持家庭事务,而奁产的处置往往与家庭事务紧密相连。很多妻子在家庭管理方面的能力得到了丈夫的认可,如《袁氏世范》所载:"妇人有以其夫蠢懦,而能自理家务,计算钱谷出入,人不能欺者;有夫死子幼而能教养其子,敦睦内外姻亲,料理家务至于兴隆者,皆贤妇人也。"[1] 所以,丈夫愿意在奁产问题上和妻子协商,从中汲取妻子的智慧。最后,这种协商并非完全平等下的"协商",更像是"知会"行为,在"夫为妻纲"的家庭伦理下,妻子极少会反对丈夫的提议,一来一去,双方愉快地就奁产的处置作出了决定,这么和谐的"协商",丈夫何乐不为呢?既达到了处置奁产的目的,还博得了"贤夫"的美名。笔者相信,宋代小家庭在处置奁产时,夫妻协商是常态,也正因如此,《名公书判清明集》中夫妻之间就奁产处置产生诉

---

[1] [宋] 袁采:《袁氏世范》,夏家善主编,《睦亲·寡妇治生难托人》,天津古籍出版社2016年版,第53页。

讼的寥寥无几。

瓯宁县寡妇张氏论叔范遇争立继夺业事。看详诸处断由，见得范通一有子四人，长曰熙甫，次二曰子敬，即监税，次三曰遇，即达甫，次四曰述，即善甫。……故绍定二年十月，立砧基簿，簿首言长男熙甫既亡，不愿分产，其存日将妻妆奁置到田业等，拨充蒸尝。……熙甫死已一十五年，而春秋祭祀无缺者，以所立范熙甫十五年蒸尝田在故也。为三子者，遵父之命，轮年时祀，则范氏之鬼不馁矣。❶

除夫妻协商处置之外，宋代是否允许丈夫或妻子单方面处置奁产？先看丈夫的情况，虽然丈夫作为一家之主，掌握了家庭财产的主要话语权，但由于奁产的特殊性，其单方面的处置行为还是受到了限制，如宋人王巩在《甲申杂记》中记录了这样一件事：阮逸想拿妻子的奁产去答谢媒人辛有仪，因遭到妻子的拒绝，而未能如愿。拿妻子的奁产去答谢媒人不被允许，而上述案例中丈夫"范熙甫"把妻子"张氏"的奁田拨付充当祭祀田，却被允许。两次处置所涉及的奁产价值，很明显，前者小，后者大，为什么还会出现前者不被允许、后者被允许的结果？笔者认为，关键在于判断丈夫的处置行为于小家庭是否有利，于社会伦理是否正当。前一行为，对于小家庭而言是纯粹的金钱付出，而且答谢媒人应该是大家庭的家长之责，与小家庭无关；后一行为，无论对于丈夫还是妻子，都是有好处的，两人在无子嗣的情况下能够获得他人的祭奠供奉，不至于成为"孤魂野鬼"。同理，丈夫携带妻子的奁产外逃，置妻子与小家庭于不顾，如周密《癸辛杂识》中所载："横塘人褚生作扬州令时，本有妻，又赘于一宗姓之家，后来'其资以逃'"❷，或者将奁产用于自己不良嗜好的挥霍，这些单方处置行为都是不被允许的，因为它们损害了小家庭的整体利益，违反了社会伦理道德。

虞氏得罪其姑，至于兴讼，而所诉之事又是与人私通，兼此二事，其不可复合亦明矣。今江滨叟抱母龚氏状，却隐讳前事，只令押其妻虞氏自归侍奉。……江滨叟乃以暧昧之事，诬执其妻，使官司何从为据。江滨叟骫伫小人，不知此义，固不足责，但事在有司，须要结绝。江滨叟自知理屈，于前事不敢坚执，却又称虞氏曾令妾搬去房奁器皿，是虞氏盗与奸俱有。……江

---

❶ 《名公书判清明集》卷八《户婚门·嫂讼其叔用意立继夺业》，中华书局1987年版，第260页。
❷ [宋] 周密：《癸辛杂识》后集《方珠》，中华书局1988年版，第108页。

滨臾设心措虑，欲弃其妻，事出无名，遂诬以闺门暧昧之私，而加以天下之大恶，词穷理屈，又谓妻盗搬房奁器皿，及勒令对辨，则又皆虞氏自随之物。……虞士海先放，江滨臾勘杖八十，押下州学引试，别呈。❶

接下来看妻子的情况，宋代的很多史料记录了女性用奁产帮助夫家的例子，如北宋状元冯京的母亲曾"授以白金数笏"给他的父亲，资助其买妾；宋朝上官氏夫人用自己的嫁妆帮助夫家赎回坟山，夫家感激"上官夫人赐之"。这些记录中出现的"授""赐"等字眼，可以理解为夫家在一定程度上承认妻子对奁产享有单方处置权。当然这种承认有一个前提，那就是该处置行为有利于夫家。假设妻子是为了满足自己的利益需要而单方面处置奁产，那么是否会被认可呢？如上述案例中，妻子"虞氏"是在丈夫不知情的情况下搬走"房奁器皿"，该行为于夫家无利，事后丈夫也不予认可，但名公胡石壁还是认为妻子有权这么做，不存在所谓的窃盗。胡石壁的这一看法具有合理性，充分考虑了妻子与奁产之间的紧密联系，通过给与奁产单方处置权，可以有效保护妻子在小家庭中的地位。

宋代奁产的处置主要包括以下几个方面：一是用于小家庭。奁产最常见的用途是贴补小家庭的日常开销，如北宋名臣杜衍两袖清风，死后家庭陷入窘境，其夫人相里氏拿出箧中所有，以维持家庭生计。除日常开销之外，奁产还会被用来购置田宅，以扩大小家庭的财产规模，如袁燮在《太夫人戴氏圹志》中所记："太夫人攻苦食淡，斥房奁，营丧葬，偿逋负，买田宅，恭俭恪勤，生理粗立。"❷甚至用于买妾，如前文提及的北宋状元冯京的母亲用奁产为丈夫买妾，罗大经的《鹤林玉露》对此有生动形象的记载："其父商也，壮岁无子。将如京师，其妻授以白金数笏曰：'君未有子，可以此为买妾之资。'"❸正是有了奁产的帮助，宋代许多贫寒仕子才可以安心求学，最终金榜题名，如前文提及的杜衍，其少时"贫甚，佣书以自资，尝至济源，富民相里氏奇之，妻以女，由是资用稍给，举进士，殿试第四"❹。正是有了奁产的助力，许多小家庭开始走上兴盛之路，最终成为钟鸣鼎食之家。

二是用于大家庭和家族。这里的大家庭和家族，既包括丈夫所在的大家庭和家族，也包括妻子的娘家。对于夫家，奁产的资助小到婚丧嫁娶、子弟

---

❶ 《名公书判清明集》卷十《人伦·夫欲弃其妻诬以暧昧之事》，中华书局1987年版，第380页。
❷ [宋] 袁燮：《絜斋集》卷二一《太夫人戴氏圹志》，中华书局1985年版，第353页。
❸ [宋] 罗大经：《鹤林玉露》乙编卷四《冯三元》，中华书局1983年版，第193页。
❹ [宋] 江少虞：《宋朝事实类苑·名臣事迹·杜祁公》，上海古籍出版社1981年版，第119页。

求学，大到购置祭祀田产、设义庄接济族人。前者如宋代词人叶梦得为妹妹置办奁产，其妻主动拿出所存奁具，使小姑的奁具不致敛薄；如高宗年间，给事中王信妻郭氏"事舅姑如事父母，舅没，待制营葬地，既成约矣，民姐约外重邀索……硕人（郭氏）拔头中金钗与之"❶；如哲宗、徽宗年间，宣教奉侍余无违妻"其始嫁也，会家弟少雄欲游太学，无以为道路费，为斥奁具以资其行"❷。后者如《荣国太夫人上官氏墓志铭》所记，上官夫人用奁产赎回了夫家的坟山，还扩大了祭祀田产的规模；如宋人施扬休利用妻子的奁产买田充作义庄来接济族人。这些资助行为可以帮助小家庭树立良好的形象，获得大家庭和家族甚至社会的认可，为其以后更长远的发展铺平道路。对于娘家，当其家道中落、生计出现问题时，用奁产予以资助，既是人之常情，也是维系两个家庭联系的需要，如神宗、哲宗年间，杨氏兄弟皆早卒，"菜殡未葬"，亲母以为忧，杨氏"捐斥奁具、珠玉服玩以相其费，余以赐族人之贫者。"❸

三是用于社会。一些小家庭乐善好施，将奁产用于赈济他人，尤其是在灾荒之年，如北宋陈之奇之母江氏，"岁饥且疫，僵尸横道……夫人闻之恻然，出奁中金以瘗之"❹。一些小家庭礼佛祈福，将奁产捐赠给寺庙，如仁宗、神宗年间，正议大夫程师孟妻贺氏，"尽施奁中物，市田赡其坟之寺，岁以度僧一人"❺。

上述史料中，大多记录的视角是妻子代表小家庭在处置奁产，再次证明了妻子在奁产的处置上拥有较大的权利。

综上所述，在妻子、母亲的角色下，奁产权的另一个主要体现是处置内容。宋代奁产的处置往往以有利于小家庭的生存和发展为出发点，以双方协商为主要方式，主要用途包括补贴小家庭、资助夫家和娘家、救助社会。

透过《名公书判清明集》中一个个鲜活的案例，我们不仅可以看到宋代法律、名公们对女性奁产权的认可和保护，而且可以发现宋代女性权利、地位的提升，给了我们一个观察宋代社会发展和进步的新视角。

---

❶ ［宋］戴溪：《括苍金石志》卷六《王给事妻郭氏墓志铭》，见《宋代石刻文献全编》，北京图书馆出版社2003年版。

❷ ［宋］许景衡：《横塘集》卷二十《陈儒人述》，文渊阁四库全书本。

❸ ［宋］范祖禹：《范太史集》卷五一《右屯卫大将军妻吉安县君杨氏墓志铭》，文渊阁四库全书本。

❹ ［宋］谢逸：《溪堂集》，线装书局2004年版，第455页。

❺ ［宋］陆佃：《陶山集》卷十五《长乐郡君贺氏墓志铭》，文渊阁四库全书本。

"全面三孩"政策背景下女性休闲权之证成

■ 胡泽邦

人口出生率偏低的严峻现实引发了我国对生育政策的调整，在中共中央出台《中共中央 国务院关于优化生育政策促进人口长期均衡发展的决定》的政策文件后，《中华人民共和国人口与计划生育法》亦随之修改。其中第18条第1款被修改为"国家提倡适龄婚育、优生优育。一对夫妻可以生育三个子女"，这被视为继"全面两孩"政策之后我国生育政策的重大调整。该政策实效尚未显现，却已对妇女造成潜在不利影响。"三孩政策"的实施有使基于生理、社会性别差异而引起的性别偏见愈演愈烈的风险。法律必须担当起扶助弱者的责任，在立法理念与制度构造上均须有所回应。全国人大常委会法制工作委员会有关部门负责人在答记者问中明确提到要"为实施三孩政策及配套措施提供有力法治保障"，并且提出了八个方面的政策配套支持"全面三孩"政策。❶ 这些政策的实施无疑对于降低生育成本、提升生育意愿、增强对育龄妇女保障水平有积极的作用。休息权与劳动叙事挂钩、紧密相连的属性注定了其先天不足，承载人类身心全面发展价值的能力有限。马克思关于人类解放的构想侧面论证了休闲对于人类全面发展的重要意义。休闲被称作人类在生活中得到的现实文明之一，是从古至今传承、延绵，并且对人类全面发展有重要意义的活动，它一直与法律保持着若即若离、忽远忽近的关系。对于"全面三孩"政策实施背景下生育负担更加沉重、社会性别差别待遇境况愈加突出的女性而言，强调其休闲权对于其产后所面临的精神与生理负担有一定调适作用；对于社会而言，则有促进性别平等、保障妇女权益的积极意义。法律对于新兴权利应当积极予以回应，可以先将积极响应国家生育政策的女性作为权利主体构建休闲权，采用渐进入法的方式逐步将休闲权扩展

---

❶ 《为实施三孩生育政策及配套支持措施提供有力法治保障——全国人大常委会法工委有关部门负责人就修改人口计生法答记者问》，载中国人大网2021年8月23日，http://www.npc.gov.cn/npc/c30834/202108/bdf6b94328ec442eb9b94f003ec8397e.shtml。

到全体公民。

一、承继与超越：休息权与休闲权

休闲权和休息权是一组交叉但不重合的概念，二者的权利性质、行使方式、保障模式均有相似之处，厘清二者的异同是将"休闲权"作为一种全新、独立的权利进行论证、建构的基础。必须指出，休闲权目前尚不是一个法定的概念，其外延与内涵因没有国家现行有效的立法作为依据、学理上纷繁复杂而呈现出某种不确定性。建构休闲权的体系框架很难运用单一法教义学方法，本文拟借助国家实定法中关于休息权的定义与休闲学视角下的相关理论来论证休闲权。我国《宪法》第43条对于休息权的规定为："中华人民共和国劳动者有休息的权利。国家发展劳动者休息和休养的设施，规定职工的工作时间和休假制度。"从该条文来看，休息权的行使主体被限定为劳动者（明示其一即排除其他），其指向的主体十分明确，涵盖的范围比较狭窄。因此，有学者把休息权归于劳动权之下，认为"休息权是劳动者依法享有的在法定工作时间内劳动或工作之后，为了保护身体健康而享有的休息和休养的权利"，其目的是使劳动者的脑力与体力得到充分恢复，提高劳动者的生产效率，并使劳动者有时间参加政治生活与社会文化生活，处理好家庭事务。[1] 我国建立起的劳动者休息制度与休假制度体现的就是对于休息权这一宪法性权利的保障。休息权在权利主体与权利内容方面均有部分局限，这注定了休息权很难在劳动者权利保障之外发挥作用。

首先，无论是宪法还是劳动法意义上的休息权，权利的主体均被局限为劳动者。将权利主体限定为劳动者固然能使劳动者的休息权得到国家、社会、劳动保障部门的更多关注，但也造成了权利主体的狭窄，排除了劳动者之外的其他主体。休息权行使的时间被限定于"规定的工作时间之余"，可见其内涵必须借助"工作""劳动"这样的积极的社会行为并与之进行宏观统筹考量才可以被清晰定义。公民身份与劳动者身份并不必然重合，社会中存在着大量具有公民身份但是由于自身问题或外力无法参与劳动的主体。试想一下如下场景：如果一名妇女因为响应国家政策，积极生育，失业在家，那么其休息的权利是否能得到保障呢？（毕竟工作之外依然有很多因素会让妇女产生脑力、体力的付出）。退休人员欲进行休闲活动，放松身心，其行使权利时亦会因为没有劳动者的身份而遭遇诸多尴尬。这也在某种意义上导致了他们意

---

[1] 童之伟，殷啸虎：《宪法学》，上海人民出版社2010年版，第176页。

图休息、休养时面临权利的困境。那么,为了让更广义的时间在社会主体之间进行分配,让更加宽泛的主体享受到休息、休闲的权利,让此种权利由"劳动者权利"向"公民权利"转化,在法律上亟须构建与证成出一种新型的权利——休闲权。

其次,休息权强调劳动者享有休息权是为了更好地工作,其从内在理念、价值上对人的主体性支持不够,不足以支撑起马克思所强调的"人类全面发展"的宏伟构想。休息是一种基本的、低阶的需求,休闲是建立在休息的基础上产生的发展性的高阶需求。休闲是人在自由时间中的一种生存状态,是人在满足社会需求以后达成自己的全面发展和自我实现目标的前提条件,二者之间是"基础权能"和"发展权能"的关系。由于休息权产生的直接原因与劳资双方博弈的历史紧密相连,因此休息权提出的直接目的在于解决现实中劳动者被资本家无情压榨的悲惨局面。诚然,这种务实的趋向解决了劳动者迫在眉睫的问题,但也使这种权利理论的张力、全面性有所不足。我国学界对于休息权的论述多着眼于劳动者体力恢复方面,关怀认为"休息权得到了保证,就能使劳动者得到健康和体力的恢复"[1]。《法学词典》对休息权的解释为"劳动者为保护身体健康和提高劳动效率而休息和休养的权利。其目的是保证劳动者的疲劳得以解除,体力和精神得以恢复和发展;保证劳动者有条件进行业余进修,不断提高自己的业务水平和文化水平;保证劳动者有一定的时间料理家庭和个人的事务,丰富自己的家庭生活",在界定休息权的研究范畴时,也默认其属于劳动法的研究范畴。[2] 这种先天不足的理论带来的后果是休息权无法指向个体广袤生命中的时间分配,无法解释生命、工作、游憩等人生中不可或缺的要素之间的互动关系。休闲则是一种具有层次性的生活建构,休闲的定义是多向度的,休闲现象以各种形态渗透在人类生活、生产中,在时间、活动、存在方式等维度均可以对休闲权做出定义。如马兹迪埃认为"休闲是需应付生存之外的时间,做完必须做的事情,生物上维持生计……及谋生必须做的事情后……它是可自由支配的时间,是根据个别的判断或选择而利用的时间"[3]。马克思关于人类全面发展的学说虽然没有正面论述过休闲权这个概念,但其理论体系中蕴含着丰富的具有前瞻性、革命性

---

[1] 关怀:《论我国公民的劳动权》,载《法学研究》1959 年第 4 期。
[2] 蓝寿荣:《论我国宪法休息权的解释》,载《东北师范大学学报(哲学社会科学版)》2020 年第 4 期。
[3] J. Dumazedier, *Toward a society of Leisure*, New York: The Free Press, 1967, pp. 16-17.

的休闲思想，设想了人类休闲和劳动完美融合的生存状态。❶当人类能够摆脱资本的控制时，其会通过劳动逐渐确证自身存在的合理性，围绕着生产总体展开的方式来表征生活状态。❷当人类的主体性能够被彰显时，才有可能由"劳动正义"过渡到普遍的"社会正义"。休闲权可以被视为上述实现马克思关于人类未来生存状态构想的一个必要的组成部分，这也是休闲权对于现行法律所承认的休息权的承继和超越。

如果说前文关于休息权与休闲权相异之处的剖析论证了二者是一种在主体、价值、理念上有一定差异的权利类型，那么二者在权利性质、表现形式、保障方式上的相似之处则可以为休闲权的证成提供坚实的理论基础。二者的权利属性为社会权当属毫无疑问。社会权作为一种可以向国家、社会主张和请求给与物质帮助、工作机会等安全保障的权利类型，❸使弱者处境由被动转向主动，改变了先前自由权要求国家、他人"不干涉、不涉足"的防御型权能的属性。休闲权可以基于社会权的身份权利、积极权利、受益权利的三大特征，在其规范性质上进行分析与证成。同时，考察一种权利必须关注其历史演变过程，萨维尼认为，"法律绝不是那种应当由立法者以专断刻意制定的东西……法律根植于一个民族的历史中，而且其真正的源泉乃是普遍的信念、习惯和民族的共同意识。"❹与其说法律是被立法者创制的，不如说立法者只是发现了法律而已，历史、地理、文化、心理等因素均对法律的塑造有影响。从这个角度出发，本文尝试在一定程度上跳出规范视角，从休闲的历史、文化维度为休闲权的论证提供理论依据。

二、性别偏见语境下休闲权的证成：基于历史、文化、规范三重维度的考察

改革开放以来，我国的法学研究范式经历了全方位的转换，作为一种全新的理解、概念，分析系统的"权利本位范式"取代了"阶级斗争范式"。法学界逐步摆脱了根深蒂固的"阶级—阶级矛盾—阶级斗争"的公式。这种分析方法因过于强调法的"阶级性"，片面地强调法离不开国家，

---

❶ 周海荣：《中国休闲研究：马克思主义人本主义与新时代美好生活研究（2016—2017）》，辽宁师范大学出版社2017年版，第75页。
❷ 刘同舫：《马克思唯物史观叙事中的劳动正义》，载《中国社会科学》2020年第9期。
❸ 胡玉鸿：《论社会权的性质》，载《浙江社会科学》2021年第4期。
❹ 博登海默：《法理学：法律哲学与法律方法》，邓正来译，中国政法大学出版社2004年版，第92页。

导致国家学说替代了法学本身的理论，并且主张用"义务本位"价值观来调整、指引社会行为，导致法的自身价值被掩盖。"权利本位范式"的兴起，真实地反映了法的价值属性，把人作为一种法律价值的主体予以尊重。人的自主性、自觉性、自为性、自律性可以在法律的这对基本粒子——"权利义务关系"中得到充分的张扬。❶ 中国进入一个权利勃兴的时代已是不可阻挡的历史潮流。社会、经济的蓬勃发展，使国家疆域中的"处女地"与前人不曾享有的资源被开垦与创造，对于这些资源有利益诉求的主体不断涌现。用法学的"权利范式"予以剖析，此类诉求可以称为悬而未决的"新兴权利"。政治、经济及社会的变化要求承认新的权利使法律在其永恒的青春中不断成长，以满足社会需要。此类诉求的定型化、规范化、合法化的必经之路就是"新兴权利"能在法学理论上得到充分的证成，继而才有可能被国家正式立法确定。"新兴权利"的出现冲击了国家法律中既有的权利体系与结构，其本质是法律的滞后性与社会变迁、利益格局重构之间的矛盾。❷ 因此，法律对于此类权利保持天然警惕，担心过度扩张的权利话语会使得权利的崇高理念与价值受挫。毕竟"权利只是法律保护主体利益的工具之一，并非所有的利益都必须运用权利工具予以保护"❸。基于新兴事物所面临的处境，休闲权需要从多个方面进行证成。传统历史的宏大叙事方式缺乏人本主义精神，对于个体的价值、权利并不提倡，因此休闲的理念、方式多为民间自发创造，休闲活动也多由民间自行展开，难以为国家主流意识形态所推崇。

　　证成休闲权应当秉持"语境论"的观点，即我们应该力求语境化地（历史地、设身处地地）去理解历史上出现的状态、思潮、趋势，既要承认、尊重长期存在的制度，也要剖析制度的成因。既要强调消极地守成，对于隐含一定的对既往观点批判的意识也要积极地构建。遵循这种与马克思主义关于事物的产生、发展与变化同特定的时间、地点与条件之间关系的哲学原理有内在一致性的方法，可以为揭示事物过去、现在、未来提供具有包容性、解释力的理论支持。❹ 在人类发展的历史中，除昙花一现的

---

❶ 张文显，于宁：《当代中国法哲学研究范式的转换：从阶级斗争范式到权利本位范式》，载《中国法学》2001年第1期。

❷ 魏文松：《论新兴权利的国家保护义务》，载《学术交流》2020年第9期。

❸ 李蕊：《路权的证成与规范建构》，载《行政法学研究》2021年第5期。

❹ 刘光华：《经济法的语境论研究进路》，载《兰州大学学报（社会科学版）》2002年第2期。

母系社会之外，女性在社会中长期处于相对边缘的地位。中国传统社会中"男尊女卑""夫为妻纲""妇者，伏于人也"等表现男女不平等关系的话语成了男权社会中性别叙事的正统。西方的文化中同样存在男性中心主义倾向，西方部分先哲对女性从不掩饰其鄙夷之心态，如柏拉图有言"女人在各个方面都是弱者""（女性）天生的道德潜能劣于男人"，亚里士多德说过"男人天生高贵，女人天生低贱，男人统治，女人被统治"，卢梭认为"女人依靠男人的感觉而活，依靠男人对她们的奖赏而活，依靠男人对她们的吸引力、对她们的美德所设定的价值而活"。文明话语本质上是由男性主导、宰制的话语，历史也是由男性所书写。[1] 男女性别本身存在的生理差异以及因性别偏见、歧视而加剧的地位不平等对女性参与诸多社会活动均有一定影响。女性被限制在不带有显著公共特征的家庭中，被赋予作为妻子和母亲极其重要的使命，因此在休闲时间与空间上均处于被贬抑的地位。虽然不乏部分养尊处优、有闲情逸致的女性在参与休闲方面相比男性不遑多让，但这毕竟很少。工业革命以后，随着女性参与社会工作、活动频次的增加，女性的社会地位开始跃升，女性权利开始进入国家视角，女性休闲权利在数量、国家保护力度、权利内容等方面在特定领域甚至实现了对男性的超越。

（一）男强女弱状态下休闲的历史之维

休闲现象在人类发展的历程中自古有之，古今中外皆然。休闲文化在物质文明不发达的社会就融入了先民的生活。作为人类心理发展到较高阶段的产物，休闲活动在不同的历史时期中表现形式各异。马克思依据生产力发展水平的不同和生产关系形态的差异对人类社会的不同阶段进行了划分（原始社会、奴隶社会、封建社会、资本主义社会、共产主义社会），人类的休闲伴随着生产力水平的起落呈现出不同的状态。如果把人类休闲历史比作一条大河，女性休闲只是浩瀚长河中的一朵朵浪花，偶尔激起涟漪，一贯沉寂消弭，打破平静的浪花虽然转瞬即逝，但足以留下历史的回声。

在原始社会，由于生产力条件极度落后，人们每天必须花费绝大部分时间用于准备维持自己和家庭所需的基本生存资料，因而劳动和休闲的划

---

[1] 李银河：《女性主义》，山东人民出版社2005年版，第8页。

分并不明细。人类的意识、情感也处于早期的发展阶段,当人类没有认识到"自我"存在的时候,有关自尊、羞耻、自爱等高级情感意识尚未出现,此时很难说人类有明确的休闲意识,也无法说人类在劳作之余进行的休息活动是一种有意识的休闲行为。虽然出现了边干活边唱歌、讲故事等具有一定娱乐性质的行为❶,但当时人类生活的简单化、朴素化、原始化决定了大多数人类活动的边界处于混沌不清的状态。

在漫长的奴隶社会与封建社会,生产力的缓慢发展带来了劳动产品的剩余,但社会生产力总体还是处于有待发展的状态——这决定了普罗大众的生存境况。社会阶级的出现使分配正义受到严峻挑战,国家中尊卑有序、贵贱有别、贫富差距悬殊。"朱门酒肉臭,路有冻死骨",富者夜夜笙歌、户盈绮罗,贫者衣不蔽体、食不果腹,休闲活动只是少部分的人的专利。绝大多数体力工作者过着面朝黄土背朝天的日子,劳动占据了其个体生命中的绝大多数时光。"宁为太平犬,莫为乱世人",生逢盛世尚可维持,生于乱世则命若浮萍。在生产力低下的时代,人们只有在过节的时候才能得到片刻的喘息和娱乐、休闲的机会。即使条件艰苦,先民也以其独有的智慧和苦中作乐的乐观主义精神创造了以宗教祭祀、寄情山水、市井休闲为大类的种类繁多的休闲方式。在封建时期,关于休闲的叙事以男性为主体,但在社会风气较为开放、对女性限制较少的朝代和部分养尊处优、生活闲适的女性的日常行为中可以发现,部分女性也享受到了休闲活动的乐趣,并展现了独特的女性休闲智慧。以社会风气宽松、开放的唐代为例,女性在闲暇时会参与博弈类(如围棋、斗鸡等)、球类(如蹴鞠、马球等以男性为参与主体的活动)、节日休闲类(如踏青、荡秋千、看花灯等)等休闲活动,体会此类休闲活动的娱乐性、趣味性以及益智性。❷《红楼梦》所描绘的绮丽华贵的世界中,休闲活动成了大观园内女子的某种精神寄托,贾母时常漫步游园、登高望远以强身健体、颐养天年,林黛玉、探春把放纸鸢(风筝)视为一种"病根会随之去了""放晦气"的代表某种驱邪避秽意蕴的活动,王熙凤偶尔还会在府内划船嬉戏,增添了大家庭温情脉脉的欢乐、和谐气氛。《红楼梦》中的女性休闲主要出现在富

---

❶ 郭鲁芳:《休闲学》,清华大学出版社 2011 年版,第 40 页。
❷ 赵晓芳:《〈全唐诗〉所见唐代女性休闲生活探微》,载《盐城工学院学报(社会科学版)》第 33 卷第 1 期。

贵之家的生活场景中，优雅闲适、文质彬彬，在体态上极具美学价值。

在人类社会进化到资本主义时代时，技术的进步带来了生产力水平的跨越式提高。马克思、恩格斯认为"资产阶级在它不到100年的统治时间里创造的生产力，比过去一切世代所创造的生产力还要多"。资产阶级在工业革命成功后冲破了封建时代生产关系的束缚，以土地兼并为主要目的的圈地运动造成了"羊吃人"的悲剧，导致大量农民流离失所，这又给城市中的工厂提供了源源不断的劳动力。劳动者也由单打独斗的个体汇聚到工厂，兼有人身隶属性与经济隶属性的劳动关系开始逐步形成。单位时间劳动生产效率的提升，理论上可以降低工人的工作时长，使工人有更多的闲暇时间。但与此同时，被寄予"人类解放"崇高理想的人类劳动行为被强行融入资本增殖的过程中去，劳动成果与产品所有权的分离使资本家可以把工人的劳动置换为积累剩余价值，"劳动正义"面临着被"资本正义"所蚕食的威胁。❶ 基于工厂的"多劳多得"制度，劳动者为了赚取更多的工资收入，不得已牺牲自己的时间，人在某种意义上被异化成了资本家实现资本增殖、利益最大化的手段。过长的劳动时间摧残了工人的健康，使工人失去了闲暇的时间。相反，另一种阶级空闲的时间就越多，资产阶级有更多的时间从事其他提高其社会地位、影响的活动，这越发造成了阶级的固化。英国的中产阶级女性在19世纪已经可以享有大量的休闲时间，甚至动摇了休闲活动中男女有别的社会成见。女性参与的休闲活动更加多样化，且不断向户外拓展（其中不乏棒球、网球、自行车等当代风靡全球的运动），性别平等、男女同权的意识也在这些休闲活动背后生根发芽。

通过立法保障工人阶级的休息权在当时资本主义世界并非普遍现象，资本家对工人的压榨甚至在漫长的时间里被国家司法界承认。美国劳动立法历史上所经历的漫长的"洛克纳时代"就是一个例证，当时纽约州为面包师身体健康考虑，制定了《面包坊法》，限定面包师的每日最长工作时间为10小时，每周为60小时。面包坊主随即以违反《美利坚合众国宪法第十四修正案》中的自由权为由向法院起诉。美国最高法院的大法官以5∶4的比例认定"纽约州的立法权不能优先于个人自由与契约自由权"，宣布该法律因"纯属对个人权利多管闲事的干预"而无效。美国最高法院

---

❶ 刘同舫：《马克思唯物史观叙事中的劳动正义》，载《中国社会科学》2020年第9期。

以反对国家干预市场经济为名义，以违宪为由废除了国会与各州的上百部社会立法。❶ 罗斯福新政实施后，国家干预经济思想冲击了古典自由主义经济思想，美国司法界才逐步承认社会立法（最高工时、最低工资、罢工权等）的合宪性。工人的休闲活动在时间上才开始变得可能。

进入信息时代，人类的休闲时间分配出现了新表征。"历史已经向我们表明重大的技术变迁会导致社会和经济范式的转换。"❷ 信息的高速传播首先带来了传统劳动关系的变革，劳动者采取灵活化和分散化的工作方式也可以实现传统工业时代依靠聚集形成规模才能达成的生产效果。"996""007"工作制的出现使劳动者的休闲时间呈现出碎片化、不规律的状态。平台用工的出现更是对既往劳动法所认定的雇员—雇主框架产生了冲击，越来越多的自由职业者不断涌现。这在某种意义上也使休闲与劳动的界限重新归于模糊，"越来越多的人以欣然之态做着心爱之事"，休闲与工作的界限或在将来被打破。❸ 信息化的高速发展与社会的加速进步中隐藏着不可忽视的另一个侧面，算法对人类的隐性控制正达到前所未有的高度，人类正在身不由己地被嵌入数字化算法治理之中，算法主导只是增加了高效性、便捷性与精准性，并没有为人类的自主性提供更多空间❹，人类并未随着技术的进步变得更加自由、休闲。罗萨用"加速主义"来解释社会结构加速与社会过程加速的现象，他认为社会的加速并未带来科技主义许诺给人们的美好期许，"科技的加速发展本应是鲜明地展示人类社会从无到有、从匮乏到丰富、从一维到多维的发展脉络和过程，并给与世人更加轻松惬意的现实生活"❺，人类反而因为社会全面加速面临知识更新、社会适应等方面的问题，相比以往更加疲于奔命，最终走向异化的状态。休闲权利正在被一种隐性的、看不见的方式所侵蚀。

人类的休闲活动有着清晰的发展脉络，以男性为休闲主体的基本历史框架隐约可见。在不同的社会发展阶段，均有表现各异的因素影响着人们休闲权利的实现，休闲价值从压抑到逐渐抬头再到缓步浮升。人类对于休

---

❶ 林嘉：《劳动法与社会保障法》，中国人民大学出版社2016年，第40页。
❷ 乔治·扎卡达基斯：《人类的终极命运：从旧石器时代到人工智能的未来》，陈朝译，中信出版集团2017年版，第296页。
❸ 杨佳英：《马克思休闲思想及其当代价值研究》，中央财经大学2015年博士论文。
❹ 马长山：《智慧社会背景下的"第四代人权"及其保障》，载《中国法学》2019年第5期。
❺ 国吉，赵海月：《加速与异化的共鸣：对哈特穆特·罗萨"社会加速批判理论"的探析》，载《西南大学学报（社会科学版）》2021年第4期。

闲活动的观念也经历了从无意识到有意识的阶段,参与休闲活动的主体呈现出扩大的趋势,从近代开始出现了大量的社会性立法来保障人类的休闲时间。女性休闲的发展在封建时期长期滞后,在社会风气较为宽松的年代才会偶露峥嵘。近代以来,女性处于边缘地位的情况有了一定程度的缓解,女性休闲发展较快,但依然受到文化心理惯性、社会认知、生理因素的影响。

(二) 男尊女卑观念下休闲的文化之维

综览古今中外,中西方均有积淀丰厚、瑰丽神奇的休闲文化。女性因为自身生理性别的限制,无法参与重体力的农耕活动,因此往往被"困于"家庭中。中西方的文化传统均对于女性有着不同程度的性别压迫、歧视。代表着统治阶级意识形态的儒家对女性的态度冰冷生硬,董仲舒提出的"三纲五常"被奉为汉代正统,强调"夫为妻纲",把女性置于夫权之下。宋代朱熹提倡女性"随夫殉节",甚至把丈夫的定义扩张到了未婚夫。西方的传统文化中也长期存在对女性的偏见与苛刻,根据自由主义者的观点,社会可以被划分为公共领域和私人领域,男性被视为公共领域的理性实践者,女性的活动空间则长期被限定在私人领域。[1] 存在主义哲学家萨特把存在这一事实分成三种形式,分别是自为的存在(有意识的自我,一个能意识到某个具体事物的我与肉体是完全不同的)、自在的存在(外界一切自然物质的存在)、为他的存在(相对于主体而言的存在)。女性长期作为一种相对"主体"而言的"他者"而存在,当一个主体把自己作为主要者,就必须树立一个与主体对立的他者、次要者和客体。人类历史一步步为女性框定了"他者"的位置且不让其逾越。[2] 马克思指出,父权制社会是妇女遭受压迫的根源,父权社会中的男女性别关系属于一种阶级对抗关系,这一对抗关系中男性处于统治者的地位。恩格斯则认为,女性的从属性地位是随着阶级社会的产生而形成的一种压迫形式。[3] 恩格斯认为女性欲冲破束缚,其必须参与到公共生活中去,"对妇女的压迫发生于私

---

[1] 宋灵珊:《性别与法律:刑事司法中的女检察官》,载《交大法学》2021年第4期。
[2] 陈英,陈新辉:《女性视界:女性主义哲学的兴起》,中国社会科学出版社2012年版,第71页。
[3] 陈英,陈新辉:《女性视界:女性主义哲学的兴起》,中国社会科学出版社2012年版,第71页。

人领域,那么妇女的解放必然需要妇女走出家庭,从私人领域走向公共领域"❶。无论是在东方还是西方的文化中,休闲文化的创造者大多为男性,多采用一种男性中心主义的视角剖析问题,休闲对于女性的价值长期被忽视、搁置。

对休闲活动进行世界观与方法论的抽象思考与考察,与人类理性思维能力的提升密不可分。早在古希腊时期,亚里士多德第一次对幸福、闲暇、工作三者之间的关系下了清晰的定义:"幸福存在于休闲之中,我们是为了闲暇而忙碌"❷,指出工作不是目的,而是获取更为悠闲的生活的手段。无独有偶,我国的休闲思想也源远流长,传统休闲价值给现今休闲学提供了丰厚的理念指引,且与中华民族多彩多姿的休闲方式相吻合。从"休"字的结构看,"人倚木为休",体现的就是劳动人民背靠树木小憩以恢复体力。"休"字在诗经中有吉庆、美善、福禄的意蕴❸,"闲"字则表达了恬静、舒适、悠然的心境。这表明先民在休闲时能得到生理和心理欢愉的双重体验。道教的思想谱系把休闲精神融入生命,在看待人与自然关系的问题上,向来都是用联系、普遍的观点作为方法论,构建了"天—地—人"三者和谐共生的理想图景。庄子的思想体系中有"心斋"和"坐望"的观点,强调静观玄览,以此达道,通过修炼达到内心冥寂、与时而动的效果。庄子著名的《逍遥游》中就表达出,自己只有不为世所用,才能真正达到内心的逍遥、旷达和自由。即便是强调入世精神的儒家文化亦对于休闲有所推崇,既推崇"游憩",亦鼓励青少年壮游、漫游。司马迁青少年时期就有漫游的经历,到过东南一带许多地方。长途漫游使司马迁直接感受到各地民风习俗的差异,加深了对历史记载的理解,为《史记》的写作积累了丰厚的素材,后来著《史记》时,他把自己在游览过程中的真切体验写入书中,增加了文本的真实性与生动性。陶渊明因不愿"为五斗米而折腰",归隐田园,或春游,或登高,或饮酒,或读书,或与友人谈心,或与家人团聚,或采菊东篱下,为中国开创了田园诗派,也拓展了中国人的乡村审美情趣。南北朝士大夫以山水为乐,把自己的理

---

❶ 恩格斯:《家庭、私有制和国家的起源》,载《马克思恩格斯选集》第4卷,人民出版社1972年版,第58页。

❷ 张斌:《休闲权利论》,东北师范大学2011年博士论文。

❸ 郭鲁芳:《休闲学》,清华大学出版社2011年版,第4页。

想生活与山水之美结合起来，在秀美的山水之地过着登临吟啸的悠然生活，这也造就了南北朝时期物我合一的山水诗文化。唐朝士人，在入仕之前也多有漫游的经历。漫游处所，一是名山大川，一是通邑大都。唐人提倡或亲近自然，陶冶性情；或前往长安、洛阳、扬州等当时最繁华的都市，歌吹宴饮，任侠使气，结交友朋。这也极大地扩大了唐人的眼界和胸怀。❶ 佛家亦推崇休闲，打坐、吃斋念佛强调对心性的修炼，更有僧人云游四方，居无定所，放浪形骸于江湖。在我国古代民间社会尽管条件有限，劳动人民也自发形成了休闲理念，并且创造了花样繁多的休闲模式，如太极、气功、功夫、庙会、放鹰、养鸟、观鱼、垂钓、猜谜、楹联、诗社、书院、风筝、踢毽、打拳、舞剑、啜茗、书市、园林、绘画、曲艺、管弦、戏曲、书法、金石等，不一而足。❷ 在中华传统文化中存在着为数不多的女性休闲思想，在女性追求精神寄托、打发闲暇时光、寻找生活趣味等方面起到了一定的指引作用。如李渔的《闲情偶记》体现了内涵丰富的女性休闲思想，认为女性休闲有促进其个性的张扬，有利于提升其文化素养"以慧促闲"，让女性顺应、遵从其内心的选择从而感到舒适自在，通过从事艺术类休闲活动而锻造大方、柔美的姿态等好处。❸ 但这毕竟是杯水车薪、九牛一毛，并且受到当时文化传播、接收方式的限制，难以在广大女性中产生影响。由于女性的主体性地位一直欠缺，女性休闲思想能否落地生根存在着很大的不确定性，与其说是一种权利，不如说是一种恩惠。

近代马克思主义理论虽然没有对休闲做过正面的论述，在其提出的以人类解放为宗旨的理论体系中，包含着丰富的、具有前瞻性的休闲哲学思想，这已经超越关于"劳动—休息"的框架，思想的锋芒直指在劳动时间之外"人何以为人"的问题。马克思对于资本主义制度下的现状进行了反思："工人完全像每一匹马一样，只应得到维持劳动所必需的东西。国民经济学不考察不劳动时的工人，不把工人作为人来考察，却把这种考察交给刑事司法、医生、宗教、统计表、政治和乞丐管理人去做。"❹ 马克思在这段话中，首先承认资本家给了工人一定的休息时间，继而指出资本家这

---

❶ 袁行霈：《中国文学史》，高等教育出版社2014年版，第171页。
❷ 马惠娣：《社会转型：对中国传统休闲价值的回望》，载《洛阳师范学院学报》2012年第1期。
❸ 钟沈丹：《〈闲情偶记〉女性休闲思想初探》，浙江大学2016年硕士论文。
❹ 马克思，恩格斯：《马克思恩格斯全集》第3卷，人民出版社2002年版，第232页。

样做的目的并非为工人个体发展考虑,其目标依然是指向资本增殖。工人在劳动之外"作为人"的状态及本质需要没有得到顾及。工人阶级辛勤劳作所换来的只是最短的休息时间,恢复体力尚且不够,哪里有时间去实现个体的全面发展?只有工人在与资本家进行斗争并拥有足够的自由时间以后,休闲的理念和思潮才有变为现实的可能性。关于女性休闲的研究在近代依然不受重视,自从 1899 年凡伯伦出版休闲学历史上的重要著作《有闲阶级》,直至 20 世纪 80 年代,关于女性休闲的研究一直沉寂。80 年代后,《女性休闲:女性主义的视角》《匆忙的时间:休闲平等与性别平等》等著作相继出版,女性休闲权利被正式纳入学术研究视角,性别、地位因素如何影响女性休闲的隐秘角落和男性休闲的时间、质量高于女性的现状开始被揭示。❶

马克思对于未来理想社会的论证为人类描绘了关于自由时间、普遍有闲和人类全面发展的美好图景。但资本内部的否定力量也在不断壮大,随着"狭隘生产前提的解体"和无产阶级的壮大,资本必然将从历史的舞台中退场,人类也必然会彻底摆脱资本的束缚和异化的状态。届时的世界,生产力高度发达,社会中存在着大量的财富,生产率的不断提高缩短了人类的劳动时间,社会通过每一个人"自由而全面的发展"达到了一种能给所有的人提供健康而有益的活动、充沛的物质和精神的生存空间,给所有人提供真正充分的自由。当人类发展到这个阶段时,休闲才有可能真正与亚里士多德所主张的"最高的善""最高幸福"紧密相连。❷

(三)男女平权趋势下休闲的规范之维

上文从历史和文化两个角度考察了人类休闲活动、休闲意识、休闲方式的历史变迁与承继,为休闲进入规范层面的论证提供了一定社会、文化的需求基础。构建休闲权利的话语体系和对休闲权利的主体、内涵、外延、行使方式进行清晰的界定与理论的证成,则是休闲被法律所承认的必由之路。法律是国家统治阶级意志的体现,在封建社会中,国家通过法律的形式承认男女不平等的关系是法律维护统治阶级男性对于被统治阶级的

---

❶ 钟沈丹:《〈闲情偶记〉女性休闲思想初探》,浙江大学 2016 年硕士论文。
❷ 周海荣:《中国休闲研究 2016—2017:马克思主义人本主义与新时代美好生活研究》,辽宁师范大学出版社 2017 年版,第 75 页。

女性的压迫。❶ 传统的、有着浓郁男权主义特征的法律正在不断被消解，女性的政治性权利（选举权、被选举权）、生育权利（如生育权、堕胎权、避孕权）、劳动权利（如禁止就业歧视、怀孕女性休息权利、严禁职场性骚扰）不断得到张扬。男女性别之间权利不平等的状态逐步被打破，从规范维度研究休闲权需要注意到法律在塑造男女平权方面不断加码的趋势。

关于权利的本质，法学界众说纷纭，存在诸如"资格说""主张说""利益说""法力说""可能说""规范说""选择说"等不同的学说。张文显给权利下的定义为"法律权利是规定或隐含在法律规范中，实现于法律关系中，主体以相对自由的作为或不作为的方式获得利益的一种手段"❷。夏勇认为权利是一种观念，也是一种制度，总是和资格、利益、力量、主张联系在一起。❸ 权利概念总是与义务相伴相生，不可分割。当我们赋予某些人权利时，总意味着某些主体被施加了某种义务，即相对作为或不作为的要求，如此方可保障权利的实现。用权利的基本定义去解释休闲权利，可以表述为：休闲权人有权要求国家、社会积极为其创造进行休闲活动的条件，并且休闲权人以外的每一个人都有义务不进行干涉，休闲权的权利客体即世界上丰富多彩的合法休闲活动。

从权利的表现形式上看，可以将其分为道德的权利、习惯的权利、法定的权利三种类型。从这三种权利产生先后的脉络上看，道德的权利与习惯的权利难分先后，法定的权利则有赖于国家的兴起和法学理论的进步，往往产生于道德、习惯的权利之后，是对于前者在法律上的确认。所谓道德的权利，即这种权利在道德上有充足的正当性，能够在伦理、哲学、宗教上得到承认。习惯的权利取决于人类社会生活的历史延续性，当一种惯性现实存在并且为其存在范围内的大多数人所承认，同时可以用约定俗成的社会生活来支撑时，就构成了习惯的权利。就休闲的道德、伦理正当性和其作为历史社会生活秩序一部分而言，当属毫无疑义。按照这三种类型的权利的生成与发展逻辑，休闲作为一种源远流长的人类文明和先民普遍习惯的生活方式被法律权利所承认有坚实的基础。休闲权的法律化有利于

---

❶ 王保民、袁博：《马克思主义法学视角下美国女权主义运动的流变与异化》，载《国外社会科学前沿》2021年第3期。
❷ 张文显：《法理学》，高等教育出版社、北京大学出版社2011年版，第94页。
❸ 夏勇：《中国民权哲学》，生活·读书·新知三联书店2004年版，第165页。

休闲权的实在化，休闲权想成为真正意义上的权利，就必须经过法治化的构建，最后被法律权利家族所接纳。如果不经历这一路径，则会出现"理念中的巨人，实践中的矮子""舞文则无往不宜，验事则无一而可"的尴尬局面。

"主体的权利是私法的核心概念，亦是法律生活的最终抽象"[1]，现代法上因权利而派生出的请求权理论，是法官面对纷繁复杂案件时找法之根本，亦是民事纠纷解决之典型方法。休闲权作为一种社会权，具有公私交融的属性，因此从性质上分析其作为一种请求权而存在是可能的。至今关于权利的争论可谓沸及盈天，讨论脉络却是万变不离其宗，众说均是在"个体—国家""个体—个体"的框架下展开。休闲权利的赋予必然会衍生相应的法律关系，法律关系可以分成主体、客体、内容三个基本要素。在休闲权的视角下，所谓主体即休闲法律关系的参与者，客体即休闲法律关系所指向的对象，内容即休闲法律关系中的权利义务关系。基于休闲权的性质，可以做如下论证。

1. 休闲法律关系的主体

休闲权的权利主体为全体公民，休闲权是一种身份权利。所谓身份权利，就是因为某一主体拥有某种身份而享有法律上的某种权利，换言之，这种权利之所以存在是因其以身份为附着。既然休闲权在权利性质上属于社会权，就可以从社会权的发展源流出发考察其主体方面的变迁。社会权的产生与德国铁血宰相俾斯麦推行的世界上最早的社会保险制度有关。[2]工人阶级的壮大使其与资本家的矛盾不断升级，时任宰相的俾斯麦采用了"胡萝卜加大棒"的方法，一方面镇压风起云涌的工人运动，另一方面通过制定社会政策和进行社会性立法来安抚劳方。社会保障制度的确立催生了人权学说的变革，传统人权学说中要求国家消极不干涉、不作为的自由权和平等权在贫富差距愈演愈烈的高风险社会已经变得不再适宜。一种由自由权产生的，对过度自由进行调适的社会权应运而生。从社会权的取得上来看，国籍、公/居民资格是最核心的要素，绝大多数国家只会赋予本国公/居民社会权。因此本文认为，外国人或无国籍人不能在中国享有休闲权利。从社会权产生伊始的主体范围来看，作为特殊社会成员的弱势者

---

[1] ［德］迪特尔·梅迪库斯：《德国民法总论》，邵建东译，法律出版社2000年版，第62页。
[2] 胡玉鸿：《论社会权的性质》，载《浙江社会科学》2021年第4期。

往往是率先被纳入社会权保护视野的，这并非法律厚此薄彼，弱势者往往承担了社会经济发展所带来的代价，其也有权利分享社会发展的文明成果。休闲权的主体可以先框定为作为社会弱势者的女性，而后逐步扩大。为弥补休息权权利主体偏狭的问题与实现人类全面发展这一宏伟理想，本文认为休闲权的主体应当尽可能扩张，直至扩张到全体的公民为止。

由于休闲权作为一种新兴权利，在理念与入法进程中或许会遭遇重重阻碍，因此也可先基于社会权中的弱者权利理论，先行区分作为一般社会成员所享有的社会权与作为特殊成员享有的社会权，将实行"全面三孩"政策下的女性界定为弱势群体，使其拥有特定的法律身份。那么，女性休闲权此时就有了扶助弱者、修正女性在权利上的贫困的功能。

2. 休闲法律关系的客体

休闲法律关系的客体为种类繁多、各式各样的休闲活动（上文"休闲的文化之维"部分已进行较为详细的论述，在此不表）。马克思论证了人类社会发展到高级阶段时，劳动可以成为一种人类有目的、有意识的"自由自觉"的活动。人类的休闲活动能够达到与劳动完美融合的状态，休闲与劳动的本质会在人类摆脱资本控制的异化状态下逐渐统一，因此劳动也有可能成为一种潜在的休闲形式（当劳动成为吸引人的、个人的自我实现方式时）。休闲权的目的显得比休息权更能支撑起人类发展的高尚目标，其客体与休息权有部分重合之处。休息权人在进行休息活动时，尽管相比积极开展休闲活动的休闲权而言显得更加消极，以便恢复体力，但休闲毕竟是要以人类拥有"用于发展不追求任何直接实践目的的人的能力和社会的潜力"[1]的自主支配时间作为前提。休息权的确立在主体和时间上为人类可以享受休闲的时间提供了部分保障，休闲权对这种自由支配的时间提出了更高的要求，只能满足人的体力恢复的时间是不够的，人类还呼吁拥有社交活动、娱乐活动以及能够满足人类发展需要的活动所需的休闲时间。

3. 休闲法律关系的内容

根据休闲法律关系发生的类型化场景的不同，可将其分为"个人—国家""劳动者—雇主""个人—个人"三类情景，其权利义务关系呈现出要求国家"强"积极作为义务、雇主的消极不干涉和"弱"积极作为义

---

[1] 胡玉鸿：《论社会权的性质》，载《浙江社会科学》2021 年第 4 期。

务、个人的消极不干涉义务等复杂面向。第一类为"个人—国家"所发生的休闲权利义务关系，此类法律关系主要展现了休闲权作为一种积极权利的属性，即一种"去做……的自由"。在此种属性的权利背后，我们所要求的并非国家对某些事务的不侵犯、缄默、消极态度，而是希望国家能够积极行动。休闲权的全部实现，其必然依赖于国家和社会所提供的条件。如果国家在立法上不赋予公民充足的休假期，在社会统筹发展方面从没有重视休闲场所、产业的引导与建设，休闲一定会成为镜花水月。休闲权的积极权利属性可以在《宪法》第43条"国家发展劳动者休息和休养的设施，规定职工的工作时间和休假制度"中找到权利依据。在第二类"劳动者—雇主"的场景中，休闲法律关系的内容与休息法律关系的内容极其相似，均是要求雇主严格遵循劳动法的相关规定，履行其雇主义务，为劳动者行使休闲权创造时间、场所的条件（从理论上来说，休闲权对时间、场所的要求均高于休息权）。但雇主积极作为以保障劳动者休闲权的义务应当是以一种较弱、较小的义务，应当尽可能通过利益平衡的方法找到劳资双方的平衡点，否则会加重雇主负担，提高用工单位的运行成本，对社会整体经济利益造成不利影响。积极创造休闲条件的主要义务应当由国家承担。在休闲权的第三类关系"个人—个人"中，主要体现消极权利（自由权）的属性，即休闲权体现为"免于他人干涉的"的自由。在这组关系中，个人并无任何义务给他人创造休闲的条件，这也远远超出了个人的能力范围。个人对每一个其他人都负有不干涉他人休闲的义务，如果个人的休闲权遭到他人侵害，则构成侵权，休闲权人可以寻求各种救济渠道。

霍菲尔德的权利概念理论以及他搭建的权利概念矩阵，是在理论上构建休闲权这一法定权利的一种方法，有助于我们发现休闲权内在的细微面向。霍菲尔德认为，以往的分析法学最大的问题是把所有的法律关系均化约为权利—义务关系，这造成了法学分析框架的简单化、模糊化以及概念的含混不清。他将法律概念划分为权利（right）、自由❶（privilege）、权力（power）、豁免（immunity）、无权力（no-right）、义务（duty）、无权力（disability）、责任（liability），认为所有的法律关系只是这八种概念的排列组合。霍菲尔

---

❶ 霍菲尔德法律概念矩阵中的"特权"（privilege）概念，有时被翻译为"自由"，两种翻译的概念存在细微的差异，此处采取了王涌的翻译解释。详见王涌：《私权的分析与建构：民法的分析法学基础》，北京大学出版社2019年版，第122页。

德发现了法律概念的元形式（最小公分母）。❶ 选取部分框架去考察休闲权的权利内部的结构形式，可以推演出以下四组结构的对应关系：

（1）权利（right）—义务（duty）框架：休闲权人有权利排除所有人对于其自由闲暇时间进行休闲活动的妨害，每一个其他人都负有不妨害他人休闲的责任。

（2）自由（privilege）—无权力（disability）框架：休闲权人有选择任何一种（合法的且能负担的）休闲活动的自由，每一个他人都无权力要求休闲权人选择何种休闲方式。

（3）权力（power）—责任（liability）框架：每一个休闲权人都可以处分其休闲权，每一个其他人都有责任承受因休闲权人处分其休闲权而产生的法律关系。

（4）豁免（immunity）—无权力（disability）框架：每一个其他人都无权力处分休闲权人的权利，即使其他人处分休闲权人的权利，也不对休闲权人产生效果。即休闲权人可以因其享有权利而豁免。

当然，上述框架并非绝对，有原则必定有例外。由于人类生活的社会性、资源的稀缺性、个人价值的差异性及法律规范本身的概括性和不周延性，基本权利冲突在所难免。❷ 任何基本权利都会因为权利之间的冲突与社会价值的考量而被限制，即便是所有权这样的对世权也面临着诸多影响其效能的因素，如无权处分时买受人的善意取得排除了所有权、紧急避险时所有权人无权要求他人不侵害其所有物、国家的紧急征用行为可以在一定时期正当排除权利人的权能……休闲权亦会因此而被克减，由于目前对休闲权的讨论尚少，法律尚未承认此权利，休闲权入法后会与其他权利产生何种冲突需要等待实践检验，在此不展开详细论证。

三、休闲权如何入法——以女性权利为观察视角

女性在社会中长期处于弱势，部分原因是其生理状态与男性相比处于天然羸弱的状态，这种合理的差异应当被承认。但长期存在的性别偏见、歧视的社会文化造就了对于女性的后天压迫，这些因素拉大了女性在婚姻、文化、教育、经济等领域与男性的差距。男女之间"社会性别"地位

---

❶ 王涌：《私权的分析与建构：民法的分析法学基础》，北京大学出版社2019年版，第300页。
❷ 柳建龙：《论基本权利冲突》，载《中外法学》2021年第6期。

之悬殊远大于"生理性别"的差距。社会现状催生了女性主义哲学的兴起,"女人不是天生的,而宁可说是逐渐形成了的……决定这种介于男性与阉人之间的、所谓具有女性气质的人,是整个文明"❶,波伏娃的话成了振奋人心的女性主义宣言。"妇女意识到自己身处一种支配关系中的从属地位时,为了改变这种状况,她必须利用可以利用的工具,首先想象出一个远离从属性支配的世界,然后想象出她在那种世界中扮演的角色,其次是分析她卷入其中并受到从属关系阻扰的情形,再是充分运用可能出现的集体斗争,推翻整个支配体系。"❷ 妇女自主意识在不断崛起。自19世纪以来,西方社会兴起了以反思女性既往的社会境况、倡导和追求男女平等和社会公正为出发点的"女权主义"运动,先后形成了四波具有影响力的女权主义运动浪潮,在很大程度上改善了女性的社会境况。从争取妇女选举权到争取女性在生育、堕胎、避孕、离婚方面的自由和权利,继而到反对家暴、要求消除歧视女性的社会文化因素,再到近期要求在职场上消除就业歧视,等等,这些运动在一定程度上达到了女性权利在社会中逐步抬头的目的。1993年在维也纳世界人权大会上,各国代表第一次承认了"妇女的权利即人权"的观点,直接使女权主义思潮与国际人权话语正式接轨。女性运动有了人权理论的加持,成为妇女运动的转折点和助推器。马克思对于女性独立所依赖的经济基础进行了分析,认为实现女性独立和解放是一个长期的过程,必须在彻底消灭资本主义的生产关系之后才能实现。❸ 这种出路在当前的社会经济现状下不是一种现实的解决问题的办法,是一种关于女性彻底解放的极具前瞻性、终极性的论证。西方女性在资本的束缚和困境之下的抗争虽有无理性的盲动与异化的风险,过度宣扬"女性弱势论""女性受害论",任意宣泄情绪、鼓吹两性之间的对立,为女性主义运动蒙上了阴影,但其在推动两性均势方面有赫赫之功。

中国共产党自诞生以来就对妇女的劳动和解放问题关心备至,1922年党的二大即通过了《关于妇女运动的决议》,这是中国历史上第一个关于妇女运动的纲领性文件。在苏维埃瑞金时期,中国共产党积极推行妇女解放的主张,并在延安时期将其落到实处和发扬光大。毛泽东在1939年召

---

❶ 波伏娃:《第二性》,陶铁柱译,中国书籍出版社1998年版,第69页。
❷ 罗清:《国际人权话语:女权主义的全球想象空间》,《中南民族大学学报(人文社会科学版)》2018年第4期。
❸ 吕世伦:《马克思恩格斯法律思想史》,西安交通大学出版社2016年版,第519页。

开的延安妇女大会上说"要真正求得社会解放，就必须发动广大妇女群众来参加"[1]。延安时期，中国共产党还创办了《中国妇女》月刊，充当妇女解放事业的清道夫，宣传党的妇女工作主张，对当时革命根据地的妇女意识觉醒起了积极作用。[2] 新中国成立后，妇女的地位更是迎来了天翻地覆的变化，妇女能顶半边天，妇女的家庭、政治、经济地位与之前相比均有所提高。如今，我们正走向一个妇女权利的时代，一个妇女权利意识觉醒的时代，一个以权利来确认和张扬妇女社会主题的时代。[3]

妇女的权利一直在螺旋式上升，但将妇女置于男性权力主导的社会结构中去观察，依然可以看到男女的性别关系呈现为一种权力—支配的关系，这种结构性不平等的状态是存在的。妇女在政治、经济、文化等方面的权利依然受到压迫，在许多领域依然处于无权、少权、弱权的状态。法律固然不是抹平强弱的工具，但法律必须担当起扶助弱者的责任……法律面对弱者不能袖手旁观。[4] 权利的贫困是社会弱势群体的重要特征，部分社会群体天然处于弱势地位，需要国家运用法律制度干预去调整这一群体与其之外的主体发生的法律关系（倾斜保护）。法律的公平价值有"强势公平"与"弱势公平"之分，前者指不区分社会中的强弱对比，对于所有人均一视同仁。后者指根据人的不同情况，特别是强弱之间的对比进行不同的对待（与之类似的概念是"形式平等"与"实质平等"）。人性中"恃强凌弱"的弱点决定了弱肉强食的丛林法则时不时会支配着这个世界。如果没有外在制度对人性中的恶进行控制，那么这种强弱失衡的状态就会愈演愈烈。基于社会良性发展、个体能够通过权利获取最大利益、个体面对强者压迫的考量，[5] 抑强扶弱应当成为法律的一大价值目标。从我国现行的立法情况来看，对绝对和相对境况下处于弱势的群体（如消费者、妇女、儿童、劳动者等）均进行倾斜立法的保护，改变这些群体权利贫困的状态。我国的妇女权益保护法律制度建设已经取得巨大的成就，但是仍然存在立法迟滞、立法指导思想落后、法律过于原则性等问题，尤其是"全

---

[1] 《毛泽东文集（第2卷）》，人民出版社1993年版，第169页。
[2] 李仙娥，肖霄瑶：《中国共产党妇女劳动解放观探析——以延安时期〈中国妇女〉月刊为中心的研究》，载《毛泽东邓小平理论研究》2021年第3期。
[3] 袁锦秀：《妇女权益保护法律制度研究》，人民出版社2006年版，第18页。
[4] 胡玉鸿：《法律如何面对弱者》，载《政法论丛》2021年第1期。
[5] 胡玉鸿：《法律如何面对弱者》，载《政法论丛》2021年第1期。

面三孩"政策的来临，我国关于妇女立法亟须进行某些方面的调适。

在"全面三孩"的政策背景下，女性在家庭、就业、抚育中的地位面临着重新定位的问题，女性在家庭和育儿中投入越多，其对人类生殖繁衍的贡献就越大。"没有人口的生产提供人，也就没有社会，没有人口的生产提供一代又一代的人，也就没有人类历史"。但遗憾的是，妇女对人类繁衍做出的贡献越大，其职业生涯发展受到的影响就越大，自身生理、心理可能受到的伤害也会随之增加。生育子女增加了女性的生育负担和产后抑郁的可能性（据报道，我国女性产后抑郁的比率为14.4%），根据常识，如果女性生育三个孩子，则这个比率还会继续攀升。这些生理、社会的因素，对原本根基不稳的男女平等现状是一种冲击。因此，营造一个生育友好型社会，无论是在实现"全面三孩"的政策目标还是践行以人为本的发展理念方面均有积极的意义。作为实施"三孩"生育政策及配套支持措施，其理念与出发点依然可以表达为促进人的全面发展，其包含四层含义：一是身与心的全面发展，二是人的需要的全面满足，三是人的能力的全面发展，四是人与自然和谐统一。❶ 立足于这几个具体的目标，休闲权率先以在生育上为家庭、国家、民族做出贡献并且付出一定牺牲的女性作为权利主体入法是有现实和理论基础的。对于化解"三孩"政策背景下社会性别差异愈演愈烈的潜在风险，缓和女性因为生产、抚育导致的心理、生理脆弱状态而引起的产后抑郁，缩小男女在社会层面上不平等以及实现女性的自由休闲与全面发展均有一定积极价值。

四、结语

于光远指出"休闲是我们这个时代面对的重大社会问题之一"❷，休闲是一个时代的大课题。当代的中国已经出现大量美国学者凡伯伦定义的"有闲阶级"的群体，部分率先富起来的人欲进行休闲活动是有经济和时间保障的，然而更多的在社会生活中处于相对弱势的群体则对休闲权的充分实现可望而不可即。党的十九大报告指出，我国社会的主要矛盾已经转化为"人民日益增长的美好生活需要和不平衡不充分的发展之间的矛盾"，诚哉斯言，正是由于我国目前各区域、各领域、各方面的发展不平衡，休

---

❶ 梅文兴：《生育友好型社会的实现路径》，载《中国人口报》2021年9月1日，第3版。

❷ 于光远：《论普遍有闲的社会》，中国经济出版社2005年版，第2页。

闲权并未能普惠大众。随着社会生产力的发展与生产效率的提高，闲暇的时间在现实层面会越发充沛，构建法定的休闲权是我国能否进入一个"普遍有闲社会"的关键，是作为个体能否真切享受到国家对于其参与休闲活动保障的前提条件。

一种新兴权利要得到法律的保护，在理论证成、规范构建和技术甄别等方面均须进行全面的考虑，否则会失之轻率，产生权利之间的冲突与不可调和。如果新兴权利入法没有采用一种合乎时宜、恰如其分的方式，就会出现诸如权利虚化与权利泛化的问题❶，前者是指一种权利因为缺乏行使的条件和现实层面的可操作性，最终被束之高阁，彻底成为一种"书本中的法"；后者指的是过度地把社会关系化约成为权利义务关系，使权利逐渐成为一种空泛的、言之无物的口号，这最终损害的是法治的权威性。这两种风险在休闲权入法的过程中会如影随形，休闲权入法必然会面临的困境是如何协调个体需要与社会经济发展之间的关系，如休闲时间增加的同时如何保护雇主的利益？政府财政紧张时怎样理顺兴建休闲设施与其他财政支出的关系？赋予女性休闲权之后，女性是否会因此权利在社会上遭受新的不公正对待？休闲权的具体行使方式能否再进行细化以增强其可实施性？这些都是十分宏大的社会问题，或许需要更多法学之外的研究和论证的支持。

本文所提出的"女性休闲权"概念绝非要将男性的休闲权利排除在外，而是对我国休闲权入法的方式与先后顺序做的设想和论证。基于我国目前法律不承认休闲权，相比男性而言女性的境况更亟须被法律所承认的休闲权的现状，率先构想女性的休闲权更加符合现实的情景。休闲权可以采用渐进入法的方式逐渐被法律所接受，通过循序渐进的立法对其进行保护，最终建立起完整的、不分男女老少的、能惠及全体公民的休闲权保障机制。

---

❶ 魏文松：《论新兴权利的国家保护义务》，载《学术交流》2020年第9期。

中篇

婚姻

婚姻的"形式"与"实质"

——以形式婚姻与事实婚姻为例的讨论

■ 段知壮　朱田恬

中国自五四运动起，主流文化理想将婚姻的建构确立为"爱情婚姻"，即以浪漫爱情和自由恋爱为基础的婚姻。在这种文化理想中，爱情与婚姻的关系构成了主轴，被赋予极高的地位。❶ 而法律如何调整婚姻关系，在很大程度上依赖于人们（更准确地说是立法者）如何设计和建构婚姻制度。❷ 因此，中华人民共和国成立以来，婚姻家庭法的发展始终未脱离情感因素的牵绊。与此同时，伴随着结婚登记制度的规范化，在婚姻缔结这一行为上，法律似乎把对情感因素的合意推演到了"男女双方""真实自愿"的意思表示当中。也就是说，在结婚登记这一行政程序中，无论是婚龄、亲缘关系等"实质要件"，还是亲自到场等"形式要件"，均没有对所谓"情感"进行有针对性的"核查"；相反，在婚姻解除上则着重强调这种情感因素（夫妻感情破裂）的重要性。也正是在这样一种背景下，那些后来被"证实"没有"情感"，但并未欠缺其他婚姻缔结法律要件的"形式婚姻"开始逐步走入人们的视野，对该类婚姻的效力以及其背后"夫妻"之间的权利义务分配如何进行规范就成为一个看似简单却又充满不确定性的复杂法律问题。

在理想状态下，我们当然可以假定包括登记在内的婚姻缔结法律要件足以映射诸如"婚意""共同生活"等婚姻"实质内容"，但社会生活中对婚姻的实践往往要超出以上的假设。如黄盈盈指出，研究者对于婚姻的想象主要局限于主流人群的主流状况，这种想象力的狭隘界限存在两个元假设：其一，婚姻实际存在着或者应该存在着大一统的模式；其二，只有主流人群的主要情况才是标准的或者典型的婚姻。❸ 加之婚姻本身不是一个静

---

❶ 王文卿：《性·爱·情：过程中的主体建构》，社会科学文献出版社2019年版，第4页。
❷ 康娜：《关系契约视野下的婚姻和婚姻立法》，西南政法大学2018年博士学位论文，第1页。
❸ 黄盈盈：《多样化"婚姻"：扩宽社会学研究的想象力》，载《中国青年研究》2014年第11期。

态的、封闭的系统，而是一个动态的过程，婚姻中的个体之间以及其与外界之间的相互影响及其可能带来的结果都是无法预知的。❶ 但与社会学对婚姻样态实践的多维扩展不同，法学意义下对婚姻制度的建构必须以某种权利义务模型为基础，否则当婚姻出现问题（特别是婚姻关系破裂）时，人们将无法通过以公权力为依托的法律途径来保障自己在婚姻实践中的"投入"不被"情感"的流动所湮灭。正因如此，本文试图以"形式婚姻"与"事实婚姻"这两种潜在的"瑕疵婚姻"为例，尝试分析法律婚姻制度建构背后对婚姻之"形式"与"实质"的规范性描述，以及对其效力争议和纠纷解决的处理途径选择。

一、不同语境下形式婚姻的概念界定及效力争议

（一）社会学视域下的形式婚姻

在谈及所谓"形式婚姻"时，论者通常会先进行一个概念界定，认为广义的形式婚姻泛指出于某种目的而与另一人履行法律上的结婚手续，但只是名义上的夫妻身份，而无实质内容；而狭义方面则指男同性恋者与女同性恋者在法律上领取结婚证，希望在法律认可的异性恋婚姻身份中，以婚姻对象彼此间知道其性取向为前提，继续各自的同性性爱关系。❷ 可见，我们首先可以将形式婚姻与欺诈、胁迫等瑕疵婚姻类型进行区隔，因为无论广义还是狭义，本文所要讨论的形式婚姻均指当事人之间不存在婚意层面的欺诈、胁迫，而是达成了明确的"合意"且完成了法定的婚姻缔结手续。❸ 事实上无论广义还是狭义，所谓形式婚姻均包含着男女双方基于任何非基于情感的特定目的而合意达成的婚姻模式。而"形式婚姻"的法律效力等问题之所以会产生学理上的争议，根源在于这种婚姻模式突破了人们对婚姻之"爱情内核"的既有想象。社会公众在将婚姻等同于亲密关系的同时，往往忽略了其作为一

---

❶ 吴小英：《婚姻的"祛魅"与家庭观的位移》，载《探索与争鸣》2013年第5期。
❷ 宋正馨：《形式婚姻：中国同性恋社群的另类成家》，台湾"清华大学"2017年硕士学位论文，第3页。
❸ 需要指出，婚姻缔结中双方当事人究竟要在多大范围及程度上履行告知义务在学界本身就存在争议，如有学者指出，考虑到婚姻关系的本质是人身关系而非财产关系的变动，因此"应告知事项"的范围必须是涉及人身关系的重大事实（如有重大传染性疾病、性能力缺失、有过婚史等），而不包括财产关系和非本质的信息（如自称腰缠万贯、谎称身居高位、虚构自身职业等）。详见郑知谦：《论欺诈婚姻的法律效果》，载《法学》2019年第3期。笔者在此处强调"合意"而非"欺诈、胁迫"，是为了将本文讨论的形式婚姻与混合性取向婚姻（或称同直婚）加以区分。

种制度在社会层面的工具性意义,"婚姻毕竟是两性关系制度化的产物,婚姻这个概念本身就蕴含着某种限制和束缚","社会从婚姻制度中取得的最大利益应该是秩序"[1]。换言之,形式婚姻的出现本身就是婚姻之形式与实质两个层面的冲突与博弈,特别是在法律领域,对婚姻的制度性调适通常只能将包含亲密关系之情感因素的"婚姻实质"进行某种框架式的描绘(如对夫妻感情破裂的标准设定)。但当特定主体为了某些非情感利益而人为地迎合这种制度模板时,我们又如何对待其在所谓"婚姻实质"层面的缺失?

目前,社会学界对男女同性恋者所缔结的形式婚姻之研究主要集中在原因层面,"通过对形式婚姻中男女同性恋的认知和实践,可以理解个体在传统文化的力量中是如何进入、反抗或者适应的,同时探析是哪些社会因素推动同性恋者选择形式婚姻"[2]。比如,在强调传统孝文化对婚姻家庭制度的社会建构的同时,当然也不排除部分同性恋者仅是希望借着婚姻的"外形"对外界宣告他/她是一个"正常"的人。[3]多数学者均认同男女同性恋者缔结形式婚姻的原因很多元,可能是为了父母,可能是为了获取异性婚姻的好处,也可能是为了生育,其乃多重因素相互交织而成。[4]此外,"假"与"形式"的用法,好像对应出了有某种真与实质的婚姻,但所谓真的婚姻与婚姻的实质似乎无法被清楚地、一刀两断地加以定义。[5]即便是形式婚姻,也需要建立在传统婚姻的基础之上[6],或者说建立在传统婚姻对个体的性别角色期待上,比如女同性恋者进入形式婚姻会被期待生育,而男同性恋者则会被期待养家糊口。再如有学者经过调查研究发现,中国同性恋"形式婚姻"的择偶标准受到传统价值观的强烈影响,特别强调孝顺、合得来、男刚女柔的性别角色特征等,对"同性恋特质"则充满了排斥,这几乎就是异性恋择偶标准的移植与翻版。[7]当然,在"第三者"以及是否共同居住以及要孩子等异性恋婚姻

---

[1] 邓丽:《婚姻法中的个人自由与社会正义:以婚姻契约论为中心》,知识产权出版社2008年版,第20页。
[2] 张可诚:《青年同性恋者的"剧中剧":对形式婚姻的认识》,载《走向性福:第四届中国性研究国际研讨会论文集》(下集),百骏文化出版社2013年版,第251页。
[3] 赵御辰:《家庭视角下中国同性恋者缔结异性婚姻的伦理探求》,南京师范大学2014年硕士学位论文,第30-31页。
[4] 王颖怡:《合作婚姻初探:男女同志的婚姻动机研究》,载《中国青年研究》2014年第11期。
[5] 宋正馨:《形式婚姻:中国同性恋社群的另类成家》,台湾"清华大学"2017年硕士学位论文,第3页。
[6] 陈亚亚:《女同性恋者的婚姻和家庭给传统婚姻制度带来的挑战》,载《社会》2009年第4期。
[7] Min Liu, "Two Gay Men Seeking Two Lesbians: An Analysis of Xinghun (Formality Marriage) Ads on China's Tianya. cn", *Sexuality & Culture*, Vol.17: 3, (2013).

标准中，通常"无须讨论"的问题也同样是同性恋形式婚姻中的重要协商内容。❶

（二）通谋虚假婚姻的法律效力争议

值得注意的是，在对形式婚姻的讨论中，研究者往往自行将上述的广义定义与狭义定义进行分离，特别是在法律意义下婚姻效力的问题上，对于男女同性恋者之形式婚姻的效力几乎看不到任何质疑。对此，我们可以将视角转向在法学研究中更具效力争议的狭义形式婚姻，即更为强调婚姻目的层面之利益性的"通谋虚假婚姻"。当然，这种定义上的区分并非绝对，因为结合实例不难发现，男女同性恋者的形式婚姻正因成因多元，当然也就无法排除经济利益因素的存在。❷

法学领域针对通谋虚假婚姻的效力问题目前存在较大争议，概括而言主要有三种观点：①无效说。如有学者认为法律规定当中的"意思表示"针对的是双方缔结婚姻关系的意思表示，而不是去领取结婚证的意思表示。❸ 且通谋虚假婚姻不符合婚姻制度的本质，在实质上构成了对婚姻制度的挑战。❹ ②可撤销说。通谋虚假婚姻原则上无效，但是在一定条件下可以转为有效，"虚假的意思表示原则上不具有结婚合意的效力。但是，结婚后如果已有以夫妻关系同居生活的事实，可认为以前的意思表示的瑕疵已被治愈"❺，但不得对抗善意第三人。③有效说。"应以其表示出来的意思为准，因为真实的意思藏之于内心，难以为外界所探知，有效婚姻的效力给当事人带来的法律后果

---

❶ 徐加明：《同性恋"形式婚姻"的择偶标准：基于对国内某大型形式婚姻网站征婚广告的内容分析》，载《山东青年政治学院学报》2019年第5期。

❷ 可参见"何某与蒋某离婚纠纷案"，广西壮族自治区南宁市中级人民法院（2013）南市民一终字第1438号。

❸ 张迎秀：《结婚制度研究》，山东大学出版社2009年版，第156-157页。此类观点还可参见修艳玲：《论结婚的意思表示瑕疵》，载《福建公安高等专科学院学报》2005年第6期；夏吟兰主编：《婚姻家庭继承法》，中国政法大学出版社2012年版，第76页；韩富鹏：《论通谋虚伪结婚的法律效力》，载《西部法学评论》2020年第5期。

❹ 李昊，王文娜：《婚姻缔结行为的效力瑕疵——兼评民法典婚姻家庭编草案的相关规定》，载《法学研究》2019年第4期。

❺ 杨大文：《亲属法》，法律出版社2000年版，第86页。此类观点还可参见高凤仙：《亲属法理论与实务》，五南图书出版有限公司2009年版，第40页；陈苇：《亲属法与继承法专论》，法律出版社2009年版，第165页；金眉：《论通谋虚伪结婚的法律效力》，载《政法论坛》2015年第3期；冉克平：《论婚姻缔结中的意思表示瑕疵及其效力》，载《武汉大学学报（哲学社会科学版）》2016年第5期；姜大伟：《论〈民法总则〉对亲属身份行为的调整：兼谈我国〈民法总则〉相关之规定》，载《学术论坛》2017年第5期。

只能由通谋为虚假的意思表示的双方当事人自己承担。"❶

即便在理论上争议较大，但从《中华人民共和国民法典》（以下简称《民法典》，下文所及法律均为简称）第1051条文本观察，法律设定"有下列情形之一的，婚姻无效"之规定中并无"其他情形"的兜底性条款，且根据《最高人民法院关于适用〈中华人民共和国民法典〉婚姻家庭编解释（一）》（"当事人以《民法典》第1051条规定的三种无效婚姻以外的情形请求确认婚姻无效的，人民法院应当判决驳回当事人的诉讼请求"）也可看出，至少在现行立法层面并不承认通谋虚假婚姻的无效性。因此，《民法典》第146条关于"以虚假的意思表示实施的民事法律行为无效"之规定似乎并不适用于婚姻缔结行为。❷ 事实上，无论是婚姻缔结还是婚姻解除，个人的意思表示经过行政机关的确认从而增加了其背后的公示效力，因此我们很难了解当事人缔结婚姻的"真实图谋"，也很难基于当事人所表示出的意思（特别是当事人的"真实动机"林林总总、纷繁复杂，并带有特定的时代印记）而对婚姻登记的公示效力进行实质变更。并且对当事人缔结婚姻的真实意思的调查是不切实际的，行政机关不能也无法在婚姻登记时对当事人寻求婚姻登记的"真实图谋"进行审查干预。如果要求行政机关对结婚登记这一行政行为中的申请人"真实婚意"履行审查义务，明显不合理地增添了行政主体的法律责任。此外，这一做法有以行政机关确认过的意思表示（婚姻登记）覆盖当事人真实的意思自治之嫌，如果允许行政机关跨越登记内容进而推定民事主体的意思表示，那才是公权力对公民私人空间的越界干涉。

只是在法律实践中，当那些仅以购房资格、户口迁移等目标为导向的"闪婚"个案呈现时，司法机关也很难不假思索地裁判该种婚姻是否符合行政登记要件而对其进行有效性加持。针对这种意思表示认定的困境，有学者详细梳理了关于"假离婚"的司法判决，并总结出法院在司法适用时所选取的"区分原则"，即意思表示动机与内容区分、身份关系与财产关系区分、公法

---

❶ 杨遂全：《亲属与继承法论》，四川大学出版社2005年版，第53页。此类观点还可参见[日]栗生武夫：《婚姻法之近代化》，胡长清译，中国政法大学出版社2003年版，第59页；陈棋炎、黄宗乐、郭振恭：《民法亲属新论》，三民书局2010年版，第203页。

❷ 对此学界有较大争议，可参见史尚宽：《亲属法论》，中国政法大学出版社2000年版，第192页；王利明：《婚姻法修改中的若干问题》，载《法学》2001年第3期；尹田：《民法典总则与民法典立法体系模式》，载《法学研究》2006年第6期；谢鸿飞：《民法典与特别民法关系的建构》，载《中国社会科学》2013年第2期；贺剑：《论婚姻法回归民法的基本思路：以法定夫妻财产制为重点》，载《中外法学》2014年第6期；田韶华：《民法典婚姻家庭编瑕疵婚姻制度的立法建议：以〈民法总则〉之瑕疵民事法律行为制度在婚姻家庭编中的适用为视角》，载《苏州大学学报（法学版）》2018年第1期。

关系与私法关系区分的裁判原则。❶ 原则上，意思表示的理想状态是表意人内心的真实意思与其外部表现一致，但在现实生活中，基于不同的动机，意思与表示分离的情形也是存在的。❷ 但一般情形下动机不是法律行为的内容，因为其不是意思表示的构成要素。当动机发生错误时，原则上对法律行为的效力不产生影响。这一思路为我们对所谓形式婚姻之效力的认定提供了一个非常好的判断标准。

首先，尽管世界范围内对于民事领域意思表示内容推定究竟是应当着重于内心效果意思的意思主义，还是着重于表示上的效果意思的表示主义，抑或根据不同场合的折中判断❸，这些推定似乎都无法不加分析地适用于婚姻缔结领域。本文认为无论动机为何，都应当承认当事人婚姻缔结的意思表示有效，如若不然，许多婚姻都将陷入所谓"爱情婚姻"的道德困境中无法自拔，进而影响到法律意义上对婚姻之真实有效的规范化认定。即便是同性恋者的形式婚姻，有学者也指出当事人的动机或许存在多个层次，其中不乏与常规婚姻的重叠，比如形式婚姻在某种程度上是提高社会地位和物质成就的手段，男性可能会想得到社会的尊重和职业的升迁，而女性可能想要获得财富和物质的积累。❹ 如果再加入当事人内在动机的时间流动性，则对外在意思表示的真实性判断将更无标准可循。因此，"在婚姻关系上，即使是最进步的法律，只要当事人在形式上证明是自愿的，也就十分满足了，至于法律幕后的现实生活是怎样的，这种自愿是怎样造成的，关于这些，法律都可以置之不问"❺。

其次，无论是否将形式婚姻与通谋虚假婚姻等同视之，如果当事人确实事先对婚姻动机（这里仅限于经济利益方面的动机）进行了某种外在表达（如当事人之间的口头或书面协议），那么这种动机之意思表示的对外效力需要通过引入善意第三人的视角进行区分衡量。如果结婚证或者离婚证本身真实有效，行为人也就符合相应的被分配资格，被欺骗者充其量也只可能主张对方存在民事欺诈，自身具有重大误解而申请撤销先前的补助合同。❻ 当然也

---

❶ 蔡立东，刘国栋：《司法逻辑下的"假离婚"》，载《国家检察官学院学报》2017年第5期。

❷ 金眉：《论通谋虚伪结婚的法律效力》，载《政法论坛》2015年第3期。

❸ 梁慧星：《民法总论》，法律出版社2011年版，第174页。

❹ Cho, J., "The Wedding Banquet Revisited: Contract Marriages Between Korean Gays and Lesbians," *Anthropological Quarterly*, Vol. 82: 2, (2009).

❺ 王礼仁：《婚姻诉讼前沿理论与审判实务》，人民法院出版社2009年版，第106页。

❻ 付立庆：《财产损失要件在诈骗认定中的功能及其判断》，载《中国法学》2019年第4期。

有学者跨越婚姻法领域而从刑法角度对通谋虚伪婚姻进行法律判定，或提出当通谋虚伪婚姻符合特定要件时可以诈骗罪进行刑事处罚。❶

(三) 婚姻制度的社会建构导向

需要指出的是，此种分析路径虽然将对婚姻效力的判定抽离出了意思表示之动机与内容的悖论泥潭，但事实上，对其隐含在婚意之内的动机部分之效力追究仍然有一定的可商榷空间。即当区分婚姻本身效力与婚姻制度的衍生效力之后，是否还需要考虑这两个问题之间天然的连接性，即婚姻缔结这一行为除情感要素外是否本身就存在某种社会资格甚至是资源分配的准入？比如当事人尝试通过通谋虚假婚姻所达成的利益目标指向究竟是公权力还是私主体？若是前者的话，还需要思考在公权力之下衍生的以婚姻家庭为单位的分配制度究竟是以何种利益为标准构建的，这种构建本身是否符合婚姻制度在民事法律体系中的定位。正如有学者所言，从 1950 年中国首部《婚姻法》颁布以来，异性恋单偶制婚姻就一直是国家所强制的亲密关系模式，资源分配、社会地位和社区控制方面等的国家政策也与之配合并提供支持。❷ 换言之，若在社会制度建构的过程中本身就将婚姻状况作为某些社会资源的分配标准，这种制度设置本身就已然超越了婚姻属性中的身份维度，进而与经济问题挂钩。那么，如果当事人试图通过婚姻的缔结或解除来追寻这种社会资源之达成，如何抛弃制度建构而单纯地审视其婚意乃至情感的主观状况？

此外，以上对形式婚姻问题的讨论还仅仅局限在婚姻缔结领域。正如通谋虚假婚姻效力"可撤销"观点所展现的，情感的流动性往往会成为婚姻效力之法律判断的一个极大困境，即立法层面对婚姻之"真情实感"的推定条款在司法层面通常需要聚焦在一个特点的时间阶段。那么，如果将"形式婚姻"之内涵界定指向婚姻整体存续期间的情感欠缺，则更像是一种社会学视角下的生活观察；而相反，如果仅将这一概念凝结在婚姻缔结之上，又无法推断其后续的情感演变进程。事实上，这种矛盾也在一定程度上成为司法机关对所谓"形式婚姻"认定困境的回避策略。如在"上诉人何某某与被上诉人蒋某某离婚纠纷一案"中，即便当事人双方均承认乃是"通过形式婚姻QQ

---

❶ 杨智博：《虚假结离婚骗取拆迁款行为的刑民规制》，载《北方法学》2020 年第 3 期。
❷ 金晔路：《上海拉拉：中国都市女同志社群与政治》，廖爱晚译，香港大学出版社 2014 年版，第 52 页。

群认识",但法院似乎更关注后续的夫妻感情建立情况。如判决中称"蒋某与何某经网络聊天认识,双方认识时间较短即领证结婚,婚后双方未能加强沟通和谅解,婚后短短一个月即开始分居至今,且双方婚后一直未过夫妻生活,双方婚前感情基础薄弱,婚后也未能建立起夫妻感情"。❶ 法院在判决中并未考量当事人双方是"通过形式婚姻 QQ 群认识"这一事实,这种认识方式从生活角度是能够得出双方当事人的婚姻缔结并非出于情感目的这一结论的。但是在法律层面,只要符合婚姻缔结的"形式要件",对于"真情实感"的缺乏不但不会影响到婚姻的起始效力,甚至在婚姻解除时,这种问题更是会被时间维度冲刷殆尽。也就是说,如果想要进一步分析婚姻属性上的"形式"与"实质",就不能止步于婚姻缔结的动机与意思表示层面,如何在婚姻解除的争议中反过来看待婚姻存续期间的情感流动(从有到无抑或从无到有),也是探究该问题的一个重要视角。

二、婚姻"实质"内容的推定与假设

(一) 事实婚姻的法律效力争议

为了进一步分析以上所讨论的婚姻"实质"问题,我们可以引入另一种与形式婚姻相对的"瑕疵婚姻"——事实婚姻作为参照进行分析。有学者将事实婚姻界定为"男女双方具有结婚的合意、以夫妻名义共同生活但未履行法定结婚程序所形成的两性结合"❷,可见,事实婚姻可以被视为一种欠缺婚姻缔结形式要件(行政登记)但又符合婚姻实质要件的瑕疵婚姻。自中华人民共和国成立以来,我国对于事实婚姻的立法态度是动态的。从1950年的《婚姻法》到1989年的《最高人民法院关于人民法院审理未办结婚登记而以夫妻名义同居生活案件的若干意见》,法律上曾无条件地承认事实婚姻;此后再到1994年的《婚姻登记管理条例》,属于有条件承认阶段;再到2001年《婚姻法》修正案实施,进入绝对不承认阶段。而自2001年《最高人民法院关于适用〈中华人民共和国婚姻法〉若干问题的解释(一)》实施以后,法律又以1994年2月1日为时间界限有条件承认事实婚姻,在该时间界限之前,若婚姻双方同居之时具备结婚实质条件,则其婚姻效力等同于法律婚姻;而之后的则须补办结婚登记手续。2020年《最高人民法院关于适用〈中华人民

---

❶ 广西壮族自治区南宁市中级人民法院(2013)南市民一终字第1438号。
❷ 金眉:《论我国事实婚姻制度之完善》,载《南京社会科学》2017年第10期。

共和国民法典〉婚姻家庭编解释（一）》依然延续了这一模式。本文无意于讨论事实婚姻所谓"补办登记"的法律困境❶，但从这种立法上的反复可以看出，尽管从宏观意义上法律对婚姻形式要件愈加重视（相反婚姻实质的模糊性增强且对婚姻效力的影响削弱），但究竟如何看待事实婚姻的这种"形式"欠缺及其背后的"实质"，确实很难有统一的答案。

当然，从形式与目的的关系角度，结婚登记的根本目的是在保证当事人婚姻幸福（私益）的基础上维护社会道德秩序和国民伦理（公益）。那么，既然事实婚姻仅欠缺登记的形式，但已包含了当事人的私益，法律就应给与价值判断并予以保护。❷ 倾向于认可事实婚姻之法律效力的观点通常会将视角集中在婚姻合意以及外在观感两个角度，认同此类观点的学者对于婚姻合意通常会寻求婚礼仪式以及生育子女等作为行政登记的替代性确认标准❸，认为内藏于结婚仪式中的公开性奠定了它在法律上的公示性。❹ 而对于外在观感，一般则强调当事人以夫妻名义共同生活这一"婚姻呈现"。

事实上，对于如何展现婚姻合意的替代标准之于事实婚姻并没有过多的讨论意义，因为理论上对事实婚姻效力问题的讨论必然建立在一个前提之上，即该种婚姻缺乏法律所承认的缔结之形式要件。如果将诸如婚礼在内的仪式性程序融入婚姻缔结之形式要件的承认范畴之内，则不再是单纯对事实婚姻的判定问题，而会上升为对结婚登记制度之形式要件的重构。而正如上文中对形式婚姻的讨论所显示的，无论立法者多么努力地要将婚姻的实质要素融入婚姻缔结的形式要件当中，从社会实践层面而言，始终都会存在以其他功利性目的为导向的婚姻样态。因此，对事实婚姻的效力分析最终还是要回归

---

❶ 《民法典》第 1049 条延续了《婚姻法》的规定，"要求结婚的男女双方应当亲自到婚姻登记机关申请结婚登记。符合本法规定的，予以登记，发给结婚证。完成结婚登记，即确立婚姻关系。未办理结婚登记的，应当补办登记。"问题的关键就在于"补办"二字，在《婚姻法》的司法解释以及《婚姻登记条例》等法律文件中，对如何看待补办登记后婚姻效力的溯及力以及在离婚诉讼中"先补办再离婚"的实践困境存在非常明显的逻辑混乱，对此可参见焦淑敏：《婚姻法立法与适用困境成因的法哲学判断》，载《盛京法律评论》第 2 卷，法律出版社 2016 年版。

❷ 吕春娟：《婚姻立法更应彰显以人为本的理念：从事实婚姻和结婚登记瑕疵的处理谈起》，载《国家行政学院学报》2013 年第 2 期。

❸ 但淑华：《我国事实婚姻制度之重构》，载《中华女子学院学报》2013 年第 2 期。

❹ 金眉：《事实婚姻考察：兼论结婚仪式的现代法律价值》，载《华东政法大学学报》2011 年第 1 期；金眉：《论我国事实婚姻制度之完善》，载《南京社会科学》2017 年第 10 期。

到第二个层面,也就是如何判定"以夫妻名义共同生活"。❶ 在刑法领域重婚罪的司法解释中也可以从侧面反映这一问题,1994 年最高人民法院关于《婚姻登记管理条例》施行后发生的以夫妻名义非法同居的重婚案件是否以重婚罪定罪处罚的批复中指出,"有配偶的人与他人以夫妻名义同居生活的,或者明知他人有配偶而与之以夫妻名义同居生活的,仍按重婚罪定罪处罚。"这一规定实际上从反向为我们提供了法律建构中"实质婚姻"的应有之义——"以夫妻名义共同生活",尽管这一司法解释目前已经被废除,且刑法与婚姻法基于不同的立场而在事实婚姻的认定结果上有所不同❷,但这刚好应和了婚姻法学界对事实婚姻之效力争议的根本问题,即婚姻的本质是不是男女双方以夫妻名义对共同生活的追求。❸

吊诡的是,在事实婚姻讨论中通常被认为是婚姻实质的"以夫妻名义共同生活"在另一种"瑕疵婚姻"即形式婚姻中却正是当事人通过"表演"所致力达成的目标。"形婚的当事人们有目的地利用婚姻这个仪式在外人面前演戏,以便让自己在融入社会集体的同时又能遵从个人的主观意愿行事。"❹ 也就是说,无论法律如何尝试通过各种外在观感的推定去完成婚姻实质的提炼认定,但只要是借由形式要件去描述实质内容的,这些形式要件永远会存在对实质偏离的可能。这也是一些研究形式婚姻的社会学者不止步于所谓的"夫妻名义共同生活",而进一步将婚姻的实质提炼为"情感"的原因所在。社会学学者认为,这类婚姻"虽然从形式上而言符合制度和法律,但从内容

---

❶ 如有学者还曾将事实婚姻与准婚姻关系(即非婚同居,未婚男女不办理结婚登记手续而同居的两性结合的事实状态,因当事人不具有夫妻名义公开同居而区别于事实婚姻)进行分离,认为准婚姻关系的性质是亚婚姻的事实状态而非婚姻形式,而事实婚姻双方当事人尽管欠缺程序要件的满足,但完全具备缔结婚姻的实质要件,当事人之间的关系属于婚姻关系。详见吴春娟:《无效婚姻制度之法理与实务研究》,经济科学出版社 2014 年版,第 30-31 页。这种区分方式明显是为了突出事实婚姻概念背后的外在观感(社会理性群体所承认的夫妻名义)要素。参见何丽新:《论事实婚姻与非婚同居的二元化规制》,载《比较法研究》2009 年第 2 期。

❷ 张洪波:《事实婚姻的立法冲突及解决》,载《法学论坛》2009 年第 1 期。

❸ 美国家事法也将"以夫妻名义共同生活"纳入事实婚姻(common law marriage)效力的基本判定标准。在美国少数的承认事实婚姻的州中,大多数都要求伴侣对外要有表示为夫妻的行为,这种行为通常就体现为"以夫妻名义共同居住"。如得克萨斯州的婚姻法典要求事实婚姻(该州称为 informal marriage)的"男方和女方需要达成结婚的共识,在达成该共识后,双方需要以夫妻的名义共同居住,并且向他人表示两人已经结婚",详见 Tex. Fam. Code § 2.401。类似的规定也存在于犹他州、新罕布什尔州、爱荷华州,依次参见 Utah Code Ann. § 30-1-4.5;RSA 457:39;Iowa Code § 252A.3。

❹ Juan Miguel Ortega Quesada:《中国同性恋者的形式婚姻:从个人与社会的角度》,厦门大学 2018 年硕士学位论文,第 84 页。

上而言却没有现代婚姻所需的实质"❶。

(二) 跨学科背景下婚姻"实质"的认知偏差

那么，这里所谓的"实质"究竟是什么？按照"爱情婚姻"的理念，现代婚姻建构中的情感维度固然是最为重要的基础因素之一，在许多对婚姻的伦理学讨论中通常都会对此存在过于理想的描述，"夫妻期待两性间真诚、无私的爱情；期待在温馨浪漫的爱情中感受婚姻生活的幸福；期待在相互理解、信任、体贴、关怀中，更好地发现自我、完善自我，获得实现自我价值的机会。"❷ 这种对婚姻之情感维度的理想化期待固然会对婚姻的制度化型构起到某种引导作用，但即使在社会学层面，这也绝不意味着爱情应当成为婚姻缔结的充分条件。因为在将感情作为婚姻的基础同时，必须考虑情感因素的主观性与物质对感情的决定作用。❸ 如有学者在研究中指出了社会观念、社会制度安排、社会结构、社会阶层以及地域和文化对择偶行为的影响。❹ 甚至在某种程度上，制式化的婚姻法规范本身就排斥了某些情感因素的优先可能，比如2007年一对青梅竹马的表兄妹在家长的许可下请求登记结婚被拒，在女方进行绝育手术以证明不会影响子孙健康后仍然被拒，后上诉至法院也被驳回。❺ 这种对客观上婚姻禁止条件的刚性执行本身就是对主观情感因素的标准化否定，换言之，无论规范化的法律如何努力地在婚姻制度中增强情感色彩的基调，事实上权利义务的设定本身就是对情感的冰冷回应，毕竟爱情本身代表着某种对规范性进行肆无忌惮之跨越的"美"，而作为规范性表征的婚姻则更加偏重于权利与义务的具体限定。❻

从这个角度可以看出，法律试图通过各种各样的制度来凸显婚姻当中的情感因素，但最终往往只能呈现出既定的制式化"情感模板"。而当现实中的婚姻关系不再符合这些既定的"情感模板"时，原本那些"真爱至上"的情

---

❶ 富晓星，张可诚：《在隐性"婚"与制度婚的边界游走：中国男同性恋群体的婚姻形态》，载《华南师范大学学报（社会科学版）》2013年第6期。
❷ 闫玉：《当代中国婚姻伦理的演变与合理导向研究》，吉林文史出版社2009年版，第136页。
❸ 王丽萍：《婚姻家庭法律制度研究》，山东人民出版社2004年版，第36页。
❹ 梁颖：《近40年我国初婚夫妇婚姻匹配模式变化》，载《中国社会科学报》2018年7月4日，第6版。
❺ 余梦成：《"亲上加亲"可以重现：血亲通婚禁令的解除之争》，载高其才：《当代中国婚姻家庭习惯法》，法律出版社2012年版，第84页。
❻ [德] 尼古拉斯·卢曼：《作为激情的爱情：关于亲密性编码》，范劲译，华东师范大学出版社2019年版，第93页。

感因素便成为消解婚姻制度的"害群之马"。因此,婚姻制度更多的时候并不是为了保障"爱情",而是要维护由此衍生出的那些被模式化的利益。用更简单的话说就是,婚姻制度并不要求当事人在缔结婚姻时证明互相"有感情",然而在解除婚姻时却要求其证明"已无感情"。因此可以认为,法律强行地为婚姻制度增添了一抹情感色彩,且这种情感色彩可能并非个人在婚姻缔结时的一种意思表达,而是基于一种婚姻制度的添附。一旦男女双方通过满足婚姻缔结的法律要件而走入婚姻关系中,他们便同步产生了基于婚姻制度所拟制的那种"情感模板"(夫妻感情融洽,并未破裂)。[1] 原本作为一种主观性个人意思表示的"真实自愿"在制度塑造的层面被一步步地构建成一种固化的特定样态。那么,当"事实婚姻"缺乏这种特定的形式化表达(结婚登记)时,对其属性上的婚姻效力推定(无论是以夫妻名义共同生活还是存在真情实感)势必难以达成形式意义上的标准构建,因而这种不符合"法律拟制"的"婚姻实践样态"自然而然地在法律视角下就难以无差别地适用婚姻制度背后的权利义务体系。

此外,法律对婚姻的构建和期望从本质上是不同于社会层面的。法律可以通过规范夫妻双方的权利、义务来使其所拟制的"情感模板"更接近社会期待,但法律不能将爱情作为婚姻的必要条件,因为法律对婚姻的保护和规制不能只考虑私益,同时也要考虑公共利益。一些有爱情的亲密关系可能会伤害公益,甚至会违背民法的基本原则。如上诉案例中的表兄妹的结合,虽然当事人之间有真情,并且一方当事人放弃了自己的生育能力,企图从优生学的角度为婚姻关系进行背书,但也因为违背社会的公序良俗而不能获得法律的支持和保护。此外也应当注意,法律对公益的保护是动态而非固定的,对于公益的认识也并不总是统一的,社会和文化的发展与变化也必然会导致公益的变化。因此,即使法律有滞后性,其也需要在这一变化的过程中进行调整。因此,一方面,法律做不到对感情进行有温度的回应;另一方面,法律在保护公益以及尊崇民法基本原则的情况下,只能对特定的私益进行否定。

三、权利义务体系下对婚姻"实质"的"形式"化建构

(一) 法学视角下婚姻的"合法性"判定

回到问题的关键所在,即法律期望的婚姻是什么?法律虽然是对权利义

---

[1] 段知壮:《性别重置与婚姻关系的重构》,载《社会发展研究》2021年第2期。

务关系的调整，但这种调整究竟希望达到什么样的目的？如果在形式婚姻或事实婚姻中并不存在任何法律上的权利、义务争议，那么或许其有社会学领域感兴趣的原因以及实践，在法学研究的意义上会大打折扣。社会学定义婚姻侧重的是存在状态与发展的必然条件；人类学界定婚姻侧重的是其在人类发展过程中赖以存续的因素；法学定义婚姻是从制度与规范方面约束人们的行为。❶ 事实上，一些法学学者也开始意识到这种学科差异，进而提出"合法性"并不是婚姻的本质属性。❷ 这里的"合法"可以从两个层次进行说明：一是结婚的法律要求这一准入门槛；二是婚姻存续过程中当事人之间权利、义务的实体规范。第一个层面的"合法"强调如果当事人想要获得婚姻制度背后那些镶嵌于夫妻关系中的权利、义务，那么其必须符合婚姻制度中法定的条件方可准入。也就是说，相对于婚姻确立的当事人之间的特殊身份关系以及依此身份关系所确定的当事人之间的权利和义务，对于当事人取得这一特殊身份关系的行为予以法律规范，应当是一种通识，即结婚行为必须是依法进行的。而第二个层面的"合法"在某种程度上包含前者，且其背后的意涵似乎更为宏观，即此处的"合法"已然超越规范层面而进入价值领域。但至少在婚姻的价值建构方面，法律无论如何发挥自我想象，都无法完美复制出基于亲密关系而衍生的一系列情感利益。法律视角下可以操作的，只是通过各种各样的权利义务模式尽可能地逼近"婚姻实质"的假设，并保证当婚姻破裂时，当事人并不会因当初只追求"情感"而丧失在利益层面的法律兜底。换言之，婚姻准入的"合法"并不等于婚姻必须以"合法"为核心内涵，因为婚姻表明的是当事人之间现存的一种身份关系形态，是当事人选择的一种生活形态。❸ 通过这样一条逻辑线索可以将在学术讨论中经常混同的婚姻缔结与婚姻两者之间的关系略加梳理，婚姻缔结乃是婚姻配套制度中的先决条件，如果当事人想步入法律所创设的婚姻法律关系中，那么首先就需要符合法律所拟制的准入条件。与之相应，一旦当事人选择这种法律模板，其也就必然会受制于具有国家强制力的夫妻配偶权体系。正如有学者玩笑式地提及，"如果那些正在缔结婚姻的男女们有机会仔细看看婚姻契约上的规定，

---

❶ 刘引玲：《论婚姻的法律学涵义》，载《河北科技大学学报（社会科学版）》2014年第3期。
❷ 方文晖：《婚姻概念质疑》，载《南京大学法律评论》1996年秋季号。
❸ 焦淑敏：《婚姻法立法与适用困境成因的法哲学判断》，载《盛京法律评论》第2卷，法律出版社2016年版，第69页。

并考虑过那些约束他们的权利、义务的话,会有多少人无条件地接受那些条款?"❶ 反之,当事人当然也会或主动或被动地跨越法律的框架而去选择社会实践意义下的"婚姻实质"(如事实婚姻或同性婚姻),此时这种被拓展界限的"婚姻"只要不触犯"伤害原则"(如重婚)则并不存在合法与否的问题。法律对婚姻的准入门槛的"合法性"要求不能够当然地将这种要求扩大到婚姻存续期间。这种有婚姻实质但无形式的关系与法律认可的婚姻的差异只在于其不再受到法律所拟制的夫妻权利义务框架,而将依附于其他法律关系模式(如同居关系等)。简言之,形式意义下的合法性并不影响"婚姻"(情感实质)的构成或成立,只是影响已成立婚姻(在法律权利、义务上)的效力。❷

以往对包括婚姻缔结与解除在内的身份行为之效力判断往往囿于"事实先在性"的框架,所谓"事实先在性"(或称"事实先行性")系指法律之事实业已先行存在,而法规嗣后才予以追认。该理论认为,身份法关系与财产法关系最大之不同在于"事实先在性"之有无,身份行为具有"宣言(确认)性"之特征。在婚姻关系领域即结婚行为也不过是对自然成长的婚姻关系加以法律上的宣示(确认)而已;而离婚并不是由当事人双方合意行为或法院判决所创设,实际上应该说,这两种行为仅仅是对于已经破坏之婚姻关系加以宣示(确认)而已。❸ 该理论范式对法律意义下婚姻效力的判定造成了非常深远的影响,比如在对事实婚姻的讨论中,许多学者会更加强调当事人的"婚意"以及"夫妻名义共同生活"外在观感等问题,进而突破单一的行政登记作为婚姻成立且生效的衡量标准。但问题是无论我们如何努力地尝试描述婚姻的"实质",在法律适用的领域,仍然需要将明确且可操作的统一性标准作为婚姻效力的判断依据。正因如此,司法实践中往往只能以法律所拟制的"形式"要件去推断婚姻的法律效力,"以结婚与协议离婚为例,前者以男女双方的合意与登记为要件,即使男女双方不存在夫妻共同生活事实也不影响结婚的效力;后者以夫妻双方的离婚合意与登记为条件,即使男女双方仍然存在夫妻共同生活事实亦不影响离婚协议的效力"❹。

---

❶ Weitzman, L. J., "To Love, Honor, and Obey? Traditional Legal Marriage and Alternative Family Forms," *Family Coordinator*, Vol. 24: 2, (1975).

❷ 余延满:《试论近、现代法上婚姻的本质属性:关于婚姻概念的反思》,载《法学评论》2002年第3期。

❸ [日]中川善之助:《新订亲族法》,青林书院1965年版,第24页。

❹ 冉克平:《论意思自治在亲属身份行为中的表达及其维度》,载《比较法研究》2020年第6期。

（二）婚姻制度的立法来源

正是在这样一种困境下，有学者尝试用另一种路径来理解"事实先在性"，认为"事实先在性"不能否认身份行为的"创设性"，更不能否认身份行为的意思表示属性。对"事实先在性"的理解应该从更宏观的视角展开，即该理论要求法律尊重人伦秩序之"身份事实"，对特定社会、特定民族约定俗成的自然的、本质的人伦秩序规则给与肯认或确认。它表明法律对身份法的介入，不是依据政策便利、经济效益等价值理念而"制定"身份法，而是充分尊重社会的人伦秩序而"认可"既定的身份关系规则，是法律对人伦秩序的绝对尊重。❶ 如有学者就曾指出，夫妻财产共有制在伦理上与夫妻关系的特征较为吻合，使夫妻经济生活与身份生活趋同一致，也有利于鼓励夫妻同甘共苦，促进婚姻。❷ 简言之，即"事实先在性"指涉的乃是立法层面对婚姻制度的建构必须依托于社会层面对婚姻的认知与实践，而非单纯针对在此制度框架下的特定法律行为及其意思表示。因此，这种构建也是一个动态的过程，因为社会的变化和人们对其他婚姻模式的探索也会不断挑战已有的法律对婚姻的构建。法律制度在以权利、义务设定的模式构建着婚姻的同时，其本身也在立法层面受到时代背景下对婚姻关系认知的建构，这两者作为个人选择与公共选择之间的"互换性的参与"❸ 原本应当是一种相辅相成的关系。但问题是后者较之前者具有更宏观的价值属性，而出于各种外在原因，前者又无法涵盖当下社会中所有的现存"婚姻"状态的可能。正因如此，不同语境下本应该浑然一体的"婚姻"开始出现裂缝，人们或者尝试通过符合法律制度下"婚姻形式"而完成其他途径无法达成的"婚姻效果"；或者有意或无意地摆脱法律对婚姻的强行建构，进而追求社会生活意义下的"婚姻本质"。

以男女同性恋者所缔结的"形式婚姻"为例进行分析，从某种意义上看，所谓的"形式婚姻"无非是人们开始有意识地跨越作为一种目的的婚姻，进而单向地尝试利用婚姻的对外效力来实现这一制度的工具性价值面向，甚至

---

❶ 张作华：《亲属身份行为性质的民法解析》，载《武汉大学学报（哲学社会科学版）》2012年第1期。

❷ 薛宁兰：《我国法定夫妻财产制的社会性别分析》，载夏吟兰、龙翼飞主编：《和谐社会中婚姻家庭关系的法律重构：纪念〈婚姻法〉修订五周年》，中国政法大学出版社2007年版，第175-176页。

❸ 季卫东：《关系契约论的启示》，载［美］麦克尼尔：《新社会契约论》，雷喜宁、潘勤译，中国政法大学出版社1994年版，"代译序"第10页。

隐藏当事人背后可能正在悄悄实践着的"真实婚姻"（同性婚姻）。但问题是法律制度所建构的婚姻具有强烈的异性恋根基，那么因形式婚姻当事人对"婚姻"的期待并不完全相同，就会导致形式婚姻中很容易出现冲突与矛盾。❶ 在网络中的一些"征形婚对象"的帖子中，男同性恋通常要求女方"不要太男性化""要生孩子"等，而女同性恋则往往要求男方"有稳定事业""有房"等。可见，法律所建构的婚姻仍然存在着强大的社会学意涵，即便是寻求突破常规婚姻的形式婚姻仍然无法摆脱文化意义上的"事实先在性"。也就是说，我们应当从宏观角度去理解"事实先在性"，从而为法律上的"婚姻模板"更符合"社会惯习"创造便利。但这不意味着微观上任何一个法定的婚姻都符合因"事实先在性"而产生臆想的实质要件（真情实感）。简言之，即不可否认社会构建了婚姻模板，但不能因此就说现实生活中的所有婚姻都符合这种建构的模板。更为重要的是，除却这些文化建构，对于法律制度下配偶间的权利义务，当事人也要"照单全收"。比如有学者根据研究指出，一旦有了孩子，形式婚姻就不纯粹了，形式婚姻的双方毕竟是孩子的父母，他们之间也就不可能再只是单纯的合作、互助关系。有了孩子以后，要考虑孩子的成长环境、抚养费用以及教育问题等，且夫妻双方也多了一份对家庭的责任，形式婚姻也实际化了。❷

（三）婚姻法律关系的权利义务"模板"

稍加总结，面对婚姻的规范性描述困境，可以从两个维度看待作为一种制度的婚姻。首先，从属性的角度出发，可以将婚姻分解为实质与形式两个层次。其中，实质层面是法律基于社会建构而对婚姻进行的理念塑造，比如以情感为基础的亲密关系、共同生活之目的等；而形式层面则是法律基于社会互动中所需求的仪式表达，比如以结婚登记为代表的公示环节。

其次，从权利和义务的角度出发，还可以将婚姻分解为横、纵两个方向。横向为对外与对内两个方面，"婚姻既是一个亲密的、私人性的纽带，也是一项社会公共制度"❸。其中，对外方面主要指法律制度之于婚姻作为一个基本社会单位而进行的资格准入或对外利益赋予；而对内方面则主要指包括同居

---

❶ 陈亚亚：《围城中的拉拉：女同性恋给传统婚姻制度带来的挑战》，载《社会学》2008年第4期。
❷ 杨柳青：《中国式的"完美"：同性恋群体形式婚姻初探》，湖南师范大学2009年硕士学位论文，第58页。
❸ Juan Miguel Ortega Quesada：《中国同性恋者的形式婚姻：从个人与社会的角度》，厦门大学2018年硕士学位论文，第16页。

义务在内的配偶权益。纵向分为身份与财产两个方面，其中身份方面的权利义务与对内方面基本吻合，但还包括家事代理权等对外效力；而财产方面则体现为夫妻财产共同所有制以及家务劳动的财产补偿等。

虽然以上两个维度均存在各自明显的倾向性，但在某种意义上也可以说，法律意义下的婚姻无论是实质还是形式要件均要通过对权利、义务的设定而完成婚姻的制度化建构。因此，无论是对内、对外还是身份、财产的权利及义务规定，事实上都可以将其理解成婚姻属性的规范化落地。也就是说，当我们基于属性之分类进行诸如"形式婚姻"的表达时，似乎忽略了权利义务层面的整体性，而是人为地在对"形式婚姻"的权利义务体系（对内对外、身份财产）进行二元切分。比如婚姻当事人自认为彼此之间合意完成了对配偶权的自由处分（如不承担配偶权中的同居义务与忠实义务等），而仅将视角集中在基于婚姻关系而衍生的一系列外部社会准入及资源分配上。可是"不管计划得再怎么天衣无缝，形婚的夫妇常常会陷入诸多矛盾和冲突中，这些冲突源于和父母以及亲戚间的财务与情感往来，例如双方会争论探亲的费用以及照顾老人的责任"❶。所以从这个角度来看，至少在法律意义上，不应也不能去判断某一特定婚姻关系的"实质欠缺"，对于这类婚姻效力问题的判断，关键在于这一婚姻关系中的当事人是否有符合权利义务层面的规范性要求，只要婚姻双方当事人具备婚姻实质要件并履行了法律所要求的婚姻的形式要件，则应为有效。国家无权要求当事人以某种方式去实际组织婚姻家庭生活，如要求当事人在一定期限内维持婚姻的存续或要求当事人生育子女，并以此作为婚姻有效的条件。又如要求当事人证明其爱情的真实性或要求其先认识和了解再结婚，并以此作为缔结婚姻的基础，因为这些要求都有违宪干预之嫌。❷

当然，对于夫妻间财产关系上的权利义务，当事人往往可以通过其他形式补充甚至突破婚姻制度中的既定框架，如在同性恋者结成的形式婚姻中就有大量的当事人通过签订协议的方式，对财产、债务以及住房等问题进行预先安排，甚至会进行公证。❸ 但身份关系上的权利义务会随着婚姻的缔结而自

---

❶ Tiantian Zheng, *Tongzhi Living: Men Attracted to Men in Post-socialist China*, University of Minnesota Press, 2015, p.186.

❷ William J. O'Donnell and David A. Jones, "The Law of Marriage and Marttal Alternatives," *Bmj Clinical Research*, Vol.313: 7068, (1996).

❸ 田宇:《同性恋群体假性定位家庭成员的互动模式研究》，华中师范大学2018年硕士学位论文，第26-29页。

动附加在当事人身上,"法律上以大量不可选择的强行性规范试图将人们的婚姻家庭生活引入公共秩序、善良风俗的轨道,这些规范因其具有扶弱济贫的公益属性而被法律加以定性"[1]。因此,笔者赞同把法律意义上的婚姻理解成一种格式化的"关系契约"[2],不仅包括婚前的情感、财产等承诺,还隐性地假定了婚后承担养老教子等家庭义务及对彼此感情忠贞等。[3] 正是行为人的表意行为,他们才进入这种"格式化"的法律关系。虽然亲属身份关系源于人伦秩序,但身份关系一旦被法律秩序化,婚姻家庭法就属于法律规范而非道德规范。[4] 无论当事人最初的"婚意"为何,此时其均不可超越法律所拟定的制度框架。需要注意的是,这种模式化的规范内容虽然在很大程度只能遵循法律规定,不具备可选择性,但是婚姻的法律效果的发生仍源自当事人的合意。[5] 简言之,社会实践层面的"婚姻实质"并不需要法律赋予其"合法性";相反,法律只能通过形式上的权利义务创设而尽可能地贴合"婚姻实质"。与此同时,当事人可以基于自身合意而选择进入法律在权利义务层面所创设的"婚姻模板",当然也可以在法律之外寻找其他形式的"婚姻实质",只是当事人在选择后就不可以用所谓的"实质"去突破法律意义下权利义务的形式框架。

---

[1] 马忆南:《婚姻家庭法领域的个人自由与国家干预》,载《文化纵横》2011年第1期。

[2] 由美国学者麦克尼尔提出的关系契约理论认为,"所谓契约,不过是有关规划将来交换的过程的当事人之间的各种关系",该理论后续在婚姻家庭法中受到了极大关注。[美] 麦克尼尔:《新社会契约论》,雷喜宁、潘勤译,中国政法大学出版社1994年版,第4页。

[3] 牛天秀:《以平等为旨归的家庭契约关系分析:一种不完全契约的解释》,载《江海学刊》2018年第2期。

[4] 冉克平:《论意思自治在亲属身份行为中的表达及其维度》,载《比较法研究》2020年第6期。

[5] 李昊,王文娜:《婚姻缔结行为的效力瑕疵:兼评民法典婚姻家庭编草案的相关规定》,载《法学研究》2019年第4期。

瑕疵性证件登记结婚的救济途径完善

■ 李叶豪 黄彤

一、以瑕疵性证件登记结婚的审判实践

在审判实践中，瑕疵性证件主要存在冒用证件与伪造证件两种情形，这两种情形都会造成实际登记人与登记名义人身份信息不一致的后果。在冒用证件情形中，登记名义人为真实存在的自然人；在伪造证件情形中，登记名义人为虚假的、不真实存在的"自然人"，两种情形都会使结婚登记程序出现瑕疵，且侵害了登记另一方或被冒用证件者的权益。由此，这两类主体为维护自身的权益，便会寻求救济途径。

（一）以瑕疵性证件登记结婚的案例（表1、表2）

表1 冒用证件结婚登记

案例	当事人	证件瑕疵类型及简要案情	结果	判决依据及理由
郑某某与巢湖市民政局婚姻登记案，安徽省巢湖市人民法院（2013）巢行初字第00029号行政判决书	原告：登记另一方 被告：登记机关	第三人冒用他人身份信息与原告进行结婚登记 第三人为外籍非法居留人员且已被遣返出境	撤销登记	根据《中华人民共和国婚姻法》（以下简称《婚姻法》）第8条之规定、《婚姻登记条例》第7条之规定，本案被告办理结婚登记的男女双方当事人为原告和被冒用者，确立的是原告和被冒用者具有夫妻关系。但被冒用者并未向被告申请结婚登记，也未亲自到婚姻登记机关进行结婚登记。被告办理的结婚登记当事人是由越南籍第三人假冒身份信息，骗取婚姻登记机关进行结婚登记的。由于被冒用者的身份信息是真实存在的，被告在登记审查时未能识别与原告共同申请登记的当事人非本人，致使本人未到结婚登记现场即办理了结婚登记，颁发了结婚证，属主要证据不足，且程序违法。依照《中华人民共和国行政诉讼法》第54条第2款第1项、第3项的规定，判决撤销登记行为

案例	当事人	证件瑕疵类型及简要案情	结果	判决依据及理由
陈某某不服上海市虹口区民政局婚姻登记案，上海市虹口区人民法院（2012）虹行初字第74号、第75号行政判决书	原告：被冒用者 被告：登记机关	第三人冒用他人身份证件，利用他人身份证件进行结婚登记	撤销登记	根据《婚姻法》第8条之规定，本案中原告事实上并未到婚姻登记机关进行结婚和离婚登记，其身份系被第三人假冒。被告在办理结婚和离婚登记时审核了有关的证件和证明材料，在其力所能及的范围内已尽审查职责。但是第三人在故意的情况下隐瞒实情，致使被告错误地办理了结婚和离婚登记，故该结婚和离婚登记依法不能成立。由此被诉具体行政行为认定事实的主要证据不足，依法应予撤销
尚某某诉某县民政局婚姻登记案，江苏省南通市经济技术开发区人民法院（2020）苏0691行初325号行政判决书	原告：被冒用者 被告：登记机关	身份信息被他人冒用登记结婚	登记无效	根据《婚姻法》《婚姻登记条例》的相关规定，行政机关没有严格依照法定程序和注意事项进行审查，以致登记对象明显错误，登记内容无法实现，严重侵犯了原告的婚姻自由权、名誉权，符合"重大且明显违法"标准，应当确认为无效行政行为。且民政局还应当采取必要的补救措施，一并删除对尚某某的错误婚姻登记信息，以确保将违法行政行为对当事人的负面影响降至最低限度

表2 伪造证件结婚登记

案例	当事人	证件瑕疵类型及简要案情	结果	判决依据及理由
牟某成诉重庆市九龙坡区民政局民政行政登记纠纷案，重庆市九龙坡区人民法院（2015）九法行初字第00152号行政判决书	原告：登记另一方 被告：登记机关	第三人伪造不实身份信息的证件与原告进行结婚登记，且第三人离家出走，下落不明	撤销登记	根据《婚姻登记条例》第5条、第7条之规定，被告受理原告及第三人的婚姻登记申请后，应当按照上述规定对双方当事人提交的户口簿及居民身份证原件进行核对，并收取复印件，经过审查符合结婚条件的，方可予以登记。现根据本案查明的事实，第三人在办理结婚登记时所提交的身份证号码、户口簿上载明的身份证号码及住址均系伪造。被告在此情况下颁发了结婚证，存在审查不严的情形。判决其登记行为予以撤销

续表

案例	当事人	证件瑕疵类型及简要案情	结果	判决依据及理由
沈阳市沈北新区民政局与关某婚姻登记纠纷案，辽宁省沈阳市中级人民法院（2016）辽01行终36号	原告：登记另一方 被告：登记机关	第三人利用虚假的身份信息与原告进行结婚登记，且第三人已下落不明	登记无效	依照《中华人民共和国行政诉讼法》第75条之规定，《婚姻登记条例》第5条第1款的规定，被告在审理过程中未向法庭提供任何证据证明其婚姻登记行为合法有效，且被告在进行结婚登记时并未对第三人的身份信息进行充分审查，导致第三人用虚假身份证明与原告结婚，现原告已经提供了充分的证据证明第三人身份信息虚假，其婚姻登记应属无效婚姻登记。被告在为原告与第三人办理婚姻登记时存在重大且明显违法情形。依照《中华人民共和国行政诉讼法》第75条之规定，判决的结婚登记行为无效

（二）对瑕疵性证件登记结婚审判实践的分析

基于审判实践中法院对瑕疵性证件登记结婚具体的裁判，分析可知：

第一，瑕疵性证件登记结婚纠纷均为以婚姻登记机关为被告的行政诉讼。在"北大法宝"司法案例数据库中，以"婚姻登记"为关键词进行类案检索，在检索结果中，共有557份与婚姻登记案由相关的判决书，其中行政诉讼判决书有545份，占比高达98%。可见，行政诉讼是目前我国婚姻登记瑕疵的主要救济途径。在相关数据统计中，行政诉讼处理结婚登记程序瑕疵的案件中，"登记身份信息不实"占比也达80%，即以瑕疵性证件登记结婚是行政诉讼婚姻登记纠纷的主要类型。[1]

第二，行政诉讼的原告主要是登记另一方与身份被冒用者。在冒用证件的情形中，原告存在登记另一方与身份信息被冒用者两类，登记另一方是婚姻实际登记的当事人即婚姻关系的主体，对方冒用他人身份信息与之结婚，其具有当然的原告主体资格，身份信息被冒用者因"被登记结婚"造成其合法权益被侵害而具有直接的利害关系也具有原告主体资格。在伪造身份证件情形中，因对方伪造的是虚假的、不存在真实对应自然人的身份，所以一般只存在登记另一方这一个原告主体。故在审判实践中，法院应以这两类原告

---

[1] 郭天超：《结婚登记程序瑕疵的法律救济途径研究》，河北经贸大学2020年硕士学位论文。

主体利益为主要考量为其提供救济。

第三，案件的判决结果主要是撤销登记与登记无效。在审判实践中，不论是冒用证件登记结婚还是伪造证件登记结婚，主要存在撤销登记与确认登记无效这两种类型的判决结果，也有少量案例的判决结果是仅确认登记行为违法。但在相同和类似的案情中，有的案件中法院会认为登记机关已尽到审查职责但确因事实认定证据不足而判决撤销，而有的案件中法院会认为登记机关未尽到审查职责且属重大明显违法而判决登记行为无效。可见，在审判实践中，对于瑕疵性证件登记结婚行政诉讼的判决还存在认识不一致的情况。但无论是撤销还是认定无效，都会导致登记行为的消失，那么婚姻关系又何去何从呢？

二、以瑕疵性证件登记结婚的传统救济路径

我国赋予民政部门这一行政机关对自然人的婚姻关系进行登记确认的职能，以此使得婚姻关系具有法律效力，便注定了行政诉讼在解决登记程序瑕疵的婚姻纠纷时具有天然的主导性。

行政诉讼的救济途径是由司法层面确立的。1986年的《婚姻登记办法》第9条明确规定："婚姻登记机关发现婚姻当事人有违反婚姻法的行为，或在登记时弄虚作假、骗取《结婚证》的，应宣布该项婚姻无效。"1994年的《婚姻登记管理条例》第25条对这种情况作了同样无效的规定。可见，当时的婚姻登记机关可直接宣布婚姻为无效婚姻，而不判断婚姻登记行为。但2003年颁布的《婚姻登记条例》删除了《婚姻登记管理条例》第25条瑕疵登记婚姻无效的条文。2011年最高人民法院出台了《最高人民法院关于适用〈中华人民共和国婚姻法〉若干问题的解释（三）》，明确说明了登记瑕疵婚姻当事人的救济方式，但没有指出登记瑕疵婚姻的效力如何，规定结婚当事人只有因受胁迫结婚的，才能向婚姻登记部门主张撤销结婚登记；因婚姻瑕疵要求宣告无效婚姻的不予认可，只能进行行政复议或行政诉讼。《最高人民法院关于适用〈中华人民共和国民法典〉婚姻家庭编的解释（一）》第17条第2款规定："当事人以结婚登记程序存在瑕疵为由提起民事诉讼，主张撤销结婚登记的，告知其可以依法申请行政复议或者提起行政诉讼。"由此可知，我国在司法上实行的是以行政诉讼为主导的婚姻登记瑕疵救济途径。

学理上，也有部分学者认可行政诉讼是瑕疵性证件登记结婚的救济途径。首先，《行政诉讼法》中规定，行政机关作出具体行政行为主要证据不足的，

人民法院可以判决撤销。法律同时也规定婚姻登记机关应对登记双方当事人提交的证件材料的合法性与真实性进行审查。若其依据具有瑕疵性的证件材料作出登记行为，则该登记行为符合"主要证据不足"的条件，可以对该登记行为进行撤销。其次，一方当事人冒用他人或伪造虚假证件与另一方登记结婚，本身即带有欺诈性质，该登记行为应具有可撤销性。最高人民法院曾于2005年作出过相关答复❶，认为在双方当事人中只要一方没有去婚姻登记机关亲自办理结婚登记，且一方不能证明另一方与其结婚是出于对方的真实意思表示的情况下，当事人可以通过提起行政诉讼的方式对这一婚姻登记行为予以撤销。婚姻登记的一大目的是要审查登记双方当事人的身份信息是否属实及结婚是否真实自愿，根据相关法律解释与司法精神，该类带有欺诈性质意图的结婚登记应可以通过行政诉讼撤销登记行为，结婚登记一旦被撤销，则婚姻关系自然而然也就不存在了。最后，在实际情况中，冒用证件或伪造证件一方往往已经下落不明，若一方当事人只能以对方为相对人提起民事诉讼，则会因为没有明确的被告而得不到受理。

《民法典婚姻家庭编（草案）》二审稿中曾增加"以伪造、变造、冒用证件等方式骗取结婚登记的"情形为无效婚姻的规定，旨在使该类情形回归民事诉讼救济的途径，但在三审稿中删除了该项规定删除。将行政诉讼作为瑕疵性证件登记结婚的唯一救济途径存有局限性，原因如下。

第一，婚姻登记程序与婚姻实体关系存在区别。

婚姻登记是婚姻登记机关依当事人申请对当事人合法有效的婚姻进行登记确认使之具有法律认可的效力，是具体行政行为中的行政确认行为。婚姻登记程序是法律规定的婚姻生效要件中的形式要件，即其仅是对业已成立并合法有效的婚姻进行登记确认，并不是判定婚姻效力的唯一指标。而婚姻实体关系是婚姻双方当事人之间具有人身属性的民事法律关系，其更注重婚姻实质要件，婚姻实体关系可以脱离婚姻登记而存在。婚姻登记程序缺失或存在瑕疵并不必然导致婚姻实体关系的灭失，而婚姻实体关系在婚姻登记之前就不存在则是婚姻登记程序瑕疵的情形之一，若婚姻实体关系在婚姻登记之后消灭也并不否定之前婚姻登记程序的效力。

第二，行政诉讼途径无法完成婚姻关系纠纷的实质化解。

行政诉讼以婚姻登记行为作为审判客体，其只能对婚姻登记的效力作出

---

❶ 《最高人民法院行政审判庭关于婚姻登记行政案件原告资格及判决方式有关问题的答复》（法〔2005〕行他字第13号）。

判定，而婚姻登记无法触及婚姻关系实体的效力，行政诉讼解决婚姻关系这一民事关系在基础上具有天然的不足。在行政诉讼过程中，对婚姻登记行为进行合法性审查时，若登记行为违法，则依法作出撤销或无效的判决；若登记行为合法，而客观上确实存在当事人以瑕疵性证件形成虚假身份而登记确认的婚姻关系，此时行政诉讼审理范围就会超过其审判范围，转而直接判断婚姻关系的合法有效性与否❶，实际上其已经是民事诉讼的范畴。即便行政诉讼在一些情形下已经突破审理范围去审查婚姻关系的合法性，但其仍无法解决婚姻纠纷当中的财产问题、子女问题等单纯民事属性的问题，而这些问题才是婚姻关系当事人更为关心的实际利益问题。

第三，行政诉讼弱化了婚姻关系的民事属性。

如前文所述，行政诉讼判决婚姻登记行为撤销或确认无效后，婚姻关系相当于从未存在或随之灭失，由此，会在当事人的观念中形成一种婚姻登记决定婚姻关系效力的误认。如今在社会观念中已经存在只有登记才算结婚、没有登记就没有结婚的观念，可见婚姻登记这一行政行为在婚姻关系当中日益凸显的引导力。而婚姻关系的本质是具有人身契约属性的民事法律关系，若婚姻登记对婚姻关系的效力过大地产生影响，则难免会使婚姻关系的法律属性产生错位。

三、婚姻成立要件下的瑕疵性证件登记结婚救济路径分析

（一）对婚姻成立要件的分析

《民法典》第1049条规定："要求结婚登记的男女双方应当亲自到婚姻登记机关申请结婚登记。符合本法规定的，予以登记，发给结婚证。完成结婚登记，即确立婚姻关系。未办理结婚登记的，应当补办登记。"此条规定即蕴含了婚姻关系的成立要件。

第一，婚姻成立的形式要件就是完成婚姻登记。婚姻登记要求结婚的男女双方亲自到婚姻登记机关申请结婚登记，该项要求主要包含了两个条件：首先，我国目前不承认同性婚姻，申请婚姻登记的主体必须是一方为男性，另一方为女性，登记机关对于同性双方申请结婚登记不予登记，同性婚姻关系无法成立；其次，我国不允许代理办理或冒名顶替办理结婚登记，结婚登记的男女双方必须亲自到婚姻登记机关申请结婚登记。婚姻登记的职能之一

---

❶ 王礼仁：《解决婚姻行政诉讼与民事诉讼"打架"之路径》，载《法律适用》2011年第2期。

就是审核登记双方的身份与结婚意愿是否真实自愿，若登记申请人本人不到现场进行结婚登记则不予以登记，婚姻关系无法成立。

第二，结婚登记的双方必须具有结婚合意，即具有永久共同生活的结婚合意。双方仅是以谈恋爱为意图，则还未达到婚姻成立的条件；双方仅是以临时结合为目的，也不属于婚姻成立的范畴；双方具有短期共同生活意图的，应属于同居情形，也还未达到婚姻成立的要求。如果一方具有与另一方永久共同生活的结婚合意，而另一方隐瞒自己的真实意图，表面上愿意与另一方缔结婚姻关系，但实际上是为骗取对方钱财或具有其他恶意目的，则该类婚姻关系也不能成立。如在东平县民政局与史某民政登记职责纠纷上诉案中[1]，史某与第三人登记结婚，而第三人的真实目的是骗取彩礼，其冒用一名死者的身份与史某进行登记，之后便下落不明。在该案中，史某与第三人之间的婚姻关系便无法成立，因第三人实际上根本没有结婚的合意，即便第三人登记时使用的是真实的身份，在其骗取彩礼之后就下落不明的情形下，同样不存在共同生活的合意。所以，结婚成立应具有的是双方的合意且该合意的内容是双方成为配偶永久共同生活。

第三，结婚的双方对外应持以夫妻的名义。缔结婚姻的双方应使双方的婚姻关系具有一定的公示性，要使不特定的第三人可以获悉双方的婚姻状况。[2] 我国对于婚姻的传统认识被表述为，合二姓之好，上以事宗庙，下以继后世。婚姻作为一种重要的礼仪，需要严格按照纳采、问名、纳吉、纳征、请期、亲迎的程序操办，其目的就在于向社会公示婚姻状况。如今我国刑法规定的重婚罪，是指因为同时存在两段婚姻关系而构成犯罪，这种婚姻关系的存在并没有被狭隘地解释为结婚登记，虽没有登记但"以夫妻名义共同生活"也可以成为重婚罪的构成要件。一方面，这表明行政机关的认可并不是婚姻成立的前提；另一方面，也说明婚姻关系的成立需要有对外的夫妻名义。

最后，值得注意的是，婚姻登记仅是婚姻关系成立的形式要件，而非实质要件。婚姻登记的缺失或登记程序存在瑕疵会导致婚姻关系成立的缺失或瑕疵，但婚姻登记依然是以婚姻事实的存在为前提，即婚姻存在男女两性双方当事人，男女双方具有永久共同生活的结婚合意并对外以夫妻名义生活，这些要件才是判断婚姻关系的实质内核，缺失这些要件，便会导致婚姻登记程序存在瑕疵。

---

[1] 山东省泰安市中级人民法院（2019）鲁09行终31号行政判决书。
[2] 姚秋英：《婚姻效力研究》，中国政法大学出版社2013年出版，第47页。

(二) 婚姻不成立的救济途径

依据前文所述的婚姻效力要件分析，结合相关司法案例，瑕疵性证件登记结婚的婚姻关系应属不成立情形。

第一，瑕疵性证件登记结婚不属于无效婚姻，即瑕疵性证件登记结婚不存在婚姻效力判断的条件。首先，婚姻无效情形已由法律进行明文封闭式规定，由此推论，瑕疵性证件登记结婚只能是无效婚姻之外的一种特殊婚姻形态，不可能是无效婚姻。其次，婚姻效力是在婚姻成立的前提下进行的价值判断。婚姻效力判断是从婚姻的生效要件进行判断，即看双方当事人的婚姻关系是否符合法律规定的必备要件与是否违反法律规定的禁止要件。婚姻效力判断与婚姻成立的实质条件存在一定的重合，即都必须是男女两性的结合与双方必须具有真实自愿的结婚合意，但婚姻效力更加注重对是否达到法定婚龄、是否属于法律禁止结婚的血亲关系等条件的认定。

第二，瑕疵性证件登记结婚不符合婚姻成立要件应属于婚姻不成立。如前文所述，婚姻成立须具备男女双方亲自到婚姻登记机关完成婚姻登记、双方具有永久共同生活的结婚合意且对外以夫妻名义生活，而在瑕疵性证件登记结婚的"婚姻关系"中均没有事实符合这些要件。在冒用他人身份证件的情形中，冒用者利用被冒用者的身份与另一方进行结婚登记，登记机关记载的是被冒用者与另一方的婚姻关系，被冒用者与另一方"成立"了所谓的婚姻关系。但实际上，被冒用者并没有亲自到婚姻登记机关进行结婚登记，更不存在与另一方有共同生活的结婚合意的意思表示，也不可能与另一方对外以夫妻名义生活，很多情况下，被冒用者与另一方是互不相识的。例如在尚某诉如东县民政局婚姻行政登记纠纷案中❶，尚某的身份信息被他人冒用与沈某完成了结婚登记，尚某在不知情的情况下便与不相识的沈某确立了所谓的"婚姻关系"，尚某没有与沈某到婚姻登记机关进行过结婚登记，尚某也不存在要与沈某共同生活的结婚合意，更没有与沈某以夫妻名义共同生活的事实，故尚某与沈某之间根本不存在婚姻关系，即婚姻关系不成立。在伪造虚假身份证件的情形中，伪造身份证件者利用虚假身份与另一方登记结婚，登记机关记载的是"虚假身份者"与另一方的婚姻关系，另一方与一个不存在实体自然人的"人"确立了婚姻关系，因根本不存在真实对应的人，其婚姻关系无法符合婚姻成立要件。在赵某与广州市从化区民政局、董某民政行政管理

---

❶ 江苏省南通市经济技术开发区人民法院（2020）苏0691行初325号行政判决书。

（民政）一案中❶，董某利用买来的名为"董家铭"的虚假身份证件与赵某进行结婚登记，"董家铭"是虚假不存在的，不可能与赵某亲自进行结婚登记，更不可能有与赵某共同生活的结婚合意，故登记机关记载的"董家铭"与赵某的婚姻关系根本不成立。而董某与赵某的婚姻关系又如何呢？本案中董某是利用"董家铭"这一虚假身份进行犯罪活动的罪犯，其已被判处刑罚，无法判断其是否有与赵某一起结为夫妻共同生活的结婚真意，婚姻关系也无法成立。在实际情况中，伪造证件并利用虚假身份的一方大多不存在与另一方共同生活的结婚真意。因此，瑕疵性证件登记结婚因不符合婚姻的成立要件，应属于婚姻不成立。

四、婚姻不成立之诉的构建

（一）婚姻不成立之诉构建的可行性

婚姻不成立之诉是当事人以提起民事诉讼的方式，请求法院对当事人的婚姻关系成立或不成立作出判决，法院依据婚姻的成立要件对当事人的婚姻关系进行判断。

第一，构建婚姻不成立之诉的法理基础。婚姻不成立之诉的本质是当事人请求法院确认他们之间存在或不存在某种法律关系，其在诉讼性质上应属确认之诉。而确认之诉是我国民事诉讼程序中的基本诉讼种类之一，具有成熟的理论基础与实践基础。我国在婚姻家庭领域早有身份关系确认之诉的存在。《最高人民法院关于适用〈中华人民共和国民法典〉婚姻家庭编的解释（一）》第39条规定了亲子关系的确认之诉，在婚姻家庭领域增加婚姻关系不成立之诉并不突兀。《民法典》第1049条规定了婚姻的成立要件，为法院审理婚姻不成立之诉提供了直接的法律依据。法院可以直接依据此条规定对当事人的婚姻关系成立与否作出判决。

第二，构建婚姻不成立之诉的实践基础。审判实践中已有法院受理当事人对婚姻是否成立提起的民事诉讼并已作出判决。在刘某1诉赵某离婚纠纷一案中❷，刘某1原先因未达法定婚龄便冒用刘某2的身份信息与赵某进行结婚登记并与之共同生活，由此产生了两种婚姻关系：第一种是婚姻登记机关

---

❶ 广州铁路运输中级法院（2020）粤71行初423号行政判决书。
❷ 王礼仁，罗红军：《全国首例运用婚姻成立与不成立之诉解决假身份证结婚案法理分析》，载法律图书馆 2010 年 7 月 11 日，http://www.law-lib.com/lw/lw_view.asp? no=11707。

记载的刘某2和赵某的婚姻关系，该婚姻关系为法律所确认；第二种是刘某1与赵某具有真实共同生活的结婚合意的婚姻关系，为当事人之间具有结婚真意的事实上的婚姻关系。法院认为，刘某1与赵某之间具有结婚合意并以夫妻名义共同生活，且诉讼时刘某1已达法定婚龄，婚姻无效情形已消失，刘某1与赵某之间的婚姻成立且合法有效；刘某2与赵某之间没有结婚合意且没有共同生活的事实，其之间的婚姻关系不成立。虽然现行法律并未直接对婚姻关系成立与否的诉讼作出规定，但是法院作出的此类判决确实解除了当事人的实际困境，也给婚姻关系的认定带来了实质解决方案。

此外，也可借鉴域外立法。德国民事诉讼法即规定了确立婚姻关系存在与否的诉讼，法国、日本等也有相关的诉讼制度。

（二）婚姻不成立之诉的价值依据

第一，婚姻不成立之诉契合婚姻关系的民事属性。婚姻关系的属性为民事法律关系，婚姻当事人双方出现婚姻关系纠纷时，其最终目的无论如何都是要解决婚姻关系的有效与否或存在与否，而非仅仅是判断婚姻登记程序的效力状况。婚姻登记程序的状况无法决定婚姻实体关系的状况，构建婚姻不成立之诉有助于将以瑕疵性证件登记结婚的纠纷回归到民事途径，减少行政因素在民事法律关系中的影响，真正以民事法律判断民事法律关系。

第二，婚姻不成立之诉有助于瑕疵性证件登记结婚纠纷的实质化解。婚姻不成立之诉为民事诉讼途径，瑕疵性证件登记结婚纠纷的最终目的是解决婚姻实体关系的去向以及婚姻关系中的人身与财产关系问题。首先，作为民事诉讼途径，婚姻不成立之诉主要审查婚姻关系成立与否，其可以对婚姻实体关系作出直接判断，而不必如行政诉讼中超越审理范围对婚姻实体关系进行"越俎代庖"的审查。其次，民事诉讼途径中可以关注婚姻实体关系这一主要焦点，对婚姻状态做出审理、裁定。当事人在提出婚姻不成立请求的同时，还可以一并提出离婚请求、婚姻有效与否的请求，对方当事人也可以主张婚姻成立或婚姻有效。最后，在婚姻不成立之诉中，在对当事人的婚姻关系进行审理时，还可以对当事人之间的财产分割问题、子女抚养等附带问题一并审理，做到当事人诉求的一次性解决，实质化解当事人的婚姻关系纠纷。

第三，婚姻不成立之诉有助于完善我国婚姻诉讼体系。婚姻存在婚姻成立与婚姻生效之区分。婚姻成立状态即存在成立与不成立两种，婚姻生效状态即主要存在婚姻有效、婚姻无效、婚姻可撤销三种。目前我国对于婚姻生效之后的婚姻诉讼规定较为完善，当事人可以提起婚姻无效与婚姻可撤销诉讼。但是，对于婚姻成立阶段的婚姻诉讼我国目前还没有规定，构建婚姻不成立之诉正可以弥补这一缺漏，同时也可填补在《民法典婚姻家庭编（草案）》三审中将"以伪造、变造、冒用证件等方式骗取结婚登记的"从婚姻无效情形中删除后又再次留下的对瑕疵性证件登记结婚纠纷处理的真空。

五、婚姻不成立之诉的具体适用建议

（一）完善适用法律依据

要适用婚姻不成立之诉，首先需要完善法律依据。《民法典》第1049条已经具备法院适用婚姻不成立之诉作出判决依据的条件，此外只需要在司法解释层面明确婚姻不成立之诉的途径即可。可对现行《婚姻家庭编解释（一）》第17条第2款的规定进行修改，修改为"当事人以结婚登记程序存在瑕疵为由提起民事诉讼，主张婚姻不成立的，人民法院应当依法审理；仅主张撤销结婚登记的，告知其可以依法申请行政复议或者提起行政诉讼"。由此，可形成民事诉讼与行政诉讼二元途径，并根据登记程序的瑕疵类型进行区分适用。本文所论述的冒用他人证件、伪造虚假证件的瑕疵性证件登记结婚情形应当适用婚姻不成立的民事诉讼。

（二）当事人与管辖地的确定

在冒用他人证件或伪造虚假证件的瑕疵性证件登记结婚情形中，原告一般为提供真实身份的登记另一方或身份证件被冒用者，被告作为冒用他人身份或提供虚假身份的一方，往往处于下落不明的状态且无法明确其真实身份，而民事诉讼规定需要明确的被告。由此，法院应根据具体情况进行认定。被告的身份通过核查可以明确的，则以其真实身份作为被告；被告的身份难以查明的，则应以原告的利益为优先考虑，允许原告以被告提供的虚假身份为被告主体，或者以被冒用者为被告主体。因为原告的目的是确认婚姻关系不成立，所以应以此目的为优先，同时也符合被冒用者的利益。此外，由于被告的真实身份信息往往难以确定，因此也无法以被告住所地来确定管辖法院，应当依据登记另一方或被冒用者的住所地来确定管辖法院。

（三）判决处理的区分

婚姻不成立之诉的判决结果也应以原告的身份与诉请进行区分。在实际案例中，对于冒用他人身份证件登记结婚的情形，原告主体主要是登记另一方与被冒用者两类。若是登记另一方作为原告提起的诉讼，在诉请法院确认其与被冒用者之间记载在结婚证上的婚姻关系不成立的同时，往往还具有另一层诉求，即确认与其实际共同生活的冒用者之间的婚姻关系是否成立。故法院在审理由登记另一方提起的该类诉讼时，应对上述两种婚姻关系的成立与否均作出判决。若是被冒用者作为原告提起的诉讼，其诉求往往只有一个，即确认其与登记另一方之间的婚姻关系不成立，故法院在审理由被冒用者提起的该类诉讼时，应根据当事人的主张，只对一种婚姻关系成立与否作出判决。对于伪造虚假身份证件登记结婚的情形，原告一般为提供真实身份信息的登记另一方，在此情形下，结婚证记载的伪造证件一方的身份是虚假不存在的，该记载的婚姻关系当然不成立，法院应当着重审理登记另一方与同其共同生活的真实自然人之间的婚姻关系是否成立。

（四）附带问题的解决

婚姻关系纠纷都会涉及子女抚养、财产分割等问题，在婚姻不成立诉讼中，也应当对此类问题一并进行解决。关于财产问题，若婚姻成立，则按夫妻间共同财产处理；若婚姻不成立，则是同居关系，应以合伙财产关系进行处理。关于子女抚养问题，若婚姻成立，但双方后续又以离婚处理的，则以离婚纠纷的一般处理规则进行处理；若婚姻不成立，也可参照离婚纠纷的一般处理规则，综合考虑各方因素，以保护子女的利益为优先。

试论夫妻间的生育权

■ 黄 彤

《中华人民共和国宪法》第 25 条规定："国家推行计划生育，使人口的增长同经济和社会的发展计划相适应。"国家宏观的人口再生产是通过微观家庭的人口再生产得以实现的，而家庭人口再生产的调整任务是通过夫妻来完成的。1980 年《中华人民共和国婚姻法》第 16 条规定："夫妻双方都有实行计划生育的义务。"该条规定将属于我国一项基本国策的计划生育确立为一项婚姻家庭法的基本原则。自此开始，夫妻间的生育成为夫妻人身关系中的重要内容。《中华人民共和国宪法》第 49 条第 2 款规定："夫妻双方有实行计划生育的义务。"《中华人民共和国人口与计划生育法》第 17 条规定："公民有生育的权利，也有依法实行计划生育的义务，夫妻双方在实行计划生育中负有共同的责任。"《中华人民共和国民法典》虽然删除了"夫妻双方都有实行计划生育的义务"的条文，但并不意味着夫妻履行计划生育义务的灭失或取消，只是因为计划生育作为我国的基本国策应由公法进行调整，不适合在私法层面进行规定。夫妻实行计划生育不仅是家庭功能的一项内容，同时事关民族的生存和社会的发展。

凡是已到育龄的男女多具有生育功能。生育问题处理得好坏直接关系到婚姻、家庭的稳定与否，关系到社会的进步与发展与否。随着传统生育观的日益改变，生育权问题开始受到人们的关注，尤其是夫妻间的生育问题。如今夫妻因行使生育权而产生的生育冲突越来越多，由生育问题引发的离婚案件的数目也日益增多。有鉴于此，本文拟就夫妻间的生育权问题加以分析与探讨。

一、夫妻间生育权的特征

生育，顾名思义包括"生"和"育"两个方面的内容，也就是所谓的"生孩子"和对孩子出生后的抚育。因为对孩子出生后的抚育问题，已经由婚姻家庭法通过父母子女之间的权利义务关系加以调整，所以夫妻间的生育权应从狭隘的角度出发，仅仅作为"生"的权利，将"育"的权利排除在外，也就是说，夫妻间的生育权是夫妻双方自主地决定是否生育、生育时间及生育次数的权利。夫妻间的生育权是随着婚姻的缔结、配偶身份的确立才从泛义的生育权中确立下来的。从此角度出发，夫妻间的生育权是一种狭义的生育权，其权利主体具有特定性。

传统的生育观认为夫妻间的生育大权掌握在丈夫手中，夫妻间的生育大事完全受丈夫掌控，由丈夫决定是否生育、生育的时间以及生育的次数等，妻子只是一个被动的、有关生育决定的接受者，毫无权利可言，纯粹是丈夫或其所在夫族传宗接代的工具。但随着社会的发展和对男女平等观念的大力提倡，尤其是妇女运动的发展，生育权的内涵发生了根本的变化。1968年的《德黑兰宣言》中有"父母享有自由、负责地决定子女人数及其出生间隔的基本人权"的规定。1974年的《世界人口行动计划》对生育权的界定是：所有夫妇和个人都享有自由、负责地决定其子女的数量和间隔以及出于此目的而获得信息、教育与方法的基本权利；夫妇和个人在行使这种权利时，应考虑他们现在子女和未来子女的需要以及他们对社会的责任。1984年的《墨西哥城宣言》以及1994年的《国际人口与发展会议行动纲领》均对生育权进行了阐述。生育权内涵的变化，否定了传统的生育观。生育权对于夫妻而言，不再是丈夫专有的，妻子同样也有生育权。更何况生育权由男子专有，其本身是不完整的，是与生育的自然进程相违背的。

不论是宪法还是人口与生育法均明确公民有生育的权利，以此进一步明确了生育权是夫妻双方均享有的权利。由于妻子在生育中承担着受孕、怀胎、分娩的任务，其在整个生育过程中处于主动位置，对生育权的行使享有事实上的话语权与最终的支配权。再加上历史原因，为保障妇女手中生育权的行使，法律给与了妇女特别的保护。2022年修订并于2023年1月1日起施行的《中华人民共和国妇女权益保障法》第32条规定："妇女依法享有生育子女的权利，也有不生育子女的自由。"因此，强调对妻子方生育权特别是生育权行使的保护与肯定丈夫方生育权之间必然会产生冲突，特别是在夫妻因生育态度不一而产生生育权行使冲突时。从权利角度出发，夫妻彼此的生育权具有平等性、独立性，毕竟夫或妻的生育权并非因为婚姻关系而取得，其本身不是婚姻效力的表现。生育权是夫或妻作为自然人、公民个体所享有的权利。只因立法者期望生育发生在合法婚姻关系内，所以才要求夫妻负有实行计划生育的共同责任。因此，在保护妻子生育权的同时，丈夫的生育权同样不能忽视，同样应该予以保护。

夫妻间的生育权除权利主体的特定性外，还具有如下特征：

一是夫妻间生育权的专属性。夫妻间的生育权是与配偶的人身紧密相连的，其不再是泛义上的只存在于具有合法婚姻关系的男女双方之间的生育权。也正是由于夫妻间的生育权具有强烈的人身性质，因此任何一方不得将该种权利进行转让；在未经双方协商一致以前，任何一方不得对生育权进行抛弃；夫妻间的生育权也不能成为夫妻间继承权的标的。

二是夫妻间生育权的支配性。夫妻间的生育权是绝对权，其权利主体是特定的，即丈夫和妻子；而义务主体是不特定的，其范围是夫和妻以外的其他民事主体。这些民事义务主体都负有对夫妻间的生育权不得进行侵犯的义务。义务主体只要处于一种不作为的状态，便是很好地履行了自己的法律义务。而作为权利主体的丈夫和妻子在行使生育权时，在法律与道德允许的范围内，不能违反计划生育，不能进行不道德的生育。

三是夫妻间的生育权不具有直接的财产内容。夫妻间的生育权不体现为占有、使用、收益、处分这四种权利权能，而是基于配偶身份产生的有关生育方面的权利。这种权利与夫妻间的其他权利，如抚养权、继承权等相比，不具有明显的财产因素，对财产的增损不会产生积极的影响。其所体现的是一种人格利益，是基于受孕、分娩后做父亲或母亲的权利的实现，是对为人父母的职责的体验，是对构建核心家庭意愿的实现。可以这样说，夫妻间的生育权的实现是夫与妻的情感和精神的寄托以及情感的进一步升华。

四是夫妻间的生育权在存续时间上的不确定性。婚姻建立在一种情感体验——爱情的基础之上。情感具有波动性，这种情感体验可能是一时的，也可能是一世的。情感具有时效性，情感的稳定状态直接关系到婚姻关系的存续。这就使随着婚姻而产生的夫妻间的生育权同样具有波动性，会因婚姻关系的存续而存续，会因婚姻关系的终止而消亡。此外，夫妻间的生育权也会因为夫或妻的某一法律事实而终止，如生育能力的丧失。

五是夫妻间生育权的共享性与相对独立性并存。生育与丈夫、妻子都有着密切的关系，夫妻双方均有生育权。但是由于生理上的差别，会导致生育分工的不同。受孕、足月怀胎、生产的职责通常情况下均由妇女来承担，但是妻子的受孕是自身的卵子与丈夫的精子相结合的结果，夫妻间的生育权是配偶双方均享有的权利。一方面，夫妻间的生育权具有共享性，其表现为夫妻可以共同决定是否生育、何时生育、生育的间隔、生育的次数等；另一方面，夫妻间的生育权又具有相对独立性，其表现为妻子或丈夫各自对生育权的行使。例如，丈夫要求生育而妻子不愿意受孕生育；在无任何不良状况下，妻子自行决定采取人工流产等。正是由于共享性与相对独立性的共存，使得夫妻间的生育权特别是生育权的行使呈现出既协调一致又矛盾冲突的关系。这一关系处理得好坏，直接关系到夫妻间生育权行使得好坏，关系到生育权能否实现，关系到婚姻关系的稳定与否。

二、夫妻间生育权的冲突

不论是我国的根本法——宪法，还是专门为了实现人口与经济、社会、资源、环境的协调发展的人口与计划生育法规定的都是夫妻间的计划生育，目的在于将生育与婚姻关系相连接，鼓励也准许婚姻关系下的合法生育。❶ 夫妻间的计划生育，是在夫妻均愿意生育前提下，对夫妻生育子女的个数进行的立法限制。我国法律并没有禁止不生育，更没有对不生育的行为进行惩罚的规定。相反，法律在规定夫妻间的计划生育义务的同时，更是赋予妻子有生育或不生育的权利。这就使审判实践中因夫或妻对生育权行使态度不一而导致夫妻间生育问题冲突时，很难找到解决冲突的着力点，问题的解决相当棘手。比较典型的有"丁克家庭"，丈夫的生育权、配偶一方的婚外行为所导致的生育权冲突。

（一）丁克家庭模式下夫妻间的生育权冲突

随着社会的发展、思想观念的多元化，人们的生育观已经不同以往，"养儿防老""传宗接代"等生育观念日益淡化。随着现代人独立意识的强化，产生了丁克文化，人们的生育动机与家族子嗣延续逐渐脱钩，而是更注重情感的追求、婚姻关系的维护等。生育开始被视为一种文明程度、价值观。根据《中国统计年鉴（2021 年）》"2-28 分地区按家庭户规模分的户数（2020年）"一栏统计可知，截止到 2020 年全国二人户总计为 146 690 059 户（2020 年数据为 2020 年第七次人口普查时点数）。参照此数据，与 2004 年中华全国妇女联合会对外公布的全国大约 60 万个丁克家庭数据相比较，可推知

---

❶ 《中华人民共和国人口与计划生育法》第 18 条："国家提倡适龄婚育、优生优育。一对夫妻可以生育三个子女。符合法律、法规规定条件的，可以要求安排再生育子女。具体办法由省、自治区、直辖市人民代表大会或者其常务委员会规定。少数民族也要实行计划生育，具体办法由省、自治区、直辖市人民代表大会或者其常务委员会规定。夫妻双方户籍所在地的省、自治区、直辖市之间关于再生育子女的规定不一致的，按照有利于当事人的原则适用。"

至今我国丁克家庭的数目有增无减。丁克家庭属于舶来品,在中国社会语境中,主要将对丁克家庭的界定放在"自愿不育的生育意愿和行为"[1]上。选择做丁克家庭的动机,有的夫妻是出于对婚后二人世界的维护,有的夫妻是出于职业竞争的压力,也有的夫妻是由于自身的生理因素。丁克夫妻往往在短期的几年甚或长期的几十年中,放弃生育子女的念头,夫妻间对生育权的放弃行使是经过协商的。但是在长辈的劝说和干涉下、在社会舆论的影响下,夫或妻可能会改变原先不生育的打算。若此时夫妻一方要求生育而另一方仍保持原来的不生育的打算,就会导致生育权的冲突。生育权作为一项权利,其行使只要是在合法范围内,就可由权利人根据自身的意愿决定。夫或妻生育权的行使是积极主动的,不受外来的侵犯。因此,在配偶一方不愿生育的情况下,另一方无权将自己的意志强加于对方,强迫不愿生育的一方接受自己对生育权的行使。而且生育权不具有可强制执行性。夫妻间生育权的行使可能会形成彼此权利的冲突,而这一冲突无法通过此消彼长,即一方权利的限缩、另一方权利的扩张得以解决。因此,夫妻间生育权具有复杂性,夫妻身份关系可能会使夫或妻的生育权对彼此形成权利的扩张与限缩,夫妻间通过协商调和彼此生育权的扩张与限缩,是解决权利冲突的有效之举。

(二) 丈夫的生育权

在生育的自然过程中,妻子掌握着最终支配权,这可能使丈夫与妻子对生育权的行使产生冲突。妻子未与丈夫协商,单方终止妊娠的原因较多,有的是基于对家庭与事业理性思考后的选择需要,有的是由于冲动、害怕等感性原因的影响。对于丈夫来说,妻子的这种擅自行为剥夺了自己做父亲的权利,使夫妻感情大受影响;有的甚至认为妻子的行为已经侵犯了其自身的合法的民事权益,向法院提出损害赔偿的诉讼请求。

针对妻子侵犯丈夫生育权的行为,应适用何种赔偿制度?如果主张财产赔偿,势必要找到被侵犯的权源,也就是丈夫的何项财产权被侵犯。丈夫的生育权涉及财产的是其精子。那么,丈夫的精子能否成为法律上的物?作为法律上的物,首先的要件是必须存在于人体之外,而精子在绝大多数情况下存在于人体之内,很难成为法律上的物。也就是说,在通常情况下,丈夫的精子不能构成其财产。既然不存在对财产权的侵犯,也就无所谓赔偿问题了。公民的生育权与夫妻间的生育权有所不同,公民的生育权作为公法权利,在

---

[1] 张亮:《"丁克"家庭:青年人的时尚?——一项国际比较研究》,载《青年研究》2012年第5期。

权利实现上，国家要为其提供保障，如对处于孕期、产期、哺乳期的妇女，法律要给与其特殊保护。但对于夫妻间的生育权，随着夫妻二人对自身生育权的同时行使，生育权行使的结果是子女的出生，继而在夫妻与孩子之间将因这一密切的血缘关系而产生父母、子女身份关系。夫妻间的生育权与父母、子女关系的产生有着直接的关联，从此角度而言，夫妻间的生育权具有特定的人格利益，基于夫妻生育权的行使，妻子的受孕、怀胎及分娩，实现为人父母的生育动机，在婚姻关系的基础上组建家庭。那么，当这种特定的人格利益受到侵犯时，能否适用精神损害赔偿？由于妻子方的擅自行为，导致丈夫方的生育权行使目的不能实现、生育动机落空，客观事实上确实会给丈夫带来精神上的伤害与打击。但是，这种伤害或打击仅仅是因为外界刺激所导致的人体精神系统的反应，与人格利益遭受侵害，因人格利益受损而产生的精神损害是完全不同的概念。因人格利益遭受损害而产生的精神损害往往具有不可恢复性，恢复原状已是不可能。丈夫生育权的行使因妻子的行为受阻，不会给丈夫生育权造成不可恢复的损害，只是暂时阻却了其生育权的实现，并不是对丈夫想做父亲的意愿的彻底、最终的剥夺，丈夫的生育权可以通过妻子再次受孕、怀胎、分娩而实现。除非丈夫的生育机能受到了侵犯，部分或完全地丧失了生育能力，此时才会因侵犯丈夫的身体健康权而产生物质损害赔偿与精神损害赔偿。

(三) 配偶一方的婚外行为导致的生育权冲突

在婚姻关系存续期间，妻子与婚外第三人发生性关系而受孕或丈夫与婚外第三人发生性关系而导致婚外女性受孕，是对夫妻间生育权行使规则的违反。《中华人民共和国人口与计划生育法》对生育调节的规定中明确了公民有实行计划生育的义务。《上海市社会抚养费征收管理若干规定》规定："当事人双方不具有婚姻关系的，可以由子女出生时男女双方当事人各自户籍所在地的区、县人口和计划生育委员会作出征收社会抚养费决定。"《北京市社会抚养费征收管理办法》❶规定："对不符合规定生育子女的夫妻或者非婚生育子女的公民，根据不同情节，征收社会抚养费。"《陕西省社会抚养费征收管理实施办法》对"重婚生育一个子女或者有配偶者与他人生育子女"的情形进行社会抚养费的征收。由此可知，不论是全国性法律还是地方性法规，均规定计划生育应是婚姻关系内的生育，生育主体为夫妻。夫或妻与婚姻关系

---

❶ 已废止。

之外的第三人生育是对现行立法规定的违反，属于权利行使的失当。

就私法领域的婚姻家庭而言，对发生在婚姻关系存续期间夫或妻一方生育权行使的失当行为，法律允许另一方配偶提出亲子否认之诉，认定出生在婚姻关系存续期间的子女与其中一方配偶不具有亲子关系，彼此之间不具有父母子女的权利义务。同时，不论是妻子与婚外第三人发生性关系而受孕还是丈夫与婚外第三人发生性关系而导致婚外女性受孕，都是对夫妻关系法律规定和伦理要求的违反。法律要求夫妻应该互相忠实，这一忠实的要求内涵丰富，主要是：在情感上，夫妻应互守诚信、相互忠贞，不为婚外性行为；在生活中，夫妻应相互关心、相互体谅、相互慰藉、相互扶助，不得遗弃另一方配偶；在社会交往中，夫妻应相互尊重、平等协商、通力合作，不得为他人利益牺牲或损害另一方配偶利益。虽然法律对夫妻应当互相忠实的要求不是一项具体的权利义务，不能作为提起诉讼的具体事由，仅是一项伦理道德的要求，但是夫妻相互忠实符合个体婚的本质要求。一夫一妻制的设立目的在于通过法律规范和伦理道德，引导个体的性需求通过个体婚姻得到合理满足，在合法、有效的婚姻关系之下，对个体性自由予以限制。夫妻应当互相忠实彰显了立法对夫妻关系的伦理价值取向，并不产生通常情形下"应当"一词的法律规范意义。因此，婚姻关系存续期间，妻子与婚外第三人发生性关系而受孕或丈夫与婚外第三人发生性关系而导致婚外女性受孕，不能直接提起违反夫妻忠实规定之诉❶，但可以将其作为依据，通过援引《民法典》婚姻家庭编中的其他法条来维护其中一方配偶的民事权益。

"有配偶者与他人同居"的情形，是指有配偶者与婚外异性不以夫妻名义持续、稳定地共同居住。❷ 有配偶者与他人同居旧称"姘居"，俗称"包二奶"或"包二爷"，是一种严重违反夫妻应当互相忠实规定的过错行为，这种长期性、持续性的婚外性行为，对夫妻关系、对婚姻家庭造成的负面影响远大于"一夜情"等婚外性行为。如果婚外受孕发生在同居期间，则可以婚外受孕这一事实作为配偶一方与婚外异性非以夫妻名义同居的证据主张离婚及离婚损害赔偿；但是，婚外受孕若是由于偶尔的婚外性关系所导致，并非属于同居情形，依法便不能主张相关的赔偿权利。由于该种情形的偶发性，相

---

❶ 《最高人民法院关于适用〈中华人民共和国民法典〉婚姻家庭编的解释（一）》第4条："当事人仅以民法典第一千零四十三条为依据提起诉讼的，人民法院不予受理；已经受理的，裁定驳回起诉。"

❷ 《最高人民法院关于适用〈中华人民共和国民法典〉婚姻家庭编的解释（一）》第2条："民法典第一千零四十二条、第一千零七十九条、第一千零九十一条规定的'与他人同居'的情形，是指有配偶者与婚外异性，不以夫妻名义，持续、稳定地共同居住。"

对而言对社会所造成的危害不算太大,并且夫妻之间一般会对该类事情做一个较好的内部处理,今后夫妻关系的走向基本趋于稳定。若另一方配偶无法容忍该种行为,可以夫妻感情确已破裂为由提起离婚诉讼。

"重婚",是指夫妻一方或双方在婚姻关系存续期间与他人再行结婚,或者一人同时与两个以上的人结婚的行为。重婚行为从根本上违背了一夫一妻制原则要求。在婚姻关系存续期间,妻子与婚外第三人发生性关系而受孕或丈夫与婚外第三人发生性关系而导致婚外女性受孕,也存在重婚的可能性。但是,民法上的重婚不同于刑法上的重婚罪,民法上的重婚注重的是对行为本身的定性,对当事人是否必须具有重婚的故意并不要求,第三人不知道也不可能知道他人有配偶而与其结婚,民法上的重婚仍然构成,第三人需要承担因重婚而导致婚姻无效所产生的系列法律后果。构成重婚的,子女的出生是重婚产生的后果,重婚才是本源所在。对重婚的禁止,是为了维护一夫一妻制的权威与尊严。重婚不仅是婚姻无效的法定情形,还是夫妻感情确已破裂的法定情形,法律赋予夫妻中的无过错方以离婚损害赔偿请求权。

三、结语

夫妻生活包括夫妻间的精神生活、物质生活和性生活。夫妻间的生育权实际上是夫妻生活即性生活的延续,关系到夫妻间的同居义务与忠实义务。没有夫妻生活,也就谈不上生育。综观世界各国的婚姻家庭立法,通常没有就夫妻间的生育权问题作出单独立法规定的情况,而往往以夫妻间的同居义务或忠实义务进行调整。我国的婚姻立法也不例外。那么,在时下夫妻间的生育权冲突比较激烈的情况下,是否有必要对夫妻间的生育权问题作出单独的立法规定呢?有学者认为,为了解决夫妻在生育问题上的纠纷,应在婚姻法中增加关于夫妻双方生育权的规定。也有学者认为,在避孕和人工终止妊娠手段日益先进的今天,生育的最后支配权势必在女性手中。这是大自然造化的结果,人类的法律对此也无可奈何,不存在公平或不公平。还有一种观点认为,现在对生育权问题下结论还早,理论界应该深入开展这个问题的研究,国家有关部门或者各种社会机构可以就生育权问题进行专项调查,根据调查结果再作定夺。❶

笔者认为,法律对夫妻间的非自然生育问题(最典型的当属人工授精)应该进行立法规定,以明确夫妻间的权利与义务关系,明确父母子女间

---

❶ 蒋月:《夫妻的权利与义务》,法律出版社2001年版,第74页。

的权利与义务关系。对于自然生育问题，不易作出单独的立法规定，而应将所涉及的问题运用婚姻法中的相关立法内容进行调整，例如在夫妻应当互相忠实的规定下，设置夫妻间权利义务的具体条文，明确具体的夫妻权利义务规则等。涉及具体生育事项时需要夫妻间的协商。生育权的平等性，不仅包括赋权的平等，而且还包括权利保护的平等。如果对丈夫或者妻子的生育权进行选择性保护立法，必将违反平等原则。与此同时，难以对这样的选择性保护立法提供法理基础。因此，夫妻间的生育事项属于法域之外，应由夫妻"自治"，宜由伦理道德予以规范与调整。同时，若在婚姻法中增设夫妻间生育权的立法规定，实际中还会存在一个问题——缺乏可操作性。例如：对于生育权的不愿行使，不能申请法律强行执行之，否则有可能引发"婚内强奸"现象；对于配偶一方生育权的不当行使，另一方在举证上存在困难。虽然夫妻双方均享有生育权，但是，生育的生理过程决定了妻子往往是主动权的持有方。更何况，生育权作为一项权利是可以放弃的。

综上所述，对于夫妻间因生育权的行使所产生的冲突，不宜作出单独的立法规定。生育权的行使应依靠夫妻双方的协商，以及伦理道德的调整。

本文原稿曾发表于《经济与社会发展》2003年第3期。

配偶间扶养费给付义务延续问题研究

■ 黄 彤

一、引言

婚姻关系的缔结在两性之间不仅产生了"夫妻"的称谓，而且随之产生了以夫妻身份为基础的人身关系和财产关系，而夫妻间的扶养便是其中之一。[1] 在婚姻关系存续期间，一方不履行扶养义务时，需要扶养的一方有要求对方给付扶养费的权利。因此，夫妻间扶养费的给付是以婚姻关系的存续为前提，以需要扶养为必要。而在婚姻关系解除后，夫妻扶养费的给付因失去了存续的基础，便不复存在。此时，若出现一方当事人经济困顿、所分得的财产与其对家庭的贡献比例失调等情况，法律取而代之会采取经济帮助、补偿请求等离婚救济举措。这些救济举措对于离异后在经济上处于弱势一方情况的改善起到了积极的作用。但是，由于适用条件的严格及适用范围的狭窄等问题，经济帮助也好，补偿请求也罢，对离异后经济上处于弱势一方的当事人欠缺周全的保护，尤其是那些因为为家庭做出贡献而影响自身谋生能力的当事人，对其权益的保护尤显不足。因此，笔者认为，针对离婚救济举措中的补偿请求和经济帮助，代之以对原有的配偶间扶养费给付在离婚后予以延续的制度，更能有效地缓和离异对当事人的冲击，更能有效地保护离异后双方当事人尤其是经济上处于弱势的一方当事人的权益。

---

[1] 《中华人民共和国民法典》第 1059 条："夫妻有相互扶养的义务。需要扶养的一方，在另一方不履行扶养义务时，有要求其给付扶养费的权利。"

二、我国现行离婚救济举措之"经济帮助""补偿请求"的立法不足

(一)离婚救济举措之"经济帮助"的立法不足

"经济帮助"是由《中华人民共和国民法典》第1090条规定的。[1] 根据该条的规定,主张经济帮助的一方配偶须是离婚时生活困难。对生活困难的司法界定,按照最高人民法院的观点,是指依靠个人财产和离婚时分得的财产无法维持当地基本生活水平。一方离婚后没有独立住处或固定住所,或者暂住在父母家中,属于生活困难,但有能力购置独立住房的除外。[2] 广东省高级人民法院认为,"生活困难"包括:①一方有残疾或患有重大疾病,完全或大部分丧失劳动能力,又没有其他生活来源;②一方因客观原因失业且收入低于本市城镇居民最低生活保障线;③其他生活特别困难的情形。[3] 上海市高级人民法院认为,"生活困难"主要是指一方具有下列情形:①完全或大部分丧失劳动能力;②残疾或患有重大疾病;③因客观原因失业且收入低于本市城镇居民最低生活保障线;④其他生活特别困难的情形。[4] 并且这种生活困难的情形应在离婚时存在,若离婚时没有司法界定的生活困难情况出现,则当事人无权请求经济帮助。由此可知,法律对经济帮助的适用在适用情形、适用时间上都进行了严格的限定。

当事人在离婚后所拥有的财产无法维持当地基本生活水平的状况属于生活困难,这无可厚非。但是,将离婚后没有住所也作为生活困难的一种表现形式则有待商榷。若离婚后没有住所,但离婚后所拥有的财产完全可以购置一套房屋,则很难说是生活困难。将生活困难出现的时间仅仅限定在离婚时,很难适时地对那些因为对家庭做出较大贡献而在离婚后由于自身谋生能力不足出现经济困顿的当事人进行救济。这些配偶由于长期在家照顾老人、低龄子女,对家庭贡献期较长,会因此而错过或放弃接受教育或就业培训的良好时机,这样就会直接导致他(她)们谋生能力的减弱甚至没有谋生能力可言。

---

[1] 《中华人民共和国民法典》第1090条:"离婚时,如果一方生活困难,有负担能力的另一方应当给与适当帮助。具体办法由双方协议;协议不成的,由人民法院判决。"

[2] 《最高人民法院关于适用〈中华人民共和国民法典〉婚姻家庭编的解释(一)》中并未对"经济困难"做出解释。2001年《最高人民法院关于适用〈中华人民共和国婚姻法〉若干问题的解释(一)》第27条对"经济困难"做出了解释,可以做一借鉴与参照。

[3] 2001年《广东省高级人民法院关于审理婚姻案件若干问题的指导意见》第23条。

[4] 2001年《上海市高级人民法院关于在民事审判中实施〈中华人民共和国婚姻法〉的暂行意见》第22条。

这些配偶因在离婚时分割有财产可能不存在生活困难的问题，但是"坐吃山空"，再加上本身谋生能力的不足或欠缺，暂时的无生活困难会随着时间的推移出现生活困难，而此时处于经济弱势的当事人可能已经没有可以依赖的救济举措了。而之所以会出现这样的问题，是因为这些人对家庭做出较大贡献后没有得到相应的补偿。虽说我国有社会保障制度作为后盾，但目前社会保障体制本身并不完善，或者更恰当地说尚处于一个初级阶段，离异配偶由于自身社会地位的不同寻求社会保障的概率亦相差甚大，鉴于城乡社会保障覆盖面大小不同、享受社会保障程度高低有别，在这一点上，农村的离异配偶比城市的离异配偶显得更为突出。再加上社会保障数额的不同，有时当事人虽能获得社会保障的救济，但只是对生活困难有所缓解而已。如果这些离异配偶还承担着对未成年子女的抚养义务，那么受到负面影响的将不仅是这些离异配偶，其未成年子女也难以幸免。

相对而言，另一方配偶在婚姻关系存续期间，由于没有来自家庭的后顾之忧，可以全身心地投入自己的事业或学业中。这些配偶在事业上的顺利发展、在学业上所获得的成就，最终都将导致其自身就业能力和谋生能力的提升，而这些能力的提升有利于财富的积聚。这些配偶在离异后，其生活水平不仅没有因为婚姻关系的解除受到影响而缩水，反而会呈上扬的趋势。如此一来，同是离异配偶，但在离婚后生活水平会有很大差距。其中生活水平佳的一方是以生活水平差的一方的牺牲与贡献为渊源的，而其对弱势一方没有丝毫的义务。该结果显然是有失公平的。婚姻关系中的分担原则，不只是义务、责任、相关费用等的分担，还应包括利益、权利的分担。因此，经济帮助这一离婚救济举措，对在离婚后由于婚姻期间对家庭的贡献影响到自身谋生能力而出现生活困难的一方当事人的权益，难以予以周全。

（二）离婚救济举措之"补偿请求"的立法不足

"补偿请求"是由我国《民法典》第1088条规定的❶，根据该条的规定，请求补偿的前提条件是夫妻一方因抚育子女、照料老年人、协助另一方工作等负担较多义务。承担较多义务，是指一方从事抚育子女、照料老年人、协助另一方工作等劳务活动比另一方要多，也就是夫妻双方在共同生活中就劳

---

❶ 《中华人民共和国民法典》第1088条："夫妻一方因抚育子女、照料老年人、协助另一方工作等负担较多义务的，离婚时有权向另一方请求补偿，另一方应当给与补偿。具体办法由双方协议；协议不成的，由人民法院判决。"

务承担存在差异。抚养和教育双方共同的子女是夫妻双方的义务；对父母的照料更注重的是一方配偶对另一方配偶父母的照料，因为儿媳对公婆、女婿对岳父母没有赡养的义务；花费了相当一部分时间、精力在协助另一方配偶工作上，这些都是具体劳务的付出，在离婚时理应给与另一方适当补偿。

根据《民法典》第1088条的规定，家务劳动补偿请求同时适用法定财产制与约定财产制。在夫妻共同财产制模式下，夫妻一方抚育子女、照料老人、协助另一方工作等负担较多义务的，与承担该方面义务较少的另一方，双方劳动具有等值性，工资、奖金等取得的共同共有，承担家务劳动较多的一方已经因为所得共有，其劳务价值获得了同等评价。但因担忧在法定财产制下家务劳动可能获得的双重评价，审判实践中有些地方法院会对离婚家务劳动补偿请求权的适用范围进行限定，如2001年《广东省高级人民法院关于审理婚姻案件若干问题的指导意见》第24条规定："夫妻没有书面约定婚姻关系存续期间所得的财产归各自所有（即实行共同财产制），离婚时，一方以抚育子女、照料老人等付出较多义务为由，根据《婚姻法》第四十条的规定要求另一方补偿的，不予支持。"2010年《江苏省高级人民法院婚姻家庭案件审理指南》指出："付出较多义务一方要求的补偿以及困难一方要求的帮助均是因无法从分割夫妻共同财产中获得补偿和救助，从而要求另一方以其个人财产支付。如果有足够的夫妻共同财产，则应适用上述照顾子女和女方权益原则。"据此，审判实践对于家务劳动补偿适用上多在夫妻实行约定财产制下才会考虑。但问题是由于受到传统的诸多影响，现在的夫妻适用法定财产制的要多于约定财产制。而在适用法定财产制下，离异一方配偶的家务劳动补偿请求权往往因为法官担心家务劳动的双重评定而得不到支持，或者虽然得到支持，但是补偿的额度不大。

但事实上，不论夫妻间采用何种财产制，夫妻一方因抚育子女、照料老人、协助另一方工作等付出较多义务，受影响的是其自身的谋生能力。比如双职工家庭，承担较多家务的一方因家务劳动挤压了其自身发展的时间和精力，减少了职业投入和经济收入，而另一方则会增加自身的职业投入和经济收入。二人离婚后，承担家务劳动较多的一方会出现谋生能力较低、生活水平下降的情况，另一方却不会。"全职太太"或"全职奶爸"型夫妻家庭，其中一方承担了抚育子女、照料老人的全部义务，因此受到的影响只会比双职工家庭的情形严重。由此可知，家务劳动补偿并不能从根本上解决承担义务较多一方在离婚后所要面临的问题。

(三) 缺乏对诉讼中经济困难一方的救济措施

一方配偶由于长期在家照顾老人、低龄子女，家庭的经济命脉掌握在另一方配偶手中。当遇及离婚诉讼时，提供经济来源的一方如果停止经济上的供给，会导致相对方生活困难，此时经济窘迫的一方或是要求经济帮助或是主张补偿均是不可能的。若以支付婚姻期配偶间的扶养费为由向法院申请先予执行，根据现行民事诉讼法的相关规定❶，除非该方配偶有明确证据证明其已丧失或全部丧失劳动能力或者身染恶疾遭致另一方的遗弃，否则申请很难被法官认同。而此时经济困顿的配偶也只能通过向家庭中的亲属或自己的朋友寻求经济帮助来缓和、改善自己的经济窘况。而一个普通的民事离婚案件从立案受理到一审审结，至少要历经数月。这样一来，经济窘迫一方配偶的亲属或朋友在无形中承受了原来不属于他们的经济负担。这种经济负担只有在经济窘迫一方配偶通过裁判真正取得了所分割的财产后才能结束。而事实上，这种经济负担完全可以通过完善离婚救济举措，建立配偶间扶养费在婚后延续制度来加以消除。这样一来，在诉讼中处于经济困境的一方当事人可以以支付离婚后的扶养费为由向法官提出先予执行的申请，从而既令有义务方履行了自身义务，又有效地缓解了经济困顿一方亲属、朋友的经济负担，更是适时地对经济困顿一方实施了救济。

据笔者对本市某一基层法院所受理的离婚案件的数据分析，在其所受理的 86 件离婚案件中，适用补偿和经济帮助的总共 18 件，所占的比例是 21%。而法官在采用补偿和经济帮助这些离婚救济制度时，已经意识到这两项制度适用上所存在的缺陷，因此在这些适用了救济制度的离婚案件中，大多数的案件并没有遵循离婚救济制度的法定轨迹。法官们审理这些案件时，在权衡离异双方对家庭所做的贡献、双方当事人财产的分割状况等因素后，对那些不符合补偿或经济帮助的法定情形但确因负担义务较多存有救济必要的当事人，往往有意无意地避开婚姻法相关条文的规定，在询问另一方配偶是否因

---

❶《中华人民共和国民事诉讼法》第 110 条第 1 款的规定："人民法院裁定先予执行的，应当符合下列条件：（一）当事人之间权利义务关系明确，不予执行将严重影响申请人的生活或者生产经营的；（二）被申请人有履行能力。"第 109 条规定："人民法院对下列案件，根据当事人的申请，可以裁定先予执行：（一）追索赡养费、扶养费、抚育费、抚恤金、医疗费用的；（二）追索劳动报酬的；（三）因情况紧急需要先予执行的。"其中"情况紧急"是指"需要立即停止侵害、排除妨碍的；需要立即停止某项行为的；需要立即返还用于购置生产原料、生产工具货款的；追索恢复生产、经营急需的保险理赔费的。"

对方负担义务较多而愿意给与补偿的基础上,对他们进行调解,通过当事人自愿的方法,来达到对义务负担较多方的救济目的。可以这样说,在实务中运用补偿和经济帮助这两项离婚救济制度时,法官们的理念与行为已经远远地走在了立法的前面。

三、将配偶间扶养费给付义务予以延续的理由

夫妻间的扶养,如同《诗经·国风·邶风》中所云:"死生契阔,与子成说。执子之手,与子偕老。"夫妻间法定扶养义务的内涵是指夫妻相互之间在经济上供养对方、在精神上尊重和安慰对方,以及在日常生活中扶助对方。[1] 扶养包括物质上的供给与精神上的抚慰。这种扶养义务不仅在婚姻关系存续期间存在,在婚姻关系解除后仍有存在的必要。婚姻关系的解除,对婚姻当事人和社会都会产生不小的冲击,而如何确保离异双方的权益已成为一个备受瞩目的问题。当配偶中有人为了家庭这一共同体的发展做出了牺牲,而这一牺牲影响到该方在离婚后的生存或谋生能力时,便应将该义务进行延续,以期发挥补偿之功效,以期公平。

确立离婚后的扶养费制度也是现在众多国家的通行做法。《法国民法典》第281条规定:"因共同生活破裂宣告离婚的情形下,主动提出离婚的一方完全富有救助责任。在第238条所指情况下,救助责任包括负担病的一方配偶医疗所需的一切。"第282条规定:"救助义务,以扶养金行使履行之。此种扶养金根据夫妻各方的财力与需要,随时重新审议之。"[2] 在《德国民法典》第1570~1573条中,将其称为生活费的给付。[3]《瑞士民法典》第152条规定:"无过错的配偶一方,因离婚急需救济的,他方虽无过错,仍对其承担义务,给付与本人财产状况相符的扶养金。"[4] 美国的《统一结婚离婚法》第308条第1款规定:"在离婚或法定别居的诉讼中,或在法庭对不到庭的一方无诉讼管辖权的离婚诉讼结束后提出的扶养诉讼中,只要发现要求扶养的一方符合以下条件,法庭就可以裁决为其提供扶养费:①其财产(包括离婚后分得的财产)不足以维持其合理的生活需要;②不能通过从事适当的工作维持其生活需要,或者作为子女的监护人,而子女的状况和环境又不允许监护

---

[1] 蒋月:《夫妻的权利与义务》,法律出版社2001年版,第122页。
[2]《法国民法典》,罗结珍译,中国法制出版社1999年版,第91页。
[3]《德国民法典》,郑冲、贾红梅译,法律出版社1999年版,第344-345页。
[4]《瑞士民法典》,殷生根、王燕译,中国政法大学出版社1999年版,第42页。

人离家外出工作。"

将夫妻法定扶养义务延续到离婚后，确立离婚后的扶养费给付制度具有以下积极意义：

第一，能使婚姻自由原则得到畅快淋漓的实现。婚姻自由包括了结婚自由与离婚自由。而离婚自由在多大程度上能得到保障，关键在于经济基础。如果离婚后的生活水平与婚姻存续期的生活水平无法持平，甚至相差太大的话，真正意义上的离婚自由便很难实现。担心离婚后的物质基础没有切实保障是如今很多名存实亡的婚姻得以继续的一个主要原因。而婚姻当事人因为有了经济上的顾虑，不得不以牺牲婚姻自由尤其是离婚自由为代价，甚至有可能忍受来自另一方配偶的侵犯，如婚外恋、长期的冷落、言语的侮辱等。而婚后扶养费给付制度的确立可以大大缓解一方当事人的经济顾虑，从而切实保障婚姻自由，特别是离婚自由的真正实现。

第二，能有效弥补现有社会保障制度的不足。虽然目前我国已经在城市基本推行了最低生活保障制度，但是最低生活保障线的标准与当地居民的一般生活水平存有较大的差距。更何况这项制度针对的仅仅是具有完全民事行为能力的单个自然人。若离异一方在离婚后出现经济困境，又要抚养未成年子女，仅靠社会最低生活保障是远远不够的。特别是在农村，除社会保障程度不如城市之外，农村妇女经济收入的独立性、稳定性与收入水平同样与城市妇女存在差距。而将扶养费给付义务延续到离婚后便可有效弥补这一现实中的不足。这也是在现今社会保障体系功能尚不完善的情况下，充分发挥家庭扶养功能的一个有效做法。

第三，有助于建立当事人权利享有与义务承担的衡平机制。婚姻关系包含物质生活、精神生活和两性生活，这是婚姻家庭这一共同体的核心内容。这些内容的实现需要婚姻当事人的共同经营和共同投入——物质上的投入、精神上的投入，而这一切投入更具体地表现为配偶双方的时间、精力的投入。但由于配偶双方在受教育程度、技能、管理能力等方面的差异，导致家庭内部分工的不同，并直接决定了夫或妻的时间和精力投入在量上的不对等，这个量上的不对等就会有"牺牲"。为了家庭这一共同体的顺利运行，一方配偶往往会做出自我牺牲，会放弃自身升迁、接受高学历教育、提高就业技能等机会，相应地使另一方的社会地位、谋生能力得以提高。正因为一方社会地位的提高、谋生能力的增强受益于另一方承担了较多的义务，离异后遇到另一方经济出现危机时，自无袖手旁观之理。鉴于私法领域中公平这一衡平机制，法律自应出面干涉，科以受益的一方给付扶养费的义务，以确保当事人权利的享有与义务的承担相一致。

第四，能有效保护当事人的合法权益。确立婚后的扶养费给付制度，能使在离婚诉讼中需要救济的一方有合法的主张理由。由于存有婚后扶养费的给付，在配偶一方的行为导致另一方生活困难时，生活困难一方可以扶养费给付为由，申请法院的先予执行，从而使诉讼中需要救济的当事人得到补偿，并相应减轻需要救济当事人的亲属、朋友的经济负担。

四、离婚后扶养费给付的几点设想

离婚后扶养费的给付以需要救济为前提，不仅仅是女方，男方同样可以享有。虽然在现实生活中需要救济的多是女方，但也不排除男方需要救济的可能性。更何况男女平等，不能存有性别歧视。在确定是否给付扶养费时，需要考虑的因素大致如下：

第一，财产的分割情况。一般而言，财产分割多的一方能够得到扶养费的概率要低些。由于我国立法对夫妻财产分割实行保护妇女合法权益原则、保护无过错方原则，因此法官在分割夫妻财产时会对处于弱势的一方给与照顾，多分一些。而这一做法将会减少甚至避免弱势一方对扶养费的需求。

第二，当事人的给付能力。扶养费的给付不仅以需要扶养救济为前提，而且需要给付义务方有经济承担能力。若无经济上的给付能力，扶养费的给付要求便形同虚设，需要解决的救济问题也无法得到有效处理。

第三，双方现有的收入和谋生能力。由于收入总是与谋生能力相挂钩，因此在谋生能力相差悬殊的情况下，对谋生能力高的一方应科以扶养费给付的义务。一方因年老体弱或身患疾病丧失谋生能力的，或者因为长期从事家务劳动耽搁或放弃了就业能力的提高机会，从而导致谋生能力明显下降的，应予以扶养费的救济。

第四，对家庭所做的贡献。在婚姻关系存续期间，一方配偶为另一方配偶的事业发展、技能的提高予以了极大的支持或辅助的，例如包揽了大部分的家事以便另一方能投入学习与工作的、对另一方的学业或事业予以经济支持等，便应考虑扶养费的给付问题。

第五，婚姻关系存续期的长短。一般而言，结婚时间短的不容易产生扶养费的救济问题；结婚时间相对长的，其间的影响因子会对当事人自身状况产生不同的影响，这样一来就会产生救济的必要。

当事人的过错，在笔者看来不宜作为确定扶养费给付的一个因素。由于婚后的扶养费给付义务是婚姻中扶养费给付义务的延续，婚姻中扶养费给付义务归属于夫妻财产关系范畴，将该义务进行延续源自对离婚后经济状况不佳的一方的补偿。因此，扶养费具有经济性，离婚后得以延续的扶养费应以经济因素为依据。过错作为非经济因素不应成为一个衡量指标。而且将过错作为确定离婚后需要延续扶养费给付义务的一个要素，难免有惩罚之嫌。这会使当事人产生一种错觉——可以以支付扶养费为代价来折抵自身的过错，而当这个过错足以影响到婚姻关系存续时，该给付就成为离婚的代价，这就与扶养费给付义务确立的宗旨背道而驰了。更何况我国《民法典》婚姻家庭编中针对一方的过错已有损害赔偿制度这一离婚救济制度的规定，❶ 因此，在确立扶养费给付义务时不考虑当事人的过错，不会影响到当事人通过其他途径所主张的救济权益。

对扶养费的给付期限应有不同的规定，一般在离异一方配偶再婚时终止。因为离异一方再婚后，再婚配偶与该方之间就会产生法定的扶养关系，原本存在的需要救济的情形消失，所以扶养费的给付理应终止。若离异一方配偶经过一段时间的学习或就业培训，谋生能力得到了较大的提升，或者在一段时间内便可以自我谋生，则扶养费的给付以短期的、一次性支付为主。若离异一方配偶年老、谋生能力弱甚至没有谋生能力，扶养费的给付应是长期的，甚至是终身的。

本文原稿曾发表于《社会主义研究》2006 年第 2 期。

---

❶ 《中华人民共和国民法典》第 1091 条：“有下列情形之一，导致离婚的，无过错方有权请求损害赔偿：（一）重婚；（二）与他人同居；（三）实施家庭暴力；（四）虐待、遗弃家庭成员；（五）有其他重大过错。”

婚姻关系视角下的性自主权属性探究

■ 郑 睿 段知壮

中国新闻网曾刊载过这样一则新闻，妇女李某发现丈夫赵某出轨女下属，碍于孩子太小及自己没有收入，故没有选择离婚。此后赵某长期与他人同居，一年四季不回家，李某的无性婚姻生活似乎也永无止境。后李某通过上网交友的方式认识了同样已婚的"浪迹天涯"（网名），三个月后双方突破了"道德防线"，开始了稳定的婚外情关系。不久，李某两人的"网恋"被男方妻子无意发现，使这段地下情浮出水面，赵某随即向李某提出离婚。面对丈夫的"甩锅"、情人的临阵脱逃、舆论的千夫所指，李某似乎只在乎是否能得到孩子的抚养权，而对丈夫赵某涉嫌重婚罪的"先行"出轨行为并没有什么意见表达。接受媒体采访时，她透露并不后悔自己的"出轨"，因为这是她人生中第一次感受到来自异性的关爱，品尝到爱情的美好。[1] 随着性权利意识日渐觉醒，诸如此类的事例时有发生，尽管始终受到道德舆论上的"口诛笔伐"，但"出轨"这一现象在社会中仍然存在。需要进一步讨论的问题是，在法理意义上，"出轨"与"性自主权"之间的困境是否单靠忠实义务就足以解决。当婚姻关系中的一方提出合理的性请求却无故遭到拒绝，进而欲对外行使"性自主权"时，是否可以基于对方不履行同居义务，进而免于忠实义务背后来自法律与道德的约束。面对如此困境，笔者认为有必要对婚姻关系视角下性自主权自身的权利属性进行深度分析，以期厘清其与配偶权之间的冲突与边界。

---

[1] 《出轨丈夫不过夫妻生活 妻子难耐寂寞与网友开房》，载中国新闻网，http://www.chinanews.com/sh/2014/03-12/5939968.shtml。

一、问题的提出：性自主权与婚姻之进行曲

（一）婚姻的本质

潘绥铭等认为，在研究性问题和解释当今中国的性革命时，很难直接把"性"作为独立的与本体的实体单位、概念和讨论起点，而必须把它放到各种关系中进行考察。❶ 虽然年青一代的恋爱观已经发生变化，但在现代社会关系中，婚姻依然被视为一种情感之升华、后代之繁衍、经济之权衡、人生之丰富的亲密关系的主流形式。

关于婚姻的本质，学界进行了激烈的探讨，主要理论可以分为三大类：情感说、身份说以及契约说。"婚姻伦理说"及"婚姻爱情说"均主张婚姻的本质归结于情感，即爱情，但对于爱情的具体内涵持不同观点。"婚姻伦理说"认为，婚姻是双方精神的统一，是具有法的意义的伦理的爱。❷ 而"婚姻爱情说"是在"婚姻伦理说"的基础上发展起来的，其认为当事人之间的相互爱慕应当高于一切而成为婚姻基础。❸ 情感说过于强调双方伦理及情感上的统一，却忽略了婚姻中的物质利益。"婚姻身份说"则主张婚姻关系本质上是一种身份关系。虽然结婚出于双方合意，但婚姻成立的条件和程序、婚姻存续的效力、婚姻解除的原因和程序等都是法定的，因此创设这种关系的行为是一种身份法行为。❹ 这也是目前我国法学界的主流观点。身份说更注重秩序形式的法律固化，却未凸显双方合意的自由意志。"婚姻契约说"则主张婚姻就是两个不同性别的人为了终身互相占有对方的性官能而产生的结合体，它是依据人性法则产生其必要性的一种契约。❺ 相较之下，笔者更倾向于"婚姻契约说"，认可婚姻是男女双方在平等、自愿的基础上选择的一种契约关系，而性作为双方共同生活中的重要一环存在于其中，承载着其未来能否得以存续、和谐发展的重要使命。

---

❶ 潘绥铭，白维廉，王爱丽，劳曼：《当代中国人的性行为与性关系》，社会科学文献出版社2004年版，第410-412页。

❷ ［德］黑格尔：《法哲学原理》，范扬，张企泰译，商务印书馆1982年版，第117页。

❸ ［德］恩格斯：《家庭、私有制和国家的起源》，中共中央马克思恩格斯列宁斯大林著作编译局译，人民出版社2003年版，第96页。

❹ 王利明：《中国民法典学者建议稿及立法理由：人格权编·婚姻家庭编·继承编》，法律出版社2005年版，第214页。

❺ ［德］康德：《法的形而上学原理》，沈叔平译，商务印书馆1991年版，第95-96页。

(二) 性自主权的词源

尽管性对于个人生存、家庭和谐及社会发展均具有不言而喻的价值，但对性权利的保护却并非古已有之。性权利从最初的被需要，经长期的被压抑，到逐渐被认可，经历了漫长而又崎岖的发展过程，至今仍未达成共识。有学者将性权利视为存在于性领域，围绕着人的性行为发生的，与人的性行为相关的，关涉人的自由、平等、追求幸福、免于侵害等内容的各种权利的总称。它有别于动物本能之生理反应，而是对幸福、快乐与自由积极追求中表达出来的个性化需求。[1] 1999年第14届中国性学大会通过的《世界性权宣言》（以下简称《宣言》）对性权利作出了至今为止最为全面、详尽、权威的阐述。[2] 有学者分析其中对性权利内容的11个方面分类后，将其统分为自由权、平等权、追求幸福权和救济权四大类。其中，自由权具体包括性对象的自由选择权、性行为方式的自由选择权、性表达权等。[3] 笔者认为，《宣言》中对性权利划分得虽较为细致，但部分权利之间存在彼此包含的关系，界限不够明晰，如性自由权与性自主权之间、性自由权与性伴侣自由选择权之间等。而按照后一种分类，性自主权从属于自由权，是指在个人与社会的伦理语境下，个人对其性生活的自主决定能力。[4] 必须承认的是，性自主权的内核是性自由权的体现，但性自主权的行使也牵涉性平等权、性救济权等。可见，按照四分法进行界定同样存在一定的局限性。综上，笔者认为，本文所要讨论的性自主权，本质上从属于性自由权，是指在权利理念和社会伦理的语境下，个人自主决定其性生活的能力。

(三) 婚姻与性自主权的关系演变——从"合而不分"到"日渐分离"

婚姻的产生离不开性却又不止于性。从本源上讲，婚姻关系产生于性关系，它是从原始状态向文明状态过渡的过程中，杂乱的性关系逐渐固定化、单一化的必然结果。[5] 然而，在人类社会发展的很长一段时间内，国家将婚姻

---

[1] 李拥军：《性权利与法律》，科学出版社2009年版，第74页。
[2] 《世界性权宣言》将性权利概括为11个方面的内容：①性自由权；②性自主权、性完整权和性身体安全权；③性隐私权；④性平等权；⑤性快乐权；⑥性情感表达权；⑦性伴侣自由选择权；⑧生育的责任自由选择权；⑨性知情权；⑩全面的性教育权；⑪性卫生保健权。
[3] 赵合俊：《性权与人权：从〈性权宣言〉说起》，《环球法律评论》2002年春季号。
[4] 赵合俊：《性权与人权：从〈性权宣言〉说起》，《环球法律评论》2002年春季号。
[5] 潘绥铭：《性的社会史》，河南人民出版社1998年版，第98页。

作为维护社会秩序的手段，人为地转换了其与性之间的发生顺序。婚姻成为性行为发生唯一合法的场域，这不仅意味着性自主权行使的正当性仅源自婚姻，同时婚姻以外的性关系也遭到严格禁止。婚姻总是意味着性交的权利：社会不仅允许夫妻之间的性交，而且一般来说，甚至认为彼此都有在某种程度上满足对方的义务。❶

在女权主义思潮、性科学及性革命的推动下，人类越来越重视自身对于性自由与性尊严的追求，相应地，性与婚姻的紧密度则日渐离散。一方面，婚姻关系中"性"成了加分项而非必需品，如有学者提出，婚姻制度的功能除考虑到性爱的人性基础——排他性之外，还兼有生育、组织经济生活、育幼养老、平衡男女性别比例等功能，以保障社会的基本结构与秩序。❷ 李银河也认同性与婚姻之间的疏离关系，她认为性是婚姻的重要理由，但并非一个最重要和不可或缺的因素。❸ 另一方面，"性"已然跳脱出婚姻关系的限制，试图在更多元的亲密关系模式中觅得空间。现代性秩序从以婚姻为中心逐渐向以爱情为中心转变，反映出个人"放开"的主体过程。有学者认为，在不伤害他人的前提下，凡具有"合意"和"爱"的性行为均具有合理性。❹ 越来越多的人崇尚更为自由的偶发性行为或同居，而不愿走入婚姻的殿堂，同性伴侣、网络婚姻、"一夜情"等以往"异类"的亲密关系模式逐渐走入大众的视野。比如在北欧，同居被认为是一种可以接受的婚姻替代品，因为"母亲"福利与是否已婚之间的区隔已然被法律制度所承认。相关统计数据显示，早在1983年，在瑞典出生的孩子中就有40%以上是非婚生子女。❺ 在我国，冈本与腾讯发布的《2019中国年轻人性现状报告》❻显示，在接受调查的9889位18~34岁的年轻人中，只有6.6%反对婚前性行为，37.2%的人持支持态度，剩下的人保持中立。甚至有学者认为，婚前性行为有助于发展婚后所需的情感能力，可以学会怎样反应，使自己能更好地适应婚后的性活动。❼ 侯荣庭和潘绥铭更是在研究中指出，21世纪以来，中国的现实生活中甚至已经出现"性、爱、婚的相对分离"，更为隐秘的这种分离恰恰是发生在

---

❶ 韦斯特马克：《人类婚姻简史》，刘小幸、李彬译，商务印书馆1992年版，第1页。
❷ 孙若军：《配偶同居权与性自主权冲突的法律问题研究》，载《中华女子学院学报》2013年第4期。
❸ 李银河：《李银河说爱情》，北京十月文艺出版社2019年版，第175页。
❹ 王文卿：《性·爱·情：过程中的主体结构》，社会科学文献出版社2019年版，第160页。
❺ [美]波斯纳：《性与理性》，苏力译，中国政法大学出版社2002年版，第76页。
❻ 《2019年轻人性现状报告》，载腾讯网2019年8月2日，https://news.qq.com/cross/20190802/KV946O02.html。
❼ [美]金西：《女性性行为：金西报告续篇》，潘绥铭译，团结出版社1990年版，第134-135页。

性关系之内的两个人之间。被人们热议的"包二奶""找小三""婚外恋"等都是在保持婚姻甚至爱情的同时，却在性生活方面出轨。原配与出轨者不因此而离婚或分手，而第三方也并不寻求破坏婚姻或同居。❶

可见，性自主权与婚姻甚至是爱情之间，从产生之初的"合而不分"到发展至今的"日渐分离"已然成为一种趋势，遵从自己内心的选择去实现性自主权的思潮已经占据上风。然而必须认识到，尽管立法上针对性自主权缺乏明确、具体的规定，但当非婚亲密关系中的性权利受损时，依然会受到法律的规制（最严重的如刑法领域中的强奸罪），只是在保护方式与保护程度上有时会面临困境。

2011 年 4 月至 8 月，于某（女）与谢某（男）建立了恋爱关系，恋爱期间多次发生性关系。后于某因宫外孕进行了左侧输卵管切除手术，后被鉴定为十级伤残。一审和二审法院均认为，两人恋爱期间发生的非婚性行为属于完全民事行为能力人双方自愿的行为，虽有悖于公序良俗，但并非法律明令禁止。最终仅基于公平原则，判决谢某对于某的伤残给与适当的补偿，但对于其精神损害赔偿的请求并未给与支持。❷

诚然，本文并非意欲探讨婚前性行为的立法困境，但应该注意到，曾经的性与婚姻之间的枷锁无论是在理论研究层面还是在生活实践选择上都不再那么牢不可破。如何看待两者之间的权利冲突，既要考虑最大限度地发挥作为社会秩序管理和伦理道德指引的婚姻的作用，又要最大限度地保障作为个体基本权利之一的性自主权的实现，便具有特殊意义。

二、婚姻关系下的性：配偶权的作用力

选择步入婚姻是否会对双方个体的性自主权产生一定的影响？在我国，婚姻关系以往主要是通过《中华人民共和国婚姻法》（以下简称《婚姻法》，下文所及法律均为简称）及其相关司法解释予以规范。在婚姻形式上，我国采取的是"一夫一妻制"，这种关系能够满足人们信任和专一的感情与心理需求，以此强化亲密感，其中夫妻性关系的排他性起到了至关重要的作用。基于婚姻的缔结，双方获得配偶身份，享有基于该身份所产生的权利并履行相应义务。配偶权的概念源自英美法系，从性质上说是一种身份权，我国立法

---

❶ 侯荣庭，潘绥铭：《本土化："性福"概念的确立与检验》，载《社会学评论》2018 年第 4 期。
❷ 新疆生产建设兵团农四师中级人民法院（2011）农四民终字第 50 号。

上虽无明确规定，但承认配偶权的地位及其具体内容已成为学界共识。婚姻中夫妻性关系的排他性主要是通过双方互付性义务来实现的，具体是通过配偶权中的忠实义务与同居义务两项内容得以落实的。

(一) 配偶权中的忠实义务

忠实义务，即请求忠实权，是配偶权的核心内容，具体表现为不得与配偶之外的第三人进行性行为，夫妻互负忠诚义务是婚姻关系最本质的要求。大陆法系与英美法系均明确规定了夫妻间的忠诚义务，但设定该义务的方式有所区别。英美法系主要是在配偶权下明确忠诚义务；大陆法系国家虽然一般并未在立法中明确"配偶权"概念，但如法国等许多国家及地区的民法中规定了夫妻忠实义务（贞操义务），即专一的夫妻性生活义务。❶《民法典》第1043条第2款规定"夫妻应当互相忠实"，明确了在我国夫妻间负有忠实义务，即任何一方不得与婚外第三人发生性行为。需要特别注意的是，该条款本身具有不可诉性。❷

各国立法及实务中对违反忠实义务的行为主要通过两种情形予以规制：一是较严重的重婚行为；二是单纯的"出轨"行为。首先，针对重婚行为，大多国家及地区将其视为法定婚内过错事由，无过错方享有损害赔偿的请求权，情节严重的还纳入刑法的调整范畴。我国《民法典》第1042条规定明确禁止重婚，禁止有配偶者与他人同居。《民法典》第1079条将重婚或有配偶者与他人同居的以及因感情不和分居满二年的，视为提起离婚诉讼的法定事由，同时《民法典》第1091条规定在重婚或配偶与他人同居的情况下，无过错方有损害赔偿请求权。《刑法》第258条明确规定"有配偶而重婚的，或者明知他人有配偶而与之结婚的，处二年以下有期徒刑或者拘役"。其次，针对单纯的"出轨"行为，也即"通奸"行为，在证据明确的情况下，许多国家及地区的立法支持无过错方的损害赔偿请求权。例如，法国将违反夫妻忠实义务的行为视为离婚时的过错，可以请求离婚损害赔偿。❸ 在我国司法实践中，因配偶一方的通奸行为，无过错方要求精神损害赔偿的案子也越来越多地得到支持。《民法典》第1079条也弥补了原来《婚姻法》第46条的不完

---

❶《法国民法典》，罗结珍译，中国法制出版社1999年版，第72页。
❷《最高人民法院关于适用〈中华人民共和国民法典〉婚姻家庭编的解释（一）》第4条："当事人仅以民法典第一千零四十三条为依据提起诉讼的，人民法院不予受理；已经受理的，裁定驳回起诉。"
❸《法国民法典》，罗结珍译，中国法制出版社1999年版，第72页。

善，通过兜底条款的设置将无过错方因通奸行为产生的精神损害赔偿请求权明确化。即使碍于集证困难，有些离婚诉讼案件中的精神损害赔偿可能得不到支持，但针对可确定的婚外性行为，财产分割时过错方会因违反忠实义务承担而不分或少分的不利后果。❶ 值得注意的是，实践中越来越多的夫妻开始通过签署忠诚协议将该义务具体落实。

李某（女）、段某（男）原系夫妻，婚姻关系存续期间，段某于2015年12月9日向李某出具一份忠诚协议，协议载明："如李某发现段某有不忠或出轨举动，本人净身出户并赔偿李某30万元整。"后在诉讼离婚期间，段某与其他女性在酒店开房过夜。李某遂向法院起诉要求段某按照协议支付30万元的赔偿。法院认为，段某违背了夫妻间的忠实义务，确给李某造成一定的精神损害，应当按协议承诺进行赔偿。但主张赔偿金30万元过高，结合双方感情状况及当地平均生活水平，酌情支持2万元精神损害赔偿金。❷

有关忠诚协议的法律效力在学界存在较大争议。但根据张力的观点，忠诚协议的效力主要取决于其所约定"违约责任"的具体目的，及其量化与落实的时点。若是针对特定婚内不忠过错的预先赔偿安排，而非督促对方保持忠贞而维持婚姻，该忠诚协议在法律中的适用性越来越多地得到了支持。❸ 这也间接证明了忠实义务在法律上的实践性。可见，婚姻中的忠实义务将性行为对象锁定在配偶双方之间，其专一性与排他性是无可争议的，体现了对个人性自主权的限制。

(二) 配偶权中的同居义务

同居义务也称为同居权，是指夫或妻在婚姻关系存续期间要求对方共同生活的权利。❹ 目前，我国立法并未直接规定配偶间负有同居义务，但《民法典》第1079条实则体现了配偶一方拒不履行同居义务的后果。那么在承认夫妻同居义务的基础上，进一步发问，同居义务是否必然包括性义务呢？首先，从传统理念上来看，夫妻同居，除有共同的婚姻住所外，还包括夫妻性生活、

---

❶ 参见甘肃省永登县人民法院（2019）甘0121民初1307号，北京市第三中级人民法院（2017）京03民终11858号，汕头市金平区人民法院（2015）汕金法民一初字第9号。
❷ 贵州省贵阳市中级人民法院（2018）黔01民终5882号。
❸ 张力：《民法典背景下"夫妻忠诚协议"的效力认定》，载《检察日报》2020年7月29日，第2版。
❹ 冀祥德：《婚内强奸入罪正当化分析》，载《妇女研究论丛》2014年第5期。

夫妻共同的精神生活、夫妻互相扶助等内容。其次，从各国立法上看，许多国家的立法明确规定同居义务包含性义务，例如法国民法明确规定夫妻双方相互负有在一起共同生活的义务。所谓共同生活，是指夫妻在同一婚姻居所内共同起居饮食以及满足双方合理的性生活要求。❶我国在1989年《最高人民法院关于人民法院审理离婚案件如何认定夫妻感情确已破裂的若干具体意见》第1条中也提到"一方患有法定禁止结婚疾病的，或一方有生理缺陷，或其他原因不能发生性行为，且难以治愈的"视为夫妻感情确已破裂，可以起诉离婚。❷最后，在我国司法实务中，尽管在客观上并无生理缺陷时，仅是主观上不能履行或无故不履行夫妻间性义务仍会被视为夫妻感情破裂，属于准予离婚的事由。

2013年10月谭某（男）与雍某（女）经人介绍认识相恋，一个月后办理结婚登记。婚后雍某以感冒有病为由，拒绝与谭某圆房。之后屡屡以嘴咬、手掐、脚蹬等方式拒绝性生活。婚后的近两年内，雍某以各种理由拒绝与谭某肌肤之亲，更谈不上过夫妻生活。谭某觉得自己经济上的付出与情感上的回报不成正比，因此起诉离婚。南充市顺庆区人民法院认为，雍某婚后一直逃避谭某，拒绝见面，说明婚姻关系有名无实。同时，雍某不与谭某尽夫妻义务，双方的夫妻关系早已名存实亡，因此支持谭某的离婚诉求。❸

由此可见，夫妻同居义务中必然包含性义务，性生活义务在夫妻同居生活中不仅占有一席之地，更是和谐、稳定、高质量的婚内同居关系中必不可少的"润滑剂"。但同居义务并非绝对，在一定的条件下可以停止或免除。我国学界通说一般认为可以停止或者免除同居义务的情况主要包括两类：①有正当理由可以暂时中止同居，如因公因私外出、因健康原因住院治疗等；②具有法定事由可以停止同居，如离婚诉讼期间、夫妻感情破裂而协议分居等。❹

可见，忠实义务和同居义务属于配偶权的内在要求与具体体现。虽然两者均体现了婚姻中对配偶双方性自主权的约束，但仍存在明显的界限。根据前文论述，笔者认为，忠实义务是指配偶一方不得与婚外第三方为性行为，

---

❶《法国民法典》，罗结珍译，中国法制出版社1999年版，第72页。
❷ 山东省临沂市中级人民法院（2014）临民一终字第14号。
❸ 四川省南充市顺庆区人民法院（2015）顺庆民初字第2768号。
❹ 张明楷：《刑法学》（第五版），法律出版社2016年版，第869页。

重在强调"不得为"的对外效力;而同居义务是指配偶一方有义务进行婚内性行为,以满足双方合理性生活的要求,着重强化"应为之"的对内作用。在理想的婚姻关系中,同居义务与忠实义务本身能够实现良好的互动平衡,双方的配偶权均能得到很好的实现。但在现实的婚姻关系下,同居义务与忠实义务之间本身可能形成对冲,出现对冲便会产生一定的困境。如当夫(或妻)一方怠于履行同居义务时,那么此时出于婚姻关系中当事人的性自主权就无法实现而处于真空状态,其忠实义务的履行便会受到挑战。

三、人权与性:性自主权的边界线

（一）性自主权的概念边界

作为"人之为人"的重要权利,性自主权是性权利中最核心的内容。关于性自主权的定义,我国学界的主流观点是将其称为贞操权,是指自然人依照自己的意志支配性利益的具体人格权。性利益是性自主权的客体,既包括实体上的性利益,也包括精神上的性利益,即自己对性状态的精神满足感。❶大多数学者支持该观点,认为将其概括为贞操权,既能直接反映出其词源、法源,同时也历经时间的考验能够为大多数人所接受。❷但笔者对"贞操权说"持不同看法。一方面,"贞操"一词虽在学理甚至判决中被广泛使用,但从文意上看,始终透露出男尊女卑的道德伦理色彩。它本意是指维护忠贞不渝的节操,强调被动坚守不为,而未从自主表达性意愿、积极处分性利益的角度进行释义。另一方面,该定义尽管强调了性自主权保护的客体——性利益,但定义过于笼统,未明确权利边界,不利于解决相关权利之冲突。通过比较借鉴,笔者认为,性自主权是指在遵循法律和公序良俗的前提下,自然人自主表达自己的性意愿和自主决定自己的性行为,实现性欲望而不受他人干涉和强迫的权利,具体包括拒绝权、自卫权、承诺权以及选择权等内容。虽然从学理上看,性自主权具有人格权的基本属性,本质上是一种绝对权,但该权利的行使在实践中还需受制于他人的意愿表达。具体而言,性自主权需要通过性行为才能得以践行,而性行为实质上是一种双方法律行为,需要基于双方的合意。

---

❶ 杨立新,扈艳:《〈中华人民共和国人格权法〉建议稿及立法理由书》,载《财经法学》2016年第4期。

❷ 何立荣,王蓓:《性权利概念探析》,载《学术论坛》2012年第9期。

(二) 性自主权的具体表现

如上文所言，性自主权即通过法律对性利益予以保障，是维护个人健康和人格完整的重要内容。虽然性自主权未在我国立法中予以明确体现，但将保护性自主权作为法官断案的直接依据在我国司法实务中已然成为常态。然而在实践中，无论是从立法还是司法角度来看，对于性自主权的保护程度仍然会因群体身份及社会关系的不同而有所差别。

从群体身份上看，受传统伦理观念及生物科学的影响，针对男性与女性的性自主权保护存在明显的不平衡。众所周知，我国刑法中目前仅将强奸罪保护的客体限于女性，针对幼女、女性精神病人等特殊主体还设置了更严格的规定，但针对男性被性侵，却只能求助于强制猥亵罪等其他罪名，除出现"类案不同罪"现象外，保护程度及效果也大打折扣。然而，近年来针对侵害男性性自主权的案件时有发生，在该类案件中，被侵害男性均是在违背自身性意愿的情形下受到不同程度的性侵害。但由于我国刑法对男女性权利的保护力度明显不对等，于是便出现了实务中罚不当罪的问题。❶ 为了应对性犯罪对象从单一向多元的发展趋势，2015年施行的《中华人民共和国刑法修正案（九）》中，将强制猥亵罪的对象进行了扩大，将成年男性也纳入其中，表明立法对男性性自主权的重视程度有所提升。但这样的保护程度是否足够，是否有必要将其同样纳入强奸罪的对象中予以保护，未来仍需进一步探究。但至少可以明确，人们逐渐意识到，无论何种性别，任何人均有权享有性自主权，在该权利受到他人侵害时，都应该受法律的同等保护。

从社会关系上看，无论是源自道德因素抑或法律因素，在不同亲密关系的模式下，性自主权的行使范围亦不尽相同。单身时代或恋爱关系中，性自主权的行使主要受到道德因素的干扰。然而在婚姻关系中，正如前文所述，其行使则会受到配偶权中的忠实义务和同居义务的法定限制，其强制约束力俨然得到进一步提升。婚内性自主权与配偶权两者的矛盾冲突是显而易见的。在婚姻关系中，性自主权的自由意志是否能得到充分的实现？当其行使与配偶权赋予的两项义务产生冲突时应如何取舍？要解决这些问题，在了解两者存在合理冲突的基础上，有必要进一步探究婚内性自主权之自身属性。

---

❶ 田然：《我国性犯罪立法改革方向探讨：基于德国最新立法的启示》，载《上海政法学院学报（法治论丛）》2017年第5期。

四、对内与对外：婚内性自主权的双面向

对于个体来说，性自主权本质上本应当是一种绝对的权利，但考虑人伦及社会因素，其权利的边界会受到法律及道德的一定限制，比如进入婚姻关系后，个体的性自主权会受到婚姻关系中配偶权所包含的性义务的约束。笔者将婚姻关系中的性自主权定义为"婚内性自主权"，其权利属性即为性自主权与配偶权在婚姻生活的性关系中互相博弈的结果。

男女双方选择进入婚姻关系取得配偶身份的同时，为了增进由婚姻产生的家庭共同利益，行使部分权利时需要在法律与伦理道德双重规范之间进行权衡。❶ 配偶权是一种身份权，本质上是一种具有相对性的请求权，主要是通过忠实义务与同居义务来限制个体的性自主权。笔者拟从对内与对外两个角度，对婚内性自主权的践行进行探讨，试图得出发生不同冲突的情况下，其在积极与消极属性方面呈现的不同特点。一方面，从消极层面看，重点解构婚内性自主权的对内属性，即当配偶一方请求履行同居义务时，他方能否拒绝？换句话说，已婚者是否有权拒绝配偶的性要求？另一方面，从积极层面看，重点探究婚内性自主权的对外属性，即当配偶一方无故长期拒绝履行同居义务时，他方能否通过外部途径来获得自身性需求的满足？即已婚者能否通过对外行使性自主权来对抗他方滥用性自主权的行为？

（一）婚内性自主权的对内属性

近年来学界与理论界颇为关注的"婚内强奸"之争恰好可以用来分析消极层面上已婚者能否拒绝履行同居义务的问题。婚内强奸是指在婚姻关系存续期间，丈夫违背妻子的意志，以暴力或其他方法相威胁，强行与其发生性关系的情形。学理上的代表性观点主要分为肯定说、否定说和折中说。肯定说从法理学的角度作出解释，认为夫妻间只有"弱意义"上的积极性权利，不存在"强意义"上的积极性权利。❷ 否定说以"耦合权利义务说"为代表，认为结婚意味着性权利的主张以及性义务的履行具有该当性，但是夫妻进行性生活必须基于自愿而非强迫，不履行性义务能够导致"性违约"，并非必然

---

❶ 熊金才：《配偶自由性人格权的限制与扩张》，载《中华女子学院学报》2016年第4期。
❷ "弱意义"上的积极性权利是指，在婚姻存续期间，要求对方作出性应答的权利；而"强意义"上的积极性权利是指，女方必须同意男方的性要求，否则男方可以暴力实施性行为。参见周永坤：《婚内强奸罪的法理学分析》，载《法学》2000年第10期。

导致"性暴力",仅是手段不当,只是违反社会道德的不妥当行为。❶目前学界的主流观点是折中说,即在一般情况下,丈夫强奸妻子不具有违法性,但如果夫妻婚姻关系在非正常存续期间,则应视为强奸罪成立。通过在无讼网上检索相关司法判决❷可以得出,在我国当前的司法实践中,一般否认婚内强奸罪的成立,但不排除在非正常婚姻关系中认可强奸罪的成立。对于婚姻关系非正常存续期间的判定标准,学界亦有争议,但主流观点认为一般包括夫妻分居期间、离婚诉讼期间或法院已经判决离婚但判决尚未生效期间。实务中进行认定时,一般也采纳学界主流的判断标准,认定婚内强奸构罪的案件多集中在法院已判决离婚但判决还未生效以及长期分居的情形下。域外对于婚内强奸的理论也在不断地演进,美国❸、英国❹、法国❺、德国❻等国家或地区近年来均将婚内强奸纳入刑事立法规制的范畴,将其视为严重家庭暴力的表现之一,认为其是对妇女性自主权以及家庭秩序的双重破坏,具有严重的社会危害性。

随着强奸罪从重风化到重人权的立法目的变化,性功能从仅生育到兼娱乐的转变,男女平等观念的重视尤其是女权主义的发展,均推动了婚姻关系中妇女地位的提升,在法律上体现为从最初否认妇女的独立人格,至仅妻子单方负有同居义务,到能与丈夫互享同居权,夫妻性自主权的平等保护越来越受到重视。"婚内强奸"入罪是各国刑事立法的大势所趋,区别仅在于如何立、怎么立的问题。婚内强奸是否构罪并非本文讨论的重点,笔者更为关注

---

❶ 冀祥德:《婚内强奸入罪正当化分析》,载《妇女研究论丛》2014年第5期。
❷ 例如王某婚内强奸案 [上海市青浦县人民法院(1998)青刑初字第36号]。王某1992年经人介绍与被害人钱某相识,两人于1993年1月登记结婚,并于1994年4月生育一子。后王某起诉离婚,法院判决双方离婚,在判决书生效之前,王某到原住所对钱某实施了强奸,法院判决王某构成强奸罪。再如孙某婚内强奸案 [上海市浦东新区人民法院(2011)浦刑初字第685号]。2006年10月,孙某经人介绍与被害人金某(化名)相识,2008年9月24日双方登记结婚。婚后双方从未共同生活,财产也各归自己所有。2010年3月被害人金某起诉离婚被驳回。2010年6月14日,孙某强行将金某带至其暂住处,采用言语威胁、殴打等手段,强行与被害人金某发生性关系。2010年6月21日,被害人金某再次向上海市浦东新区人民法院起诉要求与被告人孙某离婚。同年7月28日,上海市浦东新区人民法院作出准予金某与被告孙某离婚的判决。法院判决孙某构成强奸罪。
❸ 美国在1981年新泽西州刑法中首先规定了婚内强奸罪:任何人都不得因年老、性无能或者同被害人有婚姻关系而被认为不能犯强奸罪,彻底打破了传统美国普通法赋予丈夫婚内强奸豁免制度的历史。
❹ 英国上议院在1992年第599号上诉案中认定丈夫强奸妻子不能因其身份得到豁免。
❺ 1994年《法国刑法典》第222~223条规定,"以暴力、强制、威胁或趁人不备,对他人施以任何性进入行为,无论其为何种性质,均为强奸罪",也明确排除了"丈夫豁免"。
❻ 2002年《德国刑法典》第77条规定,强奸中的性交不必限于婚外。

的是在一方强行要求与他方发生性关系时，他方是否有拒绝配偶性请求的权利？答案是肯定的。第一，无论是在学理上还是在司法实务中，均承认"婚内强奸"的有限适用，说明在非正常婚姻关系期间，已婚者有权作出拒绝他方性请求的意思表示，一定程度上保留其作为个体对不想为之、不愿为之的婚内性行为说"不"的权利。第二，在正常婚姻关系中，对于已婚者不愿为之的婚内强制性行为，在实务中也可能被视为家暴，构成成就诉讼离婚的理由。

张某（女）与黄某（男）于2010年9月登记结婚。婚后，黄某对张某动辄辱骂、殴打、威胁，经常在半夜喝得酩酊大醉回家后辱骂和殴打张某，强行发生性行为，即便在张某经期也不例外。2011年一年内，张某因遭受黄某殴打而5次报警，后不堪忍受逃回娘家躲避。但黄某仍多次到张某工作单位及其父母家辱骂、殴打张某，致使张某因无法正常工作而辞职，甚至不敢在公共场所出现，严重影响了张某及其父母的正常生活。2012年2月，张某向法院申请人身安全保护令并起诉离婚。广东省珠海市香洲区人民法院认可了黄某存在家庭暴力的事实，做出了人身保护裁定。❶

在这类重复且长期发生的婚内强制性行为背后，双方已无继续共同生活的意愿，并且伴随有暴力手段及损害结果，本质上是对个体性自主权的侵害，可视为家庭暴力的一种形式，进而通过离婚、申请人身安全保护令等民事方式寻求救济。综上，笔者认为，在消极层面，婚内性自主权依然保留了性自主权本身应当具备的绝对性，可视为一种绝对的消极权利。该权利的构建可借鉴目前《民法典》债权转让制度所采用的推定有利主义加以理解，推定有利主义是指由于权利人可因此受益，因此无须明确同意，但应当保留其明确反对的权利。对性的需求是人的自然之性，人人均享有性快乐的权利。婚姻关系本就赋予夫妻双方性义务，可以据此推定夫妻双方可以通过结婚实现彼此的性快乐。因此，基于双方均有在婚姻中获得性快乐的可能性，可以推定默许双方之间作为性快乐实现途径的性行为。但作为已婚者，任何一方均依然保留性自主权中明确不作为的权利，即在一方明确拒绝的情况下，另一方不得为强制性行为。

---

❶ 广东省珠海市香洲区人民法院（2012）香民一初字第680号。

（二）婚内性自主权的对外属性

换个角度来看，当已婚者长期无故拒绝夫妻生活，是否可视为滥用性自主权？在此情况下，他方可否据此向外行使"性自主权"以满足自己的性需求？在现代生活中，多元文化资源的并置使传统的婚姻制度成为亲密关系模式的选择之一而非唯一。一方面，在后现代社会的背景下，社会个体性权利意识日渐觉醒，婚姻对人的意义有所减弱。现代中国社会里人们更倾向于把情感亲密作为决定身体亲密的组织原则，而不是相反。❶ 由于婚姻而拒绝来自他人的一切爱情，这就意味着减少生活体验、同情心及与有价值的人接触的机会，这是摧残人生中最美好的机会。❷ 这说明在现代社会中，部分人更看重情感催化下的性体验，而非局限于婚姻之中的性行为。另一方面，在女权主义的传入与性主体意识觉醒的影响下，夫妻男女平等的法律地位取代了传统婚姻家庭关系中的人身依附关系。传统上丈夫对妻子的人身支配权已经转变为身份请求权，从绝对权变成相对权。夫妻任何一方提出性请求，他方有权拒绝，不再受制于婚姻。

通过前述分析可以得出，婚姻关系要求夫妻双方互付同居义务，理应包含性义务。在现实中，已婚者无故长期拒不履行性义务会被归于家庭冷暴力的范畴。有研究认为，夫妻间如果没有生理疾病或意外，一年内性亲密关系发生少于10次即属于无性婚姻。❸ 根据性学家潘绥铭主持的2010年《中国人性调查报告》显示，每4对夫妻里就有一对正在经历"无性婚姻"，这是一种精神上的虐待。对于已婚者来说，无故拒不履行婚内性义务，本质上是一种滥用性自主权的行为，违背了婚姻关系中夫妻双方应尽的义务。考虑到婚姻中夹杂感情因素，法律不便过多干涉当事人的隐私及自由，但若完全不加以考虑，势必会引发利用反向冷暴力，剥夺配偶他方的性自主权中包含的性机会。因此，单纯地长期无故不履行夫妻间的性义务，虽然一般无须承担相应的法律责任作为对价，但是制度上依然可以将其视为夫妻感情破裂的有力证明，他方可以依据《民法典》第1079条、第1091条以及前述相关司法解释，通过离婚这一途径寻求救济。

---

❶ 王文卿：《性·爱·情：过程中的主体结构》，社会科学文献出版社2019年版，第25页。
❷ ［英］罗素：《性爱与婚姻》，文良文化译，中央编译出版社2005年版，第104页。
❸ E. O. Laumann, R. T. Michael, J. H. Gagnon and S. Michaels, *National health and social life survey*, University of Chicago Press, 1994.

当同居义务得不到履行时，配偶方的忠实义务是否又会形成囹圄，能否行使性自主权予以突破呢？即对于配偶另一方来说，可否要求行使其"性自主权"，通过与婚外第三人进行性行为来弥补婚内性生活的不满呢？这里把婚外性行为分为三种类型：事实上的重婚、姘居与通奸行为。前两者的不同主要在于对外是否以夫妻名义共同生活，从性质上来说，重婚比姘居的性质更恶劣，其可能会涉嫌刑事犯罪。综合《民法典》第1079条和第1091条之规定，在实践中前两种情形大多均属于"有配偶者与他人同居"的情况，无过错方除可以提起离婚之外，还可据此要求损害赔偿。而通奸行为因具有隐蔽性、偶发性、不稳定性和程度差异性，在司法实务中认定难度较大，因此立法并未将其作为离婚损害赔偿的法定事由，仅在通奸婚外生子的情况下，法院大多会支持无过错方的精神损害赔偿请求。此外，上文也曾提及当下越来越多的夫妻选择通过签署婚内忠诚协议来保障忠实方的合法权益，虽然忠诚协议的效力尚存在争议，但在不违背合同本身成立要件的基础上，关于不忠所致的精神损害赔偿约定的效力在司法实践中越来越多地得到支持。可见，对于配偶他方来说，在婚姻关系存续期间，已婚者无故长期拒不履行性义务并非其对外行使性自主权具有正当性的充分理由，任何一方均应履行婚姻契约中的忠实义务。一旦越轨去婚外寻求安慰，无论出于何种原因，都可能面临他方提出的离婚之诉，并可能承担破坏婚姻关系的赔偿责任后果。

进一步追问，若夫妻双方达成合意，允许对方违背忠实义务与婚外第三人进行性行为，是否属于性自主权的正当行使呢？2010年的"南京换偶案"[1]恰好涉及这一问题。此案当时引起了广泛讨论，以李银河为首的支持者更是以侵害性自主权为由，提出要求《刑法》废除聚众淫乱罪。这类观点主要借鉴密尔的"伤害原则"来解决个人自由与社会强制之间的关系问题，即社会成员在不造成他人危害的前提下可以行使权利。[2] 结合该理念，李银河将"成人、自愿、私下、无伤害"四原则作为性自由的界限，从而认为"南京换偶案"完全满足"四原则"的标准，不应允许公权力以道德名义对个人私密空间随意介入、践踏。此处暂且不论该案是否构成聚众淫乱罪，仅分析在婚姻关系中，得到了对方的许可可否成为其对外正当行使性自主权的豁免理由呢？

---

[1] 2010年南京换偶案：南京秦淮区法院审理查明，从2007年至2009年，22名被告在南京多个地方，组织参与了35起聚众淫乱活动。其中，南京某大学教师马某组织、参与的达18起，最终其以"聚众淫乱罪"被判处3年6个月的有期徒刑。

[2] [英]约翰·密尔:《论自由》，程崇华译，商务印书馆1982年版，第10页。

笔者认为，答案是否定的。其一，虽然从操作层面上来看，只要双方合意，婚外性行为依旧能够进行，表面上似乎保障了当事人性自主权的行使，但实际上已婚一方的性自主权受到法定忠诚义务的限制。《婚姻法》第46条规定的"无过错方的损害赔偿请求权"也从侧面支持了这一观点。其二，无论能否得到守约方的认可，实施"换偶"这样的婚外性行为的不稳定因素较多，从长期来看可能危及婚姻制度及社会秩序的良性互促发展。夫妻双方愿意选择"换偶"的根本原因在于对性有更高的需求，而这种需求无法通过婚姻实现内部消化。"换偶"活动从表面上保障了个人的性自主权，但实际上，作为亲密行为的性能够产生的效果远比想象中复杂得多，它会使得感情联系得以凝固，从而使双方产生永不分离的意念。[1] 婚外性行为，对配偶他方原应忠贞不渝的情感无疑是一种背叛，显然对他方的情感会造成实质的伤害，原有夫妻同心的婚姻关系更是岌岌可危，人类也容易因此丧失赖以存在的社会伦理基础。正如卢曼所说，性关系的自由放任说明悲剧不再是由于相爱者不能相互走近；悲剧乃在于，性关系造就爱情，以至于人们既不能靠爱情生活又无法摆脱爱情。[2] 其三，从长远上看，鼓励婚外性行为可能还会侵害大众对于性的情感利益。近年来，性行为中的情感因素被越来越多的学者重视并得以论证。如王文卿认为爱情关系中的"性"是最健康、最平衡、最理想的性，婚内性行为也可以因为爱情的缺失而失去"合法性"或正当性。[3] 笔者也同样认可，情感、性、婚姻三者之间是存在联系的，既会相互牵制，也会相互促进。尽管我们承认性不应局限在婚姻内，但若已存在一个婚姻，同时默认该婚姻是包含情感的，那么当在婚姻关系中当事人的情感得不到满足时，其可以先选择离婚以脱离婚姻关系，然后再继续寻求性自主权的满足。从某种意义上看，性并非纯粹的工具，而是情感之表达，它可以脱离婚姻，但不应缺乏情感。反观类似"换偶"的婚外性行为，其实质上消解了性之情感因素，否定了婚姻与性应然包含的情感因素，侵犯了大多数人在这方面的情感利益。综上，在婚姻关系存续期间，任何一方均需承担同居与忠实的义务，否则他方可以通过离婚甚至请求损害赔偿得以救济。

---

[1] [英] 莫里斯：《亲密行为》，刘文荣译，文汇出版社2002年版，第73页。
[2] [德] 尼可拉斯·卢曼：《作为激情的爱情：关于亲密性编码》，范劲译，华东师范大学出版社2019年版，第363页。
[3] 王文卿：《性·爱·情：过程中的主体结构》，社会科学文献出版社2019年版，第215页。

五、结论

　　费孝通先生曾提到，从古至今，社会如果单为满足男女之间的情爱和两性关系的话是不需要婚姻和家庭的，只要有当事人的意愿就可以了。社会之所以要有婚姻，还要建立家庭，并用法律来保护它、用伦理来规范它，是用它来承担和完成一系列重要的社会功能的。❶ 婚姻与性从"合而不分"到"日渐分离"的关系变迁，反映出个体性权利意识的日渐觉醒。而婚姻关系中基于配偶身份所衍生出的忠实义务和同居义务，本就会对单方性自主权的行使形成一定的约束。在权利运作过程中，配偶单方性自主权的实现与忠实义务或同居义务对其限制之间便会出现矛盾困境。婚内性自主权这一概念充分体现了三者之间的矛盾冲突，对于其属性解释在不同的历史阶段均不尽相同，笔者认为在当前社会，婚内性自主权具有二重性的复杂特点。

　　首先，婚内性自主权是一种绝对的消极权利。性自主权本质上属于人身权中人格权的范畴，是绝对权。第一，性自主权并非一种财产权利，其客体性利益与人身具有不可分割性，因此属于人身权的范畴。第二，性自主权是与生俱来的，是神圣不可侵犯的，更是"人之为人"的重要体现。一旦遭到侵害，对人的尊严以及身心健康均会造成极大的创伤。因此，它和人身自由、名誉权一样，是一种绝对的人格权，具体表现为性意愿的专属性以及性本身的自然权利属性。❷ 婚内性自主权保留了性自主权所属人格权应具备的绝对性，体现为一种绝对的消极权利，具体表现为已婚者依然保留了性自主权中明确不作为的权利，即在配偶一方明确拒绝的情况下，另一方不得为强制性行为。

　　其次，婚内性自主权是一种相对的积极权利。任何权利都是有边界的，性自主权具有半克减性，主要表现为两种情形。第一，基于性行为的相对性，性自主权只有在征得他人同意的情况下才能行使，若未经他人同意，则该权利的行使受限。第二，任何违法或者违背公序良俗的性行为，参与方即使达成合意也会遭到禁止，如法律对卖淫嫖娼的禁止。在性交易中，性工作者将自己的人身以及性自主权"打包"进行物化作为商品进行交易，丧失了人之尊严、人格独立，不利于社会人伦秩序的理性引导，因此在许多国家均受到法律的禁止。因此，性自主权既要考虑当事人性意愿的充分表达与实现，保

---

❶ 费孝通：《生育制度》，商务印书馆1999年版，第4页。
❷ 郭卫华：《论性自主权的界定及其私法保护》，载《法商研究》2005年第1期。

障基本人权的实现，同时也肩负着维护正常社会秩序，建立高尚、健康性道德的责任。婚内性自主权同样体现了性自主权的限制，除了要考虑"合意"之外，婚内性自主权还会受到夫妻配偶权中忠实义务和同居义务的部分限制，是一种相对的积极权利。具体表现为在婚姻关系存续期间，任何一方均有权请求他方履行忠实义务和同居义务，当受到他方拒绝时，也有权要求解除婚姻关系并获得相应赔偿，从而摆脱配偶身份对个体性自主权的相对限制。

本文原稿曾发表于《妇女/性别研究》第 7 卷，厦门大学出版社 2021 年版。

混合性取向婚姻中的配偶权问题研究

■ 郑 睿 段知壮

近年来,关于"同性恋骗婚"的报道在主流媒体中频现,"同妻"或"同夫"作为同性恋周边隐秘的角色,常因被赋予"受害者"的标签而为公众所知悉。在现实生活中,性倾向问题也确实引发了许多婚姻纠纷的诉讼。以海口市发生的一起离婚诉讼为例,张某(女)与吴某甲(男)于2011年6月经人介绍认识,频繁联络后两人感情迅速升温,但一直未共同生活。2012年2月两人在湖北老家举办婚礼,但仅相处三天,吴某甲便以工作忙为理由返回海南。可能是因为工作劳累加之缺乏关爱,吴某甲离开后,张某已孕三个月的胎儿流产。在张某多次要求前往海口共同生活后,吴某甲勉强同意。2012年5月,张某抵达海口不久后,吴某甲就承认自己是同性恋,与陈某(男)已共同生活了三年之久。张某在绝望之下甚至试图割腕自杀。此后,在吴某甲母亲的强力干涉下,吴某甲表示愿意结束同性恋情,并与张某在2012年7月26日正式办理了结婚登记,此时张某再次怀孕。2013年3月,张某生育男孩吴某乙,但吴某甲与陈某旧情复燃并长期拒绝归家,仅对张某提供主要经济来源。张某在与吴某甲多次协商无果后决定起诉离婚,并要求其支付5万元的精神损害赔偿。张某诉称吴某甲系同性恋,对异性不感兴趣,也不愿与异性结婚生子、共同生活,其隐瞒此重要信息以求达到传宗接代的目的。吴某甲同意离婚,但对于张某对其"同性恋骗婚"的指控不予承认。法院最终虽作出离婚判决,但并未对吴某甲是否系同性恋作出正面回应,仅以"由于被告未能正确处理与同性交往的关系"一笔带过,同时针对张某提出的精神损害赔偿诉求,认为缺乏法律依据而予以驳回。[1]

鉴于中国传统文化观念习惯于对"同性恋"冠以污名,使得不少同性恋

---

[1] 海南省海口市龙华区人民法院(2014)龙民一初字第942号。

者选择隐瞒其性倾向，而与异性恋方走入婚姻。❶ 异性恋方得知真相后，部分会选择离婚，从这种"有名无实"的婚姻中解脱。这一方面造成了涉同性恋离婚案件数量的增长；另一方面由于我国相关立法的缺失，异性恋方在离婚诉讼中的合法权益无法得到较好的保障，不仅想要得到准予离婚的判决困难重重，同时意欲在子女的监护权、财产分割以及损害赔偿等方面获得支持或倾斜更是难上加难。为清除司法实务中的尴尬，2013 年北京市第一中级人民法院发布的《离婚案件中涉同性恋诉求裁处的调研报告》（以下简称《调研报告》），试图对该类纠纷可能涉及的问题给出回应。《调研报告》对于当事人的诉讼请求进行了梳理，主要分为因同性恋身份导致感情破裂而请求离婚、要求撤销婚姻、要求离婚损害赔偿、要求财产分割上的倾斜四类情况。同时，《调研报告》也指出，由于涉及问题较为敏感，法律规定缺失，取证、认证困难等原因，目前审判实践对于涉同性恋诉求大多不予支持。

同性恋者和异性恋者组成的家庭模式称为"混合性取向（婚姻）关系"❷，该现象已引发社会学、心理学、医学、法学等多个学科的关注，通过检索和梳理已有文献，笔者认为以下两个问题需在开篇予以澄清。一是现有研究大多使用"骗婚""同直婚姻""隐瞒性倾向婚姻"这三个概念来描述同性恋者与异性恋者之间缔结的婚姻关系。对此有学者指出，上述定义似乎有失偏颇，如"骗婚"实则是将同性情欲视作与异性婚姻不兼容的"人格"而偏向贬义，再如"同直婚姻"又因暗含同直二分的"暗柜认识论"而脱离中性。❸ 即使是看似描述性的"隐瞒性倾向婚姻"这般形容，也依旧折射出将同性恋方预设为道德失准的歧视性色彩。基于上述比较分析，本文拟借鉴使用"混合性取向婚姻"这一概念，试图更为客观、中立地看待这类婚姻关系所折射出的个体权益困境。二是围绕该问题的大多先行研究均集中在"同妻"群体，聚焦其诸如再婚压力更大、经济实力悬殊、无力争取子女抚养权等社会性别资本与社会舆论等方面的困境。❹ 概括地说，这类研究是将社会性别构建中相较于男性，女性群体本身的弱势地位与社会压力直接投射在混合性取

---

❶ Eileen Y. H. Tsang, "A 'Phoenix' rising from the ashes: China's Tongqi, marriage fraud, and resistance," British Journal of Sociology, Vol. 8, (2021).

❷ [美]大卫·诺克斯，卡洛琳·沙赫特等：《情爱关系中的选择：婚姻家庭社会学入门（第9版）》，金梓译，北京大学出版社2009年版，第2页。

❸ 朱静姝：《不方便抽样：中国大陆"男同骗婚"研究的方法论启示》，载《中国青年研究》2016 年第 10 期。

❹ 唐魁玉等：《弱势与生存》，中国社会科学出版社 2018 年版，第 73 页。

向婚姻中异性恋女性一方。如方晓华运用性别与性倾向二维弱势比较图分析了社会背景下弱势之争的结构,在承认这样的比较解决不了问题的前提下,得出已婚"男同"与"同妻"处于一强一弱的状态,双方都在争当弱势,这样只能让弱者更弱,恰好符合社会中男权的构思。[1] 徐莎莎也认为,国内学术研究、社会大众的关注以及舆论的热点多集中在"男同"群体上,"同妻"群体作为无声的在场者,其性、情感等多方面的权利被忽视折射出男权主义的霸凌。[2] 此外,与"同妻"相比,"同夫"的个案虽然少见但也并非没有。事实上,有研究表明"同夫"并不在少数,只是由于男性相对于女性较少在网络上互动诉苦,或者部分"同夫"并不清楚自己配偶的性取向等其他原因,其并不像"同妻"那样集中出现于网络中。[3] 早在2015年就有学者指出,中国由异性恋者与同性恋者组成的婚姻涉及上千万对夫妇。[4] 作为"弱势"的社会边缘群体,无论是"同妻"还是"同夫",他/她们在面对婚姻的维系以及解体时,尽管承受着超出常人的辛酸与磨难,但却通常无法在现有的制度框架下实现配偶权益的救济。笔者正视社会建构对女性群体的诸多不公,也认可女性所面临的社会性别资本压力,但若仅聚焦于此,恐怕无法真正触及"同妻"群体所面临的真实困境,同样这也并非混合性取向婚姻所面临的共性问题。因此,本研究将重点分析性取向问题对婚姻关系的影响,进而试图为解决混合性取向婚姻中"他/她方"现实的法律困境提出建设性的意见。

一、混合性取向婚姻中"骗"的界定困境

随着社会文化的日益多元和个体权利意识的日渐觉醒,同性恋自1990年从世界卫生组织的精神病名册中"去病化"及在中国经废除流氓罪而"去刑化"后,逐渐作为一种情感关系形态走入公众的视野。但囿于社会现实的文化偏见和传统家庭的婚育压力,勇敢宣告"出柜"的同性恋者总是少数,更多的"沉默的大多数"还是会选择和异性结合进入混合性取向婚姻。据刘达临教授估计,现代中国同性恋者有90%以上都与异性结婚或认为"这是不可

---

[1] 方晓华:《以问题解决模式看:从同直婚之争到之解》,载《走向性福:第四届中国性研究国际研讨会论文集(下集)》,百骏文化出版社2013年版,第266页。
[2] 徐莎莎:《同直婚对同妻性与身份建构的影响研究》,载《走向性福:第四届中国性研究国际研讨会论文集(下集)》,百骏文化出版社2013年版,第281页。
[3] 唐魁玉,于慧:《"同妻""同夫"婚姻维持与解体的比较:一项虚拟社会人类学研究》,载《辽东学院学报(社会科学版)》2014年第6期。
[4] 狄雨霏:《走近中国的"同妻"和"同夫"》,陈柳,许欣译,载纽约时报国际生活网,http://cn.nytstyle.com/living/20150514/t14marriages/。

避免的"。❶ 混合性取向婚姻中最突出的问题即同性恋方试图通过掩饰其性倾向与异性恋缔结婚姻，造成婚后得知真相的后者生理与心理上的巨大落差，甚至"想离离不了"或"离了亦损失"的极端痛苦。但婚姻缔结作为典型的双方法律行为，不能被视为同性恋者一厢情愿的结果。因此，大众媒介才会频现以"骗婚""隐瞒性取向婚姻"等消极字眼对此加以描述的情况。

《民法典》规定结婚必须满足四个法定要件才能生效：一是必须出于男女双方完全自愿；二是要达到法定婚龄；三是不得有法律禁止结婚的近亲关系及疾病；四是必须进行婚姻登记。学界一般认为，混合性取向婚姻的问题症结在于在缔结婚姻的过程中，一方刻意隐瞒或未曾表露自己的性取向，导致婚姻关系似乎并非建立在双方完全"真实合意"的基础上，因此有不少学者将其定义为"骗婚"或"婚姻欺诈"。❷ 针对"骗婚"行为，我国《民法典》第1051条明确规定了隐瞒已婚状态、隐瞒未到法定婚龄以及禁止结婚的亲属关系的三种情形，应将其直接视为无效婚姻。同时在第1053条新增隐瞒重大疾病，可与胁迫行为一并成为可撤销婚姻的事由。立法上对于其他的欺诈手段，即虚构事实和隐瞒真相的具体内容，均未作出详细的规定，当事人仅可选择离婚途径进行救济，这就使得现实生活中大量存在的混合性取向婚姻现象并不属于法律规范意义上的"骗婚"范畴。

或许正是因为立法上的模糊，对于混合性取向婚姻的效力问题学界仍存在较大争议，多数学者认为应将其纳入可撤销婚姻制度。❸ 该类观点一般认为故意隐瞒性取向属于欺诈，与胁迫一样都属于当事人意思表示不自由，提出若纳入可撤销婚姻制度较离婚更能保护"同妻"和"同夫"的利益。❹ 但也有学者提出反对意见，认为"可撤销婚姻"制度本身就有待论证。"欺诈"行为虽然构成广义合同法上的可撤销事由，却并未被婚姻法所吸纳，将其直

---

❶ 刘达临，鲁龙光：《中国同性恋研究》，中国社会出版社2005年版，第73页。
❷ "婚姻欺诈"是指性少数者在婚前刻意隐瞒自己的真实性取向，从而构成对法律上配偶的欺骗行为。详见刘佳佳：《混合性取向婚姻中女性权益保护及其相关法律问题研究》，载《法学杂志》2019年第11期。
❸ 刘佳佳：《混合性取向婚姻中女性权益保护及其相关法律问题研究》，载《法学杂志》2019年第11期。类似观点可参见王静：《试论将同妻情形纳入可撤销婚姻制度内的合理性》，载《兰州教育学院学报》2015年第7期；袁翠清：《我国"同妻"法律权益保护现状及对策研究》，载《西安石油大学学报（社会科学版）》2018年第6期；景春兰：《"同妻"权利保护的法律困境及其破解》，载《法学论坛》2018年第4期。
❹ 袁翠清：《我国"同妻"法律权益保护现状及对策研究》，载《西安石油大学学报（社会科学版）》2018年第6期。

接视为可撤销婚姻本身无论是在法律效果还是在社会效果上都很失败。一方面，它严格限缩之立场与《调研报告》中"保护无过错方"之理念背道而驰；另一方面，"可撤销婚姻"的设想也不符合生活经验：一个所谓已在法律上被撤销婚姻的人——他或她——仍将被人们认为是个结过婚的人，人们不会视他（她）为未婚一族。❶ 可见结合立法现状及学界争论，对于混合性取向婚姻所涉的"欺诈"要素，很难有一个明确的界定标准及司法适用。基于此，笔者拟以"欺诈"的构成要件为视角，试图从主观和客观两个角度去厘清混合性取向婚姻中所谓"骗"的界定。

（一）婚姻关系中"骗"之界定的应然标准

理想的婚姻缔结自然应当是建立在男女双方相互了解与充分信任的基础上，作出升华亲密关系的理性决策。因此，基于诚实信用与婚姻自由原则的考量，男女双方缔结婚姻时应基于真实合意，对个人事项须坦诚以告，这既是婚姻存续的内在要求，也符合《民法典》婚姻家庭编的立法精神。但如何界定"真实合意"背后的"应告知事项"范畴以及不履行特定事项告知的法律后果，无论是在理论上还是在实务中均存在较大的争议。

梳理各个国家及地区的立法例，大致包括两种模式：一种是以《德国民法典》为代表，试图通过逆向逻辑论证"应告知事项"的范围，即以若当事人提前告知相关事项便会作出不结婚的意思表示为判断标准，但明确将财产关系和第三方行为排除在外；❷ 另一种是以我国澳门和台湾地区相关规定及实践为代表，明确界定"应告知"的具体情形，包括但不限于身份、精神和肉体方面的重大恶疾等。❸ 对此有学者提出，以上两种模式均因考虑婚姻关系的特殊性，而将真实合意的界限标准作出限缩解释，仅限于对婚姻的缔结起到

---

❶ 何剑：《身份丛林中的被放逐者：中国隐瞒性向婚姻的法理困境与出路》，载《反歧视评论（第7辑）》，社会科学文献出版社2020年版，第234-248页。

❷ 《德国民法典》第1314条第2款第3项：配偶一方因受恶意欺诈而作出结婚的意思表示，并且该方在此前知悉实情并正确认识到婚姻的实质就不会缔结婚姻的。但上述规定不适用于欺诈所涉及财产关系或者在婚姻另一方不知情的情形下由第三方所为的情形。

❸ 《澳门民法典》第1508条：欠缺结婚意思而缔结的婚姻为可撤销婚姻，包括：结婚人因偶然无能力或其他原因而在无意识下做出该行为；结婚人对另一结婚人之个人身份的认识存有错误；结婚意思表示系在外力胁迫下做出；假装结婚。我国台湾地区"民法典"第995条：当事人之一方，于结婚时不能人道而不能治者，他方得向法院请求撤销之。但自知悉其不能治之时起已逾三年者，不得请求撤销；第996条：当事人之一方，于结婚时系在无意识或精神错乱中者，得于常态恢复后六个月内向法院请求撤销之。

实质性决定意义的事项。❶ 换言之，无论如何框定婚姻缔结时双方的"应告知事项"，婚姻中"欺诈"事由的认定都应当具有重大性、本质性、关键性，即足以影响对方是否缔结婚姻的意愿。且考虑到婚姻关系的本质是人身关系而非财产关系的变动，因此"应告知事项"的范围必须是涉及人身关系的重大事实（如有重大传染疾病、性能力缺失、有过婚史等），而不包括财产关系和非本质的信息（如自称腰缠万贯、谎称身居高位、虚构自身职业等）。❷ 那么，结合民法上"欺诈"行为的构成要件❸，可得出婚姻关系中"骗"之界定的应然标准，即当事人在缔结婚姻时主观上故意未如实告知重大事实，且未告知的事项（仅限人身关系的事实）会直接影响相对方缔结婚姻的意愿，从而使对方基于错误认识作出结婚的意思表示。

（二）混合性取向婚姻中"骗"之界定的实然困境

混合性取向婚姻之所以被社会舆论定义为由同性恋方的"骗婚"行为所致，是由于人们在认知上通常认为该婚姻是由于同性恋方隐瞒其为同性恋的事实，进而"诱使"异性恋方与之缔结婚姻的"欺诈"。结合上文对"骗婚"的应然标准的界定，诚然性倾向是符合"重大事实"的形式要求（即属于人身关系范畴而非财产要素），但行为人主观上是否存在"骗"之故意以及性倾向是否属于足以直接影响相对方缔结婚姻之意思表示，仍有待进一步论证。

1. 同性恋方"骗"之主观恶意难辨

在法律实践中，之所以通常无法将同性恋者故意隐瞒或不主动告知自己的性倾向直接认定为婚姻缔结层面的"欺诈"，是因为存在多种外在制约因素，其中一方面便是"性/别流动"视角下的感知偏差。所谓"骗婚"必然包含主观上欺诈的故意，而混合性取向婚姻中同性恋方是否存在主观恶意在实践中基于性/别的流动性似乎无法盖棺论定。诚如有学者指出，对于性/别与身份的认同/不认同是一个流动操演的过程❹，每个人对自我的认知都处于稳定的变化中，其中自然也包括对性别及性倾向的认同。建构主义视角下

---

❶ 田韶华：《民法典婚姻家庭编瑕疵婚姻制度的立法建议：以〈民法总则〉之瑕疵民事法律行为制度在婚姻家庭编中的适用为视角》，载《苏州大学学报》2018年第1期。
❷ 郑知谦：《论欺诈婚姻的法律效果》，载《法学》2019年第3期。
❸ 民法上的"欺诈"行为要求必须具备四个要件：一方有欺诈行为；欺诈方主观上故意；另一方陷入错误认识；另一方基于错误认识作出了与自己真实意思不相符的意思表示。
❹ 朱静姝：《不方便抽样：中国大陆"男同骗婚"研究的方法论启示》，载《中国青年研究》2016年第10期。

"同性恋成因的后天说"[1]也佐证了这一点，特别是性倾向可能会随着主观心理和外在环境的影响而产生变化，有时主体个人对这种变化的产生都始料未及，甚至未曾感知。换言之，性/别并非一种普适的体验，而是被认为植根于"我们的所作所为"。[2]因此，实践中想要在某一特定时间节点上量化某一自然人个体的性倾向指标几乎不具有可操作性，这一问题在主体个人未曾感知或虽已感知但自认仍存在恢复可能的流动空间下表现得尤为明显。但需要指出，笔者并不认可基于性/别流动，就能简单地反向推定一切性倾向都具有可变性和易塑性，即认为同性恋方可以轻易通过后天影响转换为异性恋取向。毕竟，在性取向的本源问题上，本质主义和建构主义的理论之争由来已久，人类的性经验无法进行本质主义或建构主义这样截然二分，对任何以非此即彼的方式对待性取向的态度都应该保持审慎。[3]即便我们可以抛弃同性恋基因等这样的"不可改变"说成为性倾向保护的基础，但也绝不意味着我们可以认为性倾向对于大多数个人来说是可以随意选择的，即使是社会建构的，也不一定是可以随意改变的，就像看破了红尘不一定可以叱咤红尘。[4]由此可见，混合性取向婚姻中"骗"之应然标准遇到了实然状态下的首个挑战，即基于性/别的流动性，主体个人对于性倾向的认识在实践中存在流动性、滞后性与非敏感性等问题，致使其主观上可能没有"如实告知"的"能力"，从而阻却了主观上必然构成"骗"之恶意的可能性。

对此问题另一方面的考量还涉及身份认同过程中的自我挣扎。实践中，作为性少数群体的同性恋者基于各种原因往往不会选择公开"出柜"而隐匿"性倾向"，其中不乏"身份认同"的回避现象。作为一种身份认同，性倾向成了"我们是谁"的一个重要面向，而不单是我们做了什么。[5]有一些同性恋者的自我确认颇费周折，经历了痛苦的心理波折，这种心理痛苦不是来自

---

[1] "后天说"认为心理因素和社会因素是同性恋的成因，如同年环境、青春期经历以及造成所谓"境遇性同性恋"的环境因素等。可参见李银河：《同性恋亚文化》，今日中国出版社1998年版，第27页。

[2] [英]萨莉·海因斯：《性别是流动的吗》，刘宁宁译，中信出版集团2020年版，第18页。

[3] 本质主义认为同性恋是内在的固有特性，强调自然特征的首要性，但忽略了导致性取向产生的社会与文化背景。建构主义认为同性恋是在特定的历史和文化背景下被赋予的一种身份标签，从侧面试图解构同性恋—异性恋的"自然"分类法。详见王晴锋：《同性恋研究：历史、经验与理论》，中央民族大学出版社2017年版，第80页。

[4] 郭晓飞：《本质的还是建构的？——论性倾向平等保护中"不可改变"进路》，载《性地图景：两岸三地性/别气候》，（台湾）"中央"大学性/别研究室出版2011年版，第25-26页；第42页。

[5] [英]萨莉·海因斯：《性别是流动的吗》，刘宁宁译，中信出版集团2020年版，第76页。

发现自己是同性恋本质上的痛苦,而是社会教育潜移默化所造成的那种抗拒,因而产生的不愉快。❶ 但可能是基于社会文化等多方面因素的综合影响,并不是所有的同性恋者都会完成对自己性倾向"身份"的认同。如唐魁玉就结合社会地位和社会认知程度,指出同性恋群体可以分为自我认同缺失和自我认同偏差两种类型,当其发现自己与主流文化相左的性取向时,必然会产生心理层面的不安、焦虑和迷茫。在这样的心理状态下,很多同性恋者急于进入符合主流文化方向的异性恋婚姻,进而摆脱自我认同的困境。❷ 更有学者激进地认为正是"恐同"意识驱使男同与异性结婚。❸ 通过一些研究成果也可以发现,实践中不乏同性恋者试图通过真心与异性相处,甚至组建美满家庭,以期摆脱自身显露出来的同性恋倾向。❹ 试问,在当事人自己都"回避"自身性倾向的前提下,又何以将其缔结婚姻的意思表示直接定性为具有"骗"之恶意呢?

此外需要说明的是,性/别的流动性与身份认同之回避之间存在衔接关系。正是因为性/别流动性的假设前提加之社会性别建构,才会导致作为性少数群体的同性恋者出现身份认同回避的问题。也正是在两大因素的共同作用下,导致司法实务中对性倾向问题的判断缺乏(也不可能有)客观、统一的衡量标准。故在司法实践中,主要将医学证明和当事人自认作为性倾向认定的客观标准,但未将其作为混合性取向婚姻所涉离婚之诉中的必需证据。这无疑是"骗"之主观恶意认定难在客观标准认定难度高上的折射,这一点在司法实务中也得到了印证。❺

2. 异性恋方婚意"不真实"之难断

结婚系双方法律行为,需要双方真实合意。那么在承认同性恋方"骗"之主观恶意认定难的前提下,再来看看异性恋方是否必然会因此陷入"被骗"的囹圄。"幸福的家庭幸福的方式也不一而足。每一个婚姻,不管幸福与否,

---

❶ 邢飞:《中国"同妻"生存调查报告》,成都时代出版社2012年版,第12页。

❷ 唐魁玉等:《弱势与生存》,中国社会科学出版社2018年版,第20页。

❸ Higgins, D.J., "Gay men from heterosexual marriages: attitudes, behaviors, childhood experiences, and reasons for marriage," *Journal of Homosexuality*, Vol.42: 4, (2002).

❹ 邢飞:《中国"同妻"生存调查报告》,成都时代出版社2012年版,第34页。

❺ 参见广东省珠海市斗门区人民法院(2015)珠斗法民一初字第764号;江西省横峰县人民法院(2018)赣1125民初362号;山东省东明县人民法院(2016)鲁1728民初1140号。上述判决中法院均认为"不能仅仅凭观看同性恋网站、聊天记录、保证书等行为就认定原告是同性恋"。

都是独一无二的，而且对外人而言，不可言说"❶，决定步入婚姻的理由和适配的考量因素千差万别。一方面，婚姻缔结的意思表示是当事人基于全方位、多因素的综合考量后做出的决定，这些动机包括颜值、财力、社会地位以及健康状况等。因此，不同的社会主体，无论是对婚姻缔结的意向性因素进行筛选，还是对各因素间的重要性进行排序，均有所差别。已有的一些研究数据也可表明，现实生活中并非所有的"同夫""同妻"均是在不知情的前提下步入婚姻的，"5.5%的女性在婚前知道或隐约了解配偶的真实性取向，在5.5%的同妻中，63.6%的同妻选择相信自己的丈夫婚后会改变性取向，27.3%的同妻承认婚前接受丈夫为双性恋，9.1%的同妻表示当时觉得无所谓。"❷ 也就是说，基于个体偏好的差异性，性倾向的"存在感"在婚姻缔结过程中有时容易受其他适配因素影响而暂时"掩盖"，对此问题当事人会呈现出可以"妥协"甚至"接受"的情况。这也就意味着在不同主体视角下，婚姻缔结决定中的性倾向因素确实重要但并非唯一，其并不必然否定异性恋方"缔结婚姻"的意愿，自然也就无法直接推得异性恋方会因此做出"不真实"缔结婚姻的意思表示。甚至在某种意义上，性倾向作为婚意的影响要素之一往往是在婚姻关系出现问题时才被凸显放大的，此时对性倾向问题的强烈关注更像是婚姻关系动态发展中的结果而非原因。另一方面，以上所言包括性倾向在内的诸如颜值、财力、社会地位以及健康状况等因素之于婚姻缔结之意思表示乃属于动机范畴，从行政确认的角度，很难基于当事人所谓的"真实图谋"（特别是当事人的"真实动机"林林总总、纷繁复杂，并带有特定的时代印记）去推断其婚姻缔结之意思表示的效力。比如在对以购房资格、户口迁移等目标为导向的"假结婚""假离婚"现象进行司法适用时，法院多以意思表示动机与内容区分的方式判定婚姻缔结或解除是否真实有效。换言之，在当事人基于各种因素综合考量进而做出婚姻缔结之意思表示并完成婚姻登记后，其再度以意思表示背后的"动机"之一的性倾向认知差异为由反推整体意思表示的不真实，这种逻辑往往难以在法律实践层面得到推行。

通过上述分析，再结合我国混合性取向婚姻的社会实践可以看出，笼统地将"同性恋者"故意隐瞒或不主动告知性倾向而进入异性恋婚姻认定为"骗婚"，不仅在"应然"层面缺乏实质性的统一标准，在"实然"层面也面

---

❶ [美]乔安娜·格罗斯曼，劳伦斯·弗里德曼：《围城之内：二十世纪美国的家庭与法律》，朱元庆译，北京大学出版社 2018 年版，第 59 页。
❷ 唐魁玉等：《弱势与生存》，中国社会科学出版社 2018 年版，第 30 页。

临判定困境，统统将其简单视为可撤销婚姻或无效婚姻予以规制的论断，在实践中时常显得力不从心。更何况传统上在界定"骗婚行为"的概念时，多将其目的限定在诈取钱财或其他财产权利上，而非欺骗情感。因此，笔者认为不宜将"性倾向"简单地认定为可撤销或无效婚姻的事由，而应回归自治，允许通过离婚途径来解除婚姻关系。

二、混合性取向婚姻中异性恋方的权益困境

延续以上分析，尽管在面对混合性取向婚姻的效力时，很难以一个简单的"骗"字对其进行实质判断，但这并不意味着该婚姻类型背后不存在共通性的制度困境。如许多研究从各学科多角度地剖析了混合性取向婚姻中异性恋方面临的现实问题，其中一项较为统一的结论，即"同妻"称被"骗婚"所依据的生活事实主要与两性相处及性生活相关❶，性生活不协调成为多数走进婚姻的"同志"的最大苦恼，这几乎是所有同直婚姻都会遇到的问题。❷因此，如果我们试图将混合性取向婚姻背后的困境尽可能地拉回到法律权利、义务的层面，那么配偶权中的同居义务与忠实义务无疑是其中最主要的部分。

（一）同居义务困境

同居义务，也被称为同居权，是指夫或妻在婚姻关系存续期间要求对方共同生活的权利。❸目前我国立法并未直接规定配偶间负有同居义务，但我国《民法典》的第 1079 条和第 1091 条实则体现了配偶一方不履行同居义务的后果。立法上虽未对同居义务的内容予以正面回应，但理论上不少学者都从正面认可性生活的重要地位，认为同居是指夫妻共同居住于某场所，进行包括性生活在内的共同生活。法律规定，同居权就是正视婚姻的自然属性，合理地将人的具体要求置于婚姻家庭制度的保护之下。❹也有学者从反面论证，认为如果配偶无理由拒绝满足对方正常的性需求，必将损害婚姻的感情基础，进而使家庭这个社会细胞受损。❺可见，无论是基于何种角度，承认性生活是

---

❶ 唐魁玉等：《弱势与生存》，中国社会科学出版社 2018 年版，第 7 页。

❷ 邢飞：《中国"同妻"生存调查报告》，成都时代出版社 2012 年版，第 61 页。

❸ 冀祥德：《婚内强奸入罪正当化分析》，载《妇女研究论丛》2014 年第 5 期。

❹ 史浩明：《论配偶权及其立法完善》，载《学术论坛》2001 年第 2 期；郑睿、段知壮：《婚姻关系视角下的性自主权属性探究》，载《妇女/性别研究》（第 7 卷），厦门大学出版社 2021 年版，第 143 页。

❺ 万志鹏：《婚姻中性自主权与同居义务的冲突及其解决：从"婚内强奸"说起》，载《西南民族大学学报（人文社会科学版）》2009 年第 7 期。

同居义务的核心内容已然成为学界的主流观点。同时，我国的法律实践中也支持仅因主观上无故不履行夫妻间性义务而提起的离婚诉求。❶ 综上，无论是在学理还是实务上均已达成共识，夫妻的同居义务理应包括性生活、共同的精神生活、共同的婚姻住所、互相扶持等内容。而在混合性取向婚姻的生存实践中，性生活的缺失却成为首当其冲却又非常普遍的"难言之隐"，其会导致异性恋方陷入"欠缺性魅力"的自我怀疑，进而在面对社会生活与人生态度时变得不自信。如有学者曾对300多位混合性取向婚姻中的女性进行调查，参与问卷调查的"同妻"群体几乎100%表示经历过丈夫多次回避、拒绝过夫妻生活的行为。❷

此外，精神维度的情感缺失更是成为混合性取向婚姻中异性恋方遥不可及却又无人知晓的"习以为常"。徐莎莎通过调研得出，绝大部分同直婚中夫妻的性行为很少，并且存在较为普遍的冷暴力，大部分"同妻"都说在婚后尤其是在生育后丈夫态度转变很大，曾经有过的爱恋、关心、照顾都不复存在。❸ 刘佳佳在调查研究中也证实了这一点，约有74.3%的"同妻"表示自己曾经或正在遭受婚内冷暴力，通常表现为丈夫对妻子一方的疏远与不理睬，远高于传统婚姻模式中冷暴力的平均值（约25%）。❹ 家庭冷暴力属于家庭暴力中的精神暴力范畴已成为学界共识，但对于是否有必要对其进行立法干预，学界仍存在争议。❺ 从表面上看，虽然《中华人民共和国反家庭暴力法》第2条所称的"家庭暴力"明确提及精神伤害，但大多学者认为其仅指附属于身体暴力的精神伤害，并不包含家庭冷暴力，持这一观点的学者主要是考虑到作为一种消极的不作为，冷暴力的隐蔽性较强且缺乏统一认定标准，法律难以干预。除非出现了由于极大的精神痛苦造成受害人重伤或死亡的后果，否则很难认定。❻ 但也有学者认为，只有将冷暴力纳入家庭暴力的范畴，才能与我国婚姻家庭制度中的精神损害赔偿更好地衔接，才能名正言顺地追究施暴

---

❶ 四川省南充市顺庆区人民法院（2015）顺庆民初字第2768号。
❷ 刘佳佳：《混合性取向婚姻中女性权益保护及相关法律问题研究》，载《法学杂志》2019年第11期。
❸ 徐莎莎：《同直婚对同妻性与身份建构的影响研究》，载《走向性福：第四届中国性研究国际研讨会论文集（下集）》，百骏文化出版社2013年版，第285页。
❹ 刘佳佳：《混合性取向婚姻中女性权益保护及相关法律问题研究》，载《法学杂志》2019年第11期。
❺ 刘洪华：《家庭冷暴力的立法思考》，载《南华大学学报（社会科学版）》2010年第1期。
❻ 陈明侠等：《家庭暴力防治法基础型建构研究》，中国社会科学出版社2005年版，第27页。

者的法律责任。❶ 如果说前述不履行性义务仍可明确归入违反夫妻同居义务的范畴,相较之下,仅因情感维度缺失而导致的家庭冷暴力所引发的困境却往往是目前法律所不能及的,毕竟更多时候这类行为发生在私密空间中,是一种更集中于情感层面的主观感受,难有统一的行为或其他量化标准。但无论如何,长期处于这种婚姻冷暴力之下,异性恋方会在社会普遍婚恋观评价的冲突压力下滋生出被利用和被欺骗的心理压力,亦会有不敢揭露现状,唯恐遭受社会冷眼的焦虑,有学者将这种情形界定为热暴力与冷暴力之外的"第三暴力"。❷ 可见,除了不履行同居义务之外,混合性取向婚姻中还可能存在热暴力、冷暴力甚至第三暴力,它们会导致异性恋方的情感利益极大受损,甚至会威胁到人身安全,从而丧失同居义务所要求的共同精神生活以及互相扶持义务的动力。

(二) 忠实义务困境

忠实义务作为配偶权的核心内容之一,是指不得与配偶以外的第三人进行性行为,是婚姻关系最本质的要求之一。目前学界对于忠实义务的概念主要有广义说和狭义说两种观点。狭义说认为忠实义务仅指性忠诚,即不得同配偶以外的人发生性关系;❸ 而广义说则认为夫妻之间除了要做到性忠诚之外,还要做到不得为第三人利益牺牲和损害配偶方的利益,❹ 比如不得将夫妻共同财产擅自处分给第三者。无论是以上哪一种观点,性忠诚都是忠实义务最为核心的内容,这也在我国立法上得到了回应。我国《民法典》第1043条第2款中明确了夫妻间应互付忠实义务。针对忠实义务条款的效力问题,有学者认为忠实义务更多的是一种"道德义务",将其纳入法律规定之范畴的目的意在提倡。❺ 也有学者认为,既然使用了"应当"的字眼,忠实义务理应是一种具有法律强制性的法定义务。❻ 还有学者提出了"双重义务"之融合说,认为忠实义务类似于"诚实信用",既是一种道德原则,又是一种法律原则。❼ 后两种观点均认可在司法实务中该条款应具有一定裁判规则的效力,但

---

❶ 陈丽平:《"冷暴力"应否由法律调整分歧明显》,载《法制日报》2009年2月7日,第2版。
❷ 邢飞:《中国"同妻"生存调查报告》,成都时代出版社2012年版,第160页。
❸ 刘继华:《夫妻忠实义务的界定以及违反之法律救济途径》,载《中华女子学院报》2011年第3期。
❹ 马原:《新婚姻法诠释与案例评析》,法律出版社2001年版,第28页。
❺ 马忆南:《论夫妻人身权利义务的发展和我国婚姻法的完善》,载《法学杂志》2014年第11期。
❻ 王旭冬:《"忠诚协议"所引发的法律思考》,载《南通师范学院学报》2004年第4期。
❼ 陈雪:《夫妻忠实义务研究》,江西师范大学2019年硕士学位论文,第12页。

是在适用上需要考量其特殊性，一般不具有优先性。为解决忠实义务条款之适用效力问题，立法上试图通过将违背忠实义务的行为作类型化处理，通过"将其列入离婚法定事由"及"赋予无过错方求偿请求权"等方式予以认可。例如，针对"重婚"和"与他人同居"两类违反忠实义务的典型行为，不仅通过《民法典》第1079条之规定将其视为提起离婚诉讼的法定事由之一，更是在第1091条中保障了两种情形下无过错方的离婚损害赔偿请求权。

混合性取向婚姻中的许多同性恋者在婚后仍然保持着同性恋关系，甚至因为有"家庭"作为社会舆论的挡箭牌，这种情况更是"变本加厉"。而异性恋方因自己在婚内遭遇漠视，妄图通过婚外关系寻求安慰的例子也时有发生。根据公共卫生管理的数据统计，在婚期间"男同"和"同妻"拥有的婚外性伴侣数量较大，且已婚"男同"较独身"男同"有更多的同性性伴侣。[1]张北川的调查也显示，1/3在婚期间的"同妻"在外有男性性伴侣。[2] 但在司法实务中，混合性取向婚姻中异性恋方因配偶发生婚外同性行为而要求离婚及提出赔偿的诉求时常遭遇阻碍。一方面，针对偶发性的单纯"出轨"行为，无论是发生在同性还是异性之间，在婚姻关系中本身就存在法律救济不足的问题，尽管《民法典》对此有兜底性的规定，但司法实践中无论是行为举证还是过错认定仍存在重重障碍。另一方面，即便是持续性的"与他人同居"行为，相较于异性同居关系，同性同居关系的司法认定更加困难。深究其背后归因，一是举证难，法院对认定同性恋倾向的举证责任要求较高，导致离婚诉求难以得到支持。现实生活中，同性性取向及性关系较容易隐匿于亲属、朋友、同事等社会关系称呼的背后，例如曾有男子在与妻子异地生活的情况下，与其他男子同居，被发现后却辩称是合租省钱。而女性互称"亲爱的"、拥抱甚至普通亲吻都不足以作为女同性恋的证据。[3] 在笔者所收集到的司法判决中，除医学证明及当事人自认外，仅凭同性间的艳照、情书、聊天记录、浏览同性网站记录、使用同性恋相关商品的购买记录等证据均无法证明当事人有同性恋倾向，从而也就不足以认定夫妻感情彻底破裂，往往被驳回离婚诉求。[4] 二是索赔难，实务中即使法院准予离婚，但对于异性恋方基于因他方

---

[1] 中华人民共和国国家卫生和计划生育委员会：《2014年中国艾滋病防治进展报告》。

[2] 张北川等：《固定性伴是男男性行为者的女性之相关健康问题及影响因素》，载《中国性科学》2015年第1期。

[3] 唐魁玉等：《弱势与生存》，中国社会科学出版社2018年版，第248页。

[4] 参见浙江省余姚市人民法院（2015）甬余泗民初字第229号；江西省横峰县人民法院（2018）赣1125民初362号；北京市西城区人民法院（2014）西民初字第5889号。

同性倾向受到的情感伤害所提出的损害赔偿请求或财产分割时的倾斜性要求大多得不到支持。❶ 有学者通过对十起"同妻"离婚诉讼案件进行分析，发现即使法院判决准予离婚，均是以丈夫的同性恋行为侵犯妻子的配偶权为由，将其视为"其他导致夫妻感情破裂的情形"，但对于"同妻"提出的离婚损害赔偿请求，却大多予以驳回（除有忠诚协议外）。❷

三、"爱情婚姻"理念下的婚姻情感标准

如前所述，无论是基于何种考量，一旦走入混合性取向婚姻，婚姻存续期间异性恋方确实可能会面临配偶权（尤其是同居义务和忠实义务）实现的困境。关于这些困境究竟是如何形成的问题也曾引发不同学科视角的关注。对此大多先行研究的论证逻辑往往是将"性向"视为关键要素，从"异性恋他方之权益困境是由于相关立法不完善"，到"相关立法的不完善归根结底是由于同性恋婚姻尚未合法化"，进而推得"混合性取向婚姻成为部分群体的最佳选择路径"，再基于混合性取向婚姻中不同群体的立场，进行更为细致的因素分析。❸ 此外，也有部分学者将视角深入社会文化及制度构建的层面，如唐魁玉认为传统性别文化是造成"同妻"悲剧的根源，性别文化通过对人类社会的价值观念、伦理道德、风俗习惯、制度规范等方面的渗透，使人们将其内化到个人主观意志之中，并形成一系列使社会全体共同遵守的性别规范。❹ 再如有学者主张对此不应过分着墨于"同性恋"这一身份符号，认为已婚"男同""欺骗"妻子用的是男权属性，而非用其同性恋的属性，这么做只是制造了更多人对同性恋的控诉，而没有去控诉社会主体不作为。❺ 何剑在支持后者观点的基础上更犀利地指出，恰恰是社会层面所抱持的传统伦理道德教化对混合性取向婚姻及其背后的权利义务层面法律困境起到了反向的推动作

---

❶ 参见辽宁省庄河市人民法院（2016）辽 0283 民初 5327 号；广东省珠海市斗门区人民法院（2015）珠斗法民一初字第 764 号；广西壮族自治区南宁市中级人民法院（2015）南市民一终字第 1750 号。

❷ 张健，王龙龙：《论"同妻"群体的生存困境与权利保障》，载《中南大学学报（社会科学版）》2013 年第 4 期。

❸ 详见林东旭：《同妻群体的困境和对策分析》，载《中国性科学》2013 年第 5 期；袁翠清：《我国"同妻"法律权益保护现状及对策研究》，载《西安石油大学学报（社会科学版）》2018 年第 6 期。

❹ 唐魁玉等：《弱势与生存》，中国社会科学出版社 2018 年版，第 117 页。

❺ 方晓华：《以问题解决模式看：从同直婚之争到己解》，载《走向性福：第四届中国性研究国际研讨会论文集（下集）》，百骏文化出版社 2013 年版，第 267 页。

用；其认为中国式婚姻并非单独为个人的选择和幸福而设，性别要素不可或缺，繁衍子嗣、儿孙满堂、孝的伦理价值都因此得以体现，因此以爱情、以个体选择来界定婚姻的本质几乎要成为"自私"的代名词。❶那么，如果我们换个思路，可否将"婚姻"视为目标对象，进而将以上困境的形成归咎于混合性取向婚姻之于传统"爱情婚姻"的不包容呢？

中国自五四运动起，主流文化理想将婚姻的建构确立为"爱情婚姻"，即以浪漫爱情和自由恋爱为基础的婚姻。在这种文化理想中，爱情与婚姻的关系构成了主轴，被赋予极高的地位。❷以"爱情婚姻"取代门当户对的社会分层原则，且将性的要素纳入符码，这就奠定了当代社会的基本婚恋法则。❸但问题是爱情与婚姻两者之间真的如我们想象中那样贴切与吻合吗？这里我们可以引入卢曼对爱情与婚姻的一些讨论，在其眼中，爱情本身代表着某种对规范性进行肆无忌惮之跨越的"美"，而作为规范性表征的婚姻则更加偏重于对权利与义务的具体限定。也就是说，爱情的丧失与婚姻能否维系两者之间并不存在必然的因果关系，甚至从某种意义上来看，在"爱情婚姻"的样板建构背后，婚姻本身可能就是为了束缚爱情的激情因素以及不确定性而人为打造的制度框架。"爱情是在身份丧失——而非今天的人们所认为的在身份赢得——中臻于顶峰。"❹

将视角收回到婚姻的价值基础上来，即便我们承认爱情乃是婚姻肇始的火花，但婚姻的情感因素并不会随着爱情这一微弱火苗的熄灭抑或蔓延而产生制度性的变迁。由此而产生的结果就是，貌似婚姻制度维护了情感这一价值导向，但事实上制度化的婚姻只是试图打造一种规范性的情感模板，这种模板与爱情本身并无过多的实质连接。延续这种逻辑，假设婚姻当事人无论是在主观意思还是客观行为上都努力地向这种模板靠拢（比如有研究者在田野中发现同性恋丈夫对异性恋妻子照顾有加），那么是否可以说婚姻的情感要素就已经被填满？而在异性恋婚姻中，如果夫妻双方丧失了婚姻缔结之初的那种"作为激情的爱情"，他们的婚姻是否就不再具备婚姻制度的情感要件？

---

❶ 何剑：《身份丛林中的被放逐者：中国隐瞒性向婚姻的法理困境与出路》，载《反歧视评论》（第7辑），社会科学文献出版社2020年版，第234-248页。

❷ 王文卿：《性·爱·情：过程中的主体建构》，社会科学文献出版社2019年版，第4页。

❸ [德] 尼古拉斯·卢曼：《作为激情的爱情：关于亲密性编码》，范劲译，华东师范大学出版社2019年版，第18页。

❹ [德] 尼古拉斯·卢曼：《作为激情的爱情：关于亲密性编码》，范劲译，华东师范大学出版社2019年版，第153页。

我们可以用更为简单的语言来描述这种冲突：在现实生活的考量之下，人们通常倾向于认为"真正的爱情"应该是非理性的或排斥理性计算的，婚姻应该是理性的、现实的，于是真正的爱情和婚姻就很难共存。❶

如上所述，爱情婚姻或许只是人们对于婚姻的一种"想象"，事实上我们很难把婚姻的缔结仅框定在爱情或情感的基础上。现实社会正在不断消解婚姻的情感属性，孕育并衍生出多种婚姻家庭模式，只要获得双方认同即可稳定存在。许多学者的研究也证实了这一点，如陈亚亚提出，稳定的传统婚姻在很大程度上并不是建立在双方的情感基础上，而是源于其交易性的实质、仪式性的过程和共同生活的互动。更关键的是，得到社会认可的共同生活模式在婚姻家庭中具有极其重要和不可替代的意义，这种生活模式会受到传统和社会大环境的深刻影响，单纯的情感在它面前往往不堪一击。❷ 有学者则进一步提出"利益婚姻""伴侣婚姻"❸ 以及 "表现型婚姻"❹ 等区别于"爱情婚姻"的现代婚姻模式。毫无疑问，这些模式自然也会出现在混合性取向婚姻中，例如，在一些学者对"同妻"的田野调查中，也出现过其与同性恋彼此认同的"和谐"生活状态。对此，富晓星等曾试图从双方对于婚姻的观念与期待的认知错位的角度来解释混合性取向婚姻的自身困境，其认为对于同性恋丈夫而言，走入异性恋婚姻即是符合社会秩序规范的选择；而对于异性恋妻子而言，忠诚的爱情才是婚姻的主要诉求。❺

可见，很多时候我们在探讨混合性取向婚姻中异性恋方的困境时本能地预设了一个大前提，即理想的婚姻应当是"爱情婚姻"模式，想当然地认为混合性取向婚姻由于缺乏"爱情"之要素，使双方均沦为婚姻的受害者，进

---

❶ 王文卿：《性·爱·情：过程中的主体建构》，社会科学文献出版社2019年版，第57页。

❷ 陈亚亚：《围城中的拉拉：女同性恋给传统婚姻制度带来的挑战》，载《中国"性"研究（第2辑）》，万有出版社2008年版，第143页。

❸ 利益婚姻一般指在现实社会生活中，特别是伴随着个人主义、拜金主义、物质主义、金钱至上的观点的出现和流行，婚姻的情感功能、纽带功能等不断被弱化，经济功能凸显，甚至在某些案例中婚姻的工具属性完全挤压了价值属性的空间，成为唯一的目标。婚姻异化为改善自身经济地位、社会地位的工具，其本质转变为"个人在一定社会中获得某种社会地位的手"。伴侣婚姻指除个人情感之外，个人责任感也在起作用，尤其是基于孩子的教育与抚养责任，使得许多"同妻"选择接受现实，没有对各种压力进行激烈的反抗。可参见林惠祥：《文化人类学》，商务印书馆2002年版，第15页。

❹ 表现型婚姻指夫妻双方都在追求个人发展，他们以"个人发展，而不是通过取悦对方和养育子女所获得的满足感"衡量婚姻质量。可参见 Andrew J. Cherlin, *The Marriage-Go-Round*, Vintage, 2010, p. 88.

❺ 富晓星，张可诚：《在隐性"婚"与制度婚的边界游走：中国男同性恋群体的婚姻形态》，载《华南师范大学学报（社会科学版）》2013年第6期。

而在将双方视为"水火不容"的基础上，妄图客观、公允地剖析各自的权益困境。笔者以为，这样的论证逻辑不够严谨，与现实中多样化的婚姻家庭模式并非完全匹配。婚姻关系缔结基础的多样性、情感表达方式的多重性，决定了"性"或者爱情都并非衡量婚姻质量的绝对唯一标准。

四、混合性取向婚姻中配偶权益保障的出路

当然，夫妻忠诚于彼此与精神、生活的互相扶助是婚姻关系中最核心的道德价值追求。[1] 在混合性取向婚姻中，往往由于双方性取向相异，导致可能无法达成这一道德价值追求的共识，极易造成异性恋他方配偶权（主要系同居义务和忠实义务）受损之现实困境。要从根本上有效化解该问题，笔者认为，不应仅仅将重点着眼于"同妻"或"同夫"这一更为显性的弱势群体，甚至将其置于与同性恋方敌对的立场予以探讨，而应从"婚姻"制度本身入手，通过实质与形式的二分，寻求混合性取向婚姻在道德与制度层面的化解之道。

（一）道德困境之化解

尽管现代社会的婚姻模式已不仅限于"爱情婚姻"，但必须承认，在本质属性上，社会建构下婚姻的理想模式仍应倡导以情感要素为核心。如前所述，对混合性取向婚姻的质疑主要来自同性恋一方对"同妻"或"同夫"情感维度的伤害，以及由此衍生的家庭暴力（特别是冷暴力），当然，这背后在很大程度上受到了社会舆论的压力。但有学者也曾专门质疑"混合性取向婚姻中的情感维度之困境"分析路径，认为这种分析没有将那些"未形成身份认同的'同妻'"考虑其中，"声称900万同妻都生活在水深火热之中，是在抽样上无视并代言了'沉默的大多数'"[2]。有研究者在田野调查中也发现了那些"慢慢接纳了新的婚姻状态"[3] 的"同妻"，并进而按照婚姻中丈夫给与"同妻"的情感体验分为照顾有加型、性冷落型和完全冷漠型[4]，这意味着"骗"来的婚姻与"普通"异性恋婚姻并非毫无共性[5]。即便是倾向于混合性取向

---

[1] John Finnis, *Marriage: A Basic and Exigent Good in his Human Rights and Common Good*, Oxford University Press, 2011, p.330.
[2] 邢飞：《中国"同妻"生存调查报告》，成都时代出版社2012年版，第32页。
[3] 唐魁玉等：《弱势与生存》，中国社会科学出版社2018年版，第114页。
[4] 唐魁玉等：《弱势与生存》，中国社会科学出版社2018年版，第247页。
[5] 朱静姝：《不方便抽样：中国大陆"男同骗婚"研究的方法论启示》，载《中国青年研究》2016年第10期。

婚姻效力"待定"的学者也承认,"婚姻关系中,男方是同性恋,是一个单方的身份事实而非表征夫妻间关系融洽度的事实因素,丈夫是同性恋与夫妻感情破裂之间并不存在逻辑上的因果关系"❶。而根据本研究的论证,即便是"身份事实"这一问题也并非不存在讨论的空间,即同性性行为—同性性倾向—夫妻感情破裂三个判定之间的任何一个环节均存在某种"假设"推演。这就意味着,如果我们想以情感维度的判断对混合性取向婚姻进行一定程度干预的话,其背后仍然存在若干个性差异的制约。因此,在面对混合性取向婚姻时,笔者认为不能直接简单地做一个道德判断,即认定同性恋介入婚姻就是不道德的。虽然社会上有一些既成的道德导向,但不能试图用一种理想的婚姻状态(以情感为基础的亲密关系)去嵌套同性恋者的婚姻,而不去比对异性恋婚姻。换言之,既不能断言混合性取向婚姻就是没有感情的,也不能反向推出异性恋婚姻就是有感情的。既然如此,在混合性取向婚姻的现实纠纷中就应当弱化性倾向,而强化情感因素的自治空间,即在减少甚至不再谴责同性恋群体和混合性取向婚姻的基础上,让这种婚姻关系从根本上回归自治,由夫妻双方的个体意愿来自由决定是否继续维持婚姻状态。

此外,有学者曾建议引入美国科罗拉多州的判例,将性倾向置于"婚姻成立要件"中,认为性取向是婚姻关系缔结与存在的基本前提❷。这种观点看似合理却异常激进,颇有种打着保护婚姻神圣性的旗号而大肆使国家公权力进入公民私领域的意味。性/别要素仅是混合性取向婚姻的特征之一,不能将其过分渲染上道德色彩与特定性别相捆绑,作为声讨他方权益受损的要素予以简单确认。一味谴责同性恋者在"骗婚",抹黑混合性取向婚姻存在的合理性,甚至将矛头指向整个同性恋群体解决不了实质问题。因为现阶段的社会现状在某种程度上不允许"他/她们"不结婚,❸ 从同性恋方的视角而言,恰恰是因为立法层面缺乏对于同性伴侣的相关权益保障,他们才会基于社会舆论的压力、传宗接代的需求、传统孝道的捆绑等原因选择进入混合性取向婚姻,从而让"同妻"或"同夫"沦为无辜的受害者。在当前仅认可"异性婚姻"的法律制度框架之下,同性伴侣的配偶身份是得不到认定的,其配偶权益自然也就无法得到保障,这会导致一系列诸如监护、继承、生育、抚养等

---

❶ 景春兰:《"同妻"权利保护的法律困境及其破解》,载《法学论坛》2018年第4期。
❷ 刘佳佳:《混合性取向婚姻中女性权益保护及相关法律问题研究》,载《法学杂志》2019年第11期。
❸ 唐魁玉等:《弱势与生存》,中国社会科学出版社2018年版,第211页。

现实问题。❶ 因而，也有许多学者认为应当通过同性婚姻合法化来从根本上解决这一问题。但笔者以为，同性婚姻合法化不能完全解决问题，立法只能起到引导作用，改变不了社会对于同性恋的态度，本质上还是要正视同性恋的非病态性。❷ 也有学者提出，可以将国外同性之间的伴侣式同居引入立法，但我们也要认识到，将伴侣式同居纳入婚姻法律制度中的配偶权益判定仍然存在很多的制度性障碍，其中最为核心的问题在于我国现行法律中并未从权利视角对同性伴侣的相关权益进行规范性保障，那么如果在"同妻"问题上以义务限定的方式从反向制约同性伴侣，似乎明显存在一种立法上的"歧视"悖论与本位混乱。就其路径而言，同性婚姻合法化或许过于一蹴而就，但相关立法至少应当从权利义务视角认可并增设同性伴侣的相关权益，以消除同性恋群体的后顾之忧，降低其选择混合性取向婚姻的可能性。

（二）配偶权益受损之化解

同理，在尽量淡化婚姻制度背后的道德色彩的基础上，还应通过立法从形式上不断逼近这一目的，通过双方权利和义务的规范性设置去倡导凸显婚姻之"爱"。诚如一些学者所言，法律更多的是为了界定夫妻双方的经济纠纷和孩子抚养等问题，并不负责对家庭的情感功能进行修复。❸ 但法律所保护的婚姻制度仍应基于情感纽带，体现出家庭稳定，以及反映社会对其的创设初衷。因此，其实我们并非要从根本上彻底解决该问题，只是试图在法律的框架内对其做出切实可行的回应，使得"同夫""同妻"在自身情感"受骗""受损"时，其情感破裂的诉求能够被充分认可，拥有选择离婚的可行性路径，从而把伤害降到最低。毕竟，家庭之于每个人的意义可谓冷暖自知。家庭可以向人们提供除性爱之外的很多东西，如经济功能、休息、情感的梳理、养育孩子、通过对社会依从得到群体的归属感。❹

从异性恋方的视角而言，纵使"同妻"或"同夫"不幸进入混合性取向婚姻，在得知"被骗"后，其情感因素的盈缺理应由当事人自判，即将对婚

---

❶ 《长沙同性恋婚姻登记案败诉　将公开举行婚礼》，载搜狐网，http://mt.sohu.com/20160516/n449799784.shtml。

❷ 唐魁玉等：《弱势与生存》，中国社会科学出版社2018年版，第179页。

❸ 方晓华：《以问题解决模式看：从同直婚之争到之解》，载《走向性福：第四届中国性研究国际研讨会论文集（下集）》，百骏文化出版社2013年版，第267—268页。

❹ 方晓华：《以问题解决模式看：从同直婚之争到之解》，载《走向性福：第四届中国性研究国际研讨会论文集（下集）》，百骏文化出版社2013年版，第274页。

姻的认知回归情感自治，而立法层面则至少应当保障其拥有选择退出婚姻的自由度以及权益受损索偿的可能性。笔者认为，首先应将同性之间偶发性的出轨行为或者同性同居行为明确纳入《民法典》中违背夫妻忠实义务的考量情形，保障异性恋方离婚及索赔等权益的可实现性。根据前述分析，司法实践中偶发性的出轨行为，即使发生在异性之间也存在认定难的问题。而针对同性同居行为，在当前《民法典》及最高人民法院公布的《民法典》婚姻家庭编相关司法解释的条款中，在解释"有配偶者与他人同居"之情形时更是将其排除在外，以至于同性出轨行为乃至同居行为，既无法作为婚姻关系破裂的明确法定事由之一，也无法视为无过错方损害赔偿的法定事由，使法律在面对"同妻""同夫"配偶相关权益受损时显得有心无力，更何况在司法实践中还面临同性倾向"举证难、认定难"的问题。当然正如前文所述，如果仅在立法上做义务违反情形之增加，而没有对应权益授予路径之正当，会引发立法本位之混乱。因此，笔者认为，应从整体上考虑这项制度的构建，既要立足于正面视角，适当承认同性伴侣的相关权益；又要立足于反面视角，增设对于同性性行为甚至同居行为侵犯配偶权的认可。毕竟已婚同性恋者同性同居同样违反了夫妻忠实义务，侵犯了异性恋方作为法律承认的配偶应当享有的权利。❶

此外，值得思考的是，即使在立法上明确了同性伴侣制度，在法律运作的过程中仍然会存在后续问题。就如异性之间的婚外性行为，虽然《民法典》通过增设兜底条款，使其在形式上有法可依，但参考相关裁判案例，在司法实践中仍无法回避法官认定困难的问题。为有效应对这一困境，笔者认为，可考虑引入忠诚协议，强化对其效力的认可。忠诚协议是夫妻双方对于情感不忠情形下的各方财产及人身权益作出预先安排所达成的合意。然而目前无论是理论界还是实务界，对于忠诚协议的讨论争议都较大❷，尤其是对于忠诚协议的效力未尽统一，需要依据协议内容进行具体分析。笔者认为，鉴于婚姻制度允许双方在财产关系上具有自治性，若能就忠诚协议之效力形成较为统一的做法，加强司法层面对忠诚协议认可的可能性与效力度，同样有助于应对在面临婚外同性性行为甚至同居行为时，混合性取向婚姻中的异性恋方

---

❶ 袁翠清：《我国"同妻"法律权益保护现状及对策研究》，载《西安石油大学学报（社会科学版）》2018年第6期。

❷ 对此可参见王歌雅：《夫妻忠诚协议：价值认知与效力判断》，载《政法论丛》2009年第5期；景春兰：《夫妻"忠实协议"的裁判规则解释》，载《政治与法律》2017年第8期；韩彧博：《自然之债视域下夫妻忠诚协议的效力判断》，载《学习与探索》2017年第6期。

配偶权（忠实义务和同居义务）被侵犯的环节，将其作为权益保障的有效手段之一。

五、结语

混合性取向婚姻在现实生活中的映射远比想象的复杂，因此作为学术研究，绝不可以将其一股脑地简单等同于社会层面所谓的"骗婚"。在"骗"之界定标准上，性/别的流动性与身份认同等因素均给婚姻缔结之"欺诈"的认定带来了阻碍，同时适婚要素的复杂性与个体差异性也会给异性恋方"被骗"之意思表示的判定带来困难。但不可忽视的是，混合性取向婚姻中的性倾向要素或多或少会给"同妻""同夫"群体带来配偶权益受损的现实问题，这主要集中在同居义务和忠实义务两方面。社会对于混合性取向婚姻的负面评价主要源自人们对爱情婚姻的固有印象，这种观点忽略了现实婚姻模式的多重复杂性。笔者认为，面对混合性取向婚姻的现实纠纷时，从实质上，应弱化性倾向的道德色彩而强化婚姻制度理应包含的情感要素，从形式上，法律虽无法强制婚姻中包含"爱"之要素，但可以通过权利义务的创设尽力倡导实现情感维度的价值。与此同时，立法也应为混合性取向婚姻中真正的"受害者"提供可能性的救济渠道，来弥补其在配偶权益上受到的损害。对此，笔者提出诸如适当认可同性配偶相关权益、明确将同性之间偶发性的出轨行为或者同居行为视为《民法典》中违背夫妻忠实义务的考量情形、强化忠诚协议的认可度及效力等完善建议，试图减少混合性取向婚姻中他方权益受损时的维权难题。

本文原稿曾发表于《反歧视评论》第 9 辑，社会科学文献出版社 2022 年版。

社会性别视角下夫妻忠实义务的实证研究

■ 董禧润　段知壮

2020年5月28日，第十三届全国人民代表大会第三次会议通过了《中华人民共和国民法典》（以下简称《民法典》，下文所及法律均为简称），掀起了社会各界对民事法律问题的讨论热潮。"婚姻是家庭的基础，家庭是社会的基础结构"[1]，民法与我们的生活息息相关，婚姻家庭法更甚。根据民政部公布的数据（图1）[2]，2009—2018年我国离婚率不断上升，其中不乏因配偶不忠而导致的离婚案件。当今社会由于观念变迁导致两性关系日趋开放，使部分民众的家庭责任感逐渐淡化。[3] 与此同时，基于社会性别差异，社会层面似乎在男女两性忠实义务的要求上并不相同，一些家庭生活矛盾也正是由夫妻双方对忠实义务的理解不同而导致的。有鉴于此，本文试图以夫妻忠实义务为线索，通过法律社会学的进路观察相关司法适用以及社会实践中基于社会性别构建而产生的差异性问题，进而尝试重构夫妻忠实义务的意涵，以期为后续法律实践提供具有参考性的意见与建议。

图1　2009—2018年我国离婚率

---

[1] 杨立新：《亲属法专论》，高等教育出版社2005年版，第85页。
[2] 民政部2009—2018年社会服务发展统计公报，http://www.mca.gov.cn/article/sj/tjgb/。
[3] 张冲，陈玉秀，郑倩：《中国离婚率变动趋势、影响因素及对策》，载《西华大学学报》2020年第2期。

一、夫妻忠实义务概述

（一）夫妻忠实义务的概念界定

学界对夫妻忠实义务的定义存在广义与狭义两种倾向，狭义说认为忠实义务仅指性忠诚，即不得同配偶以外的人发生性关系❶；而广义说则认为夫妻间除了要做到性忠诚之外，还要做到不得为第三人利益而牺牲和损害配偶方的利益，❷比如不得将夫妻共同财产擅自处分给第三者。甚至有学者认为，夫妻忠实义务不应该局限在感情和性的狭窄界限里，应当从更宏观的角度进行定义。该观点认为，忠实义务是指具有合法婚姻关系的夫妻实施了危害配偶另一方的人身权，使对方的人身、财产乃至精神方面受到损害的过错行为。❸笔者认为，无论是单纯的"性专一"抑或延伸至情感层面的"琴瑟和鸣"，作为一个极具生活意味的概念，对忠实义务的界定不应脱离社会观念本身，法律上的夫妻忠实义务在社会层面通常被理解为不得"出轨"，那么如果想要更好地对夫妻忠实义务进行深入分析，就必须了解社会中对"出轨"的理解。随着社会的发展，现实生活中所谓"出轨"的形式越发多样，比如先前曾一度引起热议的"微信漂流瓶"事件。该功能的初衷乃是通过随机信息匹配来结识陌生人，但后续渐渐有人利用该功能的匿名性与随机性发送不雅照片或色情语音来寻找文爱❹、裸聊甚至"一夜情"的对象。文爱、裸聊因并不发生生理性行为而有别于传统的性关系，但这些新兴现象使人们对所谓"出轨"的认定愈加多元化。反观作为部门法之婚姻法视角下的夫妻忠实义务，单纯地以是否发生生理性关系作为判断标准似乎略显狭隘，但若将感情的忠贞也包含在内又未免过于严格，因为"情感"既难以量化又并非完全意志可控。换言之，若已婚者单纯对他人心生倾慕但未采取行动，似乎不易认定为法律意义上的"出轨"。但问题是对忠实义务的讨论又绕不开"情感"维度的纠缠，如近年来争议颇多的同性恋者"骗婚"现象即是例证。❺

---

❶ 刘继华：《夫妻忠实义务的界定以及违反之法律救济途径》，载《中华女子学院学报》2011年第3期。
❷ 马原：《新婚姻法诠释与案例评析》，法律出版社2001年版，第28页。
❸ 杨春恒：《论夫妻侵权责任》，中国政法大学2009年硕士学位论文，第7页。
❹ 新生网络用语，指以一对一的形式，在没有任何身体接触的情况下，利用电话或网络即时文字会话工具，进行文字上的性挑逗、性刺激，满足对方的性诉求或者配合自慰等，通过这种臆想中的快感，从而达到精神上的性愉悦，甚至生理上的性高潮的过程。
❺ 唐魁玉等：《弱势与生存：关于同妻群体的虚拟社会人类学研究》，中国社会科学出版社2018年版，第52页。

(二) 忠实义务的性质认定

目前学界对夫妻忠实义务的性质通常有三种观点,即身份权说、人格权说以及人格化的身份权说。持身份权说的学者通常认为,忠实义务是配偶权[1]包含的权利之一,[2] 配偶权是基于法定的夫妻身份关系而产生的基本身份权,而夫妻忠实义务则是基于配偶权而衍生出的具体身份权类型。由于配偶权中权利、义务浑然一体,行使权利即履行义务。因此,忠实义务虽名为"义务",实质上却是一种以义务为中心,或者说以义务为表现形式的权利。[3] 持人格权说观点的学者则认为,在国人固有观念中"出轨"是令人不齿的行为,一旦被他人知晓势必会引起议论,那么对于被出轨一方而言,人格尊严就受到了挑战。由此可见,夫妻一方违反忠实义务与他人发生婚外性行为,并使夫妻对方或夫妻对方与其他第三人间接或直接得知的行为,不仅事实上损害了夫妻对方基于配偶关系的身份权,同时也侵害了被出轨者的人格尊严。[4] 而人格尊严作为一般人格利益被包含在人格权范围内,因此夫妻忠实义务具有一般人格权性质。还有一些学者认为忠实义务是一种人格化的身份权,这种观点认为虽然夫妻忠实义务兼具人格权和身份权的双重属性,但它不可能既是人格权又是身份权,二者之间肯定有轻重之分。首先,身份权是夫妻忠实义务的根本属性,没有夫妻关系不可能产生夫妻忠实义务;其次,人格权是夫妻忠实义务的依附性属性,只有婚姻关系合法有效存在,夫妻一方违反夫妻忠实义务为婚外性行为,使夫妻对方或第三者间接或直接得知等诸条件均得到满足时,这种性质才能凸显出来。[5]

除夫妻忠实义务的性质争议外,法律规范意义下忠实义务条款的效力也是学界探讨的热点。从《最高人民法院关于适用〈中华人民共和国民法典〉婚姻家庭编的解释(一)》第4条的规定[6]中可以看出,《民法典》婚姻家庭编第1043条并不具有单独的可诉性。这也应和了学界认为忠实义务之规定意

---

[1] 目前学界对配偶权存在一定争议,可参见杜启顺:《配偶权立法必要性的理论检讨与实践基础》,载《东北师大学报(哲学社会科学版)》2017年第5期。

[2] 杨立新:《亲属法专论》,高等教育出版社2005年版,第228页。

[3] 王泽鉴:《侵权行为法(第一册):基本理论——一般侵权行为》,中国政法大学出版社2001年版,第131页。

[4] 王利民:《夫妻忠实义务法定化的价值研究》,载《山东审判》2003年第3期。

[5] 田园,曹险峰:《夫妻忠实义务的法理学思考》,载《当代法学》2002年第6期。

[6] 该条款内容为"当事人仅以民法典第一千零四十三条为依据提起诉讼的,人民法院不予受理;已经受理的,裁定驳回起诉"。

在提倡的观点。❶ 而以王旭冬为代表的一些学者则认为，夫妻忠实义务条款规定中含有"应当"的字样，即说明了其属于法律强制性规定。❷ 除此之外，对夫妻忠实义务还存在"双重义务说"。此种观点将上述两种观点融合，认为忠实义务是一项道德义务，但不能因此认为其不可作为法律义务。法律中规定的忠实义务类似于"诚实信用"，既是道德原则又是法律原则。❸ 换言之，这种观点认为忠实义务尽管具备裁判规则效力，但在适用优先性上要大打折扣。

正因如此，法律实践中曾一度出现大量的"忠诚协议"。一般来说，忠诚协议是夫妻双方通过协商将法律规定的忠实义务具体化❹，即忠实义务是忠诚协议产生的前提和基础。❺ 人身型忠诚协议应属无效在学界基本不存在分歧，但关于财产型忠诚协议的效力目前争议较大。其中无效说认为忠诚协议多是情绪化产物而应当归属于道德问题；❻ 而有效说则认为忠诚协议是夫妻之间以合同方式对忠实义务的具体化❼，属于广义的民事契约；此外，还有部分学者通过折中主义的方式认定其应是自然之债。❽ 在法律适用层面对此还存在违约责任和侵权责任两种观点倾向，前者认为夫妻双方在婚姻维系过程中基于意思自治签订了以遵守忠实义务为内容的忠诚协议，当一方违反忠实义务时则属于违约，应当承担相应的责任。❾ 延续这种观点，隋彭生还曾提出"忠诚承诺书"的说法，认为夫妻忠诚协议是以财产为承诺对象，约定夫妻双方彼此之间应当"相互忠诚"，当一方违反约定时向对方给付财产的协议。❿ 后者则认为夫妻一方违反忠诚协议侵害了对方的配偶权，由此给对方造成的损害属于离婚精神损害赔偿的范畴⓫，只是这种观点并没有体现出忠诚协议之于忠实

---

❶ 马忆南：《论夫妻人身权利义务的发展和我国〈婚姻法〉的完善》，载《法学杂志》2014年第11期。
❷ 王旭冬：《"忠诚协议"所引发的法律思考》，载《南通师范学院学报》2004年第4期。
❸ 陈雪：《夫妻忠实义务研究》，江西师范大学2019年硕士学位论文，第12页。
❹ 陈苇，王巍，杨云：《中国法学会婚姻法学研究会2014年年会综述》，载《西南政法大学学报》2015年第1期。
❺ 王歌雅：《夫妻忠诚协议：价值认知与效力判断》，载《政法论丛》2009年第5期。
❻ 黄蓓，程泽时：《论夫妻忠诚协议》，载《求实》2009年第2期。
❼ 景春兰：《夫妻"忠实协议"的裁判规则解释》，载《政治与法律》2017年第8期；吴晓芳：《当前婚姻家庭案件的疑难问题探析》，载《人民司法》2010年第1期。
❽ 韩彧博：《自然之债视域下夫妻忠诚协议的效力判断》，载《学习与探索》2017年第6期。
❾ 曾婷：《浅析夫妻忠诚协议之法律效力》，南昌大学2020年硕士学位论文，第8页。
❿ 隋彭生：《夫妻忠诚协议分析——以法律关系为重心》，载《法学杂志》2001年第2期。
⓫ 何晓航，何志：《夫妻忠诚协议的法律思考》，载《法律适用》2012年第3期。

义务的"具体化",且这种观点将忠诚协议严格限定在婚姻解除之下,认为其系为实现离婚目的,由同一方出具的承诺离婚时赔偿巨额款项的协议,属于离婚所附的条件。❶ 对此也有学者提出反驳,认为这侵犯了当事人的离婚自由权。❷

依笔者管见,对忠诚协议的争议最终仍要归结到其究竟为何种性质的"契约"上,对此有学者认为"夫妻忠诚协议是夫妻之间就夫妻双方在情感和肉体上互相忠诚、不为婚姻外之性行为,在性生活上互守贞操、保持专一的约定。作为规定夫妻双方忠实义务的一种载体,它是身份协议"❸;相反,有学者则认为"其不是身份关系的协议,而只能是特定身份关系的主体订立的财产协议"❹。笔者认同后者的观点。身份协议是指以发生一定身份关系为目的者,其核心在于身份关系的产生、变更与解除。❺ 忠诚协议所约定的是违反忠实义务的情形,虽然是基于夫妻这一身份关系而约定的,但在实质上并没有导致身份关系产生、变更或解除的法律后果,因此不宜认定为身份协议。只不过鉴于夫妻共同财产制,除另有约定外,忠诚协议与忠实义务一样只有在婚姻解除及之后才能适用。

无论如何,当下一些夫妻通过签订"忠诚协议"以期达到约束彼此,进而维系婚姻的目的,由此便产生了许多相关的案件纠纷。笔者在中国裁判文书网上直接以"忠实义务"为关键词检索相应离婚诉讼,发现2018—2020年相应裁判分别有148份、172份以及138份,其中包含"忠诚协议"及同类内容(如保证书、悔过书等)的裁判分别为7份、10份以及11份(图2)。由此可见,虽然以"忠实义务"为标的的离婚诉讼案件数量有所浮动,但其中涉及"忠实协议"及同类内容(如保证书、悔过书等)的案件不断上升。但立法对于"忠诚协议"并无明文规定,也就导致学界对该问题的探讨百家争鸣。因此,如何理解夫妻忠实义务以及"忠诚协议"仍需回归到司法实践当中。

---

❶ 王俊凯:《夫妻财产分割模式》,北京大学出版社2016年版,第93页。
❷ 刘加良:《夫妻忠诚协议的效力之争与理性应对》,载《法学论坛》2014年第4期。
❸ 郭站红:《夫妻忠诚协议的法学思考》,载《宁波大学学报(人文科学报)》2010年第2期。
❹ 孙国良、赵梓晴:《夫妻忠实协议的法律分析》,载《学术论丛》2017年第9期。
❺ 王泽鉴:《债法原理》,北京大学出版社2016年版,第133页。

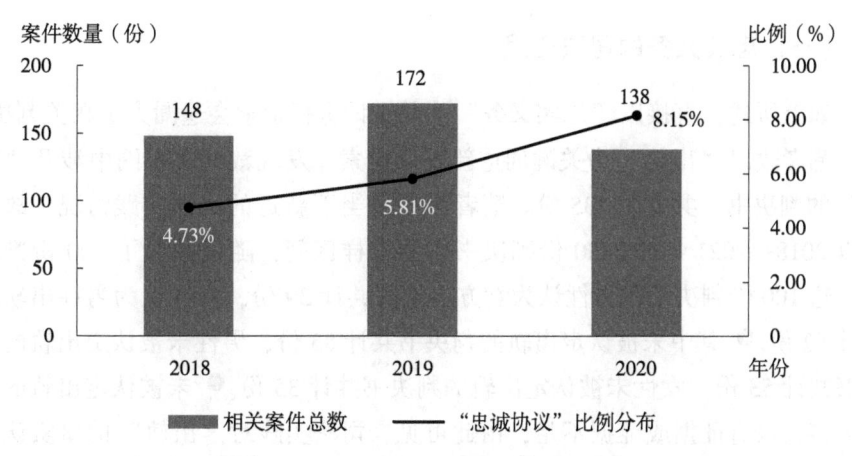

图2 "忠诚协议"在忠实义务类婚姻纠纷中的比例分布

二、司法适用视角下夫妻忠实义务的实证分析

在进行案例分析之前首先要明确的是，单纯地违反夫妻忠实义务或者称之为"出轨"行为并不必然引发法律后果。在婚姻存续期间，若一方发生了违反忠实义务的情形，但另一方不予追究或不以离婚为前提进行追究，那么至少在司法层面法律不会介入。简言之，因违反忠实义务而提出的损害赔偿以及财产分割必须以夫妻双方离婚或已经离婚为前提。此外，出轨情形既可以认定为过错进而作为法院财产分割时的考量依据。❶ 同时，无过错方还可以对出轨方提出损害赔偿请求。❷ 但在《民法典》生效之前，根据《婚姻法》第46条的规定，可作为违反忠实义务的情形进而提出离婚损害赔偿的仅限于"重婚或者与他人同居"两种。虽然导致离婚诉讼的原因多种多样，但"出轨"作为其中之一占比不低，只是由于举证难等原因，法院因"出轨"判决离婚的案例少之又少。如有学者根据调研指出，在以一方婚后与异性关系密切或有不正当关系作为离婚理由的诉讼案件中，法庭最后实际认定的仅占离婚案件总数的9%。❸

---

❶ 《民法典》婚姻家庭编第1087条第1款规定："离婚时，夫妻的共同财产由双方协议处理；协议不成的，由人民法院根据财产的具体情况，按照照顾子女、女方和无过错方权益的原则判决。"

❷ 《民法典》婚姻家庭编第1091条规定："有下列情形之一，导致离婚的，无过错方有权请求损害赔偿：（一）重婚；（二）与他人同居；（三）实施家庭暴力；（四）虐待、遗弃家庭成员；（五）有其他重大过错。"

❸ 王晓松：《从审理婚姻案件中看适用婚姻法的新情况、新问题》，载夏吟兰、龙翼飞：《和谐社会中婚姻家庭关系的法律重构》，中国政法大学出版社2007年版，第91页。

（一）忠实义务的司法适用

如上所述，直接以"忠实义务"为关键词进行检索会遗漏大量相关判决，因此笔者改以"出轨"为关键词重新进行检索，发现裁判文书网中涉及"出轨"的判决书一共有 13235 份。笔者为了解当下新近的法律实践情况，故选择以 2018—2021 年的 2830 份判决书作为取样区间，随机抽取了 100 份判决书。这 100 份判决书中男性认为女方出轨的共计 39 份，女性认为男性出轨的共计 62 份。[1] 其中未被认定出轨的判决书共计 85 份，男性未被认定出轨的判决书共计 53 份，女性未被认定出轨的判决书共计 35 份。[2] 未被认定出轨的理由大多为没有证据或证据不足，由此可见，司法实践对"出轨"的事实认定较为困难。当然，这种对"出轨"认定的严谨性一方面可以避免当事人随意伪造证据，从而试图多分财产或获得赔偿；但另一方面，举证过于困难也有可能造成真正出轨的情形得不到认定，从而导致被出轨方利益受损。

在 15 份被认定出轨的判决书中，男性被认定出轨的有 9 份，女性被认定出轨的有 6 份。尽管样本量不大，但这 100 份判决书中"出轨"诉由的性别指向差异也可以从侧面体现出似乎男性出轨的情况相对较多。此外这 15 份判决书中提出财产分割的共有 13 份，除了 1 份判决书中夫妻双方约定财产平分外，只有 6 份在财产分割时考虑了出轨方的过错，在分割财产时偏向了无过错方。而 15 份判决书中提出损害赔偿的共有 7 份，其中有 4 份获赔，3 份以非《婚姻法》第 46 条规定的法定情形为由未予认可。可见在离婚诉讼中，以对方出轨为由要求对方少分财产或损害赔偿的情形时有发生，但最终获得赔偿的案例却并不多。一些类似研究也可以说明这种情况，如有学者根据在哈尔滨市随机抽取的 100 件二审离婚案件指出，尽管有 24 件提出了损害赔偿，但因举证等问题均未获得赔偿。在厦门市某区的 398 件一审案件中，只有 4 例提出损害赔偿，其中仅有 1 例获得了赔偿。[3]

通过以上数据可以看出，在涉及忠实义务的离婚财产分割以及损害赔偿方面，司法实践似乎并没表现出明显的性别倾向。虽然旧《婚姻法》第 46 条采取穷尽式方法圈定了离婚损害赔偿的范围并不利于被出轨方的保护，但

---

[1] 数量大于 100 是因为在（2020）云 08 民终 385 号判决中，夫妻双方均怀疑对方出轨。

[2] 数量大于 85 是因为除前文所述一判决中夫妻互相怀疑外，还有两份判决书中女性认为男性出轨，请求法院调查后却证实女性出轨的情况。

[3] 夏吟兰：《离婚救济制度之实证研究》，载《政法论坛》2003 年第 6 期。

《民法典》婚姻家庭编第 1091 条将穷尽式改为列举式避免了此类问题的出现。而在《民法典》出台之前，忠诚协议的出现在一定程度上弥补了这一不足。

(二) 忠实协议的司法适用

为了消除司法适用中单纯以"出轨"表现的忠实义务认定障碍，笔者决定重新选择"忠诚协议"作为切入点来观察忠实义务在法律实践中的运行。忠诚协议的内容因种类不同而有所差别，实践中一般存在双方协议与单方承诺两种。双方协议一般由双方自行拟定，约定彼此均不得出轨或不得出现某些行为；单方承诺有时也被写作"保证书""忏悔书"等，很多是在夫妻一方发生出轨行为后，另一方（有时还是在社区民警的监督下[1]）要求其签署的保证不再发生出轨行为的凭证。由此可见，此种协议中并没有明确地表明忠实义务内容，权利、义务仅泛指参照出轨方先前的行为。而对于事前约定的忠诚协议，双方往往有足够的时间去协商，内容方面也就规定得更加明确。

为了更加客观地描述社会实践中"忠诚协议"的文本表述，笔者选择以"淘宝网"上公开出售的忠诚协议为样本进行观察。现阶段销售量较高的忠诚协议范本大致分为两种，一种为简明扼要地约定双方"不得发生任何形式的婚外性行为"，包括但不限于"嫖娼、卖淫行为""偶然的婚外性行为""长期通奸，同居行为"等；有时还会约定违反忠实义务的推定行为，如"在非合理场合存在超出正常交际的亲密行为""与异性长期存在耻辱淫秽言语、图片信息往来"等。[2] 另一种忠诚协议的约定范围则更加广泛，其内容除上述针对两性关系问题外，还包括"双方外出不得晚于 24:00 回家""任何时刻不能以手机没电等理由失去联系 12 小时以上"等生活细节。[3] 这两种不同内容的忠诚协议也可体现出在社会生活中，许多民众对忠实义务的理解并不限于性行为。至于违约责任的部分，一般情况下忠诚协议中会规定"出轨方"须净身出户并赔偿一定金额的财物，但有的忠诚协议也规定以上两种为二选一模式。此外，还有一些忠诚协议会约定"在离婚后出轨方每月给与被出轨方一定数额的生活费"等。

---

[1] 如后文还会提到的叶某、沈某离婚损害责任纠纷案，详见贵州省贵阳市中级人民法院 (2020) 黔 01 民终 286 号。

[2] "正规夫妻忠诚协议书打印婚内出轨家暴净身出户保证书保护婚姻"，https://m.tb.cn/h.4OT02ur？sm=2a3dd6。月销量 28 份，大多数买家默认好评，因此不能排除刷单可能。

[3] "纸质版夫妻婚内忠诚保证书打印好的婚姻忠实协议书出轨保证书家暴"，https://m.tb.cn/h.4m2Lw92？sm=035224。月销量 11 份，大多数买家默认好评，因此不能排除刷单可能。

除了对"忠诚协议"的内容进行观察外，笔者在中国裁判文书网上以"忠诚协议"为关键词搜索相应的婚姻诉讼，共计出现了 83 份判决书[1]，笔者随机抽取了 25 份涉及"忠诚协议"的判决书，其中以夫妻间签订的"忠诚协议"起诉的相应判决书仅有 8 份（表 1）。其余案例中除部分为情侣间签订的"忠诚协议"引发的同居析产纠纷外，均未将"忠诚协议"作为争议焦点讨论其效力。

表 1　以"忠诚协议"为案由的相关判决

判决文书	"忠诚协议"种类	内容	认定及履行情况
（2016）鲁 09 民终 1539 号	婚前双方签订	净身出户	未认定、未履行
（2018）豫 13 民终 808 号	未说明	未说明	未认定、未履行
（2020）黔 01 民终 286 号	男方出轨后单方出具	净身出户并赔偿 50 万元	未认定、未履行
（2016）鲁 14 民终 1538 号	男方出轨后单方出具	净身出户	未认定、未履行
（2014）剑民初字第 283 号	未说明	未说明	未认定、未履行
（2016）云 0521 民初 299 号	女方出轨后单方出具	赔偿 100 万元	未认定、未履行
（2018）黔 01 民终 5882 号	男方出轨后单方出具	净身出户并赔偿 30 万元	仅支持了 2 万元赔偿
（2020）内 07 民终 918 号	婚后双方签订	净身出户	忠诚协议效力已被离婚协议效力覆盖

从表 1 中可以看出，夫妻间刻意签订忠诚协议的情形并不多，更多的是一方基于先前出轨行为而出具的单方协议。其中认定协议有效的案件只有一件，即（2018）黔 01 民终 5882 号判决，且这份认定有效的判决也并没有完全按照协议履行。对于此问题，同一个法院甚至还曾出现类似"同案不同判"的现象，比如（2018）黔 01 民终 5882 号判决与（2020）黔 01 民终 286 号判决（表 2）。

---

[1] 上文中提及搜索到的 28 份 2018—2020 年以"忠诚协议"为关键词的裁判文书是在对"忠实义务"进行首次检索后再进行二次抽选。

表2　贵阳市中级人民法院两件关于"忠诚协议"的案例比较

案件情形	（2018）黔01民终5882号	（2020）黔01民终286号
共同点	一审依据男方出轨后签订的忠诚协议（"保证书"，内容均为若再出轨则净身出户并给与赔偿）起诉后，一审判决准予离婚并分割财产后，女方不服一审判决提起上诉，男方出轨一事均有证据证明，且被法院认定为事实清楚	
忠诚协议签订背景	出轨后自行签署	出轨后在派出所民警在场的情况下签署
忠诚协议约定的赔偿金额	30万元	50万元
认定出轨的事实	同第三者发生性关系	同第三者的暧昧电话语音
忠诚协议认定情况	有效 理由：男方认为非真实意思表示，但无证据证明	无效 理由：原告通过报警等措施给被告施压，被告为了平息矛盾及维护家庭稳定，系非真实意思表示
判决赔偿情况	基于忠诚协议及公平原则男方赔偿女方2万元	无须赔偿

针对前文所言包含内容相对广泛的忠诚协议，法院认为"夫妻共同生活中避免不了发生互相不信任的情况，但协议中约定'原告不得再欺骗被告，否则赔偿被告100万元'的内容为道德义务，不是法律义务……在婚姻法及其他民事法律规定中，只规定了对夫妻财产可以约定，对夫妻之间的忠实义务未规定可以采用约定的制度"❶，可见司法机关似乎在有意回避这个问题。对此，一些判决是从协议真实性入手否定协议真实性，或者基于"出具该保证书时尚未与原告办理结婚登记手续，因此该保证书不具有夫妻忠诚协议效力"否定其效力；而另外一些判决虽然没有明确表示协议有效，但也通过

---

❶ 云南省施甸县人民法院（2016）云0521民初299号。

"证据不足以证明出轨"[1]"被离婚协议覆盖了效力"[2]等理由避免了判决依据忠诚协议来履行。

此外，在一些个案中，法院对出轨及其他婚姻过错的交叉考量也值得思考。如在上述提及的（2014）剑民初字第283号判决中，法院认定事实如下：男方以女方在婚姻存续期间发生了出轨行为为由起诉离婚，要求判决离婚并给与精神损害赔偿。而女方基于男方对自己实施了（因出轨而导致的）家暴行为要求损害赔偿及经济帮助。法院最终判决双方离婚，认为男方所要求的精神损害赔偿于法无据（即出轨行为不属于《婚姻法》第46条请求损害赔偿的情形），不予支持；而女方所要求的经济帮助因女方有固定的职业和稳定的收入，不属于婚姻法规定的"一方生活困难"的情形，故也不予支持。有趣的是，针对女方基于家暴提出的损害赔偿，法院认为其提供的证据仅能证明男方因女方存在问题殴打过女方，但不能认定殴打时间为婚后。可是判决事实部分却表示，男方自述"在事发（发现女方出轨，法院认定出轨是在婚后）当天是打了她"。同时，针对财产分割的问题，法院认为，由于女方对导致夫妻感情破裂存在过错，故在分割财产时对作为无过错的原告可适当多分，但并没有将男方自认的家暴行为认定为过错进行考虑。由此可以看出，法院面对出轨和出轨后的家暴，仅仅认定了出轨方的过错，但并没有认定家暴方的过错，甚至都没有基于男方自述而认定家暴行为。当然，此时的分析无法完全还原该案件的全部事实及背景因素，但在事实认定方面法院似乎存在这样一个判断逻辑，即出轨事实的严重性要大于（或覆盖）因出轨导致的家暴。不过即使如此，因旧《婚姻法》没有确定单纯"出轨行为"的离婚损害赔偿，所以即便是在比较下更具"严重性"的出轨之法律后果也仍只能停留在分割共同财产的考量因素层面。

稍加总结，从目前事关夫妻忠实义务的相关案例分析中可以看出，当下司法适用层面对违反夫妻忠实义务的法律保护还不够完善，一方面可能是由于事实认定的举证困难，而另一方面则是由于对夫妻忠实义务的立法仍有所欠缺，特别是在面对忠诚协议等问题时无法可依，最终导致判决差异较大。

三、社会实践视角下夫妻忠实义务的实证分析

尽管以上的司法案例为我们提供了针对夫妻忠实义务问题的法律实践图

---

[1] 山东省泰安市中级人民法院（2016）鲁09民终1539号。
[2] 内蒙古自治区呼伦贝尔市中级人民法院（2020）内07民终918号。

景，但为何在司法实践中频现的"出轨"诉求不能被法院认定为事实？这种认定数量上的落差除证据层面的司法考量外，是否还存在社会观点与法律规范之间可能的脱节？为了更好地了解社会民众对夫妻忠实义务的认知以及实践，笔者进行了包括问卷和访谈两种形式在内的实证调查，希望可以从中得出一些结论。

笔者通过自身及家人的社交网络进行了在线问卷发放，累计收到259份有效问卷。在调研对象上，笔者主要选取了青年群体，其中年龄在20~30周岁区间的占57.7%。此外，男性受访者占30.6%，女性占69.4%。不同婚姻状况中的年龄占比情况如图3所示。

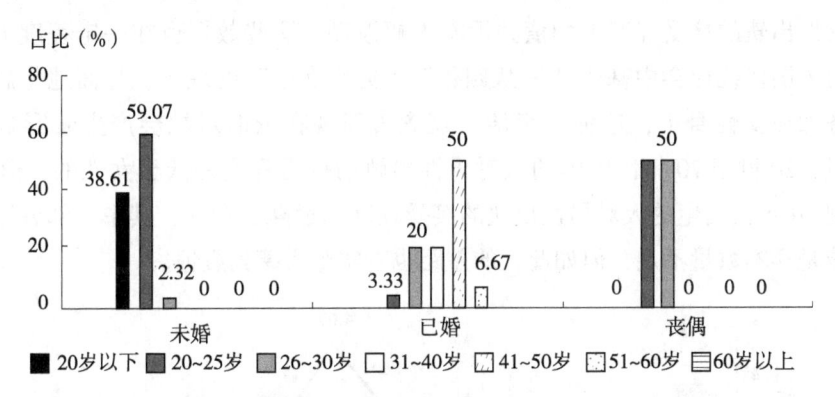

图3 问卷调研对象不同婚姻状况中的年龄占比情况

为了探究男女对违反忠实义务的包容度，笔者设置了"您对于男/女出轨的接受程度是多少"这一问题。该问题共设置了从0~10分共十一个选项，0代表完全不能接受出轨，10则代表完全能接受出轨。根据问卷结果，笔者统计出了男性、女性对出轨接受程度的平均值及差值（表3）。

表3 男性、女性对出轨接受程度的平均值及差值

出轨者性别	受访者性别		差值
	男	女	
男	2.53	0.8	1.73
女	1.16	0.96	0.2
差值	1.37	−0.16	—

从表3中可以看出，女性对于男/女两性出轨的接受程度平均值接近，仅差

0.16，但男性对于男/女两性出轨的接受程度平均值相差 1.37。同时男/女两性对于男性出轨的接受程度平均值分别为 2.53 和 0.8，相差 1.73，但男/女两性对于女性出轨接受程度的平均值仅相差 0.2。在 26~30 岁的问卷中，有且仅有一位女性对男/女两性出轨的接受程度不同（对男性出轨接受程度为 6，对女性出轨接受程度为 5），也是为数不多的对女性出轨接受程度低于男性的女性。在 31~40 岁的问卷中，有 4 位男性对于男/女两性出轨的接受程度不同，其中有两位被调查者的差值达到 8，即对男性出轨的接受程度为 8，但对于女性出轨完全不能接受。但由于这两位并不愿意接受深入访谈，因此未能得知缘由。

从图 4 可以看出，对于男性出轨接受程度的平均值有明显浮动，但是对于女性出轨的接受程度平均值并没有大幅波动。这些数据也在一定程度上表现出中国传统社会中基于"三从四德""男尊女卑"的理念，片面地将忠实义务加在女性身上，这种"贞洁"观念直至现在依旧对社会产生着影响。❶ 同时，20 世纪 70 年代出生的人对男性出轨的接受程度是低于女性的，但 20 世纪 80 年代出生的人对男性出轨的接受程度则远高于女性，其中一部分原因可能是样本数量不足，但如此大的差距也着实令人感到震惊。

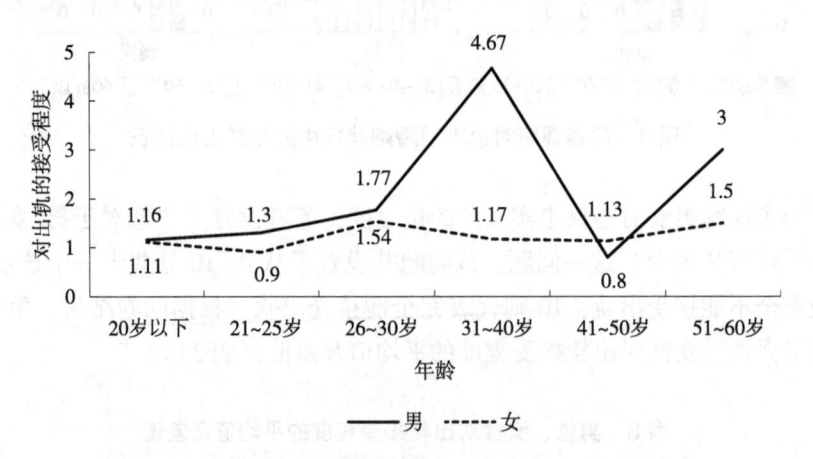

图 4 问卷调研中各年龄段对男女出轨的接受程度折线图

由于已婚男女出轨的个案具有极强的隐蔽性且可能具有高度的敏感性，故难以通过常规的方式进行调研。因此，笔者采用了"虚拟民族志"，即在虚

---

❶ 刘莉，郭振清：《中国婚姻法概论》，中国政法大学出版社 1999 年版，第 50 页。

拟现实环境中进行的、针对网络及利用网络展开的民族志研究方法。❶但如何精准地找到（可能）存在"出轨"事实的已婚人士仍然让笔者大费周折，诸如豆瓣网等网络平台上的"出轨后的心理感受"等热门话题为笔者提供了一定的指引，此外在前文所说的"微信漂流瓶"事件后，类似的"约炮"功能App❷层出不穷。如果已婚人士使用这类App，则在一定程度上可以将其"拟定"为存在"出轨"（可能）的研究对象。因此，笔者随机下载了两款类似"微信漂流瓶"的App，一款名为"遇见漂流瓶"，另一款名为"新漂流瓶"。笔者首先在"遇见漂流瓶"软件中以女性身份进行了注册使用，使用过程中发现该软件的使用者大多为20~35岁的男性❸，且其中有一部分"女性"用户为男性冒充，目的可能是实施色情诈骗行为。此外，由于该软件的使用者通常具有较强的目的性而非正常交友，因此调研过程中经常出现骚扰状况使访谈大多无疾而终，不过还是有一些App使用者在笔者表明来意后自愿接受了访谈。而对另一款名为"新漂流瓶"的软件，笔者是以男性身份进行注册，截至成稿，无论笔者如何操作都没有收到任何女性的回复，相反却收到了一些男性的回复。为了弥补女性受访者的缺失，后续笔者又试图通过网络找到有"出轨"经历的女性进行访谈。但已婚女性对该问题的分享欲似乎不是很强，如一位已婚女士在笔者表明来意后认为"这是个人隐私"，即便笔者解释该访谈内容仅用于学术研究且不会暴露个人信息，这位女士也不愿接受访谈。最终笔者共对19人进行了深入访谈，其中有16份访谈内容可用于本研究，受访者的相关基本信息如表4所示。

表4 受访者的相关基本信息

受访者代号	性别	年龄（岁）	婚姻状况
A	男	28	结婚三年，有孩子
C	男	32	结婚七年，有孩子
D	男	29	结婚三年，没有孩子，自认为婚姻名存实亡

---

❶ 唐魁玉等：《弱势与生存：关于同妻群体的虚拟社会人类学研究》，中国社会科学出版社2018年版，第2~3页。

❷ 这类软件通常表现为使用者以匿名和随机匹配的形式，通过发送色情图片或语言来寻找愿意一起进行色情活动的对象。不同于普通交友软件的严格管理，此类软件对色情行为持消极管理态度。

❸ 由于这类软件非实名制认证，笔者无法了解他们在个人信息上是否存在谎报的情形，因此数据可能并不完全准确。

续表

受访者代号	性别	年龄（岁）	婚姻状况
E	男	29	已婚，孩子上小学
F	男	31	已婚
G	男	29	刚结婚
H	男	27	结婚五年
J	男	28	结婚三年
K	男	28	结婚三年
L	男	28	已婚，有孩子
N	男	不详	已婚
O	男	32	恋爱期间因出轨导致分手，目前未婚
P	女	21	恋爱中
R	女	24	恋爱中
S	女	36	结婚七年，有孩子
T	女	36	结婚五年，有孩子

（一）夫妻忠实义务的社会认知

1. 如何确定"出轨"或"违反夫妻忠实义务"

访谈中，受访对象对"违反夫妻忠实义务"行为的定义存在较大差异，一部分受访者认为只有发生生理性行为才属于违反夫妻忠实义务，因此他们并不认为自己使用这种软件的行为属于"出轨"。如 K 先生认为"毕竟是虚拟的"；F 先生也表示"谁都有点小秘密，犯点错（指暧昧）不要太斤斤计较"。而对于纯粹的暧昧行为，O 先生则认为如果对方知道了这种暧昧关系也算是出轨；G 先生认为暧昧本身一定包括后续的性关系期待，因此属于精神出轨。

另一部分受访者则认为违反夫妻忠实义务的情形既包括发生生理性行为，也包括一些暧昧关系。还有人认为有感情的性行为或暧昧才属于违反忠实义务，他们并不认同嫖娼等单纯的性交易属于违反忠实义务，如 A 先生表示"找小姐不算出轨，只是一种交易。带感情的，不是职业卖的，才算出轨"；J 先生认为"只是发生性关系，是生理需求。'约炮'，没有感情的爱情不算爱情"。

此外，认为违反夫妻忠实义务的行为必须以配偶不知晓为前提的受访者

社会性别视角下夫妻忠实义务的实证研究

不在少数，如 E 先生表示，自己朋友的老婆为了给患有白血病的孩子治病而从事性服务行业，其朋友并不介意，甚至会为了感谢曾借钱给自己的人而邀请他们与自己的老婆发生性行为。而喜欢"换妻"的 N 先生也表示"都是自愿的，老婆也同意，就是为了找刺激而已"。D 先生则表示自己的婚姻已经名存实亡，老婆也知道自己和别的女性有性关系，但是因为两个人（指与配偶）没有感情，因此不算违反忠实义务，但是如果"夫妻之间没有大问题，那肯定不应该这样"。

一部分女性受访者认为"肉体出轨就是和别人发生性关系，精神出轨就是想和别人谈恋爱"，同时 P 女士表示这种"想和别人谈恋爱"的行为并不包括现下所称的"男/女友粉"[1]，因为"男/女友粉很大程度上是出于对明星的爱慕，并且他俩在一起的可能性几乎为零"。R 女士也认为"追星只是一种娱乐消遣的方式，并不会想在一起，出轨的喜欢是有想在一起的想法，或者已经为之努力了"。S 女士则认为"没有感情的单纯的性关系不属于出轨，只有基于情感而产生的行为（包括暧昧行为和肉体行为）才属于出轨的范畴"。而 T 女士认为"没有发生性行为就不属于出轨"。

2. "出轨""违反忠实义务"的原因

如上所述，笔者在调研中发现，所谓"约炮"App 的使用者中不乏相当比例的已婚男士，且其中有人认可使用这种 App 违反了忠实义务。如 H、D 两位先生表示自己和老婆正处于异地阶段，生理需求得不到满足，所以才会使用这样的软件试图发展"一夜情"。此外，有一些受访者认为"出轨"是很正常的现象，如 A 先生称"我需要新鲜感，每个人都需要新鲜感。等你结婚以后，每天围着孩子家务，就会需要"；G 先生则表示"男人没有不精神出轨的。别人的老婆才是最好的，男人的感觉。只要顾家就行，男人没有不偷腥的"。由此可见，一部分受访者认为违反忠实义务是男人的天性。当然，还有一些受访者如已婚的 L 先生仅仅是因为觉得"孤单无聊想找人撩撩"，同时觉得这样的行为并没有太过分而使用了该类软件。

另外，O 先生和 J 先生表示自己在现实生活中也有过类似"一夜情"的行为。其中，一位是因醉酒后自控力下降同他人发生了性关系，还有一位是因"生意失败很沮丧，和老婆又是异地，正好有个姑娘很主动，就（顺势发生了性关系）"。同时，O 先生认为，"女性出轨要么是因为老公不行，寂寞，要么是本身就浪荡"。可见许多男性会将自身"出轨"的原因归结到配偶身

---

[1] 网络用语，指将明星视为自己男/女友的粉丝。

上,甚至认为"出轨"的女性对象才是导致自己违反忠实义务的根源所在。

有女性受访者认为"刻在男性骨子里的贱和他们不懂得对家庭的珍惜导致男性更容易出轨"。P女士提及,"感觉还有种可能是,他们对家庭的付出少,所以更不在意如何去维护家庭";而R女士则表示,"(出轨的原因可能是)接触的形形色色的人比较多,容易抵制不住诱惑。可能是为了利益之类的。也有可能是单纯地不爱了,还有寻求刺激"。另外,有过出轨经历的S女士则表示,自己出轨是因为"同老公没有什么感情了,但我又是很希望获得情感的人"。而T女士则是因第三者的外貌优于自己的丈夫且享受这种被追捧的感觉,才同第三者保持暧昧关系。

(二)对违反忠实义务的包容度

1. 对自己与配偶违反忠实义务的态度

在访谈中,部分受访者虽然认为自己使用该"约炮"软件属于出轨,但在笔者问及"你能否接受你的配偶也使用这种软件"时,他们纷纷表示可以接受。更有甚者,有的表示能够接受自己和他人发生性关系,也能够接受配偶同他人发生性关系,如E先生称"只要是生理需要,我就当不知道,我可以理解的"。

也有部分受访者表示只能够接受自己出轨,但没办法接受配偶出轨。认为使用这类软件属于精神出轨的G先生表示,"不会愧疚,觉得很正常。女人还好吧,但也有好多好多(出轨的),只要迈出了第一步就感觉正常了,其实也没什么。女人也会想尝试其他男人啊,只不过是碍于伦理道德束缚"。在G先生眼中,基于伦理道德的忠实义务对女性的束缚更大,所以他不接受自己的配偶使用这类软件。在被问及为什么会有这样的差别对待时,他表示"我是男的,没伦理(束缚)。男人很自私的,自己可以去撩,但是不允许自己的女人去玩"。O先生也认为男女双方在对违反忠实义务的忍受度上存在差别,"女性离婚大部分不是因为老公出轨,女人忍受出轨的程度比男人大很多。但是男人绝对忍不了(女性出轨)"。

在女性的视角下,T女士认为自己没有同第三者发生性关系,因此不属于出轨的情形,但若自己的丈夫同他人保持暧昧关系则不能接受。而S女士则表示,"因为和他(丈夫)没什么感情了,所以也不在乎他出不出轨"。

2. 对他人违反忠实义务的态度

在被问及这个问题时,有部分受访者认为出轨是"人之常情","要接受自己就是平凡人"。F先生表示，在目前这种男女比例严重失调的环境下，出轨成了一种很正常的现象。他说道，"尤其是女士选男士，你可能体会到了被好几个男孩子追求。你没结婚是这样的，结了婚这种情况也不会改变，你经得起这样的诱惑吗？所以出轨就变得顺理成章了。"但他并不认为女性比男性更容易出轨，"女人经不起诱惑，男人更经不起诱惑。女人没了后顾之忧，那种行业（色情行业）自然就兴起了。那种行业兴起，男人同样忍受不了诱惑"。

面对男女两性出轨概率的问题，有受访者表示出轨同性别无关，"其实男人女人都一样，都会有好奇心理"。D先生谈道，"人都有情感需求和生理需求。"而另一些受访者认为男性可能比女性更容易出轨，比如G先生认为由于道德伦理对女性的束缚更强，也就导致女性比男性不容易出轨一些；A先生则表示"只要有合适的人、合适的条件，男女都会出轨，但是在条件一样的情况下，男的更加容易出轨。不过也要考虑个人（差别）"；R女士也提到"女性成熟得比较早，责任感更重一些，男性比较冲动吧，容易出轨"。

3. 违反忠实义务的包容度变化因素

在与E先生的访谈中，笔者被问及能不能接受配偶使用此种软件。在笔者回答自己尚未结婚，所以还不是很确定后，E先生表示以前他也不能接受并且认为自己不会改变，但是随着时间推移，见多了、体会多了就改变了，"我认识很多人都这样（指出轨）"。曾经因出轨"被分手"的O先生和因为和配偶异地而选择出轨的D先生表示，如果不是单身状态或者不是异地的话不会使用这种软件。但D先生随后又补充道："不过这种事情（指出轨）也不好说，谁能保证呢？你说对吧。"

4. 如何看待违反忠实义务的后果

面对是否会因为出轨和配偶离婚的问题，A先生表示，"不会啊，干吗那么折腾，孩子都有了，不喜欢折腾"；而H先生则认为"这种（配偶因知晓其出轨而提出离婚）假设是不存在的，因为我不会让她知道啊"。

但访谈中的未婚女性受访者均表示会因为对方出轨而提出离婚，不过P女士也提到，"现在说得很清醒，但是真的在婚姻里有了家庭、孩子，可能会原谅丈夫的第一次精神出轨。但是如果有第二次，应该还是会坚决离婚。所以以后说不定是会改变的"；R女士则表示即使有了孩子也不会改变，因为"有第一次就有第二次"。而已婚的受访者则表示不会和丈夫离婚，如S女士提及"毕竟有孩子呢，还要为孩子考虑"；T女士则表示自己的暧昧对象在工作上没有自己的丈夫晋升空间大,因此不会考虑和丈夫离婚。

四、社会性别视角下的忠实义务

通常情况下,我们将性别分为生理性别(Sex)和社会性别(Gender)。❶生理性别顾名思义是由个体的生物特征决定的;而社会性别原本是一个语法概念,表示词的阴阳性,后被女性学者用来同生理性别进行区分以表示社会性别。"性/别制度是社会将生物的性转化为人类活动的产品的一整套组织,这些转变了的性需求在这套组织中得到满足。"❷通俗来说,社会性别理论认为当下所说的"男/女性"并非完全由生物特征决定,而是社会分工给与个人的"角色",这种角色甚至可以随着社会的变化而发生变化。"造成男女两性不平等的因素,并不是男女两性生理上的差异,而是社会性别差异,一个女人之所以为女人,并不是生就的,而宁可说是逐渐形成的。"❸

社会性别理论的分析范式包括"任何把社会性别当作分析的关键范畴的理论框架或科研方法"❹,其注重研究项目或政策对男女两性产生的不同影响,并且致力于消除发展中的歧视以及不平等。以往的女权主义以"妇女为本",即站在女性的性别立场上来分析妇女面对的法律困境,以对抗"男性中心主义"的法律观和方法论;而"社会性别"分析则要求将两性问题和两性关系放到更广阔的文化背景中去理解。❺在此过程中,有学者也进行了一系列的反思,如女权主义需要批判的是性别制度而不是男性,即男女两性并非处在对立位置。❻可见,社会性别理论反对将女性作为一个孤立的研究对象,也反对将女性视作男性的对立面。

自20世纪80年代以来,社会性别分析在联合国和许多国家成为研究人类社会与历史的一种基本方法,在人文社科的各个学术领域,尤其是法学领域得到了广泛运用。❼传统法学把人作为抽象的主体来研究,法律的平等往往只作机会平等和形式平等的理解,忽视了性别差异的存在,抹杀了性别差异,

---

❶ 王丽:《女性、女性意识与社会性别》,载《中国文化研究》2000年秋季版。

❷ Gayle Rubin, "The Traffic in Women: Notes on the 'Political Economy' of Sex," in Toward an Anthropology of Women, Rayna Reiter, Monthly Review Press, 1975, pp. 157-210.

❸ [法]西蒙娜·德·波伏娃:《第二性》,陶铁柱译,中国书籍出版社1998年版,第309页。

❹ 王毅平:《社会性别论:男女平等新视角》,载《东岳论丛》2001年第4期。

❺ 郭慧敏:《社会性别与妇女人权问题:兼论社会性别的法律分析方法》,载《环球法律评论》2005年第1期。

❻ 吕世伦、范季海:《美国女权主义法学述论》,载《法律科学》1998年第1期。

❼ 陈敏:《从社会性别的视角看我国立法中的性别不平等》,载《妇女与法》2004年第3期。

从而加重了妇女的不利处境。❶ 而社会性别分析可以判断法律对男女两性是否会产生不一样的影响，进而探索其产生差异的原因并提出解决途径。"法是按照男人看待女人和对待女人的方式看待和对待女人的"，看上去中立的法律实质上经过了漫长的父权文化的浸淫，是父权制的产物。因此法律的立场、观点、视角都是男性的，这就造成了在法律上的性别不平等，而解决这一问题的方法就是在法律以及法律制度方面强调社会性别意识。❷ 女性主义法学者所追求的社会性别平等，并不意味着女性和男性必须变得完全一致，而是要让人们的权利、责任和机遇不由生来是男还是女来决定。❸

有鉴于此，本研究试图将社会性别理论引入夫妻忠实义务分析当中。正如上文所提及的，中国古代受纲常伦理和"一夫多妾"等不平等制度的影响，女性的社会地位低下，女性"从一而终"等贞洁观念对后世产生了深远影响。因此，中华人民共和国成立以后的立法活动，特别是首部《婚姻法》，力求通过"男女平等"的原则来解决男女双方在婚姻中的不对等问题。尽管从现行法律规定上看，夫妻双方在忠实义务上并无性别差异，且在司法适用领域似乎也并没有明显展现出对男女两性的差别对待，但若进一步将视角放置于社会观念层面，则不难发现忠实义务背后潜在的性别色彩。

（一）社会观念层面

1. 对夫妻忠实义务的认知差异

通过实证调研可以发现，宏观层面上，男性对男/女两性的忠实义务要求并不相同，对于男性来说，不带情感色彩的性行为和没有发生性行为的暧昧关系往往被排除在"违反夫妻忠实义务"的范畴之外。他们或认为前者是无法压抑的生理需要，或认为后者是没有实际损害的"开小差"。而对于女性，他们似乎更加看重性忠诚。由此可见，社会层面对女性的"贞洁"观念还是具有相当强的"生命力"。同样，从宏观视角来看，女性对于男女两性违反夫妻忠诚义务的标准并没有太大区别，即"无论是否是基于感情发生的性行为，还是同第三者产生的足以威胁家庭稳定的暧昧"均属"出轨"。相比于男性，女性很少提及"生理需要"，她们并不认可因"生理需要"而发生的性行为是可以被接受的，甚至认为不真正发生关系的文爱、裸聊也是出轨。遗憾的

---

❶ 周安平：《社会性别与法学研究》，载《妇女研究论丛》2006 年第 5 期。
❷ 张雅维：《从社会性别意识缺失看我国离婚救济制度虚化》，载《山东社会科学》2016 年第 12 期。
❸ 刘伯红：《社会性别主流化读本》，中国妇女出版社 2009 年版，第 8 页。

是，法律与道德之间相对明晰的区隔限制其无法进入单纯的"情感出轨"领域进行权利义务干涉，这也导致了男女两性对违反夫妻忠实义务的认知后续是否可以进入法律领域的可能性差异。

2. 对违反夫妻忠实义务的包容度差异

同样，根据调研数据可见，相比于女性出轨，男性出轨似乎在社会层面更容易被男性所接受，但女性对于男女出轨的接受程度是基本一致的。同时，男性对出轨行为的整体接受程度高于女性，造成这种结果可能是因为男性对出轨的认定范围相比于女性的更为狭窄。因此，对于唯有进入婚姻解除环节才可以呈现的忠实义务而言，"出轨"被构建为一个法律问题的概率在男女两性之间仍然有着较大的差异。换言之，由于女性对忠实义务的要求高于男性，这也就导致双方对"婚姻是否破裂"的认定不同，从而导致在审判实践中，常常出现女方认为婚姻破裂，但男方认为没有破裂的情形。

(二) 司法实践领域

通过对裁判文书的抽样统计可知，司法实践中男性出轨的情形相对较多，但在以出轨为由提起离婚诉讼时，法院判决离婚的案件却很少，而在判决离婚的案件中认定出轨事实的更是少之又少。这显然不利于对被出轨方的保护，导致女性在此类案件中处于相对弱势的地位。对此，可以从以下几个方面进行探讨。

1. 离婚诉讼的裁判导向

结合上文的分析，由于男女两性对违反夫妻忠实义务的认定不同，因此离婚诉讼中很有可能是女方认为男方行为构成出轨，已经导致婚姻破裂，但男方却认为其行为无伤大雅，并没有到致使婚姻破裂的地步。有学者通过实证分析发现，在离婚诉讼中，法官基于诉讼效率以及社会稳定两个维度的考量，往往会作出否定性判决。尤其是在首次诉讼中，若一方坚持不承认情感确已破裂，法院裁判婚姻解除的可能性会更低。[1] 由此可见，在司法实践中，以违反忠实义务导致感情破裂而诉讼离婚的请求很难得到支持。除此之外，法院在婚姻纠纷裁量中面对已经生育孩子的家庭更加偏向于对家庭稳定的维护，因此往往会基于需要为孩子营造健康、良好的生活环境而驳回离婚的诉讼请求。

---

[1] 贺欣：《离婚诉讼在中国：制度性约束及性别后果》，香港大学法律学院平等权项目性/别平等系列讲座，2021年4月7日。

2. 感情破裂的认定障碍

在以感情破裂为由提起的离婚诉讼中，对"出轨"等事实的举证困难一直是学界关注的热门议题。通过众多案例可知，在司法实践中认定的出轨行为除当事人自认外，往往是以发生性关系与否来判定。但女性相比男性整体上对"出轨"的认知要宽泛许多，比如包括裸聊、文爱等在内的一些非正常交往行为也有可能被视为引发感情破裂的导火索，但问题是这在法律中很难被认可。

3. 违反夫妻忠实义务的法律后果

在认定出轨事实的案件中，许多裁判因此种单纯"出轨"情形不属于旧《婚姻法》的法定赔偿情形，导致被出轨方的损失得不到弥补。2021年生效的《民法典》婚姻家庭编增加了兜底条款，扩大了可以获得损害赔偿的范围，给被出轨方提供了一层保障。但立法对忠诚协议的效力问题仍然没有给与回应，无论是通过既有裁判分析还是社会调查都可以看出，夫妻双方签订忠实协议的行为并不普遍，大多数是在一方出轨后另一方要求出具，或出轨方为了挽回婚姻而自行出具的单方协议。也就是说，如果夫妻双方不能通过忠诚协议等私力救济模式完成司法层面仅仅在婚姻解除时方可实现的忠实义务维护，那么原本在忠实义务背后女性的弱势地位将更加明显。

（三）制度完善

通过上述分析可以发现，男女两性对所谓"违反夫妻忠实义务"的出轨行为的认知具有较大差异，特别是在生理性行为与情感暧昧两个层次上，法律的规范性显然无法解决社会生活中对婚姻认知所涵盖的情感问题。从法律实践角度出发，对"出轨"等行为的规制往往只有在婚姻解除时才会产生具体的法律效果，那么对违反忠实义务的包容度方面的性别差异也在某种意义上阻碍了忠实义务的法律实现。对此，笔者提出以下建议。

1. 扩大对忠实义务范围及违反忠实义务的认定

要消除夫妻忠实义务的法律实践困境，首先要明确忠实义务的范围，有学者曾提出将情感忠诚划入忠实义务的范围太过严苛，情感忠诚是一种更高的道德要求，法律不应当过多规制。[1]笔者无法完全认同，社会生活中对夫妻不忠的理解可能并非某一特定的行为，而是由内（单纯的爱慕）到外（基于爱慕而引发的非正常交往行为，包括但不限于发生性关系）的一个渐进的过

---

[1] 郭站红：《夫妻忠诚协议的法学思考》，载《宁波大学学报》2010年第2期。

程。通过实证调研可以看出,大多数民众所期待的夫妻忠实并非要完全限制对方的情感思想与爱慕情绪,而是不应因此产生一系列影响婚姻关系的行为表现,比如给第三者花钱、同第三者长期保持暧昧关系等。简言之,笔者认为,忠实义务应当包括各种形式的性行为,以及基于爱慕等情感而产生的非正常交往行为。

但仅明确忠实协议的范围只是给相关案件划定了一个方向性标准,在证据认定方面仍旧存在问题。在司法实践中,当事人往往会提供对方的酒店开房记录或聊天记录意图证明其出轨行为的存在,但法院往往会因证明力不足或违反证据三性而不予认可。因此笔者认为,在认定是否违反忠实义务时应采用事实推定规则,即"由于法律缺乏相应规定,需要法官根据生活经验法则决定某两个事物之间有无某种联系,并进而推理,从而解决纠纷的推定规则"。❶ 也就是说,在违反忠实义务的案件中,在一方提交证明存在"基础事实"的证据后,应由另一方提出反证,证明该行为系正常交往行为产生的。若不能提出反证或反证不足以证明"基础事实"的正当性,则推定违反忠实义务事实成立。

2. 忠诚协议效力认定及责任承担

忠诚协议的效力问题一直以来都存在争议,但通过前文的研究不得不承认,在当下对违反忠实义务的保护措施相对缺失的司法环境中,忠诚协议为被违反忠实义务的一方提供了救济途径。笔者认为,忠诚协议约定的责任中,"净身出户"本质上是对财产分配的约定,而"赔偿条款"在《民法典》婚姻家庭编第1091条增加了兜底条款后也变得有法可依。因此,忠诚协议虽然是基于夫妻关系订立的身份协议,但在实质上体现的更多是一种违约责任,且其规定的"净身出户"和赔偿均不为法律所禁止。当然,笔者并非要论证忠诚协议之效力可被无条件接受,一方面,忠诚协议约定的违反忠实义务的情形不应该逾越忠实义务的范畴,也就是说,道德义务如"男方工资全部交由女方保管"以及过于严苛的条件如"微信中除亲人外不得添加任何异性"等不应当成为主张违反忠诚协议的情形。另一方面,其合同性质也须符合相应法律要件。同时,基于忠实义务本身的身份权属性,对忠诚协议的签订主体也要严格限制为合法配偶,情侣间或未登记结婚时所签订的协议均不能被认定为忠诚协议。除此之外,在赔偿金的约定上也不宜过于随意,要根据当事人双方的经济情况来认定,如"赔偿1亿元"等条款在性质上很难认定为

---

❶ 张卫平:《民事证据制度研究》,清华大学出版社2004版,第187页。

真实有效的意思表达，更多的是一种戏谑行为，不应当认定为有效。

五、结语

诚然，婚姻应当是基于情感的结合，用一纸协议来约束夫妻双方相互忠诚，或许有人会觉得这是对基于爱情而缔结的婚姻关系的亵渎，但这也是保护婚姻中被出轨的弱势一方的有力武器。因此，对于司法裁判而言，除立法意义上对违反夫妻忠实义务作为一种过错而在财产分割乃至损害赔偿方面的具体规制外，也应当在一定程度上承认配偶间基于自愿而形成的对违反夫妻忠实义务之后果的合意。毕竟相比于其他民事法律关系，婚姻家庭关系更加复杂也更加重要。近年来，随着女性意识的觉醒，关于婚姻自由、男女平等的呼声越来越高。在离婚率不断提高的当下，如何维护离婚案件中弱势一方的利益同样是一个热门话题。清官难断家务事，在感情纠葛中法官也不得不慎之又慎，这也就使得法官在离婚案件中往往会作出不予离婚的判决，导致婚姻中相对弱势的女方的利益受到损害，也就让女性陷入了离婚带来的损害往往比婚姻存续带来的损害更大的境地。法律是为了保护弱者的利益，可离婚诉讼却往往加重了对弱者的损害。但这并非立法者或司法者的有意为之，而是在社会性别构造下产生的结果。

同性伴侣制度的困境与出路

■ 段知壮

2015年6月23日，长沙市民孙某与同性男友胡某前往长沙市芙蓉区民政局要求办理结婚登记，结婚登记处工作人员予以明确拒绝，并告知我国《婚姻法》只允许男女缔结婚姻关系，同性之间结婚没有法律依据。孙某不服，遂向长沙市芙蓉区人民法院提交诉状，起诉长沙市民政局行政不作为。2016年4月13日，法院作出一审判决，判决驳回孙某、胡某诉讼请求。6月27日，长沙市中级人民法院作出二审判决，驳回上诉，维持原判。此案件为全国"同性恋婚姻登记第一案"，先后被评选为2016年湖南省法院行政审判典型案例、2016年中国十大影响性诉讼、2016年度中国十大宪法事例、2016年度中国行政诉讼十大案件等。此后，该案当事人孙某在网络上发起"同性婚姻法制化连署"活动，截至2017年3月17日，已有近五千人参与了该活动。

在一些比较视野下的同性恋研究中，有学者提到，对中国同性恋群体而言，似乎缺少了一个直接的强有力的"对手"，或者说缺少一种直接的压制力量，从而在明文的法律方面没有受到太多关注。但反过来说，中国同性恋群体因此产生社会应激性的动力就不足。一方面，实用主义的生活方式让该群体处于"相对安全"的社会灰色地带；另一方面，在面对社会歧视与压制时就显得脆弱。[1] 正因为这种情况，相比西方同性恋权利运动的轰轰烈烈，中国同性恋者自身追求权利保障的主动性及参与性还存在着很大的欠缺，作为当事人的他们更愿意选择作为"沉默的大多数"[2]，"在同性恋不能被国人完全理解的情况下，我们要求同性恋群体主动争取权利的想法就似乎会变得有些苛刻与无情，对于他们通过个体的消极对抗或迁怒他人来表示心中的不满或

---

[1] 贾平：《存在与尊严——从薛某案看当代中国同性恋相关法律的变迁》，载《反歧视评论》第1辑，法律出版社2014年版，第175页。

[2] 张健：《中国同性婚姻合法化还有多远——一个法社会学的考察》，载《德州学院学报》2010年第5期。

消极回应人权的进步的行为就可以表示理解了。但是，这种思想上消极的态度，而不是主动的态度不可避免地会对同性恋人权保障的方向和进程产生一定的影响。"❶ 探索同性伴侣制度❷的根本落脚点应当是该问题是否具有现实性，即应当由中国的同性恋者来回答这种诉求是否具有现实性。虽然绝大多数的法律从业者均认为"同性恋婚姻登记第一案"几乎没有胜诉的可能，但仍然同意该案具有"历史性的意义"。在某种程度上该案正是对同性恋权益（尤其成为焦点的婚权）诉求的一个表达，这与李银河在2001年第一次委托人大代表向两会提交"同性婚姻合法化"提案时竟无一名同性恋者公开支持的历史形成鲜明的反差。一些社会学的调查也发现，长期且稳定的伴侣关系，是近些年在中国各地大部分同志所渴望的生活，同时也是同志社群内部越来越普遍和常见的情况。❸ 甚至一些通过非制度性途径进行生育的同伴伴侣也被纳入了研究者的视野❹，"包括婚姻权利在内的同性恋者的平权请求，日益成为社会正当价值体系的应有之义"❺。但与此同时，同性婚姻仍然面临着理论架构与道德评判的双重困境，该案件的受理与审判远没有完成对传统婚姻制度的反思以及对同性伴侣制度的构建，同性伴侣制度究竟该何去何从，已经不再是一个"超前"的问题。

一、被"酷儿"解构后的重建困境

在以往的学术研究中，无论是医学、历史学或者其他学科，学界基本达成了一种共识，即同性恋既不是某些社会腐朽时候的产物，也不是某个民族特有恶习的产物，而是人类性活动中常见且反复出现的一部分，是作为基本

---

❶ 何东平：《中国同性恋人权保障研究》，厦门大学出版社2012年版，第157页。

❷ 有学者结合世界各国的同性伴侣制度分类认为，同性伴侣关系与民事结合制度之间存在一定差别，特别是在享有权利上，民事结合制度较之同性伴侣关系更为广泛，也更趋向于同性婚姻合法化模式，只是在名义上避开了"婚姻"两字可能会带来的诸多棘手问题。详见张剑源：《性倾向、性别认同、同性恋立法运动回顾及相关问题研究》，载《环球法律评论》2008年第4期。在本文中笔者所言同性伴侣制度仅作同性之间"婚姻"与他种结合方式之区分，而不对具体的同性伴侣制度模式做差别介绍。也有学者用"准同性婚姻"来指代除同性婚姻外的其他同性伴侣制度，详见何群、郝靖：《同性婚姻合法化的人权视角》，载《广东广播电视大学学报》2013年第2期。

❸ 魏伟：《同性伴侣关系：亲密关系的多重样态及可能》，载《探索与争鸣》2013年第5期；富晓星、张可诚：《在隐形"婚"与制度婚的边界游走：中国男同性恋群体的婚姻形态》，载《华南师范大学学报》2013年第6期。

❹ 魏伟：《同性伴侣家庭的生育：实现途径、家庭生活和社会适应》，载《山东社会科学》2016年第12期。

❺ 涂四益：《美国欧伯格菲案背后的权利哲学》，载《法学评论》2015年第6期。

社会事实而存在着的。❶ 但同性性倾向可否逆转的判定却始终悬而未决,这直接导致了同性恋人权根基的动荡。虽然在一定时期内,同性恋权利保卫者们借助医学的研究来试图说明同性性倾向的不可改变性,但想借此论证同性性倾向是人的本性显然还存在诸多不可克服的障碍。❷ 比如,如果黑人的肤色可以通过医学手段来改变,解决种族歧视是不是可以通过医学手段来实现呢?如果发现了对同性恋医学治疗或预防(如改变基因)手段的话,是否同性恋问题也可以简化为单纯的医学问题了呢?不可改变显然并不是问题的核心。❸

对性倾向的多重认定标准就可以非常生动地说明这种性倾向与社会性别构建之间的差别问题。一是一个人的(性)吸引方向;二是性行为方向;三是在特殊情境下的性行为方向;四是自身的身份认同。这四种性倾向的含义互相之间并不一致,也可能存在相互之间的交叉与矛盾。❹ 因此,对于同性恋这一概念,"我们必须把它视为一个被建构的知识范畴,而不是一种被发现的认同"❺。这就意味着在探讨同性婚姻制度可行性的同时需要将其与异性婚姻之间可能存在的种种勾连进行系统的梳理,如已经进入异性婚姻的同性恋者是否可以以此要求解除异性婚姻;双性恋者是否可以选择不同性别的对象进入多次婚姻;同性恋者可否以性倾向转变对原有同性伴侣关系提出实质性抗辩;等等,这是社会性别建构主义理论在颠覆原有婚姻性别基础时所不得不去解决的问题。也就是说,同性婚权的倡导者们打破原有婚姻性别建构的同时,也在某种意义上失去了对同性婚权的自由保障之基。法律不对同性性行为进行制约已经完成了对性倾向的自由选择之保障,但要求法律对同性伴侣制度进行重新架构却又需要另一番理论支撑。毕竟,婚姻制度并不仅仅是一种保障,同时也是对自由的制约。

酷儿理论作为建构主义的典型代表,其核心就在于认为生理性别、社会性别和性取向之间没有必然的联系,"它不仅要颠覆异性恋的霸权,而且要颠覆以往的同性恋正统观念。酷儿理论提出了一种表达欲望的方式,它将彻底粉碎性别身份和性身份,既包括异性恋身份,也包括同性恋身份"❻。正因如

---

❶ 冯浩:《同性恋者的婚姻权》,载《人权研究》第10卷,山东人民出版社2011年版,第251页。
❷ 王森波:《同性婚姻法律问题研究》,中国法制出版社2012年版,第78页。
❸ 王森波:《同性婚姻法律问题研究》,中国法制出版社2012年版,第68页。
❹ 褚宸舸:《自由与枷锁——性倾向和同性婚姻的法律问题研究》,清华大学出版社2014年版,第40-41页。
❺ [英]塔姆辛·斯巴格:《福柯与酷儿理论》,赵玉兰译,北京大学出版社2005年版,第45页。
❻ 李银河:《酷儿理论》,文化艺术出版社2003年版,第10页。

此，酷儿理论的弊端也十分明显："酷儿理论虽有着明确的挑战传统与权威之目的，但却未能清晰地勾画其将要重构的秩序以及重构。人类社会是在传承文化——树立权威——创新文化的循环往复中发展和实现秩序的，绝对的自由、完全的民主和权威尽失的社会从来就未出现过，那将是一个'失范'的状态和失控的世界。"❶ 也就是说，建构主义的目的并不是为同性婚姻的正当性提供论证，也不是通过同性婚姻来冲击传统的婚姻观念，它所解构和批判的是婚姻制度本身。❷ 虽然一些论者并不否认酷儿理论所带有的这种解构，并在某种程度上拒绝重构，认为同性婚姻"促进了同性恋关系的标准化，将政府的角色带到同性关系中来，从而削弱了同性恋者的自由，并将对更激进的同性恋者进一步边缘化"❸。但同性恋者试图争取平等公民权的欲望与当前中国同志运动中的同化主义策略恰恰是对占据统治地位的主流价值观的认可与支持❹，这与酷儿理论的解构倾向就形成了鲜明的反差。有学者就曾敏锐地观察到，在美国联邦最高法院所审理的欧伯格菲案中，肯尼迪大法官所撰写的多数意见书中就体现了这种困境："他还不想把'性取向'作为一个被宪法保护的类别；因为一旦性取向成为一个被保护的类别，州的立法中凡是涉及区分同性恋、异性恋，或者只说异性恋不说同性恋的地方都要受到严格的宪法审查。"❺ 如果想要对同性婚姻进行法律确认就不能以对婚姻的解构为前提，相反对婚姻制度构建的巩固（虽然说是一种非传统意义的巩固）才是将同性恋纳入其中的有效途径。毕竟"对于被指认的事物而言，主体的地位或身份被构建这一事实并不减损其实在性"❻，对性倾向与社会性别之间的解构与对婚姻制度的建构之间或许并不存在着"你死我活"的对峙。

尽管有论者试图凸显婚姻的契约属性，并借助于一系列先行研究当中的有力证据，如婚姻的本质"在于它是由两个符合法定条件的成年人自愿达成

---

❶ 熊金才:《同性结合法律认可研究》，法律出版社2010年版，第75页。
❷ 王森波:《同性婚姻法律问题研究》，中国法制出版社2012年版，第76页。
❸ William N. Eskridge, "The Idiological Structure of the Same-sex Marriage Debate," in *The Legal Recognition of Same-sex Partnerships: A Study of National, European and International Law*, Robert Wintemute and Mads Andenas, 2001, p. 115.
❹ 李琪、罗牧原:《公私划分的理论旅行：中国同性婚姻再思考》，载《社会学评论》2016年第3期。
❺ 潘心怡:《解读美国联邦最高法院奥贝格费尔诉霍奇斯案——同性婚姻，在法律面前平等的尊严》，载《中国案例法评论》第2辑，法律出版社2016年版，第104页。
❻ [英]塔姆辛·斯巴格:《福柯与酷儿理论》，赵玉兰译，北京大学出版社2004年版，第49页。

的协议……婚姻关系的核心部分在于彼此提供补充式（互惠的）服务"❶，但这并不能抵消对婚姻关系之中社会属性的承认。婚姻"这种稳固的关系对社会秩序和结构起着其他任何组织无法替代的基础作用，它构成了最基本的社会关系结构。通过这种关系结构，婚姻不仅将两个成年人结合在一起，而且还将更大范围内的亲属连接起来，由此形成了最为基本的人际关系网络，这一网络构成了社会网络结构中最为稳定的主干"❷。这种观点在以差序格局为典型特征的中国社会明显有着更强的说服力。

因此，同性恋权利的根源还是应当回溯到社会性别的构建之上。社会性别之"非男即女"的性别二元构建往往是依托于自然性别的区分，但事实上自然性别本身就存在着多元复杂性。如有学者提出人的生理性别可能表现出"男性""女性""真两性人""假男性""假女性""无性人"与"变性人"七种性别。❸ 因此社会性别之"非男即女"的二元构建与自然性别的多元复杂之间并非完全一致，而是存在着较大的不同。❹ 从这个意义上看，纯生理性的性别构建或纯社会意义上的性别构建可能都潜伏着某种极端主义倾向。即使是个体人拥有了相对自由的性别构建选择权，也仍然无法逃脱权力符号在社会性别的构建当中的影响力，因为这种选择本身就是社会性别构建的产物。在这样的背景下，解构主义阵营当中的一些相对缓和态度的出现也许不失为一种重构的力量，"我们不是要宣扬不一样，而是要确立更加宽容的、保护、维护生活等条件，来抵制各种同化模式"❺。酷儿理论虽然对婚姻制度的冲击存在着"无序"的潜在威胁，但却与以"个体人"为体系构建的现代民事契约精神有着某种程度的暗合，即酷儿理论对性别的打破虽然无力动摇婚姻制度当中的既有规范体系，却为个体人在创造民事结合的道路上打下了坚实的基础。

二、道德"滑坡"之上的法律阀点

尽管许多学者都意识到，如今对婚姻、性和生育"三位一体"的规范方

---

❶ 转引自［英］安东尼·丹尼斯、罗伯特·罗森：《结婚与离婚的法经济学分析》，王世贤译，法律出版社 2005 年版，第 12-15 页。
❷ 王森波：《同性婚姻法律问题研究》，中国法制出版社 2012 年版，第 114 页。
❸ 莫爱新：《民法中的性权利研究》，中国政法大学出版社 2011 年版，第 14-15 页。
❹ 莫爱新：《民法中的性权利研究》，中国政法大学出版社 2011 年版，第 125 页。
❺ ［美］朱迪斯·巴特勒：《消解性别》，郭劼译，上海三联书店 2009 年版，第 4 页。

式开始解体,婚姻与生育在理论上和制度上被分开❶,这成为同性婚姻诉求产生的一个基础,❷但婚姻仍然在制度上保障着两性关系的稳定,从而维持着社会生活的基本秩序。

这种观点尤为体现在对滑坡理论的阐述当中。滑坡理论认为,如果同性之间可以结婚,那乱伦是不是可以得到允许?近亲是不是也可以结婚?跟幼童之间可不可以结婚?这个逻辑终点到哪里停止呢?❸从法律制约的角度看,滑坡理论背后所提出的问题主要集中在两个方面,第一个问题是法律规范对人类性行为自由的规制边界应处于何处?第二个问题是法律规范对同性伴侣关系进行保障,是否即表明政府认定该种关系的维系是值得赞许、值得追求的生活方式?❹即"张口权利、闭口权利的公共话语容易迎合一个问题所具有的经济的、眼前的和个体的维度,但同时却常常忽视了其所具有的道德的、长期的以及社会的内涵"❺。

有学者曾从三个角度对滑坡理论进行反驳。第一,滑坡理论是一种修辞手法,它的出发点是命题的"可能性";第二,在世界上已经同性婚姻合法化的国家和地区并没有出现滑坡理论者所说的恐怖后果;第三,随着社会经济形态的演变,人们的道德规范也在不断变化着……没有一个永恒的、终极的、适用于各个历史发展时期的道德规范,道德只能是时代的产物。❻在这三种对滑坡理论的质疑当中,第三点才是探讨滑坡理论的关键。滑坡理论的一个根基即在于社会通行的道德观念或者是说主流价值观的一个支撑。纵观世界历史长河中婚姻制度的变化就可以发现,用现行智识去理解婚姻制度的逻辑终点确实是一项几乎难以实现的任务。滑坡之上的道德阀点本身就需要根据客观情况进行调整与更改,那么对现阶段社会经济形态基础下婚姻制度的判定可能终归还是需要通行道德理念的支撑。婚姻制度与性行为在一定程度上的分离其实就是滑坡上"阀点"的一次位移,法律规范对性行为的规制本身就不存在一个永恒的边界,该边界在不同的时空范围内可能有着巨大的反差。在这种逻辑之下有论者提出:"将婚姻定义为种族内部的结合或者定义为一男

---

❶ 冯浩:《同性恋者的婚姻权》,载《人权研究》第10卷,山东人民出版社2011年版,第260页。
❷ 郭晓飞:《中国法视野下的同性恋》,知识产权出版社2007年版,第187页。
❸ 郭晓飞:《中国法视野下的同性恋》,知识产权出版社2007年版,第187页。
❹ 马平:《同性恋问题的宪法学思考》,法律出版社2011年版,第122页。
❺ [美]玛丽·安·格伦顿:《权利话语》,周威译,北京大学出版社2006年版,第226页。
❻ 褚宸舸:《自由与枷锁——性倾向和同性婚姻的法律问题研究》,清华大学出版社2014年版,第191-197页。

一女的结合,就像将强奸定义为男性对于女性的强行性行为一样,并不能解决实际的社会问题。"❶ 但反过来说,对相关问题的解决,并不一定需要通过更改婚姻的道德定义来实现。至少在当今的法律框架下,性行为在一定范围内已经不再是法律所强制的一种义务性规范,但这种对性自由的许可并不代表着国家对某种特定性态度的赞许与推崇。进而引申的是,同性之间对伴侣的需求仅仅是对性权利的追求吗?或者说,国家对同性伴侣制度的表态又可以等同于国家对同性性行为的法律判断吗?如前所言,婚姻、生育与性之间的规范性分离已经十分凸显,那么同性之间的伴侣权与性权无疑也存在着分离的趋向,因此对同性婚权的法律判定更多集中在对婚姻制度的理解之上,而非局限于对同性性行为的法律表态。即同性婚姻是通过法律将伦理道德范畴内的任意关系转变并固化为法律范畴内的具有强制色彩的权利义务关系,所以同性婚姻问题不能简单等同于同性恋问题。❷

如郭晓飞所言,支持同性婚姻的论证即使在理性上被认为是正当的,也不得不等待社会在道德观上的变迁。反过来讲,反感同性恋的社会舆论即使再强大,也要在进入立法决策的时候接受理性辩论的过滤。❸ 一些社会学研究就曾发现,我国台湾社会对同性婚姻的积极态度与当地的同性恋者因更多顾及家庭的感受和社会的影响而对同性婚姻抱以不那么积极态度存在奇怪的反差。❹ 在美国联邦最高法院所审理的欧伯格菲案中,持反对意见的罗伯茨大法官也特别强调,同性婚姻应该通过政治民主过程由各州来决定,而不应该由最高法院决定。❺ 这些声音都反复强调了婚姻所包含的社会属性。这种貌似二元悖反的困境,似乎只有等待两者皆具足的状态下同性婚姻才能真正地走进现实生活。

有学者甚至提出,如果相应的大众观念的变革和社会文化的变迁没有实现,创建法律的努力不仅可能是徒劳的,而且也未见得能够给同性恋者带来法律保障。❻ 但这一判定并不影响对社会存在的正视,即在探讨同性婚姻的实践性时,并不妨碍我们正视同性伴侣对稳定关系及共同生活的期待与诉求。

---

❶ 涂四益:《美国欧伯格菲案背后的权利哲学》,载《法学评论》2015年第6期。
❷ 纪红心:《自由视域下的同性恋及同性婚姻》,载《法学杂志》2015年第3期。
❸ 郭晓飞:《中国法视野下的同性恋》,知识产权出版社2007年版,第203页。
❹ CindyPatton, "Stealth Bombers of Desire: The Globalization of 'Alterity' in Emerging Democracies," in *Queer Globalization: Citizenship and the Afterlife of Colonialism*, New York University Press, 2002, pp.195-218.
❺ Obergefell v. Hodges, 576 U.S. (2015), (Roberts, dissenting, at 3).
❻ 魏伟:《酷读中国社会:城市空间,流行文化和社会政策》,广西师范大学出版社2015年版,第221-223页。

换句话说，滑坡理论讨论的关键其实是对婚姻概念的道德评价。但在这种讨论的同时，我们并不能以此来抵斥人对爱情、对美好生活的正当向往。正如有学者从婚姻道德的角度来分析同性婚姻的可行性，"如果说只有以爱情为基础的婚姻是道德的，那么承认同性爱情的婚姻制度是合乎道德的，而阻碍相爱的同性恋者缔结婚姻关系的外力则是不合乎道德的。为了阻抗和中和这种不平衡的外力以便让所有人依照自己的性倾向追求幸福，延及同性伴侣的婚姻制度应成为一种有效的反制力量。同性爱是一种基于双方自愿的爱情，它与异性爱除了性爱对象性别的不同之外其他方面没有根本不同。"❶

当然，法律尤其是婚姻家庭法是一国传统伦理道德和传统文化沉积的产物❷，法律绝不仅仅是立法者意志和理性化的规范。立法者对传统习俗视而不见甚至做出彻底的改变，必然要付出巨大的代价。尽管同性婚姻合法化的诉求已经出现，但并不表明中国传统婚姻观念已经发生彻底变革，社会大众对同性恋产生了普遍的宽容。❸ 同性结合法律认可的重心不在于立法，而在于社会本身。当同性结合法律认可能够获得社会集体意识的支撑或"道德上多数"的支持时，同性结合法律认可的法律实践便具有了社会集体意识基础，进而达成了法律与道德的一致，其调整效果便有了保障；否则，相关立法只能是"纸上法"，而不可能成为"行动中的法"，立法的目的就无从实现。❹ 但这种观点或许对婚姻和民事结合两个概念存在一定的混合使用，从民事结合的角度上来看，无论是同性还是异性之间的结合更多体现的是一种契约精神，对这种结合的认可远非对同性婚姻的道德认证，而仅仅是对同性伴侣权诉求的一种客观回应。同性婚姻诉求遭遇到的最常见的挑战就是婚姻的概念界定❺，即婚姻这一制度除契约属性之外是否还承担着道德归属。有学者认为，法律层面上婚姻的本质是契约，法律的调整对象只能是人的外部行为，而不是人的情感，法律视域中的婚姻不是以爱情为正当性基础的。从近现代法律发展来看，人类社会实现了"从身份到契约"的飞跃，婚姻关系成了一种身份契

---

❶ 周丹：《爱悦与规训——中国现代性中同性欲望的法理想象》，广西师范大学出版社 2009 年版，第 246 页。

❷ 有学者将制约我国同性婚姻制度的文化根源归结为阴阳之道的传统哲学思想、传宗接代的婚姻观念、严格的儒教伦理秩序以及根深蒂固的两性婚姻制度等，详见李宏、季路璐：《我国同性婚姻之否定的文化根源探析》，载《广西社会科学》2014 年第 9 期。

❸ 褚宸舸主编：《自由与枷锁——性倾向和同性婚姻的法律问题研究》，清华大学出版社 2014 年版，第 201 页。

❹ 熊金才：《同性结合法律认可之法社会学分析》，载《甘肃政法学院学报》2010 年第 3 期。

❺ 郭晓飞：《中国法视野下的同性恋》，知识产权出版社 2007 年版，第 183 页。

约关系,即"婚姻是一男一女合意以结为夫妻并终生共同生活为目的的结合"❶。由此推之,同性恋者"婚姻"即指同性恋者合意以终生共同生活为目的的结合。婚姻的成立要件是当事人之间的设权性意思表示,只要当事人主体适格,意思表示真实,那么他们的婚姻在法律上就是合法有效的,应该受到法律的保护。❷然而同性婚姻的反对者则认为,"婚姻首先是一种关系的联合,夫妻之间做出承诺,相守一生。这种类似于契约的承诺在本质上不同于契约。契约是自由达成的一种承诺,然而这种承诺可以改变,也可以放弃。然而,婚姻却不是一种契约实践,而是一种道德关系的确认。尽管在婚姻法的规定中,只能以类似契约的方式管理婚姻的相关事务"❸,但毫无疑问,在对"婚姻"这一概念类型进行界定时,类型特征的不同界定会产生不同的法律后果,但"类型"特征的界定是先定的政治判断或价值判断的结果,在这其中就存在较大的自由判断空间。❹

笔者在此并不否认婚姻概念的道德属性,但问题是法律保障同性伴侣关系并不表明立法赞许同性恋生活方式。❺ 相反,虽然社会公共的道德认知对法律的制定及实践有着极大的牵制力,但法律价值体系当中的理性同时也对社会公共道德起着某种意义上的防御作用,这两者之间的关系是相辅相成的。虽然一个社会的维系离不开道德、宗教、习惯、法律等各种社会规范的共同作用,但在人类的文明发展中,因为法所具有的明确性、普遍性、强制性等特征,它无疑是运用最为普遍、最具有实用性的规范,社会中的各种官方制度都是通过法律来支撑的。因此,各种关于性的制度必须通过法律规则来赋权与禁止,制度的运作必须通过法律规则的实施来实现。❻ 如德国联邦宪法法院虽然并不试图去改变"婚姻"的"道德本质",但同时也声明不会因此"拒绝给与任何非婚姻的结合以任何法律上的承认以及竭尽所能的剥夺对他们的结合而言必要的财政和其他方面的支持"。❼ 国家不应该也不能够对客观存在的同性之间的伴侣关系置之不理,如果没有一个明确且恰当的法律环境,那么这种关系就会潜伏着走向

---

❶ 余延满:《论近、现代法上婚姻的本质属性》,载《法学评论》2002年第3期。
❷ 冯浩:《同性恋者的婚姻权》,载《人权研究》第10卷,山东人民出版社2011年版,第262页。
❸ 郑玉双:《婚姻与共同善的法哲学分析——兼论同性婚姻合法化困境》,载《浙江社会科学》2013年第5期。
❹ 李忠夏:《同性婚姻的宪法教义学思考》,载《法学评论》2015年第6期。
❺ 马平:《同性恋问题的宪法学思考》,法律出版社2011年版,第130页。
❻ 李拥军:《性权利与法律》,科学出版社2009年版,第135页。
❼ BVerfGE 82, 6, 15.

失控的可能性。正因为对同性伴侣制度的法律缺失，有学者就提出过同性恋者容易陷入一个两难困境。一是同性恋者在现有的法律制度下只能够跟异性结合，这是法律承认的唯一一种婚姻模式；二是当同性恋者遵守这样的法律规定进入婚姻时，却又要遭受谴责，甚至要为此承担责任。一方面，同性恋者在传统文化的压力下进入传统婚姻，甚至被认为是牺牲自己的偏好来承担社会所认为重要的社会责任。另一方面，社会舆论和法律又在后边等着施加更大的社会压力，说这样做是欺骗、是侵权。❶

三、民事伴侣制度的重新评估

需要指出，有学者曾提出应当制定一部《同性恋人权保障法》❷，但这种提议存在的一个问题是，且不说同性恋群体究竟是不是一个"想象共同体"❸，单就如何从司法的阶段判定某个自然人为法律意义上的"同性恋者"就有极大的解释空间。但不同学者所草拟的《同性恋人权保障法》当中关于同性恋者伴侣关系或婚姻关系的部分还是非常值得关注与研究的。

笔者认为，对同性伴侣制度的规定应当以类似契约的方式在民事法律规范中予以确认，对准备长久生活在一起的同性恋伴侣采取登记伴侣（民事结合）模式❹，尤其是要规范同性伴侣之间的财产共有权、继承权、侵权损害赔偿权等相关内容。一方面，婚姻作为一个延续了几千年的社会机制，其变化需要一个过程。在观念上，"同性婚姻难以为大多数人所接受，而尊重相互间达成的分担责任和相互关照的严肃承诺，则要容易得多，而不论做出承诺的当事人是同性还是异性"❺。另一方面，无论是婚姻还是家庭，都是一个历史范畴，其职能、性质、形式和结构都会随着社会关系的发展不断变化❻，但这

---

❶ 郭晓飞：《中国法视野下的同性恋》，知识产权出版社 2007 年版，第 210 页；武秀英：《法理学视野中的权利——关于性、婚姻、生育、家的研究》，山东大学出版社 2005 年版，第 160-161 页。

❷ 可参见杨鸿台拟：《中华人民共和国同性恋者人权保障法（草案）》，http://www.moon-soft.com/program/bbs/readelite927249.htm；郗长举：《中华人民共和国同性恋者权益保护法草案建议稿》，载《中国性科学》2011 年第 10 期。

❸ 有学者就曾指出，对中国同性恋群体经验的研究工作的重点似乎都在于描绘同性恋社群的整体情况，而这种描绘往往在一定程度上忽视了同性恋这个充满阶级的、年龄的、教育的、城乡的，甚至身体的差异等群体异质性。详见李琪、罗牧原：《公私划分的理论旅行：中国同性婚姻再思考》，载《社会学评论》2016 年第 3 期。

❹ 冯浩：《同性恋者的婚姻权》，载《人权研究》第 10 卷，山东人民出版社 2011 年版，第 269 页。

❺ [德] M. 克斯特尔：《欧洲同性恋立法动态的比较考察》，邓建中译，载《比较法研究》2004 年第 2 期。

❻ 李岩：《论民事结合制度对传统家庭理论的影响》，载《理论界》2006 年第 12 期。

种变化应当为文化的滞后性保留一定的调适空间。

设立同性民事结合制度的优势在于，在社会的大多数群体尚未准备好接受同性婚姻这一观念，但他们已准备好接受尊重任何自由选择的时候，区分同性伴侣关系与异性婚姻关系的立法模式可能是一个明智的选择。因为其在赋予同性伴侣以权利，认可同性伴侣法律地位的同时，尚不至于摧毁传统的婚姻大厦和社会稳定的基石。❶ 这就意味着虽然同性伙伴之间没有获得法律意义上的婚姻，但其在社会意义上的婚姻却没有触犯法律。❷ 面对个人关系的多样化，传统的婚姻家庭法仅提供一种模型以规制成人关系。当事人要么接受，要么不接受，没有第二种选择。民事结合的建立在婚姻家庭法领域为个人生活提供了挑选的余地。❸ 但总体上说，同性结合者的生活方式与异性结合者并没有太大区别❹，"对于所有的夫妻，关系质量中的相关事物是相似的：对于关系包括高回报、低成本的评价；个性特点如善于表达，伴侣重视安全感、永恒、共同活动和亲密无间；很少认为意见不一致就是有害的；相互高度信任；有较好的解决问题和冲突的技巧；经常共同或平等地做决定；对所感觉到的社会支持非常满意。"❺

此外，我国《宪法》第 49 条第 1 款规定："婚姻、家庭、母亲和儿童受国家的保护。"第 49 条第 4 款规定："禁止破坏婚姻自由。"《民法典》第 1041 条规定："实行婚姻自由、一夫一妻、男女平等的婚姻制度。"这意味着虽然宪法中并未明确给出"婚姻"双方的性别界定，但婚姻法却对之进行了一个明确的立法解释。因此，如果想要在中国推行同性婚姻制度，可能还涉及宪法解释的问题。❻ 如周伟教授就曾指出，同性婚姻如果需要得到国家的保护，首先需要对宪法平等权作扩张的解释，然后才有可能进入由法律范围调整的讨论视角。❼ 而我们又不得不承认，宪法权利的主要目的，在于防备国家

---

❶ 熊金才：《同性结合法律认可研究》，法律出版社 2010 年版，第 202 页。
❷ 郑广淼：《同性婚姻：历史、争论以及合法化》，载《济南大学学报》2009 年第 3 期。
❸ 孙建江、吴亚晖：《民事结合制度对传统婚姻家庭制度的冲击》，载《法学》2005 年第 10 期。
❹ 马钰凤：《同性结合者家庭权法律保护研究》，西南政法大学 2013 年博士学位论文，第 112 页。
❺ [美] 查尔斯·H. 扎斯特罗、卡伦·K. 科斯特-阿什漫：《人类行为与社会环境》，师海玲、孙岳等译，中国人民大学出版社 2006 年版，第 678 页。
❻ 李忠夏：《同性婚姻的宪法教义学思考》，载《法学评论》2015 年第 6 期。
❼ 周伟：《家与婚姻：婚姻自由的宪法之维》，载《河北法学》2006 年第 12 期。需要指出，如果试图把宪法解释作为解决同性婚姻的一种进路的话，宪法解释本身就是一个极其庞大且极富争议的问题。可参见范进学：《论美国同性婚姻案宪法解释及其方法》，载《烟台大学学报》2016 年第 5 期；汪庆华：《司法能动主义视野下的同性婚姻和平等保护》，载《浙江社会科学》2017 年第 1 期。

权力的结构性缺陷，而同性结婚的权利并不具有上述特征，它不是在致力于优化个人同国家的政治关系，而是在改变个人同个人的社会关系。❶ 也就是说，从宪法权利的角度去讨论同性婚权确实是存有一定的理论瑕疵，虽然核心问题仍然是如何界定婚姻，但这种价值判断的裁决者或许并不应当是司法者，而是民主立法的职权范围。❷ 不过值得注意的是，恰恰是这种反驳性的论证同时给个人同个人之间的社会契约关系打造了一个可供深入挖掘的空间。

事实上，在丹麦作为第一个颁布单行立法允许同性伴侣结合的国家之后，西方诸多国家陆续颁布相关立法。这些国家在实行同性婚姻合法化之前，多是采用"民事结合""合法合伙""注册伴侣关系"等结合模式。尽管各个国家的用词不同，实际目的都是用以解决无法缔结婚姻的同性伴侣或者不想缔结婚姻的异性伴侣。❸ 国内一些学者也基于此提出具体的建议，如登记结合者因登记可以向对方请求一定人身性质的权利，如一方不遵守这些义务，对方可请求解除该登记关系，并视情况获得相应赔偿。除另有约定外，双方在登记期间内所得的财产为双方共同所有。在此期间，双方有相互扶养的义务、相互继承遗产的权利、对方遭受人身伤害时的赔偿请求权以及登记关系终止后的扶养请求权；双方共同生活五年后，可共同收养子女；伙伴关系不得自行解除，需向法定部门（如法院）申请并由其予以解除；因同性登记伙伴关系的特殊性，法院一经受理，无须进行实质审查，即应作出解除判决，且不使用调解原则；等等。❹

四、结语

回到问题的本源，既然承认同性恋只不过是人类性倾向的一种例外，属于性生理的自然现象，把同性恋看作"一种与异性恋相同的生活方式"，同性恋与异性恋一样也被视为"人作为一个性存在"的存在行使，只不过是一种

---

❶ 姜峰：《同性婚姻、宪法权利与民主审议——以罗伯茨大法官的反对意见为中心》，载《法学评论》2015年第6期。

❷ The Kathleen E. Hull, "Polotical Limits of Rights FrameL: The Case of Same Sex Marriage in Hawaii," *Sociological Perspecitives*, Vol.44: 2, (2001).

❸ 陈阳：《传统婚姻的颠覆性危机——关于同性婚姻立法的几点思考》，载《山东社会科学》2013年第11期。

❹ 冯浩：《同性恋者的婚姻权》，载《人权研究》第10卷，山东人民出版社2011年版，第269-270页。对同性伴侣制度的具体设计还可参见李霞：《同性婚姻合法化》，载《河北法学》2008年第3期；熊金才：《同性结合法律认可研究》，法律出版社2010年版，第278-287页；马钰凤：《同性结合者家庭权法律保护研究》，西南政法大学2013年博士学位论文，第278-293页。

例外的"性存在"行使而已,那么,"人作为一种性存在"的正当性,自然也就包含"人作为一种同性恋的存在"的正当性,同性恋者享有性权利也就是当然。❶ 现行的法律体系当然深谙这一基本逻辑前提,因此对于同性恋群体的法律规制采取模糊性的策略,或许是立法者有意识的选择,通过避免承认他们的存在从而避免应对他们的权利诉求,就是避免他们成为法律中的主体。用这样的视角分析,我们所谓的中国传统的宽容反而成了最大的压迫,因为那种模糊的宽容甚至无从有对话的可能,更谈不上同性恋者在被禁止的状态下身份主体的建构。❷ 那么同性恋者所面临的问题就是,在一系列的追问之后,如将法律中的暧昧明晰化总是必需的吗?反过来,只依赖现行法律的漏洞、模糊和偶然而进行的同性恋权益运动又有多大力量?在逼官方明确表态之后,同性恋群体是否准备好了去应对官方的沉默,甚至是压制性的结果?❸

对这种矛盾的解决需要两个方面的共同努力。一方面,从立法者的角度来看,对庞大同性恋群体的漠视并不能阻挡同性恋者以各种各样的方式走入法律的网络之中,无论法律是否主动对其进行规制,一系列相应的法律行为判定只会越来越多地呈现到司法裁判者们的面前,"同性恋婚姻登记第一案"就是这一问题的典型事例。无论是立法者还是司法者,都要正视同性恋群体在婚姻家庭方面的权利要求,不能因为少数人的利益或者是因为其本身权利要求的方式平和,就一味地低调处理,我们的社会应该有相对积极的态度和相应的制度去规范同性结合。❹ 另一方面,同性恋者没有必要将自己的道德诉求与法律诉求强行糅合,对同性恋的道德评判远非法律这一价值体系能够覆盖,它还需要社会各个阶层、群体的对话。从某种意义上说,即使是所谓的"恐同"观点也有其存在的价值,一个健康的社会本就应该容纳不同甚至针锋相对的声音,无论是"变态"还是"骄傲",如果完全把与己不同的声音视为洪水猛兽,那么其本身的正当性就值得怀疑。此外,虽然政治学以及社会领域的已有相关研究在为同性恋提供更宽的接受度和向平等方向迈进等方面赢得广阔地盘,获得累累硕果,但是集体认同的理想却因内部分歧而被击得粉碎。❺ 同性恋群体这一"想象共同体"本身就缺乏一个有力的利益集合,

---

❶ 莫爱新:《民法中的性权利研究》,中国政法大学出版社2011年版,第172-173页。
❷ 郭晓飞:《中国法视野下的同性恋》,知识产权出版社2007年版,第122页。
❸ 褚宸舸主编:《自由与枷锁——性倾向和同性婚姻的法律问题研究》,清华大学出版社2014年版,第108页。
❹ 邹小琴:《论同性伴侣婚姻家庭权利的保护》,载《政法论丛》2008年第6期。
❺ [英]塔姆辛·斯巴格:《福柯与酷儿理论》,赵玉兰译,北京大学出版社2004年版,第45页。

对同性恋权利的法律诉求远非同性恋自身的利益指向，而与社会其他群体与个人皆存在着直接或间接的联系。

无论是哪一方，对同性伴侣制度的正面回应都绝不是"想象中的难题"，同性伴侣制度更需要解决的是如何处理共同生活所面临的问题，以及在共同生活期间所涉及的各类问题出现纠纷时，法律能为之提供必要的保障和解决方式。由于缺乏基本的法律规范，同性共同生活关系处在一种没有根基的状态，相互之间的权利义务关系没有任何法律上的保障，这使得他们既面临共同生活上的需求，又因缺乏法律的规范而难以建立起基本的信任。在这种情况下，很少有人对这种共同生活关系进行太大的投入，结果更多的人维持着一种更为松散的关系，甚至没有建立起任何形式的共同生活关系，从而不得不通过更加混乱的随机性的性机遇来满足基本的生理需求。[1] 这种潜在的"无序"并不会因刻意的回避而消失，相反，唯有正视此种社会存在，才能进一步讨论规范性体系的构建。

  本文原稿曾发表于《反歧视评论》第 4 辑，法律出版社 2017 年版。

---

[1] 王森波：《同性婚姻法律问题研究》，中国法制出版社 2012 年版，第 157-158 页。

婚姻家庭法领域意思自治表达维度探究

——以离婚协议财产约定为视角

■ 沈刘袁　黄　彤

一、引言

从 1950 年的《婚姻法》到《民法典》，婚姻家庭立法中的个体自由日益增强，现代婚姻关系中通过约定处理婚姻事务的情形越来越多，离婚协议中的金钱给付当属其中。具体而言，当事人会在离婚协议中约定由一方向另一方按一定周期支付一定金额的款项，截止日期大多数会约定至终老，比如"田某自愿从 2017 年 8 月份开始每月给车某 1 万元整作为车某的日常开支，直至田某终老"[1]。实务中当事人基于对婚姻关系的自主安排和对不同婚姻关系各自离婚时的特点和目的的考虑，约定了几种不同类型的金钱给付。但在审判实践中，各人民法院虽意识到了离婚协议具有强身份关系的特殊性，但还是对该约定的效力几乎都是不加区分地统一按单纯的财产关系处理，忽视了离婚当事人约定背后是对婚姻状况通盘所做安排的目的。多数法院倾向于根据意思自治原则对离婚协议中约定的金钱给付条款进行效力认定，但未能正视约定本身所体现的人伦道德。

离婚协议兼具身份性与财产性，但是一味地区分适用规则，将身份规则适用于离婚协议中的身份性内容，财产规则适用于离婚协议中的财产性内容，显然失之偏颇。离婚协议的内容具有整体性，不论是对身份性事务的安排，还是对财产性事务的处置，均以婚姻感情为出发点，婚姻家庭关系是基准。离婚协议中金钱给付约定的效力既要控制意思自治在婚姻家庭领域的表达维度，又要让经济理性适当地回归婚姻家庭法的传统价值观。

二、离婚协议中金钱给付约定纠纷的司法现状

对于离婚协议中金钱给付约定的效力，各法院裁判观点侧重于意思自治、

---

[1] 田某诉车某离婚后财产纠纷案，山东省聊城市中级人民法院（2020）鲁 15 民申 332 号民事裁定书。

普遍认可的身份属性、与普通财产协议的区别、诚信原则与公平考虑等几个方面。实务界意识到离婚协议中金钱给付约定作为离婚协议的有机组成部分具有不同于一般财产协议的身份属性，但在大多数情况下不会将其作为判定约定效力的条件或是因素，仅是基于意思自治进行认定。本文选取了离婚协议中约定终身按照一定周期给付一定金钱的具有代表性的民事纠纷案例，从案件的裁判思路、裁判结果两个角度总结目前法院的裁判立场的异同，目的在于阐释基于离婚协议中约定的金钱给付条款提起的要求按约履行之诉在司法实务中的理论依据与判决思路，以身份关系协议中的财产约定理论为进路，分析离婚协议中金钱给付约定的效力。具体见表1。

表1　离婚协议中约定金钱给付裁判案例总结

效力	法律适用	案例来源
有效	离婚协议是双方离婚时对夫妻感情、过错责任、财产情况等综合考虑的结果，是对自己权利的自由处分，其效力受法律保护	(2018) 苏06民终2987号
	真实意思表示，不违法，不侵害第三方利益	(2020) 苏01民终4690号、(2018) 川0725民初1679号、(2019) 赣02民终858号
	对财产关系自由处分，诚实信用原则	(2020) 皖04民终887号
	真实意思表示，不违法。兼具精神伤害补偿性质，不属于经济帮助金。受给付方离婚时分得的财产足以支撑其一生的富裕生活不是撤销理由	(2020) 鲁15民申332号
	《中华人民共和国婚姻法》第二十条、第四十二条	(2019) 云0111民初1596号
	真实意思表示，合法有效，被告患有严重心脏病且有80多岁母亲需要赡养不得作为对离婚协议中约定的抗辩	(2020) 川0108民初640号
	具有一定的人身关系和道德性质	(2018) 粤1204民初363号
	依照《中华人民共和国婚姻法》第39条、第42条，《最高人民法院关于适用若干问题的解释（三）》第18条，《中华人民共和国民事诉讼法》第64条，《最高人民法院关于适用的解释》第90条、第91条之规定	(2020) 黔0330民初2897号

续表

效力	法律适用	案例来源
无效	生活费、过年使用费有效，工资属于赠与性质，有权撤销	（2017）粤5381民初2290号
	如此约定带有扶养性质，相对不合情理	（2016）浙0327民初1830号
	夫妻扶养义务自然解除，原告有成年子女可供赡养	（2017）桂1223民初308号
相对有效	合理期限内是夫妻扶养义务的延伸，超出合理期限为经济帮助性质的赠与，以给付方自愿为前提	（2018）桂04民终1222号

从表1可知，法院在判断离婚协议中金钱给付约定的法律效力时，主要存在认可与不认可两种观点的冲突。有的法官完全以一般财产关系来对待离婚协议中的金钱给付约定，充分尊重当事人在私法领域意思自治的权利，认为应由当事人自由处分自身财产以调和婚姻矛盾，但却忽略了该类协议签订的伦理背景注定会使意思自治在离婚协议中的适用受到一定的限制。即便是在以合同自由为最高原则的债权契约领域，自治仍需要以诚实信用、公序良俗等为限而使得自由权利存在行使边界。❶ 因此，只遵循意思自治原则而忽略该类财产协议背后身份关系的"事实先在性"❷、伦理因素和社会影响，恐怕失之偏颇。有的法官则更倾向于否认如此约定具有法律约束力，但裁判思路不一。一种裁判思路是将离婚协议中的金钱给付约定视为夫妻扶养义务的延伸，但是扶养义务以婚姻关系存续为前提，因而该约定因带有扶养性质，相对不合理而不予认可，或者基于离婚救济制度的立法初衷短期内认可其法律效力。另一种裁判思路是将约定中的受给付方因有成年子女的赡养而不认可约定前任配偶扶养的效力。此外，有些法官会考虑到给付方的生存，从而将给付方所有收入交由受给付方支配的约定裁定无效，不认可该约定具有法律约束力。以上几种具体的裁判观点考虑到在意思自治之外还有其他的影响因素，但是离婚协议中的财产关系无法脱离婚姻关系解除的背景，离婚协议具有鲜明的伦理因素。司法实践中过度依赖意思自治的工具主义价值而回避约定本身的社会因素，恐有物化婚姻关系之嫌。对婚姻关系不加限制地允许任意地商业化、自治化，有违婚姻的本质。❸ 在如今意思自治不断向婚姻家庭法

---

❶ 张作华：《认真对待民法中的身份——我国身份法研究之反思》，载《法律科学》2012年第4期。
❷ "事实先在性"，是指亲属身份关系的种类和内容在人伦秩序上均早已确定，即"先在地"存在。
❸ 于飞：《公序良俗原则研究——以基本原则的具体化为中心》，北京大学出版社2006年版，第124页。

领域扩张的时代背景下,如何调和身份行为与财产行为结合时的冲突,将私法自治的原则更好地融贯于以"先在"身份关系为基础的财产协议中,赋予其新的生命力,需要对其法理基础加以探究并作出对策分析。

三、离婚协议中金钱给付约定的立法现状

如前所述,离婚协议中,当事人协商一致自愿签订的金钱给付条款效力的认定,以及诉讼发生时应该将其归为哪一类纠纷、适用哪一款法条,不同法院有其不同的观点。这些问题出现的一个首要原因是法律没有对离婚协议中约定的金钱给付条款的性质、效力及适用做出明确的规定,既不能完全适用现有制度的规定,也没对其作出针对性的司法解释。而且这一情况并没有随着民法典时代的到来而有所改善,因此各大法院在审理案件时都有其不同的侧重点。关于离婚协议中约定的金钱给付条款究竟该赋予其多大的法律效力以衡平自治与伦理的冲突,需要先从现有的法律制度出发,探究离婚协议有关财产约定的立法用意。

(一)离婚协议的救济属性很大一部分是自治的结果

离婚协议中的金钱给付约定带有一定程度上的救济属性,但是绝大多数不属于法定离婚救济制度的范畴。我国目前的法定离婚救济制度包括离婚经济补偿制度、离婚经济帮助制度和离婚损害赔偿制度。由于学界对离婚损害赔偿制度性质为何颇有争议,且与本文所探讨的离婚协议中约定周期性金钱给付条款的理念不契合,因此不予细述。《民法典》沿袭了《婚姻法》之立法传统,对离婚时相对弱势一方给与一定的法律保障以保证当事人的离婚自由。《民法典》第1088条规定,夫妻一方因承担较多的家庭义务的,在离婚时有权获得离婚经济补偿;第1090条规定,离婚时有能力负担的一方有义务向生活困难一方提供适当帮助。不论是家务劳动补偿还是经济困难帮助,立法者确实考虑到了需要给与离婚时弱势一方相应的请求权以对其进行保护,这也是多数法院判决离婚协议中约定的周期性金钱给付条款效力如何以及是否支持时会加以参考的规范。这两项制度虽然立场相同,都是对离婚产生的经济后果的分担,但是本文所要讨论的约定义务与法律规定并不适配,与法条所规定的法定义务也并不是完全可以类推解释的。首先,法条规定有明确的时间要求,要求离婚补偿请求权和困难情况只能出现在离婚时;而实务中离婚协议当事人绝大多数会约定离婚后按一定的周期履行金钱给付义务直至

一方终老。其次，法律规定的离婚救济给付需要以一方生活困难或婚姻关系存续时家庭负担较大为触发条件；离婚协议中的约定给付不需要触发条件，单纯是当事人意思自治的结果。最后，离婚救济的目的是帮助一方当事人在离婚后维持生活状况稳定，尽量减少离婚带来的影响；而离婚协议双方当事人是基于对离婚这一行为目的的综合考虑，权衡利弊后自行安排双方当事人财产以使离婚后果双方都可以接受，有时甚至只是为了保证受给付方的生活质量不因离婚而受到影响。

（二）法定救济只限于夫妻既有财产

《最高人民法院关于适用〈中华人民共和国民法典〉婚姻家庭编的解释（一）》第69条第2款规定："当事人依照民法典第一千零七十六条签订的离婚协议中关于财产以及债务处理的条款，对男女双方具有法律约束力。登记离婚后当事人因履行上述协议发生纠纷提起诉讼的，人民法院应当受理。"结合法条所在篇章与立法背景，条文中所指的财产其实是指夫妻双方离婚时的既有财产，其初衷是鼓励当事人自主处理离婚时的人身关系和财产关系。离婚协议中约定金钱给付是对给付方财产的预处理，包括了现有财产和未来预期收入，其处分的是离婚后给付方的个人财产而不是离婚时双方的共同财产。所以本法条也不可作为离婚协议中约定的金钱给付条款效力认定的法律依据。

（三）精神损害赔偿难以类推适用

虽有当事人会在离婚协议中约定"精神损害赔偿""精神损失赔偿"，但是也不能据此认定这类约定给付属于法律规定的精神损害赔偿。《民法典》第1183条规定了自然人的精神损害赔偿请求权，可当事人协议离婚所造成的精神损害一般不可能达到严重的程度，而且精神损害赔偿需以过错为前提，即侵害自然人的人身权益。同时离婚协议中的给付义务是约定的义务，而精神损害赔偿是法定赔偿责任，二者并不兼容。离婚协议约定给付与精神损害赔偿不可混同的另一个原因在于精神损害赔偿可以单独适用，不需要约定。所以，即使双方当事人在离婚过程中存在侵害自然人人身权益的事实或者在婚姻关系存续期间有《民法典》第1091条规定的情形而造成严重精神损害的事实，这两款法条也不能作为一方主张对方按照协议约定支付相关款项的请求权基础。

（四）夫妻间相互扶养义务的适用

《民法典》第1059条规定夫妻间有相互扶养义务，这里指的扶养义务自然包括物质上的扶持义务。夫妻间的相互扶养义务以婚姻关系存续为前提，自然也应当在婚姻解除时一并消失。有论者主张以对弱势方的救济为目的将夫妻间扶养义务延伸到离婚后，笔者认为这是一个相当好的提议。但是这种扶养义务延伸理论目前只存在于理论界，除非明确立法，否则实践中几乎没有施展拳脚的天地。另外，离婚后以扶养义务延伸为基础认可离婚协议财产约定效力，其期限是非常有限的。因为出于对传统社会伦理的维护——不能让两个没有亲属关系的人长期互负扶养义务，不可能依照离婚协议双方的自由认可约定财产给付长期或者终身有效。

综上可知，有关婚姻关系财产处置的立法初衷在于支持夫妻间权利义务的自由处分以及对弱势方的保护。目前我国民事立法没有对离婚协议中有关财产给付约定的性质和效力作出具体规定，也没有相关的可以类推适用的条款。这就说明，司法判决所引用的规范都不足以阐明此类约定的特性，进而作出全面合理的判决。且法院在作出裁判时对伦理因素、社会因素等民法一般性原则的参考太少，这就导致了针对此类约定的判决的法理基础相对比较薄弱，出现"同判不同理"的情况，缺乏相应的人文关怀。自行处理夫妻间财产关系的前提是不违背法律的强制性规定，不违反民事立法原则以及不侵害第三人权益，因此法院作出裁判应当结合案件的现实情况，以家庭法为基础，辅之以财产法规范来灵活处理离婚协议中约定金钱给付之纠纷。

四、离婚协议中金钱给付约定法律效力的认定

离婚协议是家事法发展的重要领域，是夫妻双方对婚姻关系、家庭关系、子女扶养、财产关系的处理自愿达成合意的兼具身份与财产双重属性的协议。离婚协议中财产关系纠纷的处理原则应当兼顾社会理性与人文关怀，以婚姻利益和家庭利益为依归，对于其中金钱给付约定的效力的认定所参照的法律依据，既不可太工具主义，也不可绝对地伦理化。因此，基于对意思自治原则的遵循，对公序良俗原则的遵守，对双方当事人切身利益的考虑等多方因素的综合分析，对离婚协议中金钱给付约定条款的效力应给出明确的立法态度：结合离婚具体情况，根据当事人的约定确定该金钱给付条款的目的，基于不同类型分别确认其性质和效力状态，而不能任由离婚协议双方自由约定并随时主张。

具体而言，在认定离婚协议中约定的金钱给付条款的效力时，考虑到意思自治、法律规定、公序良俗、婚姻利益等因素的平衡，不能无限期地认可金钱给付约定的法律效力，而是需要结合以下几个现实因素再对当事人的约定的法律效力做出合理判断。

（一）考虑当事人的现实生活状况

包括现有的离婚救济制度在内，受给付方在离婚后的生活质量是离婚双方在签订离婚协议约定金钱给付时首要考虑的因素。若一方当事人在离婚后确有生存困难，离婚会使得一方当事人失去生活支柱的，那么约定给付方出于真实的意思表示自愿承担起支持对方生活的经济责任，既是对受给付方缔结婚姻时信赖利益的补救，也是勇于承担社会责任的体现，法院应当给与一定较长期限的认可。但是这种约定仍应当以受给付方的生存困难的实际存在为法律约束力的标准，即在生存困难消失（比如疾病痊愈，恢复工作能力等）后，不再具有法律效力。这样既是对当事人意思自治的尊重，也能弥补法定离婚救济制度的不足，更好地保护婚姻关系中的弱势一方，同时鼓励弱势方积极生活，尽快从婚姻破裂的失意感中走出来。另外，对于因为一方在婚姻关系存续期间受到来自婚姻内的伤害而约定了离婚金钱给付的，也应当综合现实情况认定其在一定期限内具有法律约束力，将其作为离婚损害赔偿的补充，以弥补该项制度在实践中的适用不足。既然离婚协议是离婚双方对自婚姻中的人身关系和财产关系的自由处置，那么对于离婚协议中约定财产关系条款的处理，自然就不能因为给付方在婚姻中的优势地位而忽略其实际生存状况。如果给付方在离婚后由于身体健康状况、商业风险等问题导致给付能力大幅下降或者丧失给付能力，要根据实际情况相应地判令其中止或者终止给付，以平衡双方利益。为了快速结案而不考虑给付方的实际情况，只出于意思自治的考虑判令其按照约定支付相关款项❶，是缺乏人文关怀的不负责任的表现。

（二）对原婚姻关系存续时亲属权益的救济与补偿

有时离婚可以使一方摆脱原有婚姻关系内照顾家庭的法定义务和道德义

---

❶ 潘某诉代文彬离婚后财产纠纷案，成都市成华区人民法院（2020）川 0108 民初 640 号民事判决书。

务，如果离婚使得对原生家庭中重疾、残疾等有生活障碍的亲属的扶养重担都落在了受给付方身上，那么在考虑离婚协议中金钱给付约定的效力时应当充分考虑该因素，以使原夫妻双方公平分担婚姻产生的不利经济后果。❶ 婚姻关系存续期间夫妻双方共同承担家庭中独立生活困难成员尤其是子女的照顾责任，这既是人们对婚姻的期许，也是缔结婚姻所要承担的社会责任。那么在离婚后调整财产关系时，就应当将离婚后果的承担通过法定或约定的方式分摊到双方身上。但是我们也要尊重当事人脱离婚姻成为"自由人"的权利，在有约定的前提下，合理认定金钱给付条款的法律保护期限。此外，我们要明白，婚姻家庭的强大之处就在于它对于人的支持与帮助功能。家庭中不仅有需要救济帮助的家属，更多地是有可以供人依靠的亲人，才被称为"温暖的港湾"。认定效力时要考虑到受给付方有无其他扶养来源或者救济来源。这项因素可作为其他参考因素的补充，适当缩短法律保护的期限。但是司法者不可因为受给付方有其他的生活来源和生存依靠就完全不认可离婚协议中的金钱给付约定，私法领域仍要鼓励当事人在一定程度上的意思自治。❷

(三) 维护公序良俗原则

实践中，多数法院支持原告基于离婚协议要求被告按约定终身给付是出于对诚实信用原则的遵循，同时救济离婚弱势方也是对其信赖利益的保护。但是无限期地认可离婚协议中金钱给付约定条款的效力也在一定程度上阻碍着双方对下一段婚姻的追寻以及再婚配偶的保护。首先，单纯地只考虑意思自治原则而认定约定具有法律效力，会使得离婚后双方产生比预期更多的联系，影响社会评价。其次，给付方承担的约定给付义务也会造成其经济和情感上的负担，使其在投入下一段感情时有所顾虑，造成再婚的客观阻碍，影响婚姻自由。因此，要合理判断约定的效力，不能任由当事人协议约定终身给付还一味地支持其支付主张。再次，再婚可能会带来给付主体与受给付主体的扩张。如果给付方能够顺利再婚，由于我国目前绝大多数夫妻都不会约定分别财产制，那么很有可能约定给付的主体变成再婚后的夫妻双方，金钱支付的来源就变成了再婚后的夫妻共同财产。这样对给付方的再婚配偶而言不公平，就算其认可离婚协议并同意支付，也难免会在情绪低落时感到不满

---

❶ 冉启玉：《公平分担因婚姻产生的不利经济后果——离婚后扶养费请求权基础探讨》，载《前沿》2010 年第 2 期。

❷ 杨某诉蒲某抚养费纠纷案，广西壮族自治区凤山县人民法院（2017）桂民初 308 号民事判决书。

进而影响婚姻状况。退一步讲，哪怕给付方只是离婚后与他人同居，同居状态也会使得财产高度混同，侵害到另一同居方的权益。而且使给付方同时供养两任妻子也是对社会一般伦理价值观的冲击，造成人们对婚姻忠诚、立法态度、现任家庭成员保护的质疑。另外，受给付方再婚后，其希望通过可靠的婚姻获得扶助，与配偶共同进步的期望又得到了满足，原本婚姻关系破裂带来的物质损失和精神伤害也在很大程度上得到了弥补，所以此时也应当对约定的法律效力作出适当否定。

（四）兼顾第三人利益的保护

越来越多的夫妻会选择假离婚规避债务和争取财产利益，离婚协议在如今容易成为侵害第三人合法权益的通道行为而被当事人滥用。这既是对婚姻的亵渎，也是对第三人的伤害。在给付方收入有限的情况下，对前任配偶的经济负担势必会造成给付方对他人的履行能力降低，法院在认定离婚协议中金钱给付约定的效力的时候就应当兼顾到第三人的利益，因为与此同时的债权人也可能正处于经济危困的状态。有的法官在离婚双方明确表态是假离婚，婚后仍共同居住的情况下，依然只出于意思自治的考虑认可约定具有法律约束力，而不管双方当事人在离婚后对外共同举债侵害到了第三人的利益。很明显在此时就需要保护债权人的利益，根据诚实信用原则对当事人的意思自治加以限制。如果司法者不对离婚协议的背景情况作全面思考，就很容易使得离婚协议中的财产约定变成规避法律的通道行为，进而影响法治的健康发展。

（五）节约司法资源

司法资源的合理配置是司法实践始终贯彻的原则。法院认可并判决执行的给付一定是按照离婚协议的约定已经到期的，那么判定离婚协议中金钱给付约定长期有效甚至终身有效就会有当事人每隔一定周期就起诉一次的可能。根据现有案例，已经出现了这种对同一给付约定多次起诉的情况——当事人为主张对方履行协议和确定履行期限多次起诉。[1] 这样不仅效力低下达不到救济的效果，也造成了司法资源的浪费。

综上，应该对离婚协议中的金钱给付约定制定法律保护期限加以限定。

---

[1] 可参见余某某诉王某某离婚后财产纠纷案，四川省梓潼县人民法院（2018）川 0725 民初 1679 号民事判决书；王某某诉余某某抚养费纠纷案，四川省梓潼县人民法院（2020）川 0725 民初 1308 号民事判决书。

在受给付方生活好转、能力提升、有新的扶养来源或者其他救济来源后，认定约定不再具有法律效力。如果一方生存困难长期存在，比如残疾、重疾无法治愈等，则可以根据当事人的自由约定认可长期或者终身给付的法律效力。同时参考一方或者双方的再婚情况、债权人权益保障、节约司法资源等因素适当调整对金钱给付条款效力的法律保护期限。

五、婚姻家庭领域泛社会化的平衡性保持

平衡意思自治与亲属法价值取向的实质是形式平等与实质平等的协调相容。亲属法领域的主导价值自1950年《婚姻法》扬弃封建家庭主义以来，其趋势主要表现为：以家族为核心的团体主义不断弱化，以自由为主导的个体主义则不断强化。个体自由意志的解放和发展极大地促进了社会生产力的发展，为私法意思自治体系建构奠定了完善的群众基础，也有效地推动着我国社会文明的发展。但是伴随着物质文明发展起来的不断膨胀的个体意识，在如今的时代，人们切实感受到了过分张扬的自由意志已经开始影响家庭的和谐与稳定。这并不是立法者的初衷。财产法理论在亲属法领域适用，其目的主要是以财产规制原理对具有一般性的家事矛盾进行高效化解以确保当事人有可观的权利收益。我国《民法典》显然是以调整财产关系为中心，这就使自商品经济出现以来就具特殊地位的财产法价值在民法典时代获得了指导性地位并指导着包括婚姻家庭编在内的各分编的制度建构。但是私法"非伦理性"的过度入侵，破坏了婚姻家庭法领域"自治"与"他治"的有机平衡。所以，在明确意思自治优越的适用地位的同时，仍需牢牢把握"联系最密切原则"，合理确定各主体之间的权利义务关系，限制意思自治在婚姻家庭法领域的无限扩张适用，明确司法实践中婚姻家庭领域的纠纷化解的目标——化解家庭矛盾，树立良好风气，保障弱势群体的合法权益。

意思自治是私法的核心价值，法律行为制度则是实现意思自治的工具，旨在为个人提供一种受法律保护的自由，从而使个人获得自主决定的可能性。❶法律随着社会的发展呈现出越来越强的工具理性本质，意思自治也由于其所蕴含的强大工具主义面向而有不断地向婚姻家庭法扩张的趋势。但是离婚协议不同于一般的财产协议，是情感与经济的高度重合体，因此离婚协议中的金钱给付约定也与一般财产协议判然有别。法律工具主义价值的不断增

---

❶ [德]迪特尔·梅迪库斯：《德国民法总论》（第2版），邵建东译，法律出版社2001版，第472页。

强会使得原有的伦理因素和社会因素不断削弱,对于离婚协议中财产关系的纠纷处理就不能按照"经济人"的假设单纯地考虑经济理性,构建一个无视性别、社会、历史、宗教等人伦因素的无差别法治环境来思考它的效力,反而要更加重视离婚协议所反映出来的人文精神和社会价值。家庭法并不完全属于法规范,而是根源于社会伦理,因此一直以来都展现出了超实证法的特征。❶ 当前司法实践中对婚姻家庭领域的纠纷处理,似乎有强化其私法属性而淡化其社会属性的色彩。平衡形式平等与实质平等、伦理性与非伦理性、自治与他治这三种价值立场,以对意思自治在婚姻家庭法领域的适用作出合理判断,才是廓清婚姻家庭法裁判立场的核心问题。

财产性的利益交换原则被处理为人际交往的基准类型,甚至连婚姻关系也被处理为一种拟制的利益交换关系。❷ 婚姻与家庭的财产法化会导致"中国家庭资本主义化",会摧毁大多数家庭。而这种不健康财产法化的根本原因在于个体意识的增强、法律素质的欠缺导致的意思自治原则在该领域的不合理使用。如果任由市场经济不受约束地融入婚姻家庭经济关系,市场逻辑与家庭逻辑的整合将会有诸多不自治的地方,进而摧毁现有的有机社会单元,最后摧毁的便是中国家庭。《民法典》婚姻家庭编致力于家庭成员的道德建设与幸福维系,而家庭道德与风气的建设难以单纯地靠家庭成员或者婚姻关系当事人的自治来独立完成,尤其是在家庭伦理受到市场经济理论冲击的背景下,意思自治的工具理性反而容易使得婚姻与家庭陷入缺乏情感和伦理考虑的道德危机。因此,在此情况下更有必要适当限制意思自治在婚姻家庭领域的表达,以意思自治的制度价值与亲属法的价值依归的平衡为核心要义,立足于意思自治的工具主义价值与身份关系协议的伦理属性的调和,探究意思自治在身份关系财产协议中表达的自由度,明确以离婚协议为例的婚姻家庭领域有关约定的特殊性以及意思自治在其中表达的局限性,促进家庭成员树立正确的家庭道德伦理观,为我国婚姻家庭的发展作出合理的基础理论分析。

六、明确约定的特殊性与意思自治的局限性

(一)该类财产关系约定的性质复杂而特别

离婚协议中的金钱给付约定本质上属于财产关系约定,但由于其所在的

---

❶ [德]萨维尼:《当代罗马法体系Ⅰ》,朱虎译,中国法制出版社 2010 版,第 287 页。
❷ 薛军:《人的保护:中国民法典编撰的价值基础》,载《中国社会科学》2006 年第 4 期。

婚姻共同体的伦理因素和社会背景，而不同于一般财产关系，需要在类推适用财产法规范时考虑得更加全面和慎重。"不能回避的一个趋势是：在现代社会债法的适用处于持续扩张中。"❶ 身份法与财产法一起向《民法典》回归，财产法的适用不断地向婚姻家庭领域扩张，财产法的工具主义价值在与婚姻家庭法融合的同时不断冲击着其伦理阵地。虽然婚姻家庭法的重心在现代社会已经发生偏转而以亲属财产法作为主要的调整对象❷，但是否应将家庭法整体融入债法，其妥当性值得进一步探讨。❸ 因为与财产法相比，"家族法在出发点上具有许多性质不同的要素"❹。与以个人主义为中心，强调利己主义的财产法不同，婚姻家庭法制度的建构重点不在维护交易安全，而在于营造一个温暖和谐的家庭环境，打好社会安定的法律基础，婚姻家庭法律制度的核心在如今仍然是利他主义。现代民法以"经纪人"的假设将人抽象为以合理、利己的方式行动的自由意志的主体，这与婚姻家庭秩序中的"伦理人"大相径庭。❺ 不能简单地将婚姻关系中的主体镜像投射到财产秩序中，基于身份的财产关系与一般财产关系有着本质上的深层次的差异，针对该差异，"慎重认定拟处理之案型是否有限制或修正拟准用之法条的必要"❻，才能为一般财产规则在离婚协议中的适用定下谦抑的基调，维护传统婚姻家庭领域的伦理坚持。

婚姻家庭法与民法的其他部分貌合神离，所以"在家庭法与债法交汇的过程中，法院通过类推适用债法的规定来进行法律续造仍然面临巨大的争议"❼。离婚协议兼具身份法和财产法的双重价值取向，属于"身份财产混合行为"，离婚协议作为身份财产混合行为的典型代表，具有维系社会稳定、人伦理性与追求自由个人主义形式理性的双重特质。对于身份财产混合行为，由于其本质上的财产属性故而可以适用财产法规范，但不应忽略亲属身份行

---

❶ [意] 桑德罗·斯奇巴尼：《债之概念反思及其在体系中的地位》，陈汉译，载《北方法学》2015年第3期。

❷ [德] 冯·巴尔：《欧洲比较侵权行为法（下）》，张新宝译，法律出版社2003版，第132页。

❸ 刘征峰：《论民法教义体系与家庭法的对立与融合：现代家庭法的谱系生成》，法律出版社2018年版，夏吟兰教授所作序第1页。

❹ [日] 加藤雅信：《民法学说百年史：日本民法施行100年纪念》，牟宪魁译，商务印书馆2017版，第866页。

❺ 冉克平：《论意思自治在亲属身份行为中的表达及维度》，载《比较法研究》2020年第6期。

❻ 黄茂荣：《法学方法与现代民法》（第五版），法律出版社2007版，第174页。

❼ 刘征峰：《论民法教义体系与家庭法的对立与融合：现代家庭法的谱系生成》，法律出版社2018年版，第239页。

为对其产生的影响。❶ 在民法学理论上，身份法与财产法的衔接与整合，仍然有着较大的空白区域。结合时代背景，从社会实际和主体利益出发，明确离婚协议中金钱给付约定与一般财产协议的区别，认定带有强烈人身属性的财产协议效力状态并有效论证其合理性，是司法实践亟待改进的方面。总之，该类金钱给付约定的效力裁判理念应该统一于婚姻法而不是合同法之下。

（二）意思自治在婚姻法中适用的谦抑性论证

婚姻家庭法具有极强的隐私性和伦理性，意思自治在婚姻家庭领域的表达与适用应当保持适当的谦抑。与可抽象化提取公因式又能成体系化统一规制的财产关系理论与实践相比，身份关系在理论与实践方面的探索都显得较为薄弱。以至随着时代的发展和法治的进步，意思自治有不断从财产法扩张至婚姻家庭法的趋势，其所蕴含的强烈的利己主义和自由至上的原则也为婚姻家庭行为的自治化打下了统括的价值基础。婚姻家庭法已不能完全脱离财产法而存在，其本身已经成为接近特殊身份者之间的特殊财产法。❷ 但是，婚姻家庭领域的伦理关系与市场经济领域的财产关系是有本质的区别的，《民法典》总则编的各项原则、规则在婚姻家庭关系中的适用不能说"排斥"，至少是不能完全适用于婚姻契约❸，也正是婚姻关系协议在适用一般财产规范时表现出的强烈的不适配性，才彰显出婚姻关系独特的社会价值属性。历史、文化、道德和宗教的强大惯性使得意思自治工具主义在融合进离婚协议中时注定会受到限制，婚姻法与财产法虽一同入典，但是两者之间存在着深层次的对立。❹ 解决意思自治在离婚协议中的适用障碍的关键在于限制意思自治的随意适用，即使是财产关系也不得忽略其固有的社会因素。

近年来民事领域展现出愈加强烈的"私法实质化"倾向，即通过国家的适当干预，为了实质正义超越自治的目标。这种"私法实质化"倾向也应当在处理离婚协议时得到更加具体的体现。"法的法则"仅仅是不完全地支配了婚姻家庭领域❺，因而意思自治在婚姻家庭领域的适用与其在财产领域的完全贯彻是不同的。因此，对离婚协议中金钱给付约定的法律效力需要综合认定

---

❶ 陈棋炎、黄宗乐、郭振恭：《民法亲属新论》，三民书局2005年版，第26页。
❷ 贺剑：《论婚姻法回归民法的基本思路以法定夫妻财产制为重点》，载《中外法学》2014年第6期。
❸ 尹田：《民法典总则与民法典立法体系模式》，载《法学研究》2006年第3期。
❹ 冉克平：《论意思自治在亲属身份行为中的表达及其维度》，载《比较法研究》2020年第6期。
❺ [德] 萨维尼：《当代罗马法体系I》，朱虎译，中国法制出版社2010版，第286页。

的原因在于：离婚行为不得过度功利化，私法中的抽象自由应受到排斥。❶ 婚姻关系是维系社会发展的基本单元，其具有强烈的社会属性和伦理属性。婚姻伦理区别于财产伦理，切忌使人伦婚姻家庭关系"冰冷"地物化❷，否则恐有使财产关系取代伦理关系之嫌，导致婚姻家庭关系过度紧张，违背和谐友爱、相互包容的立法初衷。过度放纵意思自治在婚姻关系领域的适用而不分情况地认可金钱给付约定的效力，怕是会助长受给付方的惰性，有违背婚姻本质的畸形商业婚姻出现的可能。同时也会给具有较强经济实力的给付方一种可以"破财消灾"的错觉——可以通过金钱给付就完成对不满意的婚姻关系的处置，这是对婚姻极不尊重的表现。婚姻关系的大部分领域仍处于排他性的道德影响之下，但不可否认的是这种道德、舆论等社会控制力量在不断地减弱。❸ 因此，在面对婚姻关系领域的财产问题时，更应当坚持婚姻的本质，不允许任意自治和任意商业化。

七、结语

婚姻法向民法的回归是有意义的，使"法律行为"成为统领财产关系与身份关系的工具，有利于解决婚姻家庭法发展过程不断出现的时代性问题，坚守住身份关系中最基本的公平属性。离婚协议之约定不可能面面俱到，绝大多数仍主要以道德约束为主，在涉及财产关系时更有过强的情感因素而导致道德约束力会随着时间大幅降低。债法意思自治的工具主义理性和公平维护价值在引入婚姻家庭法时就显得顺利而自然。如今看来，债法规则成为婚姻法的"开放法源"是历史发展的必然。但是我们在类推适用时必须明确身份关系协议中的财产约定区别于一般的财产约定，是一种不同于利己主义项下单个"经济人"之间朴素交往关系的、融合了复杂社会与伦理因素的"身份——财产"混合关系。因此，离婚协议中的金钱给付约定的主体仍属于以婚姻为基础的利他主义特殊经济体，须要以自然伦理和社会血统限制意思自治的过度扩展，防止家庭成员将"个人利益最大化"的自由主义市场经济理论带入家庭环境。对于法官而言，法律续造的论证与法条适用的解释在裁判中同样重要，其核心要务在于避免财产规则笼统地适用于身份关系财产协议，

---

❶ [德] 罗尔夫·克尼佩尔：《法律与历史》，朱岩译，法律出版社 2003 年版，第 105 页。
❷ 薛宁兰：《婚姻家庭法定位及其伦理内涵》，载《江淮论坛》2015 年第 6 期。
❸ 吴习彧：《被协议的"忠诚"——从政策分析角度解析"婚姻忠诚协议"》，载《东方法学》2012 年第 3 期。

以维护家庭伦理,尊重婚姻本质。在"参照适用"财产法相关规则、原则时,应当时刻明确在离婚协议中除当事人的意思自治之外还有更多伦理性因素。因此,在认定其中金钱给付约定的法律效力时应当综合判断,适当调整意思自治原则的运用规则,以契合婚姻与爱情本质,维护社会稳定与法律的权威,帮助家庭成员塑造健康的"伦理人格"。否则,就算是意思自治原则具有强大的工具属性与制度优势,在化解婚姻家庭矛盾时也会显得捉襟见肘。

艾滋病感染者对配偶及性伴侣的告知义务研究

■ "不得不说的秘密"项目组*

一、引言

2021年1月4日,上海市闵行区人民法院宣判了首例适用《民法典》新规撤销婚姻关系的案件。该案中,原告李某与被告江某经人介绍相识后,很快确定了恋爱关系,订婚后双方开始同居。2020年6月,李某怀孕,双方登记结婚。后来江某向妻子坦白自己感染艾滋病数年且长期服药,虽然江某坚持表示其所罹患的艾滋病已不在传染期内,传染李某及其腹内宝宝的可能性极小,且最终证明李某确实并未被传染,但李某依然无法接受。尽管两人此前感情基础不错,李某在几经内心挣扎思量后,还是决定终止妊娠并向闵行区人民法院起诉要求撤销婚姻。闵行区人民法院经审理,依据刚刚正式实施的《民法典》判决撤销原告、被告的婚姻关系。

该案作为《民法典》第1053条生效以来的"首判"吸引了社会各界的广泛关注,但对该判决的一些反思也相当引人注意。这其中最主要的问题之一便是《民法典》中该条款的溯及力。《民法典》生效后,并非所有新案件都可以直接适用,《最高人民法院关于适用〈中华人民共和国民法典〉时间效力的若干规定》第2条规定,民法典施行前的法律事实引起的民事纠纷案件,当时的法律、司法解释有规定,适用当时的法律、司法解释的规定,但是适用《民法典》的规定更有利于保护民事主体合法权益,更有利于维护社会和经济秩序,更有利于弘扬社会主义核心价值观的除外。那么该溯及力规定是否适用于所有在《民法典》生效前缔结婚姻且未告知其配偶的艾滋病感染者,以及婚前尚未确诊的感染者在婚后是否还需要向其配偶承担告知义务?这些问题在以上案件宣判之后仍然需要进行深入的分析与讨论。

---

* 本项目组成员为赵家洋、杨艳、郑子怡、吴洁林、秦缘、何茜雯、沈佳昊,指导教师为段知壮。本项目在调研过程中得到了"白桦林全国联盟"的大力支持,特此致谢!

恰如有学者提及，艾滋病进入人类视野之后，引起了法学、社会学、医学与公共卫生、心理学、伦理学等诸多学科的研究和思考。❶ 由于艾滋病传染途径的特殊性，艾滋病感染者的性行为、婚姻以及生育问题曾引起立法层面的广泛讨论，并且相关规定随着艾滋病医疗水平的发展也出现了明显转变。但在现实生活中可以发现，艾滋病感染者对配偶及性伴侣的告知义务仍然有着许多实践差异与困境。以上这一代表性案例就凸显了几个非常重要的问题。首先，艾滋病感染者究竟是否需要对其配偶及性伴侣承担告知义务？感染者的感染、确诊时间与婚姻缔结时间可能存在的若干交叉又该如何看待？其次，性伴侣与配偶两个概念之间并不存在完全的对等性，那么基于 HIV（Human Immunodeficiency Virus，艾滋病病毒）传播风险的具体法律规制应如何看待非婚性行为、"无性婚姻"等边缘问题？再次，艾滋病感染者对配偶及性伴侣的告知义务是否需要公权力的强制干涉？即便在法律层面相应机关具备了主动干预的权力，但是在非婚性行为的私密性面前这种权力的行使究竟是一种"应该"还是"可以"？且在婚姻家庭关系内部这种告知行为是否会对感染者的私人生活造成非规则性的负面影响？

在以往艾滋病防治问题研究中，一些成果或重视宏观而忽视微观，或重视具体数据事实而忽视理论提升，进而造成艾滋病防治实践与理论研究相脱节。同时大多数著作只是对现状——原因——对策的三段论作简单的描述性研究，缺乏较为科学的逻辑论证。❷ 有鉴于此，本文试图通过实证研究的方式，依托全国最大的艾滋病感染者互助组织"白桦林全国联盟"以及浙江省金华市疾病预防控制中心、金华市中心医院，对艾滋病感染者群体进行深入调研，了解其面对告知义务时所需要考虑的诸多主客观因素。运用问卷调查、深入访谈以及参与式观察等实证研究的方法，进一步认知法律实践所置身的场域。通过将艾滋病感染者的现实生活实践与立法规范作参照比对，更好地了解告知义务背后法律运行的现实问题，以促进立法及执法层面的进一步完善。

二、法律视角下婚姻家庭中的艾滋病告知

结合以上案例，将《婚姻法》与《民法典》进行对比，可以发现重大疾病问题之于婚姻效力方面的规定有以下变化：

---

❶ 杨国才：《多学科视野下的艾滋应对》，中国社会科学出版社 2007 年版，序言第 1 页。

❷ 沙莉、阮惠风：《艾滋病高危人群宽容策略实证调查》，云南大学出版社 2014 年版，第 51 页。

第一，将一方患有重大疾病的婚姻关系由无效婚姻调整为可撤销婚姻。原本立法思路认为患有这些疾病的当事人可能危害家人和后代的身体健康和人身安全，造成人口素质的下降，因此立法一度以国家意志干预的方式，排除了其缔结婚姻的权利。但是，这种激烈的法定干预模式对于民事主体而言显然非常不利：一方面，缔结婚姻、组建家庭的权利毕竟属于公民的基本权利，其所带来的精神慰藉、社会评价、伦理价值对于公民的社会生存具有根本性意义；另一方面，宣告无效的调整方式将使婚姻自始、确定、当然地不发生效力。对所谓重大疾病患者而言，这不仅剥夺了其婚姻自主权，甚至有侵犯人权之嫌。《民法典》婚姻家庭编将疾病婚姻由无效婚姻调整为可撤销婚姻，具有如下立法效果：首先，重大疾病患者的婚姻缔结权利不再被剥夺，使其具有了享受法律认可的夫妻关系之可能，其基本权利获得了更好的保障；其次，疾病婚姻相对方的个人意志获得了尊重，其既可以基于嫌恶、安全、生活质量等原因选择退出婚姻，也可以基于情感、经济、道德等原因继续维持婚姻；再次，通过从无效婚姻到可撤销婚姻的"降格"，国家干预的手段与防治疾病婚姻危害的目的更加符合比例原则，法律规则的正当性得到了提高。

第二，增加了重大疾病婚前告知义务。也即，缔结婚姻的双方应在婚前告知对方自身的重大疾病状况，否则对方可请求撤销婚姻。该规则位于《民法典》婚姻家庭编第1053条，系与前述将疾病婚姻调整为可撤销婚姻的联动修改。重大疾病婚姻的事后撤销，将带来无法恢复的人身关系变动成本和相应的社会纠纷解决成本。因此，事前"防患于未然"显然是更好的选择；并且，考虑到缔结婚姻对当事人人身、财产关系的重大影响，规定当事人重大疾病的告知义务及相应的不利法律后果，也具有法律上的正当性。对该规则还应作如下理解：其一，疾病婚姻的撤销，以疾病发生在婚前为前提，婚后发生的疾病不属于婚姻可撤销事由。其二，增加了婚姻无效或撤销的损害赔偿。作为一项婚姻退出机制，婚姻无效或撤销理应与离婚类似，可以产生财产分割以外的损害赔偿。因此，相比于《婚姻法》，《民法典》婚姻家庭编第1054条增加了一款规定："婚姻无效或者被撤销的，无过错方有权请求损害赔偿。"在解释上，该损害赔偿应当既包含过错方对无过错方造成的财产损失的赔偿，也包含过错方对无过错方造成的精神损害的赔偿。

如上文所述，《民法典》新规似乎并不能一刀切地适用于以往所有婚前未告知重大疾病的情形，而对于适用旧法的婚姻纠纷案件，依然存在一个法律位阶上的冲突问题。全国人民代表大会制定的基本法律《婚姻法》第7条规定：" 有下列情形之一的，禁止结婚：（一）直系血亲和三代以内的旁系血亲；（二）患有医学上认为不应当结婚的疾病。"《婚姻登记条例》第6条同样规定："办理结婚登记的当事人有下列情形之一的，婚姻登记机关不予登记：……（五）患有医学上认为不应当结婚的疾病的。"那么这里所谓"不应当结婚的疾病"指什么呢？由全国人民代表大会常务委员会制定的《母婴保健法》第8条规定："婚前医学检查包括对下列疾病的检查：（一）严重遗传性疾病；（二）指定传染病；（三）有关精神病。"其第38条规定："指定传染病，是指《中华人民共和国传染病防治法》中规定的艾滋病、淋病、梅毒、麻风病以及医学上认为影响结婚和生育的其他传染病。"尽管2006年《艾滋病防治条例》已对艾滋病感染者的婚姻权予以保障，但在具体的司法案例当中仍存在婚姻关系无效的判决。如有法院称：

根据《中华人民共和国婚姻法》第10条第3款规定："婚前患有医学上认为不应当结婚的疾病，婚后尚未治愈的"，属婚姻无效的情形之一。本案被告在婚姻登记当日进行的婚前检查中确认系艾滋病毒携带者，根据《中华人民共和国母婴保健法》《中华人民共和国传染病防治法》的规定，艾滋病属于医学上认为不应当结婚的疾病，故原告的诉讼请求，证据充分且符合法律规定，本院予以支持。判决罗某与徐某之间的婚姻无效。❶

在司法实践中还存在另外一种常见的问题，2003年公布施行的《婚姻登记条例》第5条规定："办理结婚登记的内地居民应当出具下列证件和证明材料：（一）本人的户口簿、身份证；（二）本人无配偶以及与对方当事人没有直系血亲和三代以内旁系血亲关系的签字声明。"这代表婚前健康检查不再作为结婚登记的前提条件，中国的婚检制度从强制走向自愿。准备进入婚姻的艾滋病感染者是否能够知晓自身感染状况成为一项自愿选择。由于艾滋病具有较长的潜伏期，如果感染者在缔结婚姻时对自己是否感染艾滋病并不知情又如何履行告知义务？或者说如果是在婚后确诊感染但此时与配偶已再无性行为，那么艾滋病感染者又是否应当履行告知义务？如在缔结婚姻之后一方才感染HIV或知晓自己感染的事实，又会存在两种可能，一种是艾滋病感染者为了"维系婚姻"而拒绝履行告知义务，那么此时相关机构是否有主动介入的权力？当婚姻相对方通过其他途径得知对方的感染事实后，是否可以以

---

❶ 浙江省杭州市萧山区人民法院（2014）杭萧义民初字第828号。

对方未尽到告知义务而申请离婚？在一份基于此情况而发生的离婚纠纷判决中，法院称：

> 原告张某与被告秦某自由恋爱，未婚同居并怀孕，后自愿结婚并生育一子，有一定的感情基础。被告秦某婚后经检查感染艾滋病毒后，为维持婚姻向原告隐瞒病情并坚持生育小孩，所幸小孩未感染病毒。被告的行为虽存在过错，但目的是维持自己的婚姻，根据现状不应对艾滋病毒感染者采取歧视的态度，原告作为其丈夫理应给与其更大的谅解和关爱，为了社会稳定，家庭和谐，小孩健康成长，不准许原被告离婚为宜。[1]

另外一种情况则是艾滋病感染者主动告知了配偶，此时又如何看待告知后夫妻双方的意思表示差异以及感情破裂标准？同样在一份离婚纠纷的民事判决中，法院认为：

> 根据《中华人民共和国传染病防治法》第3条第2款规定，"艾滋病属于乙类传染病"，因该类传染病影响结婚和生育，原被告双方不宜共同生活。故对原告李某要求离婚的诉讼请求予以支持。关于被告田某认为虽然其患有艾滋病，但因原告表示接纳而不同意离婚的抗辩意见，因缺乏法律依据和事实依据，不予采纳。[2]

通过以上两个案件可以看到，有时艾滋病感染者在未尽到对配偶的告知义务时并不必然导致对婚姻效力的变更，而有时即便进行了告知反而造成婚姻关系的变化。从婚姻法的原则层面来看，法院似乎不应当以感染艾滋病为由对婚姻的自主性进行实质干涉，但反过来说法院同样似乎也并不能对一方因得知对方感染HIV的事实而做出的关于婚姻存续之意思表达进行阻碍。这就涉及当艾滋病感染者对配偶履行告知义务后，即便法院不对其婚姻效力进行实质干预，其仍然会承担一种基于自由意志决定的可能性"不利后果"。正因如此，本研究试图深入法律实践层面，进一步观察艾滋病感染者对告知义务的主观态度以及背后的现实问题。

---

[1] 湖南省永州市冷水滩区人民法院（2015）永冷民初字第2896号。
[2] 四川省成都市武侯区人民法院（2014）武侯区初字第1314号。

三、问卷调查情况分析

(一) 基本信息分析

1. 问卷来源及回收样本数量分析

为了回应上述一系列问题,我们采取了问卷调查、深入访谈以及参与式观察等方式对艾滋病感染者群体进行实证研究。本次问卷调研采用网络问卷的形式发布在中国最大的艾滋病感染者互助平台——白桦林联盟,累计回收问卷 496 份,其中有效问卷 433 份,有效率为 87.3%。

2. 回收样本性别数据分析

本次问卷中,男性被调研者在调研总人数中的占比为 96.3%,女性占比为 3.2%,跨性别者占比仅为 0.5%。大部分被调研者为男性,男女占比差异显著。

根据联合国艾滋病规划署发布的全球艾滋病防治进展报告,截至 2019 年新发感染者约有 62%发生在重点人群及其性伴侣中,包括男同性恋和其他男男性行为者、性工作者、注射毒品者和羁押人员。[1] 男性感染者占比高与 MSM（男男性行为）人群有较大关联,肛交的性爱方式容易增加 HIV 感染的风险。

3. 样本基本信息分析

在年龄分布上,接受问卷调研的对象大多数为青壮年群体,回收样本中有 41.3%的调研对象年龄为 31~40 周岁,其次分别为 21~30 周岁占 36.5%,41~50 周岁占 16.6%,51~60 周岁占 5.5%。

在婚姻状况方面,本次调查中占比最多的为未婚状态,为 66.1%。已婚与离异状态占比较少,分别为 25.3%与 8.6%。

值得注意的是,本次回收样本中 99.1%的感染者正在服用抗病毒药物,且通过对病毒载量的调查,88.5%的被调研者的病毒载量数值小于 200copies/ml（包含检测不到）。

(二) 艾滋病感染者对配偶及性伴侣的告知情况分析

1. 已婚感染者对配偶及性伴侣的告知情况分析

在填写问卷的已婚感染者中,与配偶保持性关系的占 44.4%。79.2%的

---

[1] 联合国艾滋病规划署：《2020 全球艾滋病防治进展报告》,http://www.unaids.org.cn/page122?article_id=1200。

感染者称其配偶已知晓自己的感染情况。在配偶知晓自己感染情况的感染者中，高达95%的被调研者主动履行了告知义务。

而另外20.8%配偶不知晓自己感染情况的被调研者中，有90.9%的感染者认为自己在发生性关系时已采取了保护措施，且非常担心与配偶感情破裂；54.6%的感染者认为自己的病毒载量已检测不到，在"U=U"的前提下已无传染可能。

此外有39%的已婚感染者称除了配偶外还有其他稳定的性伴侣，这其中56%的已婚感染者称其性伴侣知晓自己的感染状况。在这部分被调研者中也有高达92.9%的已婚感染者主动告知了性伴侣自己的感染情况。

而性伴侣未知晓自身感染情况的被调研者中，72.7%的感染者是基于自己在发生性关系时采取了保护措施故未告知；81.8%的感染者是认为自己的病毒载量已检测不到，在"U=U"的前提下已无传染可能；至于担心与性伴侣感情破裂的占比较少，只有36.4%。

2. 未婚感染者对性伴侣的告知情况分析

在未婚的感染者中，有稳定性伴侣的占比30.7%，且其中66.3%的感染者称其性伴侣知晓自身感染情况。而在知晓渠道方面，96.7%的未婚感染者是主动对性伴侣履行了告知义务。

而在性伴侣未知其感染情况的未婚感染者中，90%的被调研者认为自己病毒载量已检测不到，在"U=U"的情况下没有感染可能。此外担心与性伴侣感情破裂以及在性生活中已采取防护措施分别占比76.7%与73.3%。

3. 离异感染者对原配偶及性伴侣的告知情况分析

离异感染者中有稳定性伴侣的占比31.6%，这其中83.3%的感染者称其性伴侣已知晓自身感染情况。值得注意的是，这部分感染者（100%）皆是主动对性伴侣履行了告知义务。

而性伴侣不知晓自身感染情况的被调研者中，全部（100%）表示担心与性伴侣感情破裂，此外采取保护措施或病毒载量检测不到认为没有感染可能的均占比50%。

此外，在离异感染者中有41%的被调研者认为自己离婚的原因与感染艾滋病病毒有关，这其中有79%的被调研者声称在婚后才确诊感染艾滋病病毒。

在婚后才确诊感染艾滋病病毒的被调研者中，63.3%的感染者曾主动告知配偶自身感染情况。剩余未告知的感染者中有27.3%的称已通过其他途径确定配偶未感染。此外担心感情破裂，自认无感染可能及已做好防护措施的各占比 18.2%。

而在占比 21% 的婚前已确诊的感染者中,有 44.4% 曾主动告知配偶自身的艾滋病感染情况。剩余 55.6% 的被调研者中有 75% 称未进行告知是担心家庭关系破裂,且目前已经离婚,故不再有告知义务。此外,采取保护措施或病毒载量检测不到认为没有感染可能的均占比 25%。

(三) 艾滋病感染者对于告知义务的主观意愿分析

回收的问卷显示,有 61.2% 的感染者认为对于配偶及性伴侣应负有告知义务。这其中有 79% 的被调研者认为告知义务乃是基于对他人健康权的保障;87.4% 的被调研者认为基于夫妻之间的忠实义务应当告知。

占比 38.8% 的认为对于配偶及性伴侣不负有告知义务的感染者中,81.9% 认为一旦个人隐私泄露将会带来严重不利影响;84.6% 则认为可采取其他方式阻隔病毒传播。

(四) 问卷调研情况分析

根据问卷所显示的数据可以发现,无论是正处于婚姻关系中还是已经离异,艾滋病感染者对配偶的告知比例均达八成左右。这说明绝大多数感染者还是会倾向如实向配偶告知自己的感染情况,这也是一段婚姻关系中无法回避的"大事"(除非在婚前已经做好了隐瞒准备的感染者会选择一直隐瞒到底)。

而在性伴侣方面,只有六成左右的感染者称其性伴侣已知晓自身感染情况。这可能是相比负有法定配偶权的夫妻而言,性伴侣之间的亲密关系程度会稍显脆弱。值得注意的是,曾经离异过的感染者对现阶段性伴侣的告知比例较高,这有可能是因为经历过婚姻破裂的感染者会更加重视亲密关系的建立与稳定。

此外,在知晓方式上,只要是配偶或性伴侣知晓自己感染情况的被调研者,有九成以上均是主动履行的告知义务。可见主动履行才是告知义务实现的首要途径,若感染者自身抗拒告知义务,其他主体的强行介入未必能起到良好效果。不过需要指出,离异感染者对原配偶的主动告知比例相对略低,这可能也与其当时的婚姻状况有较大关联。

在不愿告知配偶及性伴侣自身感染情况的被调研者中,原因则较为统一。无论是已婚感染者对配偶,还是未婚及离异感染者对性伴侣,绝大多数均表示担心告知会导致感情破裂，唯有已婚感染者之于婚外性伴侣在这方面的担心程度略低。此外，自身病毒载量检测不到以及已采取保护措施也是不予告知的主要原因。

四、社会实践中告知义务的困境

在对有效问卷进行分析后，我们联系了其中 132 位表示愿意继续接受访谈的感染者，最终完成了对近 40 名感染者的深入访谈，后续又在金华市中心医院"爱心门诊"进行了为期半年左右的参与式观察。在该阶段的调研中，我们尝试进一步分析实践中告知义务背后的诸多现实困境。

（一）告知对象的选定障碍

1. 配偶与性伴侣的概念不必然重合

《艾滋病防治条例》第 38 条规定感染者有将感染或发病事实及时告知与其有性关系者的义务❶，一些省份的相关规定则倾向增设婚姻关系中的"配偶"来补充"有性关系者"这样一个法律意义略显薄弱的概念。❷ 但问题是这两个概念指向明显不同，不同感染者的情况千差万别。由于各地规定的差异，该规定在法律适用上也存在诸多问题。

> 我目前没有稳定的性伴侣，会有很多开放性伴侣。对于配偶，两个人长期在一起，有告知必要。如果只是形式婚姻，没有性行为或其他感染可能性，那不告知也没关系。普通性伴侣没有这个必要。(430 号问卷)

需要说明的是，性与婚姻并没有想象中那么紧密，从本课题的调查问卷中就可以发现，有相当比例的已婚者有不止一个婚外性伴侣。此外，在"形式婚姻"或"无性婚姻"中，配偶之间也不必然发生性行为。如目前同性婚姻在我国并未合法化，因此在现实中作为艾滋病"高危人群"之一的男男性行为者常常会迫于社会压力与女同性恋者结成"形式婚姻"。在此类婚姻关系

---

❶ 《艾滋病防治条例》第 38 条规定："艾滋病病毒感染者和艾滋病病人应当履行下列义务：……（二）将感染或者发病的事实及时告知与其有性关系者；（三）就医时，将感染或者发病的事实如实告知接诊医生。"

❷ 如《广西壮族自治区艾滋病防治条例》第 28 条规定："艾滋病病毒感染者和艾滋病病人应当履行下列义务：……（五）将感染或者发病的事实及时告知配偶或者与其有性关系者；"《云南省艾滋病防治条例》第 20 条规定："感染者和病人应当将感染艾滋病病毒的事实告知其配偶或者性伴侣；本人不告知的，医疗卫生机构有权告知。"

中，配偶之间可能并不存在性关系，当然也就不属于性伴侣。

从十几岁开始我就意识到自己的性取向和大部分男生不一样。虽然想过和同性伴侣一起生活，但面对世俗的压力，以及自身的原因，我不得不用婚姻来伪装自己。和妻子婚后的生活不算美满幸福，但也还如意。第二年有了孩子，父母很高兴，还帮我们照料孩子和生活。这时我忽然觉得好像我的任务完成了，心里那种想法又开始蠢蠢欲动。于是我开始在聊天室里约男人。害怕影响家庭，不敢和他们建立长期的关系。也习惯了从网上约男人这样的方式来发泄自己，压力越大越频繁。（48号问卷）

可见，将配偶与性伴侣这两个概念混用于告知义务当中明显存在瑕疵，那为什么有的地方性规定会在告知义务的设定上选择用配偶替代性伴侣呢？相对于性伴侣而言，婚姻关系中的配偶之间存在明确的权利义务关系（比如同居义务），因此对于未婚艾滋病感染者来说，其潜在的"配偶"应当有了解其病情进而决定是否与其缔结婚姻的自主选择权，即婚前告知。但问题是一些感染者可能是婚后，甚至是不知何时感染而在婚后确诊的，那么此时的告知义务是适用配偶还是性伴侣就有待进一步探究。目前法律规定只是单纯将性关系者和配偶进行列举，并未对配偶和性伴侣的概念进一步区分，而现实生活中的情况远不止法律规定的那么简单。配偶与性伴侣概念的模糊无疑给法律适用带来了相当程度的困难，还需进一步通过立法将二者进行区分。

2. 偶然性行为背后的告知障碍

除配偶与性伴侣两个概念之间的差异外，对于任何特定主体来说，如果其性行为的对象是偶然而非固定的，那么可能不论艾滋病感染者本人还是疾控中心等机构都很难针对偶然性伴侣进行准确告知。

我目前没有朋友（固定的男性伴侣）……可以网上约啊，很方便啊……现在谁问对方叫什么干什么的啊，太奇怪了吧，问了人家也不会告诉你吧。发照片就好了啊。而且都有"阅后即焚"的，打开看过照片几秒以后就没了……一般约完之后就不联系了，除非遇到特别好的。"约炮"就是"约炮"，不用聊一些有的没的。如果你不想"约炮"，直说就好了。提前跟人家说我有这个（艾滋病）？那还约什么，不过我肯定是要戴套的，也不光是怕传给别人，还怕得上梅毒啊，尖锐湿疣啊，乙肝、丙肝这些病呢。（449号问卷）

对于"一夜情""卖淫嫖娼"以及所谓的"约炮"而言，由于其隐私性，当事人之外的其他主体很难发现这些偶然性行为关系。即便知晓了该性行为的存在，基于 App 软件可能具有的匿名性、隐私性，同样很难精准地进行告知。特别是在某些地方性规定中具有"强制告知权"的疾控中心、医疗卫生机构等，因其并不具有类似刑事侦查的精准定位技术，故这种所谓的"强制告知"往往只能停留在具有法律意义的"配偶"上。这明显与疾病防控的本意产生法律适用上的分离。

如果是长久的伴侣，还是会告知的。但就几次的性接触，我肯定是不会告知的。不仅没必要，而且还会引起不必要的麻烦。（143 号问卷）

（二）告知义务必要性的外在影响

从医学角度而言，艾滋病感染者与他人发生性行为并不意味着感染结果的必然发生，这还与性行为进行的方式、防护措施及感染者本身的病毒载量存在一定的关系。

1. 作为医学而非法学标准的 "U=U"

"U=U"（Undetectable equals Untransmittable）在医学上是指艾滋病感染者按规定接受抗病毒治疗后，血液中如果 6 个月以上测不到 HIV 病毒载量并持续保持时，艾滋病感染者经性行为方式将 HIV 病毒传染给其阴性伴侣的风险是零，即病载检测不到等于不具有传染性。[1] 在访谈中我们也多次发现这类例证，如一位志愿者曾转述一位感染者的情况。

他（异性恋者）结婚之前就感染了，他说家里不知道，到年纪了也催着结婚生孩子。后来他自己认识了个（未感染 HIV）女的，处得挺好，就谈婚论嫁了。他哪敢告诉人家啊，告诉了还能结上婚吗？而且我们这地方又不大，两家都是本地人，这要是告诉了他还怎么在这儿待啊。再后来两个人打算要孩子，他当时吃了三年的药了吧，CD4 都挺高的，病载也查不到。去问医生这样能不能生，医生肯定是建议女的也得吃药（阻断）啊，但他不想告诉人家。好像问了好多地方，大概的回答都是一样的，要是查不到病载百分之九十左右没事，但建议要做阻断。后来他还是没说，结果现在孩子都快一岁了，

---

[1] 郭礼和、朱丽华：《美国〈Science〉杂志评出 2011 年十大科学突破——介绍阻断艾滋病传播的突破性研究成果》，载《中国细胞生物学学报》2012 年第 2 期。

啥事都没有。(450号问卷)

可见，对于病毒载量检测不到的艾滋病感染者，即便发生了无保护的性行为，可能依然无法导致感染事实。

如果"U=U"，不具有传染性的情况下，我觉得可以选择不告知的。(171号问卷)

那么在法律上针对艾滋病感染者对性伴侣的告知义务是否还需要设定一个前提，或者说是否需要对于"艾滋病感染者"这一概念进行进一步的区分就存在讨论的空间。此外，从结果层面来看，如果艾滋病感染者以配偶或性伴侣并未发生感染这种理由对其告知义务的履行进行抗辩，是否应该支持？目前司法实践中对比往往会出现同案不同判的情形，还需通过出台相应的解释予以说明。

2. 性行为方式的不同

除了对于艾滋病感染者本身的个体判断（病毒载量），正如在艾滋病防治宣传中经常提及的，如果在发生性行为时做好防护措施（正确使用安全套），将极大地降低病毒感染的可能。

我查出来了，当时就马上带我老公去查，查出来没有被感染，又过了三个月我又带他去查，也没有被感染。(252号问卷)

可见即便存在性行为，艾滋病病毒的传染也是一个概率事件。

当时我发现身上起了红疹，用试纸检测，基本确定是感染了。过了一段时间又去疾控检测，确诊了感染的事实。我是和妻子一起去检测的，我们婚后一直都有那个（性行为），担心她也感染。好在我妻子是健康的，可能是因为我们都做好了保护措施。(48号问卷)

值得注意的是，对于艾滋病感染者而言，未履行告知义务并不等于恶意传播，有感染的风险也同样并不意味着感染结果的发生。

告知不等于可以预防别人被感染，做好保护措施、长期服用药物，这些才是有效的防治手段。(430号问卷)

在访谈中我们发现，大部分感染者之所以不愿意履行告知义务并非恶意隐瞒，而是出于对社会接受度的考量以及担心自己隐私泄露或家庭和谐问题。

> 感染者和正常人相恋需要承受很大的心理压力才能在一起。毕竟现在的大环境，还是有很多人抗拒感染者。(123号问卷)

因此，对于那些在发生性行为前已经采取防护措施的感染者而言，这就成为其抗辩告知义务履行的很大一部分原因，而对于这个问题法律尚未作出明确规定。另外，诸如感染风险极低的口交等性行为方式是否也应当作为告知义务的覆盖范围同样存在较大的讨论空间。

(三) 告知义务履行后的风险承担

1. 告知义务背后的多重隐私

性行为及其背后的亲密关系具有高度的私密性。对于已婚或拥有稳定性伴侣的艾滋病感染者而言，他们不愿意履行告知义务在很大程度上是基于对感情破裂的恐惧。此外一旦关系破裂，还会带来知情者泄露当事人感染事实，甚至用该信息威胁感染者的情况发生。

> 我们才认识没多久，还没产生信任，我要保护我的个人信息，万一分手，到时候告诉她了，她泄露了怎么办？而且，我可以保证在和她发生性关系时做好保护措施，保证她不感染。(257号问卷)

对于知情者侵犯隐私权之可能，《艾滋病防治条例》第39条第2款规定了第三人具有保密义务，但并未有对相应法律后果进行惩罚性规定。[1]但对于已婚的艾滋病感染者而言，鉴于家庭关系的紧密性，配偶之间的告知往往还会延伸到以家庭为中心的全部亲友关系圈，这将会对感染者形成极其严重的"打击"。

> 我是在一次小手术中被发现，之后被确诊感染的，知道自己感染之后我就去检查并上药了。当时是我妻子陪我一起去的，但后来她态度转变极大，经常对我恶言相向，甚至让我去死。她甚至告诉了她的闺密与朋友，对儿子也说了我的病情。要知道会这样，我是绝对不会告知的。(378号问卷)

---

[1] 《艾滋病防治条例》第39条第2款规定："未经本人或者其监护人同意，任何单位或者个人不得公开艾滋病病毒感染者、艾滋病病人及其家属的姓名、住址、工作单位、肖像、病史资料以及其他可能推断出其具体身份的信息。"

如果告知义务的相对方没有履行对感染者的保密义务，那么将有可能对艾滋病感染者的生活产生极大影响。尤其在农村，两户家庭的知晓甚至意味着整个村子的知晓。在这种情况下，艾滋病感染者的隐私权很难被恢复。

我告诉我前妻之后，我们一年都没有发生任何关系，她也一直没有表态，然后就带着孩子走了。(56号问卷)

因此，如何在设定告知义务的同时对感染者的隐私进行配套保障，立法还需进一步明确。

2. 隐私泄露后的社会排斥可能

在接受我们访谈的感染者中，大部分都提到了确诊感染后很难再寻找到合适的伴侣甚至配偶。通常感染者的交友圈会不断缩小，感染者本身也会变得敏感，不愿意或者害怕交友。

很多情况下是想说不敢说。我曾试过告知伴侣，但得到的结果是被排斥，所以也就开始隐藏自己。谁都想告知对方，如果社会不排斥，没有那么的"谈艾色变"，我相信也就不会有那么多人去隐瞒了。(141号问卷)

也就是说，因艾滋污名而萦绕在感染者周边的社会排斥是其拒绝履行告知义务的另一主要原因，这种外在的压力甚至使得一些感染者产生厌世情绪。

我是发烧了去抽血化验才得知自己感染的，化验后不久医院在没有通知我的情况下打电话告诉了我家里人。我家里人在得知我感染以后就不管我了，我只能自给自足，大学辍学了去打工，现在当服务员。我的朋友得知我的情况后，有些对我冷冷淡淡的，有些直接不理我了，我就把他们都删除了。我现在已经渐渐习惯一个人的生活，不太想再去找伴侣，我也不知道能扛到什么时候。或许等哪天扛不住了，我就离开这个世界，希望把最甜美的笑容留给别人。(148号问卷)

综上所述，目前社会层面对医学领域艾滋病防治工作的进展了解相当有限。事实上艾滋病感染者通过"鸡尾酒疗法"❶可以实现病死率大大下降，各种机会性感染和肿瘤发生率都随之明显降低，艾滋病早就从一种致死性疾病转向慢性病领域，但医学领域"U=U"的判断远没有形成普遍共识。相反，社会层面谈到艾滋病的第一印象往往是"生活不检点的人"才会得的病，通常将艾滋病感染者假想为恶意传播者。基于以上原因，许多感染者对告知义务存在多重顾虑。

和同为感染者的人交往过，互相知道病情。也和正常人发生过性行为，但是因为出于个人的担忧，怕被人歧视，再加上病载已经检测不到，不具有传染性了，所以就没有告诉对方。(171号问卷)

通过访谈我们还发现，大部分艾滋病感染者在刚开始确诊时，会有一段心理上的挣扎期。

感染了艾滋病之后，交友圈会缩小，社会上很多人会介意和艾滋病群体交往，会趋利避害，我也会有所顾虑。(257号问卷)

他们往往不愿意出门，不愿意与人接触，甚至在与人相处时会特别敏感，特别害怕自己的触碰会将病毒传染给其他人。正因如此，对于艾滋病感染者而言，过分强调不加区分的告知义务，尤其是强制告知，会在一定程度上加剧社会排斥现象。

因为我们本来就是个被歧视的人群，所以法律如果很直白地去明示，只会让我们这个群体变得更弱势。(146号问卷)

法律层面过分强调艾滋病的感染事实而不对艾滋病病毒的传播渠道进行具体分析只会使得艾滋病感染者更加拒绝告知义务的履行，从而形成恶性循环。

---

❶ 鸡尾酒疗法，原指"高效抗逆转录病毒治疗"(HAART)，是通过三种或三种以上的抗病毒药物联合使用来治疗艾滋病。该疗法的应用可以减少单一用药产生的抗药性，最大限度地抑制病毒的复制，使被破坏的机体免疫功能部分甚至全部恢复，从而延缓病程进展，延长患者生命，提高生活质量。该疗法把蛋白酶抑制剂与多种抗病毒的药物混合使用，从而使艾滋病得到有效的控制。

五、意见与建议

（一）加强宣传教育，消除"艾滋污名"

一直以来，艾滋病防治工作都是我国公共卫生事业的重要组成部分，其中法律层面告知义务设置的初衷也是希望借此遏制艾滋病的传播。但鉴于社会层面艾滋病知识的教育与宣传仍有待提升，该种告知义务也往往在实践中被异化。

当下"谈艾色变"的现状依然广泛存在，艾滋恐慌有着非常复杂的形成原因。在艾滋病流行的早期阶段，艾滋病宣传教育策略主要采用的是恐吓战术，比如"艾滋病是超级癌症""得病后无药可治""一旦感染艾滋病就等于被宣判了死刑""艾滋病是坏人、道德品质有问题的人才会得的病"等言论的流传，有意无意地影响社会公众对艾滋病的客观认知。正是由于缺乏对艾滋病知识的正确认识，民众内心通常害怕接触艾滋病感染者，潜意识地"污化"艾滋病感染者，将自身与该种疾病进行人为的"主观隔离"。久而久之，艾滋病感染者在社会层面也就被边缘化了。简言之，"艾滋污名"深刻影响着公众对艾滋病的态度和行为，由此衍生的社会歧视大多是基于道德评判而非科学依据。

拒绝危险行为、做好自身防护才是有效的预防手段。如果想要消除艾滋病感染者告知义务背后的困境，还须进一步在社会层面宣传教育关于艾滋病的相关知识。通过公共卫生各参与主体的合作，进一步加强组织引导，创新工作方法和手段，运用通俗易懂、喜闻乐见的宣传方式，有针对性地开展防艾宣传教育和志愿服务活动，提升社会层面对艾滋病感染者的包容程度。这样无疑能为感染者的主动告知营造更有利的社会环境。当然，我们必须认识到，社会层面对"艾滋污名"的消除并非短期能够完成的工作，因此，如何在该目标的引领下解决告知义务的现实困境还需要其他制度性措施的协助。

（二）探究义务指向，采取合理告知

通过调查我们发现，作为一种法律规范的告知义务在实践过程中存在着许多外在制约，如"配偶、性伴侣不同身份下的权利义务该如何界定""因艾滋病检测初筛及确诊的时间差异，告知时间应当如何区分""强制告知情形下告知机构与告知方式该如何确定""偶然性行为的告知是否存在可行空间""特殊情况下（例如'U=U'）的告知该怎样规定""未告知前提下的恶意传播应当如何惩治"等。传染病防治作为公共卫生行政管理的重要内容,当然需要国家公权力的适当介入。中央立法层面的《艾滋病防治条例》为我国艾滋病防治工作进行了框架式的搭建,但许多细节化的操作规范仍然需要地方立法的进一步完善。目前我国各地区对《艾滋病防治条例》中关于配偶及性伴侣告知义务的规定存在较大差别,这对该规范的执行造成了一定困难。根据笔者观察,对比之下《广西壮族自治区艾滋病防治条例》的规定相对较为具体、完善。

第33条 对确诊的艾滋病病毒感染者和艾滋病病人,医疗卫生机构的工作人员应当及时将其感染或者发病的事实告知本人,并进行医学指导;本人为无行为能力人或者限制行为能力人的,应当告知其监护人。

艾滋病病毒感染者和艾滋病病人在得知阳性结果后一个月内应当将感染状况告知配偶或者与其有性关系者,或者委托疾病预防控制机构代为告知其配偶或者与其有性关系者;艾滋病病毒感染者和艾滋病病人不告知或者不委托告知的,疾病预防控制机构有权告知其配偶或者与其有性关系者,并提供医学指导。

此外,联合国艾滋病署、国际艾滋病协会、世界卫生组织等国际权威机构皆为前文提及的"U=U"医学标准背书,致力于将"U=U"概念作为艾滋病防治领域中的重要科学共识。希望通过科学知识的普及使民众认知到有效的抗病毒治疗会阻断病毒的进一步传播,这也无疑有助于减少社会层面对艾滋病感染者的污名现象。而对于艾滋病感染者来说,"U=U"概念的普及更有利于帮助其自身减少内心焦虑,更好地生活和融入社会。有鉴于此,我们认为法律层面的规定应当以"U=U"医学概念作为前提,告知义务的设定事实上并不应当以艾滋病的传染风险作为主要考量要素,因为科学使用安全套等防护措施以及在"U=U"的医学前提下艾滋病感染者与他人进行性接触并不一定会导致艾滋病病毒的传播。在总结借鉴全国各地艾滋病防治立法之经验的基础上,我们认为告知义务的法律规定需要从权利、义务的层面考虑向"性伴侣"和"配偶"两个方向展开。

1. 性伴侣视角下告知义务的免除

艾滋病感染者以"性伴侣"为对象的告知义务无论在法律规范还是社会实践层面均存在着诸多困境。随着社会开放程度的提升,诸如"一夜情""卖淫嫖娼"以及所谓"约炮"等非婚性行为已非"新闻",甚至对于一部分社会群体来说，其性行为的对象是不固定的、偶然的，因此偶然性行为情形下艾滋病感染者的性伴侣告知就陷入了"实践不能"的尴尬境地。其一，既然是偶然性行为对象，那么感染者对于对方的信息掌握大多是不完全的，彼此除了短暂的生理行为可能并无其他往来，因此感染者在各方面"利益驱动"下很难形成告知的主动意愿；其二，性关系本身就是一种隐私，先不论卫生行政主体的强制介入可能，这背后还存在着对艾滋病感染者性关系相对方的隐私侵犯之嫌。

回归到法律层面，非婚性伴侣彼此之间并不存在明确的权利义务关系，若要在其身上增设告知义务则唯有疾病传染风险这一个原因维度，但问题是作为一种疾病的艾滋病，目前完全可以通过使用安全套等措施加以预防。除却小部分未成年人（这会涉及刑事犯罪问题，后文予以详述），大部分非婚性行为的当事人均属完全民事行为能力人，彼此应当具备基本的风险防范意识并对自身行为负责。换言之，在信息永远无法达致完整的前提下，任何发生非婚性行为的法律主体均应主动承担由此而带来的疾病风险并作出应对。单纯性关系视角下的当事人之连接属于典型的私人空间，社会公共权力应当予以尊重。作为行政主体的卫生管理部门应当更多地将视角放置于对疾病预防的可及度之上。当然，从道德层面来看，我们仍鼓励艾滋病感染者主动告知与其发生性关系者。

2. 配偶权益视角下告知义务的设定

与单纯的性伴侣不同，合法婚姻下夫妻之间存在着法定的权利义务关系，充分知情乃是当事人缔结婚姻关系的前提，而婚后配偶之间还存在着包含忠实义务等在内的一系列配偶权益。首先，当事人双方在缔结婚姻关系时，应当通过告知行为实现信息获取的全面性，以确保当事人双方的知情权，唯有如此双方才能更好地实现婚姻关系的确立从而避免婚姻无效以及被撤销的风险（《民法典》第1053条、第1054条）。因此婚前已确诊的艾滋病感染者应当主动告知其"准配偶"自身的感染情况。其次，合法婚姻关系中夫妻之间存在一系列配偶权益，其中狭义的忠实义务指夫妻双方在婚姻存续过程中的两性关系具有排他性，而同居义务指夫或妻在婚姻关系存续期间要求对方共同生活的权利。这些权利义务内容也构成了艾滋病感染者对其配偶存在告知义务的法律基础，即虽然婚姻作为一种社会制度并不会导致疾病的传播，且如上文所述作为疾病的艾滋病是可以预防的，但基于配偶权益即便是客观上的无性婚姻也依然需要承担法定的权利义务。

3. 告知义务背后的"强制执行"

对于已婚的艾滋病感染者，因配偶权中忠实义务及同居义务的客观存在，应当如实将其感染状态告知配偶。与性伴侣不同，夫妻双方原则上不应出现非婚性行为，因此就无法像非婚性伴侣那样要求配偶之间完成自我风险防护。此外，基于传染病防治的需要，疾病预防控制部门应建议配偶方进行艾滋病病毒抗体检测。而对于那些拒绝告知或者无法确定是否告知的艾滋病感染者，以疾病预防控制部门为代表的行政主体则应当采取间接告知的方式介入。对于告知期限，我们建议可以参考"离婚冷静期"设定一个月的"挣扎期"，即已婚艾滋病感染者在确诊后的一个月内应主动向配偶履行告知义务。若感染者在"挣扎期"未告知配偶，相应的行政主体（如疾控中心）则有权采取"强制性"的间接告知。

对于间接告知的具体方式，其他国家的一些优秀经验非常值得学习，如美国一些州（如密歇根州）规定如若艾滋病感染者不履行对性伴侣的告知义务，特定主体则可以强加积极的告知义务。如医疗照护者或负责艾滋病病毒抗体检测的相关政府机构有责任告诫艾滋病病毒阳性患者的性伴侣其暴露于潜在病毒的高度风险。或许是为了保障这种告知不必然会破坏性伴侣之间的亲密关系，相关法律规定"地方卫生机关在联系时，不可向上述伴侣揭露艾滋病阳性检测结果或具有艾滋病病毒抗体之个人的身份；除非得到该个人之授权，或为了保护他人暴露于艾滋病毒或感染艾滋病毒有必要者，方可透露姓名"[1]，"当立法机构索取该与艾滋病病毒或艾滋病有关之资讯时，个人在揭露资讯时不可提供接受艾滋病毒检测或接受艾滋抗病毒治疗之个人的可辨识个人资讯"[2]。尽管这样的做法有些"掩耳盗铃"的意味，但相较于生硬的"强制告知"还是能在很大程度上缓解感染者的排斥。

(三) 严惩恶意传播，划清"兜底红线"

作为乙类法定传染病的艾滋病目前尚无疫苗及治愈手段，因此基于社会管理秩序，国家相应机关应当严惩恶意传播艾滋病病毒的行为。对此，2017年发布的《最高人民法院　最高人民检察院关于办理组织、强迫、引诱、容留、介绍卖淫刑事案件适用法律若干问题的解释》第12条规定，明知自己感染艾滋病病毒，故意不采取防范措施而与他人发生性关系的，以故意伤害罪

---

[1] Mich. Comp. Laws Serv. § 333.5114a (5).
[2] Mich. Comp. Laws Serv. § 333.5131 (4).

定罪处罚。

但需要注意的是，艾滋病感染者不履行告知义务并不等同于恶意传播，因为无论告知与否均不意味着艾滋病感染者主观上存在将病毒传播给配偶或性伴侣的恶意。从以上调研中可以了解到，艾滋病感染者中许多人也是受害者，并且在得知自己感染之后内心极度恐惧，害怕自己的不慎举措会将病毒传播给与自己亲密交往之人。但他们也是普通人，也会有正常的生理需求，在与他人发生性行为时他们通常都是小心翼翼、万般谨慎，会积极采取保护措施确保不发生意外。因此，简单地在不履行告知义务的感染者身上附加"主观恶意"实有不妥。恶意传播乃是极少数艾滋病感染者因扭曲的心态蓄意将艾滋病病毒传染给他人，这样的行为不仅侵犯了他人的生命健康权，同时也给社会带来了潜在危险及安全隐患。因此，国家立法中针对恶意传播的兜底性法律规定之出发点是为了划清"兜底红线"——在正向要求艾滋病感染者进行主动告知的同时，反向警示存有主观恶意的感染者，一旦蓄意传播病毒必将受到国家强制力的严惩。

简言之，我们应避免"艾滋污名"的偏见，以平常心对待艾滋病感染者，"没有危险的人，只有危险的性行为"。在倡导鼓励艾滋病感染者进行主动告知的同时以疾控中心间接告知的介入作为相应的法律后果。此外，不宜再增添其他法律责任。当然，倘若特定艾滋病感染者存在恶意传播行为则涉及刑事犯罪，这就必须通过法律的武器对其进行严厉制裁。

六、结语

2021年伊始，上海市闵行区人民法院宣判了首例适用《民法典》新规撤销婚姻关系案。案件中被告江某因在婚前未能告知原告李某自身感染艾滋病病毒的事实，遂被李某起诉，法院依据《民法典》第1053条判决撤销原被告的婚姻关系。该案一时间引起了社会层面的广泛议论，由此也引发我们对于艾滋病感染者向配偶及性伴侣承担告知义务这一问题的思考。由于艾滋病作为一种现阶段不可治愈但可治疗之疾病的特殊性，艾滋病感染者是否应承担对配偶及性伴侣的告知义务需要从公共卫生安全与隐私权之间的博弈，告知的前提、对象及方式等诸多方面进行考量。有鉴于此，本研究通过问卷调查、深度访谈以及参与式观察等多种形式，试图分析感染者告知义务背后的实践障碍及理论困境，以期对将来艾滋病防治立法建言献策。

首先，根据对433份问卷的数据分析可以发现，大多数感染者基于他人健康权保障以及配偶间忠实义务，认可应当向配偶及性伴侣承担告知义务。在实践中近八成的艾滋病感染者均对配偶主动履行告知义务。但可能由于性伴侣之间的亲密关系形式有所不同，因此艾滋病感染者对于性伴侣的主动告知占比较少。通过对感染者主观意愿的统计分析，我们发现感染者拒绝告知的原因较为集中，一是对亲密关系破裂的担忧；二是基于"U=U"医学标准以及采取保护措施等认为已经不再具有传染可能。

其次，通过对近40名感染者的深入访谈以及在"爱心门诊"的参与式观察，我们发现实践中的告知义务存在着诸多困境。比如婚姻与性之间的连接并不如想象般紧密，法律层面配偶与性伴侣概念的界定差异以及偶然性行为的精准告知等均会形成一定障碍。再如感染艾滋病病毒作为一种概率性事件，"U=U"前提下的感染者以及采取保护措施的性行为是否需要告知存在较大的讨论空间。此外，告知义务背后因"艾滋污名"所导致的社会排斥也极大地影响了感染者的告知意愿。

基于以上一系列实证调研，我们尝试对艾滋病感染者对配偶及性伴侣的告知义务问题提出三点建议。第一，当下的"艾滋污名"使得感染者多不愿主动履行告知义务，这需要公共卫生各参与主体进一步加强宣传教育，提高社会包容度，减少对艾滋病感染者的社会排斥现象。第二，应当基于"U=U"标准将告知义务的法理依据从疾病预防转向当事人法律关系中的权利义务指向。在告知对象上应区分配偶与性伴侣两个概念，配偶间的告知乃是配偶权的具体体现。此外，在告知方式上应鼓励、倡导主动告知，并以疾控中心的间接告知作为感染者不告知的法律后果。第三，不告知不等同于恶意传播，对于不履行告知义务的感染者除进行间接告知的介入外不宜增添其他法律责任，然而对于恶意传播的行为则应以故意伤害罪等刑法手段严惩不贷。

下篇

家 庭

有关我国姻亲法律规定的几点看法

■ 黄 彤

亲属,是基于婚姻、血缘和法律拟制而形成的一种社会关系。这种社会关系一经法律调整,便在具有特定亲属身份的主体之间产生了法定的权利义务。[1]根据亲属关系的发生原因,通常将亲属具体分为配偶、血亲与姻亲。其中的姻亲,顾名思义,是以婚姻为中介而产生的亲属关系。当然,配偶是被排除在外的。姻亲,其亲属关系相当疏远,在一般情况下很难产生法律上的权利义务关系。此种情形下的姻亲更多的是一种纯粹的、名义上的称谓,并不具有什么实质性的内容。对姻亲进行如此这般的细致规定,其立法目的或立法价值难免会被质疑。

《民法典》第1045条第2款规定:"配偶、父母、子女、兄弟姐妹、祖父母、外祖父母、孙子女、外孙子女为近亲属。"立法将亲属中的配偶与血亲纳入近亲属的范畴,但是不承认姻亲属于亲属关系中的密切者。传统民法理论根据具体状况的不同,将姻亲分为三种情形:一是配偶的血亲;二是血亲的配偶;三是配偶的血亲的配偶。其中第三种情形"配偶的血亲的配偶",常见的有妯娌、连襟等。

《民法典》第1072条规定:"继父母与继子女间,不得虐待或者歧视。继父或者继母和受其抚养教育的继子女间的权利义务关系,适用本法关于父母子女关系的规定。"不难看出,婚姻家庭立法中继父母、继子女间关系的调整,仅限于存有抚养教育事实的情形。存有抚养教育事实、形成抚养教育关系的继父母与继子女,适用父母子女关系,该类继父母子女被认定为法律拟制的血亲。未存有抚养教育事实的继父母与继子女,从继子女角度出发,继父母属于血亲的配偶;从继父母角度出发,继子女属于配偶的血亲。这两种情形均为姻亲的范畴。

---

[1] 杨大文主编:《婚姻家庭法》,高等教育出版社2002年版,第108页。

《民法典》第1129条规定:"丧偶儿媳对公婆,丧偶女婿对岳父母,尽了主要赡养义务的,作为第一顺序继承人。"丧偶儿媳、女婿与公婆、岳父母属于姻亲,从丧偶儿媳、女婿的角度分析,公婆、岳父母与其属于配偶的血亲;从公婆、岳父母角度分析,丧偶儿媳、女婿与其属于血亲的配偶。

人事部于1996年公布的《国家公务员任职回避和公务回避暂行办法》第2条规定:"国家公务员有下列亲属关系之一的,必须按规定实行任职回避和公务回避:(一)夫妻关系;(二)直系血亲关系,包括祖父母、外祖父母、父母、子女、孙子女、外孙子女;(三)三代以内旁系血亲关系,包括伯叔姑舅姨、兄弟姐妹、堂兄弟姐妹、表兄弟姐妹、侄子女、甥子女;(四)近姻亲关系,包括配偶的父母、配偶的兄弟姐妹及其配偶、子女的配偶及子女配偶的父母、三代以内旁系血亲的配偶。"但是,该暂行办法已经失效。最高人民检察院于2000年发布的《检察人员任职回避和公务回避暂行办法》第2条规定:"检察人员之间有下列亲属关系之一的,必须按规定实行任职回避:(一)夫妻关系;(二)直系血亲关系;(三)三代以内旁系血亲关系,包括伯叔姑舅姨、兄弟姐妹、堂兄弟姐妹、表兄弟姐妹、侄子女、甥子女;(四)近姻亲关系,包括配偶的父母、配偶的兄弟姐妹及其配偶、子女的配偶及子女配偶的父母、三代以内旁系血亲的配偶。"该暂行办法依旧有效,但是检察机关因任职实施的亲属关系回避,目的在于权力正当行使,达到权力行使的公正,其与《民法典》中对民事主体民事权益的保护宗旨有很大的差异。公权力机构回避制度中对亲属范围的界定无法适用于婚姻家庭亲属领域。

《民法典》对姻亲关系的调整范围与传统民法理论对姻亲的分类并非重合,作为姻亲类型的第三种情形"配偶的血亲的配偶",在《民法典》中没有任何规定。究其原因,是配偶的血亲的配偶彼此间鲜有事实上权利义务关系的存在,伦理道德性很强,属于道德调整的范畴。因此,对于姻亲范围的划定只需分两种情形:一是配偶的血亲;二是血亲的配偶。同时,对姻亲的亲等计算方法也应作出明确的规定。既然姻亲关系的产生是由于婚姻的缔结,那么对姻亲的亲等计算方法也应该以配偶为中介点。配偶与其血亲的亲等系数适用于另一方配偶。例如己身的丈夫与己身的公婆是二代的直系血亲,己身与己身的公婆便是二代的直系姻亲;己身的丈夫与己身丈夫的兄弟是二代的旁系血亲,己身与己身丈夫的兄弟便是二代的旁系姻亲。唯有如此,才能使有关姻亲的法律规定具有可操作性。

姻亲这种法律关系与婚姻这一中介点紧密相连。随着婚姻的缔结，会产生姻亲这种亲属关系。婚姻关系的终止是否会导致姻亲关系的终止呢？法律将在此种情况下姻亲关系是否保留的决定权交给了姻亲关系的当事人，由当事人自行选择。姻亲关系的当事人可以通过某一法律事实使这种亲属关系继续保持下去，例如继续共同居住或虽未共同居住生活，但是长期给与物质上的供给或精神上的抚慰等。姻亲关系中的当事人也可以采取明示或默示的方式阻却原本在他们或她们之间形成的抚养、扶养、赡养关系，使姻亲关系趋于消亡。配偶、血亲关系中的当事人，或是婚姻关系的直接当事人——夫妻；或是彼此之间的血缘联系，因而针对配偶、血亲关系法律明确规定了民事权利与民事义务，在这方面姻亲是望尘莫及的。但事实上是在未对姻亲关系以法定权利和法定义务进行调整的状况下，在婚姻家庭领域的实际生活中由于伦理道德的作用，产生了对姻亲关系进行法律调整的需要。比如，在继父母对继子女进行抚养教育情形下，继父母子女关系的认定问题；丧偶的儿媳或女婿对公婆、岳父母尽了主要赡养义务的情形下，他们（她们）之间的关系认定问题；等等。

一、继父母子女关系的认定

继父母子女关系是由于继子女的亲生父母一方死亡或离婚，一方或双方带着子女再婚而形成的。夫对妻与前夫所生的子女，或妻对夫与前妻所生的子女，称为继子女；子女对夫或母的再婚配偶称为继父母。从继子女角度出发，继父母与其之间的关系属于姻亲中的血亲的配偶的情形；从继父母角度出发，继子女与其之间的关系属于姻亲中的配偶的血亲的情形。也就是说，不论从何角度，继父母、继子女均为姻亲关系。从身份关系的建立上讲，继父母子女关系是以子女生父母的婚姻为基础的，双方不以建立父母子女关系为初衷，相互间存的姻亲关系，只是生父母婚姻关系的附随效力。[1]

继父母继子女大致可以分为两种类型：一种是继父母与继子女未共同生活在一起；一种是继父母与继子女共同生活在一起。对于前一种情形便不会发生任何的权利义务关系，是一种非常纯粹的名义上的亲属关系，继子女的抚养教育问题与继父母无关，抚养教育的权利义务关系只发生在继子女与其生父母之间。继父母只是与继子女的生父或生母产生法律上有关夫妻的权利义务关系。由于缺乏共同生活的事实，此时的继父母与继子女的关系是泾渭

---

[1] 孙若军：《父母离婚后的子女监护问题研究》，载《法学家》2005年第6期。

分明的，他们（她们）的属性明确，就是姻亲，仅是婚姻关系的附随。而在后一种情形中，由于继父母与继子女共同生活的事实，会形成继父母对继子女的抚养教育，客观存在继父母对继子女生活上的照料、抚养、管教等，彼此之间会形成抚养教育关系。当继父母对继子女进行抚养教育之后，依据《民法典》的规定，他们或她们之间的关系适用父母子女关系，也就是属于拟制血亲，而不再是姻亲了。由此可知，继父母继子女关系因是否形成抚养教育关系，而或是血亲，或是姻亲。属于血亲关系，继父母子女之间有着系列的权利义务，与此同时，继子女与其生父母间的权利义务关系不受影响。对于未成年人的子女而言，既存有与拟制血亲关系继父母间的权利义务，又存有与自己亲生父母间的权利义务。属于姻亲关系，继父母与继子女间仅是种亲属名分与称谓，没有任何实质性的法律关系。

对于是否存有抚养教育关系的判断，《最高人民法院关于适用〈中华人民共和国民法典〉婚姻家庭编的解释（一）》第54条规定："生父与继母离婚或者生母与继父离婚时，对曾受其抚养教育的继子女，继父或者继母不同意继续抚养的，仍应由生父或者生母抚养。"由此可见一斑，抚养教育具有较大的随意性，更多取决于当事人特别是继父母。继父母与继子女在共同生活中，继父母对继子女进行了生活费、教育费、治疗费等费用上的承担，或者生活上的照料，学业上的教辅等，即具有抚养教育的客观事实。结合继父母与继子女生父母婚姻关系的时长，以此来认定继父母与继子女间是否存有抚养教育的客观事实，继而再进一步认定二者之间是否存有抚养教育关系。而事实上的继父母与继子女的同居生活，继父母与继子女生父母的婚姻生活，继父母或对继子女进行了生活上的照料、学习上的督促，或承担了继子女部分的生活费、治疗费等费用开支，因此继父母与同居生活继子女间，绝大多数情况下会存有抚养教育事实，形成抚养教育关系。由此可知，继父母与继子女之间较易形成抚养教育关系，彼此会从关系疏远的姻亲关系转变成关系亲近的拟制血亲。但是这样一种拟制血亲的状态与因收养而产生的拟制血亲相比，欠缺极大的稳固性，容易出现原本保护当事人的初衷最后反而适得其反。

继父母子女关系本质上是因为继父母与继子女生父母的婚姻所致，一旦婚姻关系不复存在，必会影响到继父母对继子女关系取舍的评判。立法也意识到这个问题的存在，因此才会规定继父母与继子女生父母婚姻关系的终止，只要继父母不愿意，抚养教育仍应由生父母继续承担。继父母不会因与继子女已经形成的拟制血亲关系,而将被强制要求继续履行抚养教育义务。从本质而言,继父母对继子女的抚养教育具有强烈的伦理道德性。立法对形成抚养教育关系继父母继子女间的调整,其法理与丧偶的儿媳、女婿与公婆、岳父母的关系设置是一样的,基于权利义务的相一致,追逐适法的公平。

综前所述,笔者认为继父母与继子女之间不论是否形成抚养教育关系,均应属于姻亲关系。理由如下:

首先,继父母与继子女之间不论具体状况为何,产生该种关系的法律事实却是同一的——继父或继母与继子女亲生父或亲生母的结婚行为。

对基于同一法律事实而产生的亲属关系的法律认定理应一致,不能因为某一具体情节的出现而变更了该种亲属关系的本性。对于形成抚养教育关系的继父母子女,在认定其属于姻亲关系的前提下,完全可以根据私法领域中的公平原则来调整彼此之间的权利与义务关系。在继父母对继子女承担抚养教育义务后,可以要求继子女在成年后对继父母给付生活费。我国法律规定在养父母养子女关系解除后,便有这样的立法。《民法典》第1118条第一款规定:"收养关系解除后,经养父母抚养的成年养子女,对缺乏劳动能力又缺乏生活来源的养父母,应当给付生活费。因养子女成年后虐待、遗弃养父母而解除收养关系的,养父母可以要求养子女补偿收养期间支出的抚养费。"立法这样规定的目的在于基于过往的收养事实对相关主体作必要的利益补偿。这样的立法理念同样适用于存有抚养教育关系的继父母子女。形成抚养教育关系的继父母与继子女,在继父母对继子女进行了抚养、教育、监护,直至继子女成年,自会有赡养、扶助等期待利益的产生,随着继父母与成年继子女关系的不复存在,期待利益的落空,势必会影响到继父母的权益,因而通过支付生活费等法律机制对其进行弥补,以保障继父母的合法权益。与此同时,可以保持拟制血亲法律机制的严谨。

运用公平原则平衡亲属关系权益,立法在对待丧偶的儿媳或女婿与公婆、岳父母之间关系时亦有体现。丧偶的儿媳或女婿对公婆、岳父母尽了主要赡养义务的,法律并未对这种有所谓事实父母子女关系的姻亲适用父母子女关系,也就是说,丧偶的儿媳或女婿不能以子女的身份参与岳父母或公婆的遗产的继承,《继承法》只规定丧偶的儿媳或女婿可以在第一顺序法定继承人——配偶、父母、子女之外,作为一种特例参与继承。其参与继承并非因为拟制血亲关系,而是因为她或他自觉地承担了赡养义务。这是对中华民族养老育幼、照顾病残的传统美德和社会主义核心价值观的弘扬，确保主动承担义务者能因其善举而获得合理回报，体现继承法权利义务对等的基本原则，是公平原则在继承领域的具体体现。尽了主要赡养义务的丧偶的儿媳或女婿与公婆、岳父母关系问题与形成抚养教育关系的继父母子女关系问题在法理上是相通的，是两个极其相似的问题，法律在对前一个关系的处理上保持了亲属关系的一致性，即不论儿媳、女婿与公婆、岳父母具体情形如何，均为姻亲；但法律在对后一个关系的处理上却失去了一致性，鉴于具体情形的不同区分为姻亲与血亲两种，如此会导致同一法律中的相关规定失去协调性。因而继父母子女关系不应区分是否形成了抚养教育关系，而应保留其固有的亲属效力，这一效力具有排他性。

其次，对继父母子女关系或是姻亲或是血亲的认定，会导致适法结果的冲突。

继父母子女关系的产生是由于婚姻的缔结。这就决定了该种关系的命运是由其赖以产生的婚姻来决定的，这种关系在某种程度上是非常脆弱的，往往会因为继父或继母与继子女的亲生父或母婚姻关系的解除而终止。将形成抚养教育关系的继父母子女认定为拟制血亲，彼此之间存有父母子女的权利义务关系，当继父或继母与继子女的亲生父或亲生母离婚时，根据《民法典》第1084条第1款、第2款的规定："父母与子女间的关系，不因父母离婚而消除。离婚后，子女无论由父或者母直接抚养，仍是父母双方的子女。离婚后，父母对于子女仍有抚养、教育、保护的权利和义务。"继父或继母基于其与继子女的拟制血亲，继父母对继子女的权利义务不因离婚而受到任何影响，理应继续履行对拟制血亲继子女的抚养、教育、保护等义务。但《最高人民法院关于适用〈中华人民共和国民法典〉婚姻家庭编的解释（一）》第54条规定："生父与继母离婚或者生母与继父离婚时，对曾受其抚养教育的继子女，继父或者继母不同意继续抚养的，仍应由生父或者生母抚养。"据此规定，拟制血亲的继父母子女关系，随着继父母与继子女生父母夫妻关系的解除以及继父母拒绝权的行使，就可以使已存在的拟制血亲关系得以终止。这在同为拟制血亲的养父母子女之间是未曾有过的，养父母对未成年养子女的权利义务不会因养父母的离婚而受到任何的影响。通过适法结果的差异可知，继父母、继子女的拟制血亲关系，持续时间的长短取决于继父母与继子女生父母间婚姻存续时长。继父母、继子女形成拟制血亲关系容易，解除拟制血亲关系也容易。秉承未成年子女利益最大化原则，这样的立法设计能否达到对未成年子女利益最大化的保护存疑，不如伦理道德的归伦理道德，法律的归法律。

最后，应严守亲属拟制血亲规则。

亲属拟制血亲，从拟制血亲的设立到拟制血亲的终止，都应严格遵守法律规定的条件和程序，不应对伦理道德的兼顾而变得任意或是随意。以一般收养为例，法律不仅对收养人、被收养人、送养人作出了种种的条件限制，而且对收养关系的成立与解除均作了严格的条件限制，并规定收养关系成立或解除必须进行登记。特别是在收养关系成立时还要求县级以上人民政府民政部门应当依法进行收养评估。但是属于拟制血亲的继父母子女关系的产生只要求有抚养教育的事实，拟制血亲关系的解除只要求基于离婚基础上的继父或继母的不愿。同为拟制血亲，法律对收养关系的规制显然要严格许多、规范很多。拟制血亲，顾名思义，是使原本没有自然血缘联系的人产生如同有自然血缘般的联系，使彼此之间从没有法定的权利义务关系到有法定的权利义务关系。拟制血亲间的关系应是紧密的，只有这样才能有益于其间的未成年人利益最大化的实现与成年人期待利益的实现。

将形成抚养教育关系的继父母子女认定为拟制血亲，却无法保证该血亲关系中权利行使与义务履行的稳定性、始终性，倒不如保持继父母、继子女之间的姻亲关系。若想改姻亲关系为拟制血亲关系，可以通过一定的法律行为为之，最典型的当属收养。《民法典》第1103条规定："继父或者继母经继子女的生父母同意，可以收养继子女，并可以不受本法第一千零九十三条第三项、第一千零九十四条第三项、第一千零九十八条和第一千一百条第一款规定的限制。"法律为了鼓励、促成继父母收养继子女，在收养的方方面面进行了很大的突破，豁免幅度很大。立法规定的目的在于，实际生活中往往会发生继父母在继子女亲生父母死亡时不愿继续履行抚养教育义务等纠纷，为了尽量减少这类纠纷，促进再婚家庭成员间的情感融合，也是为了确保再婚家庭尽可能发挥家庭在抚养、教育、社会等各方面的功能才有此规定。

综述之，继父母与继子女间，不分具体情形，均应是姻亲关系。形成抚养教育关系的继父母与继子女涉及继承时可参照适用丧偶儿媳、女婿与公婆、岳父母间的规定。同时为了兼顾再婚家庭当事人的各方权益以及促进家庭成员间的情感融合，鼓励继父母收养继子女。

二、丧偶儿媳或女婿与公婆、岳父母之间的关系处理

《民法典》第1129条规定:"丧偶儿媳对公婆,丧偶女婿对岳父母,尽了主要赡养义务的,作为第一顺序继承人。"立法的这一规定是权利义务相一致原则的具体体现,也是对养老敬老传统美德的肯定。但是否因此将丧偶儿媳或女婿列入法定继承人,这是值得商榷的。

继承权是财产所有权的延续,以财产所有权为前提条件,与特定的亲属身份密切相连。享有继承权的人与被继承人之间往往有着配偶或血亲关系。他们或她们之间之所以互享继承权,是因为在他们或她们之间存在法定的抚养、扶养、赡养的权利义务关系。让享有权利的人参与遗产的继承,是为了保证他们或她们手中的广义扶养权利得以实现;将财产所有人的财产进行分配,是为了保证财产所有人对相关权利人的广义扶养义务的履行。换句话说,是为了使享有相关权利的人实现自身所享有的抚养、扶养、赡养的权利,使负有相关义务的人履行自身所承担的抚养、扶养、赡养的义务,借助继承制度进一步发挥家庭抚养的功能。

儿媳、女婿与公婆、岳父母是姻亲关系,儿媳或女婿不承担对公婆或岳父母的赡养义务。《中华人民共和国老年人权益保障法》第14条规定:"赡养人应当履行对老年人经济上供养、生活上照料和精神上慰藉的义务,照顾老年人的特殊需要。赡养人是指老年人的子女以及其他依法负有赡养义务的人。赡养人的配偶应当协助赡养人履行赡养义务。"据此,儿媳、女婿对公婆、岳父母承担的是协助其配偶,也就是公婆、岳父母的子女履行赡养义务,是种协助义务。其与儿媳、女婿对公婆、岳父母要敬老、爱老一样,具有强烈的伦理道德性。儿媳、女婿与公婆、岳父母之间是姻亲。姻亲未被写入法定继承人之列,是因为姻亲关系的稳定性较差。与法定继承人之列的配偶与血亲相比,既不能与配偶这般成为亲属关系的源头所在,又不能如同血亲般彼此间有着权利和义务。因此,姻亲不是法定继承人成为世界各国继承法的共通所在。并且,将尽了主要赡养义务的丧偶儿媳、女婿列为第一顺序继承人,还可能会在其他第一顺位继承人缺失的情况下,与第二顺位继承人兄弟姐妹、祖父母外祖母等发生继承权的冲突。此种情况下,不仅有侵害第二顺位血亲继承人继承权之嫌,而且有悖民众传统的继承伦理道德。

在儿媳、女婿丧偶后,对公婆或岳父母尽了主要赡养义务的情形下,将

其列入第一顺位继承人并非唯一的途径。在我国继承法领域，除了继承人有权继承遗产外，还有酌定分得遗产规则。《民法典》第1131条规定："对继承人以外的依靠被继承人扶养的人，或者继承人以外的对被继承人扶养较多的人，可以分给适当的遗产。"学理上称其为遗产酌给请求权。实践中，人的思想价值观的多元化，对婚姻家庭的态度反应不一，存有一定数量的同居家庭、事实收养家庭等，这些家庭中的成员彼此虽无权利义务关系，但是有事实扶养、抚养、赡养关系。将这些没有继承关系的扶养人确定为遗产酌定请求权的权利主体，对其美德行为的肯定自不待言，更是在经济层面对其的补偿，以彰显遗产分配的实质公平。

《最高人民法院关于适用〈中华人民共和国民法典〉继承编的解释（一）》第10条规定："被收养人对养父母尽了赡养义务，同时又对生父母扶养较多的，除可以依照民法典第一千一百二十七条的规定继承养父母的遗产外，还可以依照民法典第一千一百三十一条的规定分得生父母适当的遗产。"根据该条司法解释，收养关系存续期间的亲生父母子女，即便是亲生子女对自己的亲生父母尽了法律对其没有要求的扶养义务，仍然不能因此而获得继承权，仅只是取得了遗产酌给请求权。究其原因是亲生子女随着收养关系的成立，与养父母形成了拟制血亲，彼此之间产生了法定权利义务，适用父母子女关系。随着收养关系的成立，亲生子女与其亲生父母间原有的权利义务解消，不再存有法律上的血亲关系，彼此之间在法律层面已毫无关联，唯一的联系就是天然的血缘关系。立法为了能保持前后立法对收养关系保障的一致性，当亲生子女对自己亲生父母进行事实扶养时，也仅仅是给与其适当分得亲生父母的遗产的请求权。亲生子女与亲生父母尚且如此，尽了赡养义务的丧偶儿媳、女婿同等对待即可。为了肯定儿媳、女婿这类姻亲优良的美德，而破坏了继承法领域继承的法理基础，显然缺乏科学性、合理性。在丧偶儿媳、女婿对公婆、岳父母尽了主要赡养义务时，根据权利与义务相一致的原则，可以适当分得公婆或岳父母的遗产，既是对其美的善举的肯定，又是在经济层面对其予以补偿。虽然时下社会独生子女家庭占比仍然偏高，人口老龄化现象日益严重，但是随着三胎计生政策的实施，独生子女家庭占比下降也许会成为不争的事实。将丧偶的儿媳、女婿纳入遗产酌给请求权的权利主体，这样既可使姻亲不作为法定继承人的做法得以贯彻始终，又可使继承权发生的法理基础与遗产酌定取得的法理基础不发生冲突。

姻亲作为亲属的一种，在我国整个《民法典》的立法规定中关涉的条文数量很少，是因为姻亲关系产生的基础是婚姻。姻亲，是种名义上的称谓，当事人之间没有任何实质的权利义务关系。立法对姻亲的态度应该保持前后一致，不能因存有抚养、赡养等事实，就改变对姻亲的立法立场。继父母继子女、儿媳公婆、女婿岳父母均是姻亲关系，也只是姻亲。对于抚养、赡养等事实存在，在权利义务相一致原则之下，给与姻亲关系当事人以对应的权益保护，既能保持立法的一致与统一，又能肯定与弘扬传统社会美德、社会主义核心价值观。

本文原稿曾发表于《当代法学》2003年第10期。

我国非婚生子女保护制度的法律缺陷及完善对策

■ 赵有富

一、前言

不同的国家对非婚生子女有不同的称呼,如,在我国带有鄙视性的俗称为"私生子";在日本民法中被称之为"无妻出生";韩国民法称他们为"婚外之子";在现代社会里都普遍称为"非婚生子女"。世界上的立法一般认为"在婚姻生活中孕育或出生的子女是婚姻的子女,而非婚生子女则是未婚男女的子女"。一般来说,婚生子女与非婚生子女的定义是相反的,就像二元对立的概念一样,两者的主要区别在于他们的生父和生母是否结婚。虽然在我国法律中,未对非婚生子女进行清晰的定义,但在学术界,通常将私生子定义为没有法律认可婚姻关系的男女双方所生的孩子、无效婚姻所生的孩子、与他人发生通奸行为的配偶所生的孩子或被强奸后所生的孩子。

通过对非婚生子女定义的理解,总结非婚生子女地位变化的历史,对非婚生子女以及继子女和收养子女之间的差异进行分析,可以发现目前我国非婚生子女的权利享受情况不容乐观,权利受到侵害的情况还带有一定的普遍性。本文从非婚生子女的权利保护得不到保障的角度出发,分析该保障制度存在的一些法律缺陷,进而提出我国保护非婚生子女合法权利的建设性措施。

二、我国对非婚生子女的有关规定

(一)《宪法》的规定

对于我国目前的法律体系,《宪法》具有主导的地位,治国安邦要以它为总章程,公民的立身行事要以它为总依据,它能够代表最权威的法律效力以及最高的立法等级。非婚生子女是我们国家的公民,他们和其他人没有什么不同,他们仍然和他们的父母有亲属关系,所以他们应该享有一切应该享有的权利。我国《宪法》第 33 条规定了在法律面前人人平等的原则，非婚生子女也包括在其中，享受平等的权利。《宪法》第 49 条规定，妇女、儿童和老年人的合法权益应受法律保护，父母有抚养教育未成年子女的义务，这为保护未婚生子女的利益奠定了一定的基础。因而，在对非婚生子女的立法过程中，应在宪法的指导下保证非婚生子女合法的权益不受任何侵犯。

（二）《民法典》婚姻家庭编的规定

《民法典》婚姻家庭编是对社会婚姻制度的集中体现，定义了对于非婚生子女的权利和利益。《民法典》第 1067 条、1068 条明确规定了父母对于未成年子女的抚养、教育是一项法律规定的义务，即使父母和孩子单独生活，这项义务仍然有效。对于非婚生子女的权利，《民法典》第 1071 条第 1 款规定："非婚生子女享有与婚生子女同等的权利，任何组织或个人不得加以危害和歧视。"所以，当亲生父母由于种种原因而难以去抚养非婚生子女时，该非婚生子女可以向当地法院起诉，要求他们的父母支付一定的抚养费。

（三）《民法典》继承编的规定

我国目前的《民法典》继承编对于非婚生子女的继承权是十分关注的，在《民法典》第 1127 条中明确说明了其中的子女也包括非婚生子女，明确规定了子女是作为父母遗产的首要顺序继承人之一。这表明了我国法律对于非婚生子女在继承权方面的重视，他们是受到法律保护的。同时，对于我国的非婚生子女而言，其所享的继承权同婚生子女的继承权具有同等的待遇。因此，以非婚生为理由而未充分保障未婚子女继承权的，属违背我国《民法典》的情形，是要受到法律制裁的。

三、我国非婚生子女保护制度存在的法律缺陷

关于非婚生子女的保护问题，虽然中国存在相关的法律法规，但是这些保护制度仍然存在一定的法律缺陷，需要进行探讨，主要包括以下四个方面：

（一）立法原则性问题

贯穿立法制度始终的是立法原则。目前在我国非婚生子女保护的法律法规中，仍未存在一个明确而且统一的立法原则。中国关于保护儿童权益的立法是一项综合性原则，即宪法中保护妇女、儿童以及老年人的合法权利的原则。在外国维护非婚生子女的合法权益均由民法之下的部门法——家庭法专门章节规定。而在我国的法律法规中还未存在专属的亲属法，只能由《民法典》中的婚姻家庭编、收养编、继承编等进行笼统的规范。从子女的权益上而言，大多数保护非婚生子女权益的法律法规均根据综合性的原则作为主导，保护非婚生子女的措施是用保护妇女、儿童以及老年人的合法权利的目的来替代，而未根据子女利益最大化这一原则进行规定。从法律法规而言，对于非婚生子女的权利保护，我国法律法规当今还没有顾及"最大化非婚生子女利益的原则"。因此，我国在保护儿童权益立法上的滞后，使得关于保护非婚生子女合法权利的法律法规十分的宽泛和简要，这在一定程度上无法实现对非婚生子女权利的保障。

（二）抚养制度的缺失

对于抚养制度，法律规定得过于原则，且存在矛盾。比如《民法典》规定了非婚生家庭的子女同婚生家庭的子女享有同等的权利，而在非婚生子女与婚生子女的抚养费问题上却存在着差别，非婚生子女的抚养费往往得不到应有保障。目前，我国立法并没有制定关于抚养子女的强制措施，从而使拒付抚养费的情况时常发生。因此，国家需要制定出具体有效的、符合实际的强制执行的法律规范，以保证非婚生家庭子女的抚养费用问题得到有效解决。

（三）监护制度的不完善

非婚生家庭子女在我国受既有观念影响较深，被认为是扰乱社会传统伦理观念的"产物"，特别是细微到非婚生家庭子女的监护权这一制度上，诸多领域立法还有许多空白需要弥补，仍需完善。目前，我国统一的《民法典》已经颁布并实施，作为我国最新的一部体例科学、结构严谨、内容翔实的民法"百科全书"，应将非婚生子女的系统保护问题纳入国家立法计划。在受传统观念影响较深的我国，非婚生子女是违反传统社会伦理道德的群体，本来父母就要承担起对未成年孩子的监护责任，但由于在非婚生家庭中，子女出生时家庭就不和谐，根据他们当时所处的家庭环境状况，父母难以完全甚至根本未能承担子女相应的监护责任，因为其父母双方本身未存在法定婚姻的关系，通常不可能共同监护。此外，中国法律规定了有婚姻关系的父母的监护权,但没有明确规定没有婚姻关系的父母的监护权。监护制度的不完善,造成非婚生家庭孩子为单亲监护或是其他人代理监护。就非婚生子女而言,家庭的监护基本难以产生实质性的效用。

(四) 亲子关系的确认制度问题

我国在确立非婚生子女和亲生父母之间的亲子关系上存在着一定缺陷。一方面是因为缺失非婚生认领制度,应采取法律的手段充分保护非婚生子女应有的权利以及利益,通过认领的法律手段,非婚生子女可以从非婚生子女变成婚生,在一定意义上这类群体能够享有与婚生子女一样的权利。我国目前虽然在《民法典》中规定了非婚生子女同婚生子女享有同样的权利,然而关于父母与其子女之间的亲子关系确认的法规还未专门制定,那么这种同等地位则名存实亡。当生父不愿抚养非婚生子女时,由于非婚生认领制度的缺失,非婚生子女本人或生母要求认领就显得无能为力。另一方面是缺失的非婚生子女的准证制度。由于这一制度缺失,非婚生子女的生父母并不能因合法结婚而使非婚生子女取得婚生子女的资格。可以看出,面对这些非婚生子女的复杂问题,法律目前还是空白的。

四、完善保护非婚生子女制度的相关建议

针对保护非婚生子女权益的制度设计出现的法律缺陷,笔者提出了一些相对应的建议,期望保护非婚生子女应有的权利制度向着更加科学规划的方面逐步迈进,从而改善社会环境,让人人真正享受平等,构建和谐社会。

(一) 确立非婚生子女利益最大化的立法原则

在当今世界大多数国家都实施了不歧视非婚生子女或平等保护非婚生子女的原则,对于我国立法原则上过于宽泛笼统的问题,在某种意义上损害了非婚生家庭子女的权利,因此有必要实施非婚生子女利益最大化的立法举措。非婚生子女的出生,其本身没有过错,因此不论借鉴哪一具体制度完善我国有关法律,均应以"子女最大利益""婚生与非婚生子女平等""尊重血缘、兼顾当事人主观真实意愿"为原则,优先落实非婚生子女及其生母的权利保护措施。目前,国外逐步以未成年子女的利益作为《亲子法》的立法标准,承认儿童在家庭中的主导地位,子女利益最大化这一原则已成为多数国家的立法基础准则。值得注意的是,确认亲子关系应该根据子

女以及父母的真实血缘关系为基础,且不得损害其他第三人的合法权益,以上原则的确立既要保护多方当事人的利益及家庭的和谐美满,又要侧重对非婚生子女这一弱势群体的倾斜保护。马克思主义哲学原理告诉我们,法律是上层建筑,对社会现实具有能动的反作用。良好的法律原则的确立能够对新的社会伦理观念产生促进作用,从而提高对非婚生子女的社会评价。因此,不仅要将其在《宪法》中确定下来,而且在《民法典》中也要加上以子女利益最大化为原则这一项规定。为消除非婚生子女所受到的异样眼光,建议在《民法典》中取消对非婚生子女这一称呼,与婚生子女一并称为子女,让其真正享有平等地位。

(二) 健全非婚生子女的抚养制度

我国立法应当健全抚养非婚生子女的制度,包括保障非婚生子女同等的成长环境,明确抚养的程度,允许意思自治的抚养协议形式、有关抚养纠纷的诉讼保障措施和临时措施,可结合我国民法典现行的先予执行制度作出有利于快速解决纠纷的具体制度设计。同时,基于诉讼维权时间成本现实考量,行政机关尤其是民政部门应当在解决现实中抚养费难以落实的情形时有所作为,如先行垫付生活必需费用,且在必要时,应当以立法形式将强制生父母履行抚养义务作为保底制度。因此,有必要完善抚养非婚生子女的制度。一方面,要明确非婚生子女的抚养费用的范围,在《民法典》里,对关于抚养婚内生子女成长的费用从多角度被仔细斟酌,然而对抚养非婚生子女的费用大多疏于考虑。因此,对非婚生子女而言,建议将凡是关于教育成长的有关费用统称抚养费,不能只规定教育费和生活费。另一方面,要增加关于执行非婚生子女抚养费的相关措施。要用灵活的支付方式来让当事人缴纳抚养费,比如对于现金方面困难的人,可以设立专门账户,方便生父生母日后进行资金结算,使其子女的相应法律权益得到实现。同时,需要健全社会保障体系,国家也要对一些特定情况承担相应的抚养责任。在这方面,国家要加强制度设计并提出合理措施。

(三) 完善非婚生子女监护制度

我国《民法典》对未成年子女的监护权进行了界定,而关于非婚生子女的监护权却还没有确切具体的法律法规,导致众多非婚生子女没有受到实质上的监护,对非婚生子女的心理产生了影响。因此,法律要增加非婚生子女受监护的权利，这样才会有利于非婚生子女的健康成长。婚生与非婚生是以父母有无婚姻关系来衡量的，不能将对父母的道德评价转移到子女身上，故在现实社会中，因称谓而带来现实上的名誉权和人格权的侵犯现象也屡见不鲜，这本身带有一定的偏见和歧视。此外，关于子女利益最大化的法律法规在立法时应全面考虑：生父母家庭经济状况；在子女监护问题上生父母的期望；在监护人选择问题上子女对父母的期望；生父母同子女之间生活的亲密程度。笔者认为，既满足子女物质上的需求也给与精神上的需要，这是子女利益最大化原则的充分体现，实践中如只能确定生父或生母一方身份的，由相应的父母承担监护义务。所以，建议如果亲生父母的身份确认后，双方要共同承担监护权；若父母在孩子出生后还没有结婚的，他们应该以子女利益最大化为原则，进行协商决定；如果协商不成，就交由人民法院以子女利益最大化原则来决定。

（四）设立非婚生子女的准证以及认领制度

我国《民法典》对界定亲子之间的关系也有所规定，但还不够全面，比如还没有关于非婚生子女的准证以及认领制度的规定。增设准证和认领制度，能够促使法律调整父母子女关系。因为按照目前我国的现状，让生父母自发地处理非婚生子女的关系是难以实现的。而且，我国《民法典》虽然明确了非婚生子女与婚生子女具有同等地位，享有相同的权益，但未有相关具体的法律规范或制度保障来实现非婚生子女应享有的权益，这无疑影响着社会法治的完善。除此之外，非婚生子女在生活上往往只知母亲却不知父亲，在生理和心理上都会受到伤害，因此对于他们来说，从法律的角度界定非婚生子女与其生父母的关系是十分必要的。所以，准证与认领制度的设立能在一定程度上保障他们的合法权益。结合我国当前庞大的人口基数的实际，笔者认为，在中国实行认领制度更为适宜。

五、结论

目前我国关于非婚生子女应有权利的保护仍处于不完善的状态，他们的受教育权、生命健康权、监护权以及发展权均在一定程度上受到侵害。虽然法律对他们的权益作了一些规定，但对他们的保护制度仍存在一些缺陷和问题，这使得非婚生子女一直在身心成长方面受到了严重的伤害，从而影响了我国社会法治建设，也增添了社会的不和谐因素。因此，通过完善立法来健全保护非婚生子女的相应权利就显得非常必要。

本文就我国非婚生子女保护制度存在的一些法律缺陷进行了初步探究，提出了相对应的完善立法的建议，让非婚生子女从根本上得到平等的待遇，让我国所有的儿童都能拥有健康美好的成长环境，这有助于社会制度的完善，有助于建设富强、民主、文明、和谐的社会主义现代化国家。

再视非婚生子女认领制度确立的价值

■ 黄 彤

随着性观念的转变和性意识的开放,结婚不再被视为生儿育女前的必经步骤。伴随而来的是合法婚姻关系之外出生子女数量的增加。经合组织(OECD)列出的40多个国家和地区2018年非婚生子女占新生儿比例,欧盟国家非婚生子女比例平均是41.3%,经合组织成员国非婚生子女比例平均是40.7%。法国的非婚生子女比例是60.4%,远高于欧盟国家平均比例。美国非婚生子女比例是39.6%,略低于欧盟国家和经合组织国家的平均比例。日本和韩国的非婚生子女比例最低,分别仅有2.3%和2.2%。❶ 婚外生育正成为全球性问题。在深受礼教文化影响的中国,随着大腕、明星等社会公众人物私生子问题的曝光,人们婚恋观的多元化,世人强烈意识到世俗因父母之过对非婚生子女造成的不公,要求赋予因父母之过而遭受不公的非婚生子女应有的权益。此举引起了法学理论界的共鸣,对非婚生子女设立认领制度❷是多数学者达成的共识。

一、问题的提出

设立认领制度是我国学术理论界借鉴外国立法的结果。国外早先认领制度的确立,并非从非婚生子女利益角度出发。认领制度与其说是一种法律原则,不如说是一种约定俗成的道德习惯与宗教怜悯。"指认孩子的生父,以便让其尽养育之责,为的是减少国库对非婚生子女的抚养开支,维护贵族社会的一种虚伪的荣光和旧制度正常的秩序。"❸ 资产阶级革命之后,性观念性价值以及婚育观念的改变,西方社会除结婚而形成的异性同居关系之外,还有非婚同居、同性同居等关系。不论是非婚同居还是同性同居,均与传统的结

---

❶ 哪些国家的非婚生子女比例较高? https://zhuanlan.zhihu.com/p/433343183。
❷ 认领是指父亲承认非婚姻关系内出生的子女为自己的子女的行为。
❸ 龙宏甫:《法国大革命时期关于非婚生子女生父搜索的争论》,载《史学月刊》2003年第6期。

婚同居存有冲突。与此同时，权利本位的重心从家族利益、父母利益转移至子女利益本身上，这些原本受到世人排斥的社会关系开始引起并博得了世人的同情与支持。尤其是人们日益意识到父母的过错不应该强加到无辜子女的身上，为此许多国家规定了同居法，明确同性结婚的可行性。但是非婚同居与同性同居毕竟不为法律所倡导，法律希冀出现的是两性合法有效的结合。为此，法律虽对异性同居、非婚同居、同性同居均予以调整，但对这些关系的承认程度存有不同，承认程度的差异直接影响到在这些关系中出生的子女的权益，如抚养费的主张、继承权的享有、继承份额的确定等。无形中子女因亲生父母是否存有婚姻关系的不同被立法作了等级划分。

随着一系列人权公约、联合国《儿童权利公约》等国际条约的缔结与签订，众多国家形成了一个声音——消除歧视待遇，要求无差别对待。为此，各国开始着手对子女因父母同居关系所受法律肯认程度的不同而进行的不同分类进行修改，以确保同为未成年子女所应享有的同等的法律权益。各国开始对非婚生子女的法律地位进行改进，逐步赋予非婚生子女与婚生子女同等的法律地位，认领制度当属其中。

近现代认领制度旨在改进非婚生子女的法律地位，拉平非婚生子女与婚生子女之间的权益差距，弥补非婚生子女无法准正[1]的缺陷。认领的效果使非婚生子女获得相关的私权益和公权益。例如，日本、秘鲁等国采用向户籍部门申请认领或以遗嘱的方式；法国除将自愿认领载入出生证，还得以公证书为之；瑞士规定须向身份管理官员声明或以遗嘱进行。若是强制认领的，往往将认领的结果反映到户籍管理登记中。国外有关非婚生子女认领制度的确立，不仅解决了非婚生子女私法上的权益，也改变了非婚生子女不能充分享受一个社会成员所有权利的现状，使其不再受到社会的排挤。

在我国立法史上，非婚生子女同样经历了从受歧视到平等对待的过程。在古代社会非婚生子女有奸生子、婢生子等之称，社会身份极其低下，不能参加科举考试，不享有继承权。到了国民党政府统治时期，所颁布的民法亲属编中对子女的划分借鉴大陆法系的做法，采用二元制，分为婚生子女和非婚生子女，并借鉴了外国有关对非婚生子女婚生化的做法，规定了有关非婚生子女的准正、认领等制度，但是由于受到当时社会双重性影响，

---

[1] 非婚生子女准正是指引父母结婚或法官的宣告是婚外所生的子女取得亲生子女资格的制度。其确立的目的在于使非婚生子女取得婚生子女资格。在无法准正的情况下，为了能使非婚生子女与其生父母关系得以确立，有必要再确立一项制度，该制度就是认领制度。

尤其是封建制家族体制伦理纲常的根深蒂固，非婚生子女在实际生活中与法律适用中并没有切实地享有民法亲属编中所规定的权益，非婚生子女仍然没有取得与婚生子女同等的法律地位。我国颁布的第一部《婚姻法》——1950年《婚姻法》开宗明义规定"非婚生子女享有婚生子女同等的法律地位"，并且该规则在随后的婚姻立法活动中一直得以坚持。但我国的婚姻立法活动始终没有对如何确保非婚生子女享有同等法律地位进行规定。这一缺憾在2001年备受瞩目的婚姻法修订工作中尤为突出，学者要求借鉴外国立法引入与确立非婚生子女认领制度的呼声极高，但受限于全国人大立法规划❶，这一颇受众学者青睐的制度终究没有得到立法的肯认。为此，众多的学者希冀将在我国婚姻家庭法领域设立非婚生子女认领制度列入《民法典》的婚姻家庭编或亲属编中。❷

我国《民法典》仅对亲子关系认定问题进行了立法规定❸，规定特定主体可以根据正当理由提出亲子关系的确认或者否认，其本质上属于确认之诉或者形成之诉。而特定主体又因确认之诉或形成之诉有所不同，确认之诉的提起主体是父母和成年子女，否认之诉的提起主体是父母。亲子关系认定的权利主体范围狭窄，特别是亲子关系否认，权利主体仅是父母。整个条文的立法理念一方面是为了确保法律上的亲子关系能建立在真实的血亲关系基础上，从而维护亲子关系的稳定性，为未成年人健康成长创造和谐安宁的家庭；另一方面是为了防止成年子女逃避对父母的赡养义务。但是立法并没有进一步明确，父母除法律意义上的父母外，潜在的父母是否也在列。国外的认领制度是包括认领人、认领条件、认领效力等在内的一套制度。《民法典》关于亲子关系认定的相关规定，并未涉及制度层面，该条规定并非法学理论界所主张的认领制度。

---

❶ 根据全国人大的立法规划，婚姻法的改革分为两步到位，第一步是修改1980年的婚姻法；第二步是起草并颁布民法典婚姻家庭编或亲属编。2001年修改婚姻法主要对社会上反映强烈的主要问题先作修改与补充。

❷ 其间有众多的学者著书立说，例如王丽萍：《婚生子女的认领与准证制度初探》，载《法学家》1997年第3期；陈明侠：《亲子法基本问题研究》，载梁慧星主编：《民商法论丛》第6卷，法律出版社1997年版，第110页；陈雪萍：《关于我国非婚生子女认领制度的几个问题》，载《社会科学》2005年第7期；黄娟：《非婚生子女认领制度比较研究——兼及立法建议》，载《比较法研究》，2006年第4期；等等。

❸ 《中华人民共和国民法典》第1073条："对亲子关系有异议且有正当理由的，父或者母可以向人民法院提起诉讼，请求确认或者否认亲子关系。对亲子关系有异议且有正当理由的，成年子女可以向人民法院提起诉讼，请求确认亲子关系。"

诚然，设立认领制度能进一步使非婚生子女权益得到明确落实。但从我国众多学者的研究范围来看，基本上对认领制度的研究局限于亲子关系，聚焦于婚姻家庭领域，而没有将该制度放入整个法律环境中予以考虑。我国与其他国家有一个很大的不同就是户籍制度功能的差异。我国城乡二元制的户籍制度颇具中国特色，其与治安管理、人口统计、计划生育、劳动就业、社会福利与保障等紧密相连。户籍是自然人作为私法主体获得社会成员认可的资格前提。但户籍的取得不是仅凭一份亲子关系或一份血缘关系证明，其所需要的是一系列的证明材料。户籍的不具备，不会影响自然人的私权，但是其社会成员权利，例如政治权利、物质帮助权、受教育权等却会在实践层面有所缺失。国外的户籍制度，其行政特色没有如此浓厚，仅仅具有治安管理和人口统计的功能。国外私法领域的认领制度，多让户籍部门或有关的官员参与其中。通过法院进行的强制认领，往往能将法院强制认领的结果反映到户籍管理登记中。因此国外认领能达到公私兼得的功效。

法律的移植需要本土化，源于国外土壤的非婚生子女认领制度能否在我国国情下适用，达到认领制度本身的效果，需要冷静地予以重视。

二、中国认领制度确立的价值透视

现今司法实务中非婚生父母子女关系的确立多以给付抚养费为案由[1]，因此理论热度甚高的非婚生子女认领制度对确立非婚生子女亲子关系有着功不可没之效，并且这一基础性关系的解决随之带来了父母子女权利义务的落实。但是非婚生子女除了是私法中的人，更是一名社会成员，法院的认领裁判与行政机关的认可，尤其是户籍认可，并不相通。对于法院所认定的亲子关系的司法裁判，在户籍管理机关的眼里仅仅能起到证明当事人之间具有血缘关系的作用，确定了彼此间的亲子关系，也就是明确了该非婚生子女的亲生父母的状况，但并不能将其作为申报户籍的直接依据，也不能依据该司法裁判直接给该非婚生子女上户口。[2] 对未成年子女户籍的申报仍要求以出生证[3]等申报材料为准。

众所周知，我国自1958年颁布《中华人民共和国户口登记条例》以来，便建立了一整套的户籍管理体制，其功效涵盖了治安管理、人口统计、上学

---

[1] 如足球明星高峰的私生子案、著名影星成龙上海私生女案等。
[2] 这一做法是笔者就该问题专门走访、咨询笔者住所地的户籍管理机关所获知的。
[3] 对未成年子女的申报在1996年以前以准生证或其他计生证明为准，1996年以后统一要求有出生证。

就业等社会福利和社会保障，尤其是社会福利与社会保障。户籍的有无关涉着自然人是不是社会成员，能否得到社会的承认；户籍所反映的社会成员身份状况的差异会导致诸如选举、社会养老保险、社会医疗保险等一系列社会权益的差异。因此，户籍体制造就了"黑户"群体，造就了享有不同社会权益的城市居民和农村居民。社会权益的背后又涉及地方政府的经济发展、财政支出等。为了能享有最大化的社会权益，人们千方百计地通过各种渠道来改变现有的户籍状况。为此户籍机关严把入户关，反映到在未成年子女申报户口的问题上往往要求其亲生父母持有有效的生育证明。而根据国家相关计划生育的法律、政策的规定，生育证明又意味着合法有效的婚姻关系存在，非婚生子女因不具有有效生育证明无法进行户籍登记。

作为私法领域的自然人，其民事权利能力的取得以出生为前提，而出生的界标首先就是户籍管理机关的出生登记。虽然没有出生登记不会影响自然人民事权利能力的取得，但是由于缺乏登记这一公示方法便无法获得合法的社会身份，而合法社会身份的不具备会影响到非婚生子女的政治权利、社会经济权等，从而导致非婚生子女社会成员权利的缺陷。也就是说，非婚生子女只是私法上的人，其作为社会成员是被无视的，是不存在的。然而人的生存权、生命权等权利并不因为法律而存在，其是人作为人应该具有的权利。这一应有权利是人的价值的集中体现或载体，是人作为社会主体的价值确证方式，是主体资格的权能表现。应有权利是人生存和发展的基本价值需要。[1]现有的法律所给与非婚生子女的权利并未达到应有权利的要求，现有权利与应有权利存有很大的差距。

近年来，随着人文主义、子女利益最大化原则等的渗透，行政机关一改以往对非婚生子女申报户口的严格做法，纷纷推出新举措。例如，2003年9月黑龙江省公安厅推出的50项便民利民措施中规定："出生登记落户不论婚生或非婚生，一律凭出生医学证明办理随父随母落户，不再向群众索要其他证明材料。"重庆市公安局户证处在2005年6月推出的6项户口管理便民措施中，对非婚生子女将遵循本人自愿随父随母的原则，凭出生医学证明和医院出具的其他出生证明、街道（村）证明、知情人证明，由民警区别情况调查核实后，办理入户手续。《浙江省办理户口、居民身份证、暂住证等政策规定》中规定："非婚生婴儿出生后30天之内，其父亲、母亲或者其他监护人应当持新生儿出生医学证明和父亲或者母亲的合法有效身份证件，向婴儿监

---

[1] 公丕祥：《权利现象的逻辑》，山东人民出版社2002年版，第7页。

护人常住户口所在地户口登记机关申报出生登记。户口登记机关对出生婴儿的户口登记，只凭出生证明和父亲、母亲的合法有效身份证件办理；过去未报入户口的婴儿，应准予补报落户。任何地方都不得自立规定，限制未办理独生子女证、未施行节育手术、超计划生育及早婚早育婴儿和非婚生育婴儿落户，也不得附加其他任何证明。"

计划生育曾是我国的一项基本国策，依据2015年发布的《中华人民共和国人口与计划生育法》、2002年国务院颁布的《社会抚养费征收管理办法》的相关规定，对不符合规定生育子女的公民应让其缴纳社会抚养费。❶在社会实践中很多不符合规定生育子女的公民拒不缴纳或无力缴纳社会抚养费。为了能使缴纳社会抚养费制度发挥立竿见影的作用，便对该制度进行相应的设置，鉴于计生部门自身的职责与职权，于是将社会抚养费的缴纳工作与出生登记入户办理相挂钩，将提交缴纳社会抚养费凭证作为非婚生子女出生登记申报户口的一个必要材料。虽然对非婚生子女申报户口时需合法有效的生育证明不再强调，但是又有了"缴纳社会抚养费"这一新的障碍。以北京为例，《北京非婚生育婴儿出生登记》规定超计划生育、非婚生婴儿等违反法律法规规定生育的，须持婴儿出生医院填发的《出生医学证明》，婴儿父亲、母亲的《居民户口簿》《居民身份证》《结婚证》证件证明及婴儿母亲户口所在地计划生育部门开具的《征收社会抚养费收据》，非婚生婴儿同时提供亲子鉴定证明并须经派出所长审批。这样才能成功申报户口，才能取得社会的认同，其作为社会主体的价值才得以确证。将对非婚生子女户口的申报与其父母社会抚养费的缴纳相结合，其实质仍是父母之过由无辜的子女来承受，子女利益最大化这一现代立法公认的原则无从体现不说，更有"复古"之嫌。

2021年8月20日，中华人民共和国主席令第九十六号公布了中华人民共和国第十三届全国人民代表大会常务委员会第三十次会议《关于修改〈中华人民共和国人口与计划生育法〉的决定》，根据该决定修改的《中华人民共和国人口与计划生育法》删除了第41条，即删除了缴纳社会抚养费的立法规定。2021年9月9日，中华人民共和国国务院令第747号公布了《国务院关

---

❶ 2015年《中华人民共和国人口与计划生育法》第41条规定："不符合本法第十八条规定生育子女的公民，应当依法缴纳社会抚养费。"第45条规定："流动人口计划生育工作的具体管理办法、计划生育技术服务的具体管理办法和社会抚养费的征收管理办法，由国务院制定。"国务院2002年颁布的《社会抚养费征收管理办法》第3条规定："不符合人口与计划生育法第十八条的规定生育子女的公民，应当依照本办法的规定缴纳社会抚养费。"该办法已废止。

于废止部分行政法规的决定》。根据该决定废止了国务院于 2002 年 8 月 2 日发布的《社会抚养费征收管理办法》。但根据法不溯及既往原则，缴纳社会抚养费的删除应从 2021 年 8 月 20 日开始生效，从这以后不再有所谓超生下的社会抚养费的缴纳；在 2021 年 8 月 20 日之前尚未缴纳的社会抚养费按理仍应继续缴纳。但 2021 年 7 月 20 日公布了《中共中央 国务院关于优化生育政策促进人口长期均衡发展的决定》（以下简称《决定》），国家卫生健康委员会（简称国家卫健委）就《决定》中"实施三孩生育政策及配套支持措施"答记者问时，针对《决定》之前违反法律法规规定生育三孩的是否还征收社会抚养费的问题，给出的解答是："已经依法作出征收决定并执行完毕的，应当予以维持；已经作出征收决定但尚未执行完毕的，已经征收部分不予退还，未征收部分不再继续征收；尚未调查或作出征收决定的，不再受理、处理。各地要做好政策衔接，加强宣传解读，稳妥有序地推动工作落实。"[1] 但国家卫健委的解答能否作为法律法规相应立法规定的执行依据值得商榷，毕竟作为解答主体的国家卫健委与全国人大、国务院就规范性文件效力存在位阶的不同。

三、认领制度确立的价值取向

立足于中国国情，现有非婚生子女认领制度的设计不能有效提高非婚生子女社会成员认同感。作为社会群体的人，在无法获得或无法完全获得社会认同时，非婚生子女作为社会成员应享有的权利，特别是公民的基本权利，如受教育权、社会福利与社会保障等都会受到很大的影响。对非婚生子女的认领不能取得公私权益兼得的效果，与源于国外的认领制度在制度功效上存有极大差距时，是否在当时当刻有必要设立认领制度值得商榷。非婚生子女认领制度不仅需要解决当事人私权益，更要解决非婚生子女的社会成员权益，唯有如此，非婚生子女的认领制度才有立法意义与立法价值。

首先，我国最初的婚姻立法中就确定了一个基调——非婚生子女享有与婚生子女同样的权利，这个立法宗旨不仅仅是在婚姻家庭领域得以贯彻执行，而是整个私法领域都遵循着这个立法宗旨，因此我国法律在私权赋予方面，非婚生子女与婚生子女是完全一致的，只要证明彼此间的血缘关系，不论生父母的态度如何不影响非婚生子女私权益的享有。而在这一点上国外立法显

---

[1] 《中央明确：取消社会抚养费！国家卫健委最新回应》，载番禺台 2021 年 7 月 21 日，https://www.163.com/dy/article/GFFDFVA80530RJ4L.html。

然存有欠缺。若仅仅是证明彼此间的血缘关系，非婚生子女的私权益还无法享有，得经过生父母的表态，也就是认领，才能开始非婚生子女权益的取得。即便如此，非婚生子女的私权益与婚生子女的私权益并不完全一致，例如《法国民法典》第757条至第760条规定，经过认领的非婚生子女在继承其父母遗产时，具有与婚生子女同等的权利，但是根据不同的情况，继承遗产的应继份有所不同。在一般情况下，父母尚有婚生子女时，非婚生子女的应继份为该子女应继份的二分之一；非婚生子女是奸生子女时，只有对生父母的抚养请求权，没有对生父母的遗产继承权。生父母生前对非婚生子女的赠与不得超过无遗嘱继承时婚生子女个人的应继份额。《日本民法典》第900条规定，在生父母尚有婚生子女的情况下，经认领的非婚生子女对父母遗产的继承是婚生子女应继份的二分之一。在国外立法中，认领制度的设立旨在缩小非婚生子女与婚生子女在权益方面的差距。而我国对非婚生子女的立法保护历来走在世界前列，从我国第一部《婚姻法》开始，始终坚持非婚生子女与婚生子女享有同等的权利。

其次，是户籍管理体制的不同。虽然外国也实行出生登记制度，但是国外的人口登记仅仅是限于治安管理与人口统计的职能，其完全与社会福利、社会保障、上学就业等相分离，也不存在与计划生育配合开展工作的任务，出生登记仅仅是对出生事实加以认定。换句话说，父母对非婚生子女的认领效果不仅确定了该子女的家事权益，而且也确定了该子女的社会成员权益。由此非婚生子女权利缺陷的状况越来越弱。我国香港地区也有类似规定，其《生死登记条例》第12条规定，若出生者属于非婚生子女，无人需以该名子女父亲的身份就该子女的出生申报资料，不得在登记记录内将任何人的姓名作为该子女的父亲登记，法律另有规定的除外。[1]

最后，虽然我国目前已形成了保护非婚生子女权益的立法体系，但是有关非婚生子女的具体权益没有明确的立法规定，整个立法框架是粗放式的。而国外从19世纪末开始至今已形成了一套较为完善的立法体系。以澳大利亚为例，仅一部《家庭法》就用15章的内容进行有关儿童的专门规定，范围涉及父母责任、咨询、养育计划、养育令、儿童抚养令之外的养育令、儿童抚养令、有关儿童的其他事项、禁止令、儿童最大利益和儿童代表制度、家庭暴力、诉讼与管辖、涉及儿童命令的执行等。不仅如此，国外司法界已经日益意识到机构之间的合作在解决儿童问题中非常关键。

---

[1] 王涛：《内地与香港出生登记制度之比较》，载《内蒙古社会科学》2006年第5期。

例如英国法院在考虑儿童问题时，必须要有社会工作者或监护官准备的福利报告；德国法院在处理儿童问题时，与青少年局进行合作。而我国在非婚生子女问题的解决上尚未能形成机关之间的有效合作机制，司法机关与行政机关缺乏有效的认同❶，行政机关彼此之间又存有较多的牵制，最终造成对同一问题的不同声音。在我国确立认领制度所达到的功效应是私权益和社会成员权的并重，尤其是后者，在目前的国情状况下甚是关键。若作为中国时下黑户大军主力的非婚生子女，其社会成员权得不到解决，那么整个未成年人权益保护机制就有欠缺，会导致未成年人这一弱势群体权益的流失，一定程度上会影响社会和谐。因此，有必要对现有的、借鉴所得的认领制度，依据我国国情予以改进和保留。具体为，私权益方面：在婚姻立法上应先取缔婚生与非婚生的称谓，将其统称为子女，因为称谓的不同本身就带有歧视性。并在统称为父母子女关系的前提下，对非婚姻关系内出生子女的亲子关系确定方法进行规定：

（1）结婚。非婚生子女亲生父母结婚补正了子女出生时父母不具有合法婚姻关系的缺陷，从而使父母子女关系明确化。

（2）出生登记证明。子女的出生证明中父母的基本状况是必然的要求，大多数非婚生子女的生母知道谁是孩子的父亲，较多非婚生子女的生父也会通过各种方式来表示其与该子女的亲子关系。这样一来，生父、生母的确认就有保障了。

（3）生父明确表示予以承认的。

（4）生母或其他利害关系人有因两性关系发生而受孕的证据证明的。

（5）法院在必要时所做的亲子鉴定的结果。

（6）其他可以证明亲子关系存在的方法。

社会成员权益方面：在确定亲子关系后，应将司法认领裁判直接作用于行政的户籍登记，以确保子女社会成员权利的取得和享有。改变现有的户籍申报与计生工作挂钩的做法。至于缴纳社会抚养费的问题，鉴于立法已经明确对社会抚养费的取缔，国务院也废止了相应的征收管理办法，国务院应该对之前尚未缴纳社会抚养费的情形做出决定予以说明，以确保政策前后的有序衔接，确保取消社会抚养费政策的落地实施，从而将入户、入学、入职等与个人生育情况全面脱钩。使非婚生子女获得社会的认同，不为社会所排挤，

---

❶ 行政机关登记制度的效力能得到司法机关的认可，可以直接作为定案的证据予以采信；但是司法机关的有效裁判却不能达到同等的效果。

有效补正非婚生子女社会成员权利的缺失。

  未成年子女应有权利的日益圆满，作为社会主体的价值得以确证，在充分享有私权益的同时，还享有充足的社会成员权利，这应是认领法律制度设计所追求的价值和理念，这有助于推进未成年人权益保护机制的完善，有助于和谐社会的构建。

  本文原稿曾发表于《社科纵横》2009年第11期。

家庭暴力认定标准的法律规制分析

■ 郑 睿

一、家庭暴力界定的学理争议

"家庭暴力"这一概念在我国最早是于 1995 年联合国世界妇女第四次代表大会上以外来术语的形式提出的,至此拉开了国内反家庭暴力的倡导、研究和立法等工作的序幕。经过 20 多年的探索,2015 年《中华人民共和国反家庭暴力法》(以下简称《反家庭暴力法》,下文所及法律均为简称)的出台,首次明确了家暴的概念、增设了人身安全保护令的适用,为反家暴法治化提供了明确的依据。2020 年《民法典》的出台又进一步强调家庭要承担树立优良家风的职责,反对家庭暴力自然成为其中必不可少的一个基础环节。

2015 年《反家庭暴力法》的第 2 条首次以法律的形式对"家庭暴力"的概念进行释义:"本法所称家庭暴力,是指家庭成员之间以殴打、捆绑、残害、限制人身自由以及经常性谩骂、恐吓等方式实施的身体、精神等侵害行为。"该条款主要是从主体关系与行为类型两个层面确立了家庭暴力的界定标准。从主体关系上看,该条定义主要将家庭暴力限制在家庭成员之间,但实际上该法又通过第 37 条将家庭成员以外共同生活的人也纳入保护范畴[1],后又通过《最高人民法院关于办理人身安全保护令案件适用法律若干问题的规定》(后简称《最高院规定》)第 4 条中对共同生活的具体人物身份予以细化。夏吟兰等学者主张对主体保护范围进一步扩大,还要包含特定情形下的非家庭成员之间,无须刻意强调"共同生活"之要件,例如"前配偶、前情侣"等主体。具体而言,在定义主体关系时,应采用"特定的亲密关系之人"为宜,而不应过分强调"共同居住生活"。[2]这一点在我国司法实践中也得到了印证。在中国裁判文书网上 2021 年的 148 份篇有关家庭暴力的人身安全保

---

[1] 《中华人民共和国反家庭暴力法》第 37 条:"家庭成员以外共同生活的人之间实施的暴力行为,参照本法规定执行。"

[2] 夏吟兰:《家庭暴力防治法制度性构建研究》,中国社会科学出版社 2011 年版,第 608-685 页。

护令民事裁定书中，121篇属于夫妻关系，13篇属于其他家庭关系（绝大多数涉及亲子关系），3篇属于明确男女朋友关系或同居关系，还有11篇因裁定书中未明确主体关系而无法判定。可见，在司法实务中法官更关注家庭暴力的实质，即申请人是否的确存在家庭暴力的实际迫害及现实危险。因此，司法实践中存在对家庭暴力主体关系作扩大性解释之现实可能，即对已不再共同生活的非家庭成员做出倾斜性的保护。

相较之下，学界有关该定义在行为类型上限制的讨论则更为激烈。《中华人民共和国反家庭暴力法》（以下简称《反家庭暴力法》）条文本义是通过典型行为之列举，着重将家庭暴力限制在显性的身体侵害和精神侵害层面。以2021年的148例有关家庭暴力之人身安全保护令的民事裁定书为例，就行为表征而言也无一例外都集中在显性暴力上，且绝大多数都有较为严重且频繁的身体侵害，仅涉及精神侵害的案件寥寥无几。但随着对家庭暴力问题研究的日益深入，不少学者认为应将隐性的家庭暴力也纳入规制范畴并尝试提出完善对策，例如冷暴力、性暴力、经济暴力（经济控制）以及近年来越来越多的心理压迫（PUA）。与显性暴力相比，隐性的家庭暴力具有行为上不作为、后果上更隐蔽、危害上愈持久等特征，虽未对受害人的人身安全造成实质性紧迫性的伤害，但随着时间与效果叠加会对其人格尊严带来内生破坏性的贬损，从而造成较大的心理伤害。比如海南省妇联在调查中发现，家庭暴力除了身体暴力之外，冷暴力占到45%。[1] 笔者以为，从个人的身心健康与权利的实现之角度，隐性暴力理应纳入家庭暴力的规制范围，《最高院规定》第3条似乎也认可了这一点[2]，但现实难题是缺乏可操作的客观界定标准。受传统礼教学说的影响，我国家庭暴力多属于亲密关系内部的"家务事"，通常羞于为外人所知悉，但凡需要求助于外部，一般具有较大的潜在危险性，就像岌岌可危即将爆炸的气球。然而即使面对这样的显性暴力案件，在民事领域也时常因证据不达标等原因无法得到认定，更不用说是隐性暴力案件。也有学者从刑法规制的视角指出实务界在面对家庭暴力问题时普遍持谨慎态度，认为公权力在介入家庭暴力犯罪问题时容易过于小心，无形中提高了家庭空

---

[1] 《海南省妇联调查：家庭暴力中"冷暴力"占45%》，载新浪网，https://news.sina.com.cn/s/2005-03-09/18215314010s.shtml。

[2] 《最高人民法院关于办理人身安全保护令案件适用法律若干问题的规定》（法释〔2022〕17号）第3条："家庭成员之间以冻饿或者经常性侮辱、诽谤、威胁、跟踪、骚扰等方式实施的身体或者精神侵害行为，应当认定为《反家庭暴力法》第2条规定的'家庭暴力'。"

间内部的入罪门槛。[1]

二、家庭暴力认定的实证研究

在传统的家庭法理念中,家庭暴力引发的无论是刑事责任还是民事责任均需以损害结果为判断前提而时常处于失灵状态。[2]《反家庭暴力法》第四章专门增设人身安全保护令这一新式民事救济措施,其中第 27 条明确将申请的条件放开至"有遭受家庭暴力或者面临家庭暴力现实危险的情形",让受害人能够根据以往的情感体验与生活经验来判断暴力的事前预警,从而阻却家庭暴力造成的难以挽回的结果。要探究家庭暴力在司法实践中的认定标准,本应选取离婚纠纷这一大类为样本。但现实情况是,尽管在传统的离婚案件中也有许多涉及家庭暴力问题,但从法官以结案为主导的思维来看,该类案件中通常将重点更多地放在孩子抚养权和婚姻财产分割上,家庭暴力问题无可避免地被忽视。[3]部分学者的研究结论也能证明此种倾向,目前我国人身保护令申请率较低,离婚案件判离数量高达 264.3 万件,人身安全保护令核发却只有 5749 份。[4]因此,为使得研究更有具象性、时代性与针对性,笔者拟以家庭暴力为由申请人身安全保护令的民事裁定书为样本,选取 2021 年 1—10 月的裁判文书作为研究对象。笔者于 2021 年 10 月底在中国裁判文书网上以"人身安全保护令""家庭暴力""裁定书"三个关键字段进行搜索,得到 1232 个结果,符合本研究对象的共 148 例。[5]其中支持受害人申请的案件占比为 84.46%,包括申请延期[6]和部分支持的情形,不予准许或驳回申请的案件占比为 13.51%,自愿撤诉的案件占比为 2.03%。

从主体关系上来看,超过 90% 的案件发生在夫妻关系（82%）与亲子关

---

[1] 母磊:《刑法规制家庭暴力犯罪困局探析——以丈夫家暴为视角》,载《华中科技大学学报》2021 年第 3 期。

[2] 李瀚琰:《人身安全保护令对传统婚姻法理念的突破:观察〈反家庭暴力法〉》,载《重庆社会科学》2018 年第 1 期。

[3] 贺欣:《司法为何淡化家庭暴力》,载《中国法律评论》2019 年第 4 期。

[4] 张海:《她们的人身安全保护令缘何被法院裁定驳回——基于裁定书的扎根理论研究》,载《河北法学》2021 年第 4 期。

[5] 笔者于 2021 年 10 月 28 日按照三个关键字段进行搜索,显示结果共 153 篇,除去 5 篇重复的案例,共 148 篇。

[6] 其中有 3 篇涉及申请延期,被申请人在人身保护令有效期间仍有威胁申请人安全的行为或现实危险。

系（9%）之间，其中有极少数案件涉及女方家暴男方的情形。❶ 纵观各级法院支持受害人诉求之案件，大致可以归纳为三类：一是具有显性的身体侵害且有客观的证据予以支持。"显性"的判别需要从家庭暴力行为的主观恶性、发生频率、严重程度等方面进行尺度衡量。"证据"的取舍则更倚重如出警记录、接警单详情、医疗诊断证明等第三方的证据❷，相较之下当事人双方的证词与聊天截图证明力较低。并且在有前类证据的支持下，若双方证词冲突，法院还会从施暴人克制自己行为的能力，行为的恶劣程度，对子女成长和双方关系缓和的影响等方面对"是否存在现实危险"进行综合判断，最终予以支持。❸ 二是具有显性的精神侵害且有充分证据予以支持，其中自然也包含与身体侵害共存之情形。该类案件一般需要伴随有歹毒恶劣言语威胁（如杀害）或暴力工具行为威胁（如持刀），并在客观上除当事人自述外还需微信或短信聊天截图、证人证言、谈话录音、医疗诊断证明等证据加以辅助，才更容易得到支持。❹ 三是得到村（居）委会、妇联等社会组织支持下的申请。如（2021）甘 1027 民保令 1 号这一个案，便是由当地妇女联合会与受害人作为共同申请人提出申请，最终成功得到支持。随着人身安全保护令的实施，法院对其适用逐渐呈现出申请主体扩大化、行为方式复杂化以及证据类型多样化的趋势。

　　反观裁决结果为驳回申请或不予准许的这类案件，家庭暴力认定的主要障碍可以归因为三方面。首先，行为不适格。《反家庭暴力法》第 27 条明确只有一方"有遭受家庭暴力或者面临家庭暴力的现实危险"才能申请人身安全保护令。"有遭受家庭暴力"多是针对家暴行为和损害结果已然发生之情形，而此时针对"家暴行为"的界定标准，法院的理性判准与当事人的朴素认识之间可能存在较大分歧。在司法实务中，大多要求家暴行为具有持续性与经常性，单次、轻微、无明确故意的伤害（如抓伤、撬门锁、无端谩骂等），即使有如出警记录、医疗诊断记录等客观证据予以佐证，也不足以充分

---

❶ 夫妻关系中女方家暴男方的有 2 例，亲子关系中也存在女方携子女殴打男方之情形，如北京市石景山区人民法院（2021）京 0107 民保令 2 号。
❷ 在重庆市铜梁区人民法院（2021）渝 0151 民保令 1 号中，民警调处告诫后当事人在共同生活期间又发生肢体冲突，最终诉讼请求得到支持。
❸ 北京市朝阳区人民法院（2021）京 0105 民保令 12 号，北京市朝阳区人民法院（2021）京 0105 民保令 17 号。
❹ 广东省中山市第一人民法院（2021）粤 2071 民保令 18 号，福建省沙县人民法院（2021）闽 0427 民保令 1 号，福建省龙岩市永定区人民法院（2021）闽 0803 民保令 2 号。

认定。❶ 而"面临家庭暴力的现实危险"则更侧重于对未来侵害风险的事前防范，法院通常需运用自由裁量权进行认定，会显得更为谨慎，若申请之情形不符合紧迫性与必要性，则很可能被驳回，如人身安全保护令初次签发后施暴者没有进一步的家暴行为等情形。❷ 同时，性别、年龄、过错等因素也会一并纳入考量。❸ 其次，证据不充分。这一点在仅涉及如砸东西、精神恐吓、言语威胁等显性的精神侵害案件中尤为明显，由于只有双方当事人的供述，缺少聊天截图、录音等客观证据的支持，除少数案件中女性和老年人利益的考量获得支持❹之外，施暴者通常会以并非出自故意，没有实际致害行为，避免再犯的言语保证等方式试图洗白，因此均很难得到认定。甚至在个别案件中已有口头威胁的证词和短信证据，但因无其他证据加持而被视为"孤证"未得到支持。此外，证据的关联性也是重要考量因素，如仅有就医证明，缺乏证明伤口是家暴所为；伤害结果是被第三人殴打所致，与家暴行为无关；单次报警但未及时验伤等情形❺，均会因缺乏证据而被驳回。最后，诉求不合理。《反家庭暴力法》第 29 条规定人身安全保护令可以涵盖四项不同的具体措施，应视具体情形，依需求对症下药。❻ 实务中，部分当事人出于恐惧而寻求"过度保护"，便会提起超出所面临家庭暴力实际风险的诉求内容。❼

三、界定家庭暴力的困境分析

正如前述，家庭暴力界定的学理争议主要集中在行为主体与行为类型两个维度上，而司法实务中则选择截然不同的方式予以回应。在行为主体方面，

---

❶ 四川省成都市锦江区人民法院（2021）川 0104 民保令 4 号，北京市通州区人民法院（2021）京 0112 民保令 3 号，天津市河北区人民法院（2021）津 0105 民保令 1 号。

❷ 北京市昌平区人民法院（2021）京 0114 民保令 14 号，重庆市渝北区人民法院（2021）渝 0112 民保令 2 号，广西壮族自治区梧州市长洲区人民法院（2021）桂 0405 民保令 1 号。

❸ 北京市丰台区人民法院（2021）京 0106 民保令 5 号（女方家暴男方且男方出轨），北京市通州区人民法院（2021）京 0112 民保令 1 号。

❹ 重庆市北碚区人民法院（2021）渝 0109 民保令 4 号，北京市通州区人民法院（2021）京 0112 民保令 1 号。

❺ 吉林省柳河县人民法院（2021）吉 0524 民保令 1 号，甘肃省通渭县（2021）甘 1121 民保令 1 号，福建省南平市延平区人民法院（2021）闽 0702 民保令 1 号。

❻ 《中华人民共和国反家庭暴力法》第 29 条："人身安全保护令可以包括下列措施：（一）禁止被申请人实施家庭暴力；（二）禁止被申请人骚扰、跟踪、接触申请人及其相关近亲属；（三）责令被申请人迁出申请人住所；（四）保护申请人人身安全的其他措施。"

❼ 天津市河北区人民法院（2021）津 0105 民保令 2 号，北京市石景山区人民法院（2021）京 0107 民保令 1 号，广东省东莞市第二人民法院（2021）粤 1972 民保令 1 号。

司法实务中的立场与学理层面的观点基本趋同，无一例外都更偏好外扩的趋势，意欲将未共同居住的非家庭成员也纳入进来。而在行为类型方面，实务层面显然表现得更为保守，不仅未将性暴力、经济暴力、冷暴力等隐性暴力形式予以"官方"认可，甚至连显性暴力形式的认定标准与证据要求也严格设定，从而使认定结果与受害人的期待之间产生了形式上的落差。表象上家庭暴力界定难的困境，或许应通过剖析其界定标准在应然与实然状态下的差异成因，结合不同主体各自的利益诉求和内在动因进行综合考量。

（一）内部家庭权力差距悬殊

家庭暴力发生在亲密关系之间，具有与生俱来的隐蔽性。站在受害人的角度，欠缺让"家务事"浮出水面的能动性。绝大多数家暴案件受害者都是女性，按照美国心理学家雷诺尔·沃柯提出的"受虐妇女综合征"理论，部分女性在面对暴力时会产生习得性无助，从而受控于施害方，不敢或不愿对外求助。而通过外部渠道积极自救的女性受害者，相较于普通家庭，大多与施暴者之间的家庭权力差异不对等更为明显，迫于经济压力、情感期待、子女因素及外部渠道低效而难以脱离，况且如果通过诉讼之外的途径如家事调解去处理家庭暴力问题，往往会成为继续受暴的牺牲品，爱德华·高道夫提出的幸存者理论也证实了这一点。❶ 即使是做好鱼死网破的准备，意欲通过诉讼途径解决，仍然面临证据意识欠缺、举证责任错位等证明困难。根据《民事诉讼法》第63条之规定，家暴案件的举证责任应遵循"谁主张谁举证"的一般原则，但家暴隐蔽性导致往往缺乏直接目击证人，加之受害人证据意识欠缺等因素使得申请人在最重要的举证环节败下阵来。❷

而站在施暴者的角度，不乏以"爱之名"将暴力合法化的谋略性。《最高人民法院关于办理寻衅滋事刑事案件适用法律若干问题的解释》出于对亲密关系的身份考虑，将家庭纠纷所引发的暴力行为从寻衅滋事罪的规制范围内悉数排除，向社会传达了一个恶劣的信号，即规范世界与现实世界的界限是含混不清的，施暴者很可能通过道德托词而使自己逃脱刑法。❸ 即使是面对民

---

❶ 邬欣言：《离婚调解：谁之正义？——女性主义视角下的检讨与启示》，载《山东女子学院学报》2021年第4期。

❷ 张海：《她们的人身安全保护令缘何被法院裁定驳回——基于裁定书的扎根理论研究》，载《河北法学》2021年第4期。

❸ 母磊：《刑法规制家庭暴力犯罪困局探析——以丈夫家暴为视角》，载《华中科技大学学报》2021年第3期。

事救济措施,施暴者依然有相似的应对之策,如在某些仅有言语威胁、推搡行为等程度较轻微的家庭纠纷中,施暴者通常会以"一时冲动所为""并非出自故意""已诚恳道歉并保证不再犯而获得谅解"等方式辩解,成为民事救济的阻却事由。❶

(二) 外部救济渠道有意淡化

《反家庭暴力法》第三章规定家庭暴力行为的处置,构建起以居(村)委会、公安机关、法院为主的一整套外部救济渠道,形成了较完备的家庭暴力处理机制闭环。然而,在实际处理家暴问题中,相关机构因各自难言之隐而发挥作用有限,更倾向弱化家庭暴力的性质,甚至回避家庭暴力的认定。

居(村)委会通常站在接收家庭暴力事件的第一线。《反家庭暴力法》第 13 条与第 17 条规定,居(村)委会有帮助受害人处理家庭暴力的义务,主要以接受咨询、组织调解、监督查访等为履行内容。然而因其手中并无实权,其在处理家庭暴力问题上的威慑力与终结度效果微乎其微。特别是针对家庭暴力调解,尽管调解的目标是利他主义和家庭团结,但是实际家庭结构却常常是使得登记制度的通知与控制延续❷,甚至有相当经验的调解员也无法纠正这种家庭结构权力的不对等。❸

相较之下,公安机关干预家庭暴力的影响与作用则大得多,不仅有权调查取证、组织调解、依法出具告诫书或给与治安管理处罚,同时其出具的出警记录、询问笔录、治安调解协议书、告诫书等也是家庭暴力案件认定时重要的诉讼证据来源。因而家庭暴力案件对于公安机关在行政处理阶段的证据固定和认定存在非常严重的依赖。根据调研,有部分公安民警对干预家庭暴力存在畏难情绪,不愿介入家庭内部矛盾,同时出于维护家庭和谐之目的,在处置过程中往往采取以和为贵,息事宁人的态度,不仅不能有效地解决问题,反而让受害人继续身陷囹圄,诱发更大的社会问题。❹但有时公安机关未

---

❶ 广东省东莞市第二人民法院 (2021) 粤 1972 民保令 2 号。

❷ Olsen, Frances, E, "The Family and the Market: A Study of Ideology and Legal Reform," *Harvard Law Review*, Vol. 96, (1983).

❸ Hart B. J., "Gentle Jeopardy: The further endangerment of battered women and children in custody mediation," *Conflict Resolution Quarterly*, Vol. 7: 4, (2010).

❹ 沈可心、曾范敬:《疫情视角下的公安机关家庭暴力干预——以浙江省 S 地区为例》,载《山西大同大学学报(社会科学版)》2021 年第 3 期。

能有效界定存在家庭暴力，也与受害人自身有关。部分受害人报警的目的并非制裁配偶方，而仅是为了制止正在发生的家庭暴力，考量到未来婚姻生活的可持续性，认为对配偶予以行政处罚留下案底会带来负面影响，尤其是影响下一代升学、就业，导致不轻易报警，报警后不同意立案处罚，甚至告诫书都不允许出具，导致证据不充分难以定性。❶

法院在处理家庭暴力问题上则更显被动，无论是对离婚诉讼还是对人身安全保护令的申请，考虑结案的成效会兼顾双方利益之平衡，家庭暴力因素因而会被淡化。在上文关于人身安全保护令的实证分析中，笔者发现绝大多数人身保护令的申请都是在离婚诉讼期间一并提出的。与调查认定家庭暴力相比，法官更倾向在自由裁量时选择忽视家庭暴力问题的存在。具体而言，若在离婚诉讼中通过沟通调解，尚有挽回的余地，法官在判决不准予离婚的基础上，考虑到双方未来生活的和谐，大多认为没有必要调查家庭暴力。只有在证据充分的前提下，才会同意人身安全保护令的申请。但若决定判决离婚，则会考虑到男女双方在家庭暴力问题上的利益得失平衡，在支持女方离婚、抚养权等诉求的同时，也要安抚男方甘愿接受这样的结果不要上诉。因此，在这种情况下，法官一般不愿意认定家庭暴力或支持人身安全保护令的申请。法官的这种做法被部分学者视为"为达成有成效的妥协而采取的平衡术"。❷也有学者认为，在判决离婚后女方提出的"家暴"问题已不属于《反家庭暴力法》保护的范围，因此法官无须对此做出回应。❸这一观点未免不妥当，无论从立法原义还是司法实践的角度看，家庭暴力早已跳脱家庭关系成员的限制，呈现出扩大化的趋势。

从法官自身的角度而言，做出这样的选择也无可厚非，考虑到经手案件的结案率与上诉率关乎自身业绩考核，法官缺乏积极动力去调查，直面家庭暴力既会导致自身工作量的增加，又会担心激化双方矛盾，不利于案件的处理调和，从而引发上诉的风险。在具体个案中，法官不重视受害者陈述，也很少关注其他有利证据，更鲜有动力去收集证据，即使受害人针对一次殴打导致脸庞青肿、轻伤未造成严重后果、不认可公安的家庭暴力警告信等行为

---

❶ 张海：《她们的人身安全保护令缘何被法院裁定驳回——基于裁定书的扎根理论研究》，载《河北法学》2021年第4期。

❷ 贺欣：《司法为何淡化家庭暴力》，载《中国法律评论》2019年第4期。

❸ 张海：《她们的人身安全保护令缘何被法院裁定驳回——基于裁定书的扎根理论研究》，载《河北法学》2021年第4期。

已提供了大量证据,法官也不愿意认定家庭暴力。❶ 在巫若枝描述的若干个案例中都反映出,在调解离婚的案件中,即使法院面对确凿事实(伤痕照片、出警报告),家庭暴力问题也被忽略,而把重点放在财产分割和子女抚养上,并如《民法典》之规定对家暴情形中的无过错方有所倾斜。❷ 即使在成功判决离婚的罕见案例中,基于考虑当事人利益的平衡,针对家庭暴力问题,法官也没有判予任何金钱补偿,如果一方已获得抚养权,甚至不能再要求抚养费。❸ 鉴于法官在判断家暴问题上拥有自由裁量权,其收集证据的技巧和意愿对保障家庭暴力受害者至关重要。❹ 然而,这种看似利益兼顾一团和气的"中立平衡术"实则只是暂缓家暴冲突,通过拖延战术反而会激化家暴升级,造成家庭暴力持续存在,甚至在某些案件中加剧的恶性循环。家庭权力结构的不平等会进一步激化,男方对女方的复仇会通过下一轮家庭暴力得到释放,女方为在下一次诉讼中占据证据优势会使矛盾加剧。

四、完善家庭暴力界定的解决路径

立法规制与司法实证的两个层面对家庭暴力的界定标准不尽统一,这无疑在"家庭暴力"成为恶劣事件浮出水面需要外部机构介入干预时,增加了更多自由裁量的空间。加之当事人与第三方机构均有各自立场的难言之隐,无疑为证据的搜集雪上加霜,无形中增加家庭暴力行为的定性难度。笔者以为,可以从以下四个方面予以改进:一是进一步厘清立法上"家庭暴力"的界定标准。在适用主体上,结合现实需求可以考虑将其适当扩张至"家庭成员以外存在亲密关系的非共同生活之人",如前情侣,前配偶等;而在适用行为上,若要将性暴力、经济暴力、情感压迫(PUA)、冷暴力等隐性的暴力行为纳入规制范围,理应有客观明确具有可操作性的界定标准,如有学者提出细化精神伤残鉴定,将精神损害按程度划分伤残等级指导法官处理冷暴力问题。❺ 二是进一步提升当事人反家庭暴力的维权意识,尤其是针对亲密关系中的弱势一方。"家和万事兴"的逻辑应该是建立在家庭成员互相尊重而不是互

---

❶ 张剑源:《家庭暴力为何难以被认定》,载《山东大学学报》2018年第4期。
❷ 巫若枝:《当代中国家事法制实践研究——以华南R县为例》,中国人民大学出版社2007年版,第277-281页。
❸ 贺欣:《司法为何淡化家庭暴力》,载《中国法律评论》2019年第4期。
❹ He X., Ng K. H., "In the Name of Harmony: The Erasure of Domestic Violence in China's Judicial Mediation," *International Journal of Law, Policy and the Family*, 2013, pp.97-115.
❺ 王岳丽:《浅析家庭冷暴力的法律规制》,载《祖国》2019年第7期。

相伤害的基础之上。无论是居（村）委会、公安机关在调解家庭暴力纠纷时，还是法院在处理家庭暴力案件时，要纳入代际差异的视角，尊重女性自我决断的能力，除告知受害人维权渠道之外，还应告知其相关法律依据与证据要求，以便受害人在应对未来家暴问题时能够有所应对。❶ 如越来越多的法院在人身保护令的民事裁定书后附有遭遇家庭暴力的解决办法以及相关法律条文的提示。❷ 三是进一步发挥外部机构处置家庭暴力问题的联动优势。首先，将家庭暴力问题的处置情况科学纳入各部门绩效考评体系，加大其干预的内在动力。其次，畅通家庭暴力案件的多方定期沟通机制，尤其是针对有家庭暴力史施暴者的监督，曾陷入家庭暴力受害人的回访，人身安全保护令的执行等情况，争取把家庭暴力问题预防在前段。最后，创新家庭暴力案件化解的工作机制，增强全社会参与的使命责任。如浙江省 J 市妇联与公安局首创"社会谅解"环节引入家庭暴力案件的治理，认为家庭暴力行为不仅给家庭成员造成伤害，也会产生相应的社会伤害（社会行政成本），因此同样要获得社会谅解。按照家庭暴力风险评估进行红黄蓝（高中低）分级管理，蓝色低风险开具告诫书；黄色中风险需要经过社会谅解程序，由派出所开具家庭暴力警情通报表，施暴者自愿接受社会教育后到街道妇工委报到，通过参与社会公益活动（包括法律考试、培训学习、志愿服务、心理援助等）获得积分，分数达到要求（80 分及以上）后由街道办事处开具社会谅解书，据此可向派出所申请少做出拘留处罚。红色高风险将增添 2~3 项必要的保护措施保障受害人安全，防止民转刑案件的发生。❸ 四是进一步明确诉讼案件中家庭暴力的证据认定规则。尽管根据《涉及家庭暴力婚姻案件审理指南》（简称《指南》）第 40 条"原告有受伤害证据时，举证责任应转移给被告"和第 41 条"受害人陈述更优"的内容，似乎做出了更有利于受害人的举证责任规定，但该《指南》是由最高人民法院下属的中国应用法学研究所颁布的指引性文件，

---

❶ 王曦影、董晓珺等：《性别、代际与家庭暴力的幸存者：一项基于两代受暴妇女的生命史研究》，载《上海大学学报（社会科学版）》2019 年第 4 期。

❷ "遭遇家庭暴力时，请于第一时间拨打 110 报警或者向所在单位、居（村）民委员会、妇女联合会等单位投诉、反映或者求助并注意保留相关证据。"详见广东省中山市第一人民法院（2021）粤 2071 民保令 18 号，山东省寿光市人民法院（2021）鲁 0783 民保令 1 号，安徽省天长市人民法院（2021）皖 1181 民保令 1 号，苏州省吴江区人民法院（2021）苏 0509 民保令 5 号。

❸ 姚改改、江丽：《金华首创"社会谅解"增加施暴者"出拳"成本》，载《中国妇女报》2020 年 12 月 15 日，第 5 版。

并非司法解释，法官无须遵守，有些法官甚至透露不允许在判决书中引用。[1]可见，家庭暴力的举证责任在实务中更多地压在受害人身上，而区分身体侵害和精神侵害不同的证据要求，使得证据之间可以相互印证，也能为法官在对家庭暴力问题进行自由裁量时提供较为统一的准标。《最高院规定》第6条也进一步降低了申请人的举证难度，将证明标准从高度可能性调整至较大可能性。[2]

可见，家庭暴力的界定标准不仅在理论层面仍存在探讨的空间，而且观点的交锋映射到司法实务层面也无法全然涵盖自洽，这无疑给第三方机构在对家庭暴力定性时带来更多的顾虑，也使得自由裁量实则存在更大的余地。而在面对家庭暴力时，无论是当事人还是第三方机构都会站在各自立场进行考量，从而在证据的搜集、行为的定性、权力的行使、干预的动力、诉求的平衡等方面作出取舍，无形间提升了家庭暴力的界定难度。本文认为，立法层面应进一步明确家庭暴力的界定标准，司法层面应进一步给与证据认定的明确指引，社会层面应进一步探索当事人内部与居（村）委会、妇联、公安机关、人民法院等外部第三方机构之间良性长效的反家暴工作机制。

---

[1] 石春雷：《德国表见证明理论在家庭暴力民事诉讼中的适用》，载《大连理工大学学报（社会科学版）》2018年第6期。

[2] 《最高人民法院关于办理人身安全保护令案件适用法律若干问题的规定》（法释〔2022〕17号），第6条："人身安全保护令案件中，人民法院根据相关证据，认为申请人遭受家庭暴力或者面临家庭暴力现实危险的事实存在较大可能性的，可以依法作出人身安全保护令。"

后 记

2019年10月，我非常有幸参加了由中国政法大学宪政研究所、中国政法大学人权研究院与四川大学人权法律研究中心共同举办的"社会性别与人权师资研修班"。在此期间，四川大学法学院周伟教授、中国劳动关系学院林燕玲教授、中国政法大学人权研究院刘小楠教授、西南财经大学法学院何霞副教授等围绕国际劳工组织《关于消除劳动世界中的暴力和骚扰的公约》、性骚扰的认定与防治、亲密关系与性别暴力、中国就业性别歧视诉讼等问题进行了深入的交流与讨论。以往尽管自己对性/别问题兴趣颇深，但总觉得"隔行如隔山"，这次学习让我认识到"社会性别"不仅是一个"领域"，同时也是一种"方法"。

此后我开始有意识地将"社会性别"融入自己的教学与研究工作当中，比如在自己承担的法理学课程中，我尝试用"性骚扰"来阐释法律概念与法律行为，用"彩礼返还"来说明法律规则，用"形式婚姻"（假结婚）来解释法律关系。在几次讨论式的教学之后，我发现同学们不仅对一些抽象法律概念的认知更为清晰，大家在法律价值维度上的体悟也有极大的提升。与此同时，我自己在与学生沟通交流中对一些法律问题的思考也更加深入，可谓实打实地教学相长。比如本书中《同性伴侣制度的困境与出路》《婚姻的"形式"与"实质"》等几篇文章便是本人在教学活动中因问题意识更加明确而形成的研究成果。

为了能更好地将这一主题在教学与研究工作中精细化，2019年我还在学院筹备了"法律与性别"系列讲座，先后邀请中国社会科学院国际法研究中心朱晓青研究员、中国政法大学法学院郭晓飞副教授、西交利物浦大学西浦智库宋瑜副教授、金华市中级人民法院刑事审判庭支起来法官等专家学者来我院围绕不同部门法针对这一问题进行讲学，无论老师还是同学们都受益良多！

正是在这样一种背景下，我与在婚姻家庭法方面已深耕多年的黄彤老师开始尝试能否将已有的成果以体系化的方式呈现出来。这一想法也得到了我院师生的大力支持，各位老师纷纷从自己的学术背景出发，围绕"性/别"这一问题进行分析与讨论。这本小书便是我院专职教师、兼职教授以及由我院教师指导的硕士生、本科生一同努力而成的结果。特别需要提及的是，本书中由我院同学们在老师指导下完成的几篇论文、调研报告还曾先后参加了浙江省第十七届"挑战杯"大学生课外学术科技作品竞赛、浙江省第八届大学生法律职业能力竞赛法律征文类比赛，并取得了不错的成绩。

当然，本书在系统性、完整性方面还有很多的不足，我们也非常期待各位学术伙伴的批评指正，因为教学与研究工作正是通过不断的学习、探索才能日臻完善。

我们也将继续努力！

段知壮

浙江师范大学行知学院法学院

2021年12月1日